南京理工大学知识产权学院文库

反垄断法规制标准必要专利滥用中的利益平衡

董新凯 著

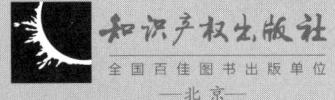

图书在版编目（CIP）数据

反垄断法规制标准必要专利滥用中的利益平衡／董新凯著．—北京：知识产权出版社，2022.12

ISBN 978-7-5130-8461-1

Ⅰ．①反… Ⅱ．①董… Ⅲ．①反垄断法—研究 Ⅳ．①D912.290.4

中国版本图书馆 CIP 数据核字（2022）第 216452 号

责任编辑：刘 睿 刘 江　　责任校对：王 岩
封面设计：SUN 工作室　　责任印制：刘译文

反垄断法规制标准必要专利滥用中的利益平衡
董新凯　著

出版发行：	知识产权出版社 有限责任公司	网　　址：	http://www.ipph.cn
社　　址：	北京市海淀区气象路 50 号院	邮　　编：	100081
责编电话：	010-82000860 转 8344	责编邮箱：	liujiang@cnipr.com
发行电话：	010-82000860 转 8101/8102	发行传真：	010-82000893/82005070/82000270
印　　刷：	天津嘉恒印务有限公司	经　　销：	新华书店、各大网上书店及相关专业书店
开　　本：	720mm×1000mm　1/16	印　　张：	21.5
版　　次：	2022 年 12 月第 1 版	印　　次：	2022 年 12 月第 1 次印刷
字　　数：	338 千字	定　　价：	108.00 元
ISBN 978-7-5130-8461-1			

出版权专有　侵权必究
如有印装质量问题，本社负责调换。

研究支持

江苏省高校人文社会科学研究基地:江苏省知识产权发展研究中心

出版资助

国家社科基金项目:
反垄断法规制标准必要专利滥用中的利益平衡问题研究
(15BFX124)

前　言

　　标准必要专利的滥用近些年深受关注,反垄断法对此行为进行规制时应当将利益平衡作为基本准则,这既是缘于反垄断法的重要使命,也是因为标准必要专利的许可涉及复杂多样的利益关系。国内外的反垄断法律实践表明,这种利益平衡是反垄断案件处理机关无法回避的。在标准必要专利滥用的规制过程中,反垄断法利益平衡的主要内容可以概括为三点:一是查明标准必要专利滥用所涉及的或者引发的利益冲突;二是分析相关利益冲突的影响因素;三是从利益平衡的需求出发,合理运用各种反垄断规则。

　　反垄断法利益平衡的对象是标准必要专利许可涉及的诸多利益及其相互间的冲突。标准必要专利许可涉及的利益可以概括为私人利益和公共利益两大部分。前者指标准必要专利许可双方当事人的利益需求,其表现形式包括经济利益、技术利益和发展利益等;后者主要指自由竞争、国家经济安全、技术的整体进步、整体经济效率、特定产业的整体发展、消费者利益以及中小企业发展等。这些利益之间的冲突也可以分为两大类,即直接利益冲突和深层利益冲突。直接利益冲突一般发生在标准必要专利权人与被许可人之间;深层利益冲突包括私人利益与公共利益的冲突以及不同公共利益之间的冲突两种。

　　反垄断案件处理机构在运用反垄断法对标准必要专利许可相关的利益冲突进行平衡协调之前,有必要深入分析这些利益冲突的影响因素,在此基础上才能探寻合理的进路和针对性较强的方案。标准必要专利许可相关利益冲突的形成和变化的影响因素是多方面的:一是标准必要专利本身的状况,如技术标准类别或者性质的差异;二是技术标准之间的竞争,包括不同标准体系之间的竞争、同一标准体系内部的竞争以及技术标准升级发展的压力等;

三是标准必要专利相关主体（如标准化组织、标准必要专利的被许可人等）的制约能力等。

在把握好标准必要专利相关利益冲突影响因素的基础上，反垄断法的利益平衡应当遵循合理的思路：一是对于不同利益的区别对待。私人利益之间的冲突不属于反垄断法调整的范围，也不是反垄断法利益协调的对象。对于私人利益与公共利益的冲突，反垄断法应当秉持对公共利益的保护予以倾斜并适当兼顾私人利益保护的态度。在自由竞争与其他公共利益发生冲突时，自由竞争应当是反垄断法所保护的核心公共利益，但并非完全不顾其他公共利益的保护。在自由竞争之外的其他平行公共利益之间发生冲突时，反垄断法应当持整体效益最大化的原则。二是注重反垄断法一般规则的有效运用。三是关注标准必要专利的特殊性。适用反垄断法的一般规则并不意味着对标准必要专利特殊情况的忽视。

反垄断法对标准必要专利许可相关的利益冲突进行协调的基本路径是反垄断法实体规则的运用。反垄断法实体规则的运用要求主要有三个方面：首先，在适用市场支配地位认定规则时考虑到利益平衡的需要。如在界定相关商品市场（技术市场或者产品市场）时要协调好私人利益和公共利益的关系，特别是优先保护公共利益和不同公共利益之间的协调，要以维护自由竞争为基调，并有助于在一些特殊环境下对其他某种特定公共利益的促进；在界定技术市场的地域范围时，为了保护特定的公共利益可以将某些因素作为重要依据，只要这种界定的结果没有在实质上消除或者明显削弱相关市场的竞争。在对专利权人市场支配地位进行判定时，应当充分利用反垄断法关于市场支配地位认定的一般条款所具有的模糊性，用作对不同利益目标的冲突进行协调的工具；在认定经营者的控制能力时，可以根据利益平衡的需要作一些有倾向性的解释。在适用市场支配地位的推定标准时，如果有利益平衡的需要，应当注重对有抵消市场份额影响的因素或者有利于需要重点保护之公共利益的因素的考察。其次，在对具体滥用行为作出认定时进行利益平衡。由于标准必要专利的特殊性，拒绝许可会对公共利益造成损害，反垄断法对此类拒绝许可原则上应予以禁止；在认定拒绝许可、垄断高价、搭售、差别待遇、附加不合理的条件、滥用禁令救济等滥用行为时，都涉及是否具有"正当理由"的判断，这种判断应当将公共利益的保护或者促进情况作为重要的依据。在涉及多种公共利益冲突时，反垄断案件处理机构应当特别关注自由竞争是否受到明显促进或者严重损害。在认定具体的滥用行为时，专利权人是否遵守了 FRAND 规则往往是重要依据，而公共利益的保护应当被纳入专利权人遵守 FRAND 规则情况的重要考量因素。最后，在对标准必要专利权人追究滥用行为的责任时进行利益平衡。从利益平衡的角度考虑，标准必要专利滥用的责任应当限于行政责任和民事责任。就行政责任而言，法律规定的罚款幅度应当成为反垄断案件处理机构重要的利益平衡工具；就民事责任而言，从个体利益与公共利益平衡协调的需要考虑，针对公共利益的损害规定惩罚性赔偿也是必要的。豁免的根本价值就是利益平衡与协调，我国有必要考虑在标准必要专利滥用这类滥用市场支配地位行为的规制中适用。

　　反垄断法对标准必要专利许可相关的利益冲突进行协调的重要路径是反垄断法程序机制的运用。为了实现利益平衡，反垄断案件处理机构应当灵活运用相关程序规则，甚至需要在现有法律框架下进行程序机制的创新。从利益平衡的需要出发，反垄断案件处理机构应当重视四种程序机制的运用：一是利益相关各方共同参与的程序机制。具体程序包括损害申报程序、听证程序、座谈会程序等。它们能够帮助反垄断案件处理机构厘清标准必要专利许可涉及的主要利益关系，查明相关利益受到影响的情况，便于利益相关者妥协与合作，产生更多利益平衡协调的方案等。二是技术标准制定组织参与的机制。标准制定组织的参与有助于明晰标准必要专利许可涉及的重要利益关系，能够提供技术标准相关的竞争状况以及标准制定组织对于标准必要专利运用的管理情况，阐述标准制定组织的知识产权政策。三是相关专家独立进行利益评估的程序机制。它能够有效应对利益关系的复杂性问题和专业性问题，帮助反垄断案件处理机构把握标准必要专利许可相关的利益关系及其受影响程度的真实情况。该程序机制在利益平衡方面作用的发挥有赖于专家范围及资格的设定、专家参与的身份定位、专家参与的具体程序设计等。四是反垄断案件处理机构与标准必要专利权人的和解机制。主要指承诺制度和宽恕制度，它们能够激励专利权人主动修正损害公共利益的行为，加速利益协调的进程，减少利益平衡协调的代价，提高利益平衡协调结果的长效性。

目　　录

第一章　利益平衡——反垄断法规制标准必要专利滥用的基本准则 ……（1）

第一节　反垄断法之利益平衡使命 ……………………………（1）
　　一、法律之利益平衡本质 ………………………………………（1）
　　二、垄断行为涉及的复杂利益关系 ……………………………（5）
　　三、反垄断法利益平衡之实践经验 ……………………………（13）

第二节　从标准必要专利滥用规制的现实看利益平衡之价值 …（25）
　　一、对境内外标准必要专利滥用案件的考察 …………………（25）
　　二、在标准必要专利滥用规制中利益平衡的基本状况 ………（34）
　　三、在标准必要专利滥用规制案件中利益平衡的重要价值 …（43）

第三节　在标准必要专利反垄断规制中利益平衡的主要内容 …（47）
　　一、标准必要专利滥用涉及的利益冲突的明确 ………………（47）
　　二、相关利益冲突的影响因素的洞悉 …………………………（48）
　　三、基于利益平衡思路的反垄断规则的合理运用 ……………（49）

　　本章小结 …………………………………………………………（50）

第二章　反垄断法利益平衡的对象——标准必要专利许可涉及的利益冲突 …………………………………………………………（52）

第一节　标准必要专利许可涉及的利益 ………………………（52）
　　一、标准必要专利许可涉及的私人利益 ………………………（52）
　　二、标准必要专利许可涉及的公共利益 ………………………（55）

第二节　标准必要专利许可涉及的直接利益冲突 ……………（62）

一、标准必要专利许可相关的直接利益冲突的范围……………（62）
　　二、标准必要专利权人与标准实施人利益冲突的表现…………（63）
第三节　标准必要专利许可涉及的深层利益冲突…………………（67）
　　一、私人利益与公共利益的冲突………………………………（67）
　　二、不同公共利益之间的冲突…………………………………（78）
本章小结………………………………………………………………（83）

第三章　反垄断法利益平衡的基础——标准化背景下利益冲突影响
　　　　因素的分析……………………………………………………（85）
第一节　标准必要专利的状况对于利益冲突的影响………………（85）
　　一、相关技术标准的类型对利益冲突的影响…………………（85）
　　二、标准必要专利自身的特性对利益冲突的影响……………（99）
第二节　标准之间的竞争对于利益冲突的影响……………………（104）
　　一、不同标准体系之间的竞争对利益冲突的影响……………（104）
　　二、同一标准体系内的竞争对利益冲突的影响………………（108）
　　三、标准的发展变化对利益冲突的影响………………………（111）
第三节　标准必要专利相关主体的制约能力对于利益冲突的影响…（114）
　　一、标准化组织的监控管理能力对利益冲突的影响…………（114）
　　二、被许可人的对抗或者制约能力对利益冲突的影响………（119）
本章小结………………………………………………………………（125）

第四章　反垄断法在规制标准必要专利滥用时利益平衡的基本思路…（127）
第一节　不同利益的区别对待………………………………………（127）
　　一、个体利益与社会公共利益的区别对待……………………（127）
　　二、不同公共利益冲突的差异化处理…………………………（135）
第二节　反垄断法一般规则的运用…………………………………（143）
　　一、市场支配地位滥用规制的反垄断法规则…………………（143）
　　二、运用反垄断法一般规则进行利益平衡的思路……………（146）
第三节　对于标准必要专利特殊性的重视…………………………（152）
　　一、标准必要专利滥用行为的特殊性…………………………（152）

二、约束标准必要专利许可行为的专门规则 …………………… (160)

本章小结 ……………………………………………………………… (167)

第五章 基于利益平衡的反垄断法实体规范对标准必要专利滥用的适用 ……………………………………………………………… (169)

第一节 在标准必要专利权人市场支配地位认定中的利益平衡 …… (169)
一、在相关市场界定中的利益平衡 ……………………………… (169)
二、在市场支配地位判定中的利益平衡 ………………………… (185)

第二节 在标准必要专利权人具体滥用行为认定中的利益平衡 …… (209)
一、利益平衡与拒绝许可的认定 ………………………………… (209)
二、利益平衡与垄断高价的认定 ………………………………… (215)
三、利益平衡与搭售的认定 ……………………………………… (224)
四、利益平衡与差别待遇的认定 ………………………………… (229)
五、利益平衡与其他滥用行为的认定 …………………………… (236)

第三节 在对标准必要专利权人追究滥用行为责任时的利益平衡 … (243)
一、在法律责任适用中的利益平衡 ……………………………… (243)
二、在责任豁免适用中的利益平衡 ……………………………… (250)

本章小结 ……………………………………………………………… (257)

第六章 利益平衡思维下反垄断法规制标准必要专利滥用的程序构造 ……………………………………………………………… (260)

第一节 利益相关各方共同参与的程序机制 ……………………… (260)
一、相关各方共同参与的利益平衡价值 ………………………… (260)
二、利益相关各方共同参与的程序设计 ………………………… (269)

第二节 技术标准制定组织的参与机制 …………………………… (275)
一、标准制定组织参与的利益平衡价值 ………………………… (275)
二、标准制定组织参与的主要程序机制 ………………………… (281)

第三节 相关专家独立进行利益评估的程序机制 ………………… (285)
一、专家评估对于利益平衡的重要作用 ………………………… (285)
二、专家利益评估的主要程序机制 ……………………………… (290)

  第四节 反垄断案件处理机构与标准必要专利权人的和解机制 ……（295）
    一、和解机制的利益平衡价值 ………………………………（295）
    二、当前实现沟通与和解的主要机制 ………………………（298）
  本章小结 …………………………………………………………（304）
参考文献 ……………………………………………………………（306）
后记 …………………………………………………………………（331）

第一章　利益平衡——反垄断法规制标准必要专利滥用的基本准则

第一节　反垄断法之利益平衡使命

一、法律之利益平衡本质

从本质上说，法律是利益平衡的工具，因为法律是调整社会关系的，而社会关系在本质上是复杂的利益关系。

(一) 法律之使命——社会关系的调整

法律是社会关系的调节器，每一个部门法律都以调整某一类或者某一方面的社会关系为其使命。法律一方面是社会关系实际状况的反映，另一方面又能够对社会关系的发展变化产生较大的影响；在日本学者看来，前者是"以法律为存在于社会之自体"，而后者可以看作"以法律系由社会以外或者向社会所施之力矣"。❶ 从不能离开社会关系谈人论法，只有"社会关系"才是法律的直接本源。❷ 正因如此，我国学者在界定某一部门法的调整对象时，都将其与特定的社会关系联系起来。比如，有学者认为民法调整对象是对民法所调整的社会关系定性、定量的规定和概括，其在我国民法学知识谱系中

---

❶ [日] 牧野英一. 法律上之进化与进步 [M]. 朱广文, 译. 北京：中国政法大学出版社, 2003：1.

❷ 吴越, 陈蔚红. 法律的直接本源不是人而是给人定位的社会关系——"人本法律观"质疑 [J]. 江汉论坛, 2007 (9).

归属于民法本体论的问题域。❶ 学者们通常将民法所调整的社会关系界定为平等主体之间的财产关系和人身关系。又如，在谈及经济法的调整对象时，一些学者认为我国的经济法应以行政管理性经济关系为调整对象，以宏观调控法、市场管理法、资产资源管理法及涉外经济管理法等为基本框架。❷ 法律始终与特定的社会关系联结在一起，是顺应社会关系的需要而产生的，以社会关系为服务对象，解决社会关系形成、发展变化中出现的诸多问题。

（二）社会关系的实质——利益关系

法律所调整的社会关系在实质上一种利益关系。正如有学者所言，利益是各种社会关系的核心所在，是社会各方面发展和进步的力量源泉；人们对于利益问题进行了多样而极其广泛的讨论，涉及政治、经济、道德、法律、宗教、文化等诸多因素，也与人们实际生活的各个方面紧密关联。❸ 我们很难想象，某一种社会关系不会涉及利益关系；事实上，不同的社会关系往往体现着不同的利益关系。社会关系在本质上只是人们利益关系的外在形式，人们所追求的利益一般都要通过一定社会关系才能得以实现；同样，人们在利益上所遭受的损害和相应的救济，也需要在特定的社会关系中实现。❹ 在社会关系所涉及的各种利益关系中，经济利益关系又可以算是最高常见的利益关系，是利益关系的代表。有学者认为，社会关系综合概念，它是人们在社会活动中各种关系构成的整体，既包括政治关系、经济关系和文化关系等，也包括具体的人与人之间的关系。就这些关系而言，经济关系被认为是最基本的关系，而利益关系又是经济关系的核心所在。在市场经济环境下，经济利益毫无疑问是人们各种利益最集中的体现。❺ 有些利益关系虽然表面上不是经

---

❶ 孙莹，谭启平．我国民法典编纂中民法调整对象的确定与表达［J］．法学杂志，2015，36（10）．

❷ 石少侠．对经济法概念、对象、体系的再认识［J］．吉林大学社会科学学报，1998（5）．

❸ 邬璟璟．利益是社会关系的核心——《利益关系总论》评析［J］．社会科学研究，2012（4）．

❹ 黄建武．法律调整社会关系的机制与科学立法［J］．法治论坛，2011（4）．

❺ 刘芳．优化社会关系与协调利益关系：构建和谐社会的重要途径［J］．探索，2011（6）．

济利益关系，但其背后有经济利益的内容，或者与经济利益有着这样那样的联系。

(三) 利益关系调整之根本——利益平衡

法律对于社会关系的调整，实质上就是调整其中的利益关系，而这种利益调整的中心工作是进行利益协调和平衡。有学者认为，法律要调整社会关系，就必须向社会提供完整的社会关系模式；这种模式包括两类：一类是合法利益的肯定，一类是违法利益的否定。❶ 事实上，社会关系所涉及的利益并非总是仅仅合法利益与非法利益这么简单，在很多时候是多种合法的利益交织在一起，它们都需要法律给予相应的保护。

法律的利益平衡使命首先在于其调整社会关系的主要目标。法律对于社会关系的调整主要目标在于维护社会关系的稳定性，构建和谐稳定的社会关系。和谐社会的构建离不开利益的协调与平衡。在社会关系各方当事人之间往往存在利益需求的差异，甚至存在较大的利益冲突；在面对这些差异化的利益需求或者利益冲突时，法律不能试图让一种利益完全服从于另一种利益的需求，因为这么做不仅不能消除分歧和冲突，反而会造成更大的冲突。正如有学者所主张的那样，利益协调不是指从根本上消除相关利益矛盾和冲突，而是指要努力将特定的矛盾和冲突控制在适度的、局部的范围，不会因为这些矛盾和冲突影响到社会整体的稳定与协调；在构建和谐社会的过程中利益协调的内在价值和作用必须得到充分的认识，并努力将其发挥到较高水平。❷ 从法律上看，对和谐社会可以在利益关系上得到阐释，它指各种利益都能够得到人们较高的尊重，各种利益能够在平衡之中发展的社会；因此，如何协调好各种不同的利益，尤其是公共利益与个人利益能否大致均衡，就成为构建和谐社会的关键因素。❸ 法律应当适应利益格局随时发生的深刻变化，从利益表达、利益分配以及冲突解决等诸多方面着手，努力协调各种不同的利益诉求，做到统筹兼顾，考虑到各方面的关切；这些既是各种社会关系得以协

---

❶ 黄建武. 法律调整社会关系的机制与科学立法 [J]. 法治论坛，2011 (4).
❷ 霍孟林. 马克思主义利益观与和谐社会构建 [J]. 理论导刊，2012 (5).
❸ 胡玉鸿. 和谐社会与利益平衡——法律上公共利益与个人利益关系之论证 [J]. 学习与探索，2007 (6).

调的重要突破口，也是我国致力构建社会主义和谐社会的根本路径。❶

　　法律的利益平衡使命还在于法律具有相应的平衡机制。法律对于社会关系的作用主要是通过法律的制定和法律的适用得以实现的，而法律制定的过程和法律适用的过程在实质上都是利益平衡的过程。法律对于社会关系的调整，是用自己所设定的社会关系模式去有效地组织各种社会关系，从而形成相应的法律秩序。❷ 这种模式的设定首先取决于立法。张文显先生认为，法的基本的、核心的要素是权利和义务。❸ 权利与义务的设定也就因此成为立法的基本任务。事实上，权利义务的配置就是各种利益博弈和平衡的过程，法律对权利义务的设定能否得到较广泛的认同，关键在于其对于各方利益的关注和协调是否合理，是否对于各种重要利益的实现与保护都给予了适当的考虑。由于社会的复杂性和立法者认知的局限性、社会的发展变化和法律的滞后反应、规范的抽象性和现实的多样性、法律条文的机械性和社会关系的灵活性等因素的影响，任何法律永远都不会尽善尽美，通过立法过程对于利益的平衡也就不会周全和一步到位，而需要通过法律的适用进行补充或者作进一步的平衡。法律适用包括行政执法和司法两个方面，它们都不是机械的过程，而是经常涉及价值比较和利益的权衡抉择。行政执法一般涉及自由裁量权的灵活运用，这种自由裁量权是行政机关及其工作人员在具体的行政执法过程中客观存在的，它一般由法律法规明确授予。❹ 自由裁量权为行政执法机关在调整社会关系时为追求更好的执法效果而进行必要的利益平衡提供了基本的路径，事实上行政执法机关也通过自由裁量权的行使为和谐社会的构建作出了较多的贡献。司法往往是保障权益、化解社会矛盾的最后一道防线，也是利益平衡、促进社会和谐的重要环节。每一个法律体系都是有缺陷的、有空白的，因而要在现有规则的基础上，通过逻辑推论得出令人满意的决定不总是可能的；这就需要法官善于发现法律规则的目的，通过创造性的、合理性

---

❶ 刘芳. 优化社会关系与协调利益关系：构建和谐社会的重要途径 [J]. 探索, 2011 (6).
❷ 黄建武. 法律调整社会关系的机制与科学立法 [J]. 法治论坛, 2011 (4).
❸ 张文显. 法哲学范畴研究（修订版）[M]. 北京：中国政法大学出版社, 2001：46.
❹ 游振辉. 论行政执法中的自由裁量权 [J]. 中国法学, 1990 (5).

的解释去平衡互相冲突的利益。❶ 这种创造性的、合理性的解释实际上就是法官在裁判过程中的自由裁量,这是法官进行利益平衡的基本方式。自由裁量是司法实践中所必需的,它不仅是法律所赋予的一种权力更是法官所应承担的一种责任;自由裁量作为裁判案件的过程,其结果在于得出适当的判决和裁定,以实现法律效果和社会效果的统一。❷

二、垄断行为涉及的复杂利益关系

法律调整社会关系的本质在于平衡特定社会关系所涉及的诸多利益需求,反垄断法亦不例外。反垄断法规范的对象是垄断行为,而垄断行为涉及诸多利益关系,这也决定了反垄断法对不同利益需求进行协调和平衡是在所难免的。总体而言,垄断行为一般涉及以下七个方面的利益关系。

(一) 公平竞争秩序

公平竞争是指经营者在相同的市场环境下开展公开、平等、公正的竞争,强调每个经营者应当处于相同的竞争环境,获得平等的竞争机会,采取正当的竞争方式。美国威斯康星大学学者休格斯将竞争公平概括为四个层面,即竞争起点公平、基于企业视觉的竞争本身的公平、基于市场视觉的竞争程序的公平和竞争结果公平。❸ 公平竞争秩序是市场经济的基本秩序,是资源高效配置所依赖的基本机制。公平竞争秩序既关系到参与市场竞争的每个经营者所获得的待遇、交易机会及相关个体利益的保障,也关系到市场经济效能的发挥和一个国家经济的健康发展,可以说是同时涉及个体利益和社会公共利益两种利益需求。我国《反垄断法》将维护公平竞争秩序作为重要的立法目标,就是考虑到垄断行为首先涉及的利益关系就是公平竞争秩序,通常是对公平竞争秩序的损害。反垄断法虽然以维护市场自由竞争为出发点,但它的

---

❶ 孟祥娟. 论利益平衡的法律控制 [J]. 理论探讨, 2008 (2).
❷ 张军. 法官的自由裁量权与司法正义 [J]. 法律科学, 2015, 33 (4).
❸ Edwin J. Hughes. The Left Side of Antitrust:What Fairness Means and Why lt Matters [J]. Marq. L. Rev., 1994, 77.

真正起源则是对竞争公平和整个社会公平的关注。❶ 正如吴宏伟教授等所说，垄断状态和垄断组织有意实施的各种限制竞争行为又会减少市场竞争和限制竞争；从经济效率的角度而言，它们扭曲价值规律，使市场机制不能充分发挥有效配置社会资源的作用，而且垄断组织往往以社会福利损失为代价维持其个体的垄断利润，从而使垄断组织的个人经济利益与社会整体的经济效率相背离，并导致一国整体竞争力的减弱。❷ 值得注意的是，垄断并非总是产生绝对的、损害竞争的后果，有时也可能存在有利于竞争的一面。比如，在相关市场上基于经营者集中形成若干具有市场支配地位的竞争者，虽然因经营者数量的减少而减少了竞争者的数量，但可能导致大企业之间的激励竞争，提高了特定市场的竞争强度。

(二) 产业发展

一个国家和地方经济社会的发展是以产业发展为支撑的，引导和推动产业发展也就成为国家、地方和行业的重要使命，各种促进产业发展的方法也都被使用出来。从各个国家和地方的实际情况看，产业政策是用来促进某一产业发展的常用手段。从已有的产业政策看，依其目标功能可以划分为两类：一类为功能性产业政策；另一类为选择性产业政策。所谓功能性产业政策，是指政府出台的通过研发补贴、人力资源的教育培训等方式来提高本国相关产业在国际市场竞争力的政策，这类政策的主要功能是弥补市场缺陷，通常没有特定的产业导向；所谓选择性产业政策，是指政策制定者主动对特定产业进行扶持，特别是扶持新兴产业和具有战略地位的产业，借此使本国相关产业结构的升级或者演进的过程大大缩短，从而得以实现经济赶超的目标，通常针对的是特定的产业。❸ 为了在较短的时间内实现特定的政策目标，政策制定者通常会自己或者要求其他相关机构采取补贴扶持措施或者面向部分经营者的优惠措施，产生在正常的市场机制运行过程中所不能取得的效果。这

---

❶ 高宏贵，董小红. 论我国反垄断法的价值目标及其实现 [J]. 社会主义研究，2008 (4).

❷ 吴宏伟，魏炜. 论反垄断法的价值目标 [J]. 法学家，2005 (3).

❸ 叶卫平. 产业政策对反垄断法实施的影响 [J]. 法商研究，2007 (4).

些产业政策实质上是政府部门或者行业组织对于特定领域的市场机制所进行的有意识的主动干预,这种主动干预有时显得非常必要。因为对产业和经济发展而言,必须更好地发挥政府及产业政策的作用;产业政策对经济的调控具有主动性、全局性、主导性,在手段上具有综合性,体现了国家对经济发展的能动协调。❶ 但是,政府通过产业政策对于经济的调控必须有一定的限度,否则会对市场机制和竞争秩序造成不应有的损害。产业政策的制定和实施应当立足于市场机制,政府的产业政策应当置于宪法和民主法治之下接受评判与问责。❷ 脱离市场机制的产业政策很可能落入垄断行为的范畴,彼时该政策虽然有益于特定产业的发展,但很可能造成了对公平竞争的严重阻碍或者损害。

(三) 消费者利益

消费者利益的保障是竞争法的归属,竞争法维护市场机制正常运行的根本目标在于保障消费者能够获得竞争所产生的成果,特别是商品价格的降低、商品质量的提高、更多的选择机会、更好的售后服务等利益。这也是诸多国家将最大限度地保障消费者的利益作为其反垄断法根本目标的重要原因。在我国,消费者利益的保障是当前及今后的重要任务。这一点与习近平总书记在十九大报告中重点强调的"人民对美好生活的向往"是高度切合的。可以说,保护好广大消费者的利益,也是实现"人民对美好生活的向往"的重要一部分。

消费者利益的实现在很大程度上取决于竞争的状况,因为生产者、经营者在市场上进行激烈的竞争,能够使他们生产或者经营的商品在价格、质量、功能或者创新方面成为吸引人的商品。❸ 有学者甚至认为公平竞争秩序仅仅是维护消费者利益的手段或者工具。❹ 垄断行为限制了竞争,也往往会损害消费

---

❶ 史际春,徐瑞阳. 产业政策视野下的垄断与竞争问题——以银行卡清算产业的法律规制为例 [J]. 政治与法律,2016 (4).
❷ 史际春. 政府与市场关系的法治思考 [J]. 中共中央党校学报,2014,18 (6).
❸ 阮赞林. 论反垄断法的消费者利益保护 [J]. 中南大学学报 (社会科学版),2011,17 (1).
❹ 颜运秋. 反垄断法应以保护消费者权益为终极目的 [J]. 消费经济,2005 (10).

者的福利，因为垄断模式保全了社会财富由弱者所有向强者所有的转移，由消费者所有向拥有市场力量的垄断者所有的转移。❶ 当然，垄断也有可能在一定的条件下对于消费者是有利的，比如，居于市场支配地位的技术提供者限制其交易对象从其指定渠道外购买原材料，可以保证其技术的使用获得高质量的配套材料的支撑，从而为消费者提供质量稳定的产品。

有些时候，垄断行为还会对一些特殊形态的消费者利益产生影响，如公众的健康。对于较多患者急需的一些药品，如果药品专利的拥有者滥用其标准必要专利权，可能造成药品的短缺，致使很多患者不能获得必要的药品，或者可能造成药品价格升高，致使患者为了获得必要的药品而付出较大的代价。对于一些农产品，实行独家交易可以使产品供应方在获得稳定销售渠道的前提下专注于农产品安全工作，从而有利于提高食品安全保障程度。

（四）中小企业发展

中小企业是非常重要的市场主体，虽然各个国家划分中小企业的标准有差异，❷ 但最终确定的中小企业数量都远远超过90%。相对于大企业而言，中小企业在经济社会发展中具有一些独特的价值，如为创业者提供便利的创业平台，为消费者提供便捷的购买渠道，是经营管理人员提升管理水平的良好场所，能够及时满足社会公众的零星需求，可以有效吸纳城乡失业人员就业等。但是，中小企业的发展存在很多困难和压力。一般认为，在市场经济条件下，中小企业虽然不是弱者，但大型企业在技术研发、人才引进、内部管理、规模效益等方面具有明显的优势，而中小企业则相对处于劣势，在市场竞争中处于不利地位。❸ 为此，各国总是努力通过多种方式为中小企业创造较好的条件，促进中小企业的发展。除了制定《中小企业促进法》等专门法律、政策外，不少国家都灵活运用反垄断政策来为中小企业创造较好的发展环境，因为垄断与中小企业的发展具有较强的联系。一方面，中小企业相互之间的联合和协作，虽然在表面上具有一些垄断的形式，但可以增强中小企

---

❶ 刘宁元. 反垄断法政策目标的多元化 [J]. 法学, 2009 (10).
❷ 通常有从业人员数量、营业收入、资产总额等划分标准。
❸ 王翀. 论反垄断法的价值目标冲突及协调 [J]. 政法论丛, 2015 (3).

业对抗大企业的实力,通过整体力量的强化在与大企业的竞争中获得发展机会。另一方面,大企业实施的很多垄断行为,其在市场上限制或者排挤的对象往往是中小企业,中小企业更多时候是大企业垄断行为的受害者。

(五) 国家经济安全

国家安全是一个国家存在和发展的基础,是国际政治的最高形态,国家安全也因此成为学者们持续关注和研究的焦点。虽然学者们对于国家安全的要素有不同的看法,但在各种主流观点中,都将经济安全作为国家安全的核心要素之一。❶ 2014年4月,习近平总书记提出总体国家安全观,这是中共中央和中央政府国家安全理念和国家安全模式长期探索的一个必然结果。❷ 总体国家安全观具有丰富的内涵,它既包括传统安全,也包括非传统安全。总体国家安全实质上是一个一体化的国家安全体系,政治安全、经济安全、文化安全、社会安全、科技安全、信息安全、生态安全、资源安全、核安全等都属于其重要组成部分。❸ 经济安全在总体国家安全观中被看作一种重要的传统安全。当代国际社会的两大主题是和平与发展,其中的发展包括发展中国家的发展和发达国家的发展,一般属于经济问题,❹ 这表明经济安全保障是当代国际关系中的一个基本因素。

垄断与经济安全有密切的联系,垄断行为对于经济安全可能产生正反两个方面的影响。一方面,垄断行为可能损害国家的经济安全,这突出地体现在跨国公司身上。有学者认为,跨国公司给东道国造成的损害最集中地表现在两个方面:一是损害东道国的经济安全;二是损害东道国的政治安全。❺ 对东道国而言,跨国公司的进入,意味着新技术手段、生产方式、经营管理模式及与此相关的全新游戏规则和文化形态的引入,也意味着对东道国政治、

---

❶ 胡洪彬. 中国国家安全问题研究:历程、演变与趋势 [J]. 中国人民大学学报, 2014, 28 (4).

❷ 刘跃进. 非传统的总体国家安全观 [J]. 国际安全研究, 2014, 32 (6).

❸ 习近平. 坚持总体国家安全观 走中国特色国家安全道路 [N]. 人民日报, 2014-04-16 (1).

❹ 何贻纶. 国家安全观刍议 [J]. 政治学研究, 2004 (3).

❺ 车丕照, 董毅. 东道国对跨国公司活动的法律规制 [J]. 甘肃政法学院学报, 2002 (6).

经济、社会生活全方位影响的开始。❶ 跨国公司一旦在东道国的某一行业或者领域取得市场支配地位，或者滥用其已有的市场支配地位，不仅可能控制东道国该行业的发展，还可能利用其对于特定行业的控制对于东道国其他经济领域施加不利影响；如果这种控制发生在关键行业，还有可能危及东道国经济命脉的安全。跨国公司在东道国滥用其经济优势，很可能对于东道国的民族企业参与市场竞争造成严重的阻碍，长此以往会严重削弱东道国自身的经济力量在特定行业的根基。另一方面，垄断行为也可能在一定程度上有利于国家经济安全的保障。本国企业，特别是国家控股企业通过联合或者其他方式在关系国家经济命脉的一些行业或者领域形成独占或者寡占地位，或者利用其优势地位对于有较大损害国家经济安全危险的经营者进行限制或者排斥，虽然有可能构成垄断行为，但有利于国家对经济安全的控制和维护。

（六）经济发展的整体效率

对于效率的追求和保障，是法律的重要价值取向之一。不同的法律对于效率关注的焦点也不一样，包括反垄断法在内的经济法律制度所关注的效率主要是经济效率。即使在反垄断法的母国——美国，关于反垄断法的价值之争一直存在于民粹主义者和芝加哥学派之间，延续了近半个世纪之久，它们争论的焦点在于，反垄断法的价值目标是仅限于效率，还是多元化的，即应该同时兼顾其他一些价值。❷ 也就是说，对于反垄法的效率价值，学者们并无太大的争议，认识的差异主要在于反垄断法的其他价值追求上。从需求主体或者范围角度考察，经济效率可以分为个体效率、群体效率和社会整体效率。经济法作为国家干预经济之法，其价值追求主要是社会整体效益的提高；作为经济法重要组成部分的反垄断法，其对经济效率的追求自然也是定位于社会整体效益。而关于经济发展的整体效率是什么，目前很少有学者对此进行明确的界定。由于经济活动的综合性和复杂性，涉及经济发展整体效率的因素是比较多的，构成经济发展整体效率的要素也是多方面的。从经济发展的

---

❶ 王东光. 国家安全审查：政治法律化与法律政治化 [J]. 中外法学，2016，28（5）.

❷ 王翀. 论反垄断法的价值目标冲突及协调 [J]. 政法论丛，2015（3）.

历史轨迹及当前各个国家和地区的经济政策导向看，经济发展的整体效率至少可以体现为以下几个方面：一是资源配置效率的最大化，主要是在资源总量一定的条件下实现最大的产出。二是整体创新能力的提升，特别是整个国家、地区或者行业的技术水平的提高。三是经济结构的优化，也可以说是经济布局的合理化，主要指一个国家或者地区的经济系统中各个要素之间的搭配更加合理，包括企业结构、产业结构、区域结构的优化等。四是产业结构的优化，即一个国家或者一个地区的产业配置较为合理，具有较强生命力的产业得到强化，特别是产业配置与国家或者地方的资源禀赋或者特点较为吻合。五是经济发展动力的转换，主要是由要素驱动、投资驱动向创新驱动发展。六是经济总量增长的速度，这是经济发展整体效率的传统表现方式，对于处于特定发展阶段的国家或者地区来说，仍然是值得追求的一种重要的整体经济效率。七是经济发展的可持续性，也就是可持续发展，这是一种跨越不同发展阶段、不同发展年代的整体经济效率，核心内容是经济、社会、资源和环境保护协调发展，特别是强调在发展经济的同时，一定要保护好人类赖以生存和发展的各种自然资源和生态环境，使子孙后代能够获得永续发展和安居乐业。

从现实的经济生活看，垄断与经济发展的整体效率之间存在正负影响两种关系。在通常情况下，垄断损害了正常的市场竞争，对于整体经济效率会产生消极影响。如果相关市场属于竞争性的市场，只有在竞争呈现均衡状态时，资源的优化配置才能在市场机制的运行中真正得以实现，生产者的利益和消费者的利益之和才能够实现最大化，才能够实现社会财富增长的最大化；但是，在市场呈现垄断的状态下，那些占据市场支配地位的经营者极有可能通过采用价格高于边际成本的手段，攫取垄断利润，从而很容易造成消费者的利益和生产者的利益之和小于自由竞争所产生的收益，这不仅使得社会成本增加，还会造成社会总财富出现较大损失。❶ 在某些情况下，垄断却有可能促进某方面整体经济效率的提高。比如，在某些行业或者区域企业通过联合或者协议形成一定的经营者集中，可能有助于企业结构及相应经济结构的优

---

❶ 关立新，杜江．反垄断法：基于法经济学视角的解析［J］．商业研究，2008（8）．

化。在资源开发领域适度的经营者集中可以在一定程度上消除大量中小企业的存在所造成的资源无序开发的状态，对于生态环境的保护和经济的可持续发展产生积极的影响。有学者将垄断市场结构对经济发展整体效率的积极影响概括为三个方面，即推动一个国家的经济增长，促进一个国家产业结构的升级，提升一国产业的国际竞争力。❶

（七）当事人的自身利益

从具体的法律关系或者交易关系看，垄断行为一般涉及双方当事人，一方是实施垄断行为的经营者，另一方是交易的对方当事人（如纵向垄断协议的供应商或者购买人）或者受垄断行为直接影响的经营者（如被滥用标准必要专利的经营拒绝给予专利许可的企业）。从微观角度看，垄断行为对于双方当事人的利益会产生直接的影响。

垄断行为的实施者通常是受益者，其受益的表现形式可能是多种多样的，如其市场地位因垄断行为的实施而得到巩固或者增强，因垄断行为的实施而使其经营成本或者支出得以降低，因垄断行为的实施而使其获得了超常规的收益或者自己需要的技术，因垄断行为的实施而带动了自身其他相关产品的销售或者技术的交易。垄断行为涉及的交易相对人或者受垄断行为直接影响者既可能是垄断行为的受害者，也可能是垄断行为的受益者。在很多情况下，他们的个体利益会受到垄断行为的损害。当经营者为追求自身经济利益最大化而实施垄断协议、滥用市场支配地位、经营者集中等经济垄断行为时，其他经营者的竞争权利势必会受到不同程度的限制甚至侵害：有的经营者因这些经济垄断行为而无法进入市场竞争领域，有的经营者因这些经济垄断行为而无法提高自身的科技水平、经营管理水平和竞争力，或者被排除出相关市场；❷ 除了公平交易机会受到损害外，其他经营者还可能因为垄断行为而遭受经济利益上的直接损失，如支付比正常价格高得多的费用，有偿接受自己并不需要的产品或者技术等。有的时候，垄断行为也可能有利于交易相对人个

---

❶ 杜传忠. 对垄断及其效率的再认识——兼论我国《反垄断法》实施的目标取向 [J]. 中州学刊, 2008 (6).

❷ 吴宏伟. 法益目标：我国《反垄断法》实施之灵魂 [J]. 江西社会科学, 2008 (7).

体利益的增进，比如，参与划分销售区域协议的企业可以获得较为稳定的产品销售市场，接受最低价格限制的下游企业可以保持较高的产品销售价格。

三、反垄断法利益平衡之实践经验

从现实需要看，坚持多元化应当是反垄断法确定价值目标的基本理念，而于对反垄断法涉及的不同价值目标，应该进行必要的协调，只有这样，反垄断法才能发挥其应有的作用。因此，在反垄断过程中进行利益平衡与协调，不仅体现在反垄断立法中，也已经成为反垄断案件处理机构的重要实践。❶ 无论是有着悠久反垄断传统的欧美，还是反垄断刚刚起步的中国，莫不如此。所不同的是，在不同案件中、在不同时期、在不同国家或者地区，利益协调的范围、协调的思路和方法会有所不同，甚至有较大的差异。

（一）多样化的利益平衡方法

从众多国家和地区反垄断法立法及实施情况看，对于不同利益需求的考量、平衡、协调和选择始终是反垄断工作的重要主题，所采取的利益平衡方法也是多样化的。

（1）利用合理原则进行利益平衡。美国是适用合理原则处理垄断行为的典型代表，其他很多国家和地区也都效仿这种做法。合理原则是美国法院在1911年"新泽西标准石油公司案"中确立的原则，在处理垄断行为时，法官要对行为正负两方面的效果进行认真考量和相应的权衡，如果弊大于利，该行为就是对市场竞争不合理的限制，反垄断法就要加以禁止；反之，如果该行为所能产生的积极效果足以抵消其对市场竞争的损害，则其对市场竞争的限制就是合理的，反垄断法就不宜加以禁止。❷ 从该原则的实质看，一个行为是否要被反垄断法所禁止和制裁，关键看其是否"合理"，而"合理"的判断依据主要是该行为所产生的"利"或者"积极效果"与其对竞争的损害的比较，也就是说，一个行为虽然对于竞争有一定的损害，但它如果在促进或

---

❶ 本书所称"反垄断案件处理机构"主要包括反垄断行政执法机关和审理反垄断案件的法院。

❷ 许光耀．"合理原则"及其立法模式比较［J］．法学评论，2005（2）．

者保护其他利益方面具有较好的效果,反垄断法也不需要对其进行否定性评价。这一原则的适用,实际上是反垄断机构利用"合理"这样一个颇具抽象性的用语对于公平竞争利益和其他利益需求进行的较为灵活的平衡与协调。

在其他国家或者地区的反垄断立法与实践中,虽然未必使用"合理原则"这一概念,但都采用了类似合理原则的做法。这些做法在《日本不公正的交易方法》《韩国规制垄断与公平交易法》《德国反限制竞争法》《俄罗斯保护竞争法》《奥地利卡特尔法》《瑞典竞争法》《保加利亚保护竞争法》《巴西反垄断法》中都相应的规定。❶ 在这些国家的反垄断实践中,对于是否"正当"、是否具有"实质性正当理由"、是否"合理"、是否"公平"等法律所规定的垄断行为的要件的判断,都是在多种利益比较与平衡协调的基础上做出的,反垄断法的这些用语正是为执法机构的利益平衡提供依据和便利。

我国《反垄断法》也有类似的规定,在其第 22 条第 1 款所规定的(一)至(六)项滥用市场支配地位的行为中,除(一)项外,其他各项行为都强调"没有正当理由"。也就是说,在认定经营者是否具有(二)至(六)项行为,一个重要的标准就是是否具有"正当理由",而正当理由往往是在对于竞争的影响之外去审视,通常是对于一些正当利益的增进或者保护,这实质上就是我国反垄断机构平衡公平竞争与其他利益需求的依据。

(2)将一般规定与除外规定结合起来进行利益平衡。从各国反垄断法规定的情况看,其对于垄断行为不仅作出一般性的规定,还有一些除外规定。比如,我国《反垄断法》第二章、第三章、第四章和第七章分别对于垄断协议、滥用市场支配地位、经营者集中和垄断行为的法律责任做出了一般性规定,同时又在"附则"中明确将行使知识产权的行为以及农村经济组织或者农民等农业生产者在农产品的日常生产、加工、销售、运输或者储存等生产

---

❶ 参见《日本不公正的交易方法》第 1~9 条、第 11~16 条;《韩国规制垄断与公平交易法》第 3 条之 2,56 条;《德国反限制竞争法》第 19 条(4)1、3、4,第 20 条(1)、(3)、(4)、(6),第 21 条(1),第 33 条 1、3;《俄罗斯保护竞争法》第 10 条 1(3)-(7)、2,第 13 条,第 10 条 2、第 13 条;《奥地利卡特尔法》第 5 条(1)1、3、5,第 6 条;《瑞典竞争法》第 19 条(1)1;《保加利亚保护竞争法》第 18 条 1、5;《巴西反垄断法》第 21 条(15)、(17)-(21)、(24)。

经营活动中所进行的协同或者联合行为排除在反垄断法一般性规定的适用范围之外。❶ 我国的这种情形在很多其他国家或者地区的相关反垄断立法中也有较多地体现。在德国，其1998年修订的《反限制竞争法》专门在其中第五编"本法的适用范围"就该法的适用除外作出了相应的规定；在日本，其《禁止私人垄断及确保公正交易法》第六章是专门关于"适用除外"的规定；在美国，关于反托拉斯法"适用除外"的行业或领域的规定体现在一系列单行法以及判例之中，如1982年的《出口贸易公司法》，1945年的《麦克卡-飞古森法》，1922年的《凯普-伏尔斯蒂特法》，以及1918年的《韦伯-波密伦法》。❷

可以说，适用除外制度在反垄断法中的设置，是有效运用恰当的法律手段保护和促进国内一些特定行业或领域的发展，维护其秩序，提高其效率，是维护和实现社会整体利益的需要，也是很多实行市场经济体制国家的通行做法。在本质上，反垄断法适用除外制度是国家将竞争与产业等方面的经济政策加以法律化，以此来保证市场经济的正常运行，实现"公平与效率"的价值目标，也是国家协调垄断行为规制与规模经济效益冲突，构建竞争有序的市场结构，维护整体经济利益和社会公共利益的重要手段。❸ 一般说来，反垄断法关于垄断行为的基本规定主要满足公平竞争的需要，而除外规定则主要从激励创新、推动特定产业发展、保护消费者利益、提高规模经济效益等其他正当的利益需求出发。适用除外制度实际上是反垄断法出于利益平衡的需要而进行的制度设计。

（3）通过责任豁免进行利益平衡。在反垄断法中，豁免与适用除外应当是两个不同的概念。适用除外是反垄断法给予某些类型行为的整体待遇，是将这些类型的行为整体排除在反垄断法适用范围之外，即对于这些类型的行为不从反垄断法角度进行评价。豁免则是对于经营者的具体行为在适用反垄断法时给予的一种待遇，通常的做法是对于具体行为是否违反反垄断法先进

---

❶ 参见我国《反垄断法》第68条和第69条之规定。
❷ 尚明. 主要国家（地区）反垄断法例汇编 [M]. 北京：法律出版社，2004：59，439，848.
❸ 吴宏伟，金善明. 论反垄断法适用除外制度的价值目标 [J]. 政治与法律，2008（3）.

行评价，再基于某些因素的考虑对于垄断行为免予追究法律责任。豁免规定的基本逻辑是先认定垄断协议，再考虑行为的积极效果。❶

我国《反垄断法》第 17 条和第 18 条分别规定了需要禁止的六种横向垄断协议和三种纵向垄断协议，❷ 又在第 20 条就垄断协议的豁免做出了规定，即规定上述垄断协议如果具有下列情形之一的，不按照垄断行为处理：一是出于改进技术、研究开发新产品的目的；二是出于提高产品质量、降低成本、增进效率，统一产品规格、标准或者实行专业化分工的目的；三是出于提高中小经营者经营效率，增强中小经营者竞争力的目的；四是出于节约能源、保护环境、救灾救助等社会公共利益的目的；五是在经济不景气的条件下出于缓解销售量严重下降或者生产明显过剩的目的；六是出于保障对外贸易和对外经济合作中的正当利益的目的；七是存在法律和国务院规定的其他同类情形。《欧盟运行条约》第 101 条对于垄断协议也作了类似的规定：如果经营者之间的协议、相关的经营者协会的决议或者经营者之间协同一致的行为，在实质上影响了成员国之间的贸易而且行为人在主观上具有扭曲、阻止或者限制欧盟内部市场竞争的目的，或者行为事实上产生了这种效果，就应当被禁止。该条第 3 款则作了一些例外规定，那就是，如果上述行动（包括协议、决议和协同一致行为等）对于产品的生产或分销的改进具有促进作用，或者对于推进技术或者经济进步具有助于一定的促进作用，还能够使消费者公平分享到这些作用所产生的利益的，就可以排除前述禁止性规定的适用，但这一排除适用还需要同时满足两个条件：一是为了实现这些有益目标，该行为对市场竞争的限制是不可避免的；二是该行为不存在导致消除相关产品市场竞争的可能。

豁免制度在本质上是反垄断法中的利益平衡机制，是将公平竞争需求与

---

❶ Giowo Monti. EC Competition Law ［M］. Cambridge University Press，2007：30.

❷ 六种反垄断法禁止的横向垄断协议为固定或者变更商品价格的协议，限制商品的生产数量或者销售数量的协议，分割销售市场或者原材料采购市场的协议，限制购买新技术、新设备或者限制开发新技术、新产品的协议，联合抵制交易的协议以及国务院反垄断执法机构认定的其他垄断协议。三种纵向垄断协议为固定向第三人转售商品的价格的协议、限定向第三人转售商品的最低价格以及国务院反垄断执法机构认定的其他垄断协议。

其他利益需求进行比较与协调，它要求反垄断案件处理机构在认定和处理垄断行为时不能仅仅考虑行为的竞争效果，还要考虑行为对于其他利益的影响，特别是行为对于实现国家公共政策、增进公共利益的影响。正如有学者所主张，豁免在实质上可能看成是一种公共政策抗辩，反垄断法上豁免制度的运用是为谋求竞争政策与其他公共政策的平衡而进行的一种操作，这也被称作"外部平衡"；从本质上看，豁免是争议行为限制竞争的效果的正当化，这种正当化的原因就是该行为对于公共政策利益的促进。❶ 正因为豁免意在平衡竞争效果与公共政策目标的实现，在反垄断实践中才会发生涉及国家行为或者主权行为的垄断行为的豁免诉求和争端。❷ 豁免制度是在一般反垄断法规则比较行为对于竞争正反两方面影响的基础上，又将行为对竞争的影响与行为对其他利益的影响（特别是对于公共利益的影响）进行比较。对于一些在总体上损害竞争的行为，由于它们在引领技术创新、增进消费者利益、推动中小企业发展、保护生态环境、促进救灾救助、解决经济不景气问题、促进对外经济贸易与合作等方面的突出作用，而免于追究其反垄断责任。究其实质而言，豁免制度是在利益平衡的基础上，在不会严重损害竞争的前提下，强调对于重要公共利益的保护。

(二) 多视角的利益平衡

反垄断法对垄断行为的规制涉及多个环节，比如，本书所要探讨的"滥用市场支配地位的行为"的规制就涉及相关市场的界定、市场支配地位的认定、滥用行为的判定和法律责任的追究等步骤或者环节，从现行反垄断法立法与执法情况看，几乎在每一个环节都存在或者需要利益平衡的状况。

首先，在相关市场与市场支配地位认定中的利益平衡。反垄断法律制度的宽严在很多时候不是一定要在法律条文的修改上体现出来，却完全能够在该法律的具体实施活动中体现出来，比如在相关市场界定的技术性操作中得

---

❶ 兰磊.论我国垄断协议规制的双层平衡模[J].清华法学，2017 (5).
❷ 彭岳.论美国跨境反垄断诉讼中的主权抗辩——从"维生素 C 案"谈起[J].法商研究，2014 (1).

以体现。❶ 这里的政策宽严的把握实际上就是利益平衡的过程。在很多反垄断案件中，法院在界定相关市场时都对相关利益进行了权衡与考量，特别是将公平竞争与其他公共利益进行平衡与协调。比如，在北京高级人民法院审理的百度公司被诉垄断的案件中，百度公司认为在该案不存在反垄断法意义上的相关市场，其主要理由在于其所提供的搜索引擎服务是一种免费服务。但法官对于免费服务有自己的解释，那就是免费服务判断的关键依据是，该服务是否具有完全、单纯地满足他人需求的公益性。❷ 法院的裁判表明，在其判断相关市场时除考虑竞争关系外，还将公共福利作为一个重要的考量因素。❸ 又如，在 1978 年联合品牌大陆 BV 诉欧盟委员会一案中，欧洲法院在划分产品市场时将香蕉与其他新鲜水果进行了区别对待，原因就在于香蕉具有不同于其他水果的特殊功能，即它因为柔软、无核等方面的特点而能够满足幼儿、老人和病人的特殊需要。❹ 在该案中，欧洲法院实际上平衡了公平竞争和特殊消费者的利益，最后对于产品市场的划分进行了更为合理的选择。再如，在谷歌并购双击公司一案中，欧盟和美国的反垄断审查机关具有相同的倾向，那就是在线广告服务和离线广告服务构成不同的相关产品市场，甚至在对在线广告服务进行细致考察的情况下还可以将它再划分为多个不同的相关产品市场；在微软公司收购 Skype 一案中，在欧盟委员会看来，消费者互联网通信服务与企业互联网通信软件服务存在差异，应当构成不同的产品市场。❺ 在这两个案件中，反垄断案件处理机构对于相关市场的认定并未局限于传统的公平竞争标准，还考虑到了互联网产业的特殊商业模式及其发展需要，实际上综合考量了公平竞争和互联网产业发展两种利益。

其次，在滥用市场支配地位行为判定中的利益平衡。在我国，《反垄断

---

❶ 王先林.论反垄断法实施中的相关市场界定［J］.法律科学（西北政法学院学报），2008（1）.

❷ 北京市高级人民法院（2010）高民终字第 489 号民事判决书.

❸ 潘伟.市场支配地位司法认定问题之探讨［J］.法律适用，2011（9）.

❹ 时建中，王伟炜.《反垄断法》中相关市场的含义及其界定［J］.重庆社会科学，2009（4）.

❺ 黄勇，蒋潇君.互联网产业中"相关市场"之界定［J］.法学，2014（6）.

法》规定的绝大多数滥用市场支配地位的行为都要以经营者"没有正当理由"为前提，❶ 法院在判断是否有正当理由时要通过对相关利益进行考量和平衡。比如，在无锡市保城气瓶检验有限公司控告无锡华润车用气有限公司拒绝交易的案件中，法院在认定华润公司拒绝供气是否有正当理由时认为，华润公司的重要业务是供应车用天然气，而车用天然气属于特殊行业，从技术和安全等方面需要的考虑，华润公司依据公司的内部管理手册，对加气卡办理数量进行了适当的限制，属于其正常的经营自主权的范围，不能因此认为华润公司存在拒绝交易这种滥用行为的主观故意。❷ 法院在这里不仅考虑了促进竞争的问题，更考虑了天然气供应这一特殊行业保障公共安全的需要。在欧盟，《建立欧洲共同体条约》（修订版）第82条对滥用市场支配地位的行为作了明确规定：在欧共体市场中，如果具有支配地位的经营者或者占有很大市场份额的经营者滥用了其突出的市场地位，对成员之间的贸易造成不良影响，其行为就会被禁止，因为它被认为与共同体市场不相协调。虽然该条没有像我国《反垄断法》那样规定"正当理由"等可以用作利益平衡依据的用语，但反垄断案件处理机构认定滥用市场支配地位行为的实践中还是会基于利益平衡的需要同时考量多种利益需求。比如，在丹麦邮政案中，欧盟法院（ECJ）在适用《建立欧洲共同体条约》第82条时把消费者利益和自由竞争相提并论，认为只有被告能够证明其行为所产生的效率足够可以消除其对自由竞争以及消费者利益的消极影响，才能使其在表面上排斥竞争行为被作为正当行为处理，而且，这种排斥竞争的行为不能因为消除了实际的或者潜在的主要竞争来源而在事实上排除了有效竞争。❸ 欧盟法院在这里实质上同时考量了有效竞争、消费者利益和整体经济效率三种利益需求，为了提高整体效率、谋求消费者福利，有时可以在有效竞争上付出一些小的代价（只要这种代价不是太大）。

最后，在确定垄断行为法律责任中的利益平衡。在反垄断案件处理机构

---

❶ 《反垄断法》第22条第1款之规定。
❷ 江苏省无锡市中级人民法院（2011）锡知民初字第0031号民事判决书。
❸ Case C-209/10, Post Danmark A/S v. Konkurrencerådet, 42（Mar. 27, 2012）.

19

确定是否让垄断行为的实施者承担法律责任、让垄断行为的实施者承担什么样的法律责任时也会有明确的利益平衡或者事实上的利益平衡。前文所说的责任豁免往往就是反垄断执法机关在利益平衡基础上做出的选择。除此之外，在确定赔偿或者罚款金额时反垄断案件处理机构有时也会考虑一些竞争之外的利益因素。比如，在著名的高通公司垄断案中，❶中国国家发展与改革委员会（以下简称"国家发改委"）并未基于该垄断行为的严重程度处以《反垄断法》规定的最高额罚款，即前一年度销售额的10%，而是按照高通公司前一年度销售的8%处以罚款。对此，时任国家发改委反垄断局局长许昆林的解释是，罚款不是主要目的，反垄断是为了创造公平竞争环境，促进技术创新。❷也有通信业专家认为，国家发改委的处罚目的是警示和抑制不良影响，而不是让双方达到剑拔弩张的地步。❸可见，国家发改委的处罚决定是一个综合考量有效竞争、技术创新、其他方面的影响（利益因素）而产生的结果。

（三）利益考量内容的多样性

由于每个垄断案件的情况不同，在不同的国家、不同的时期政策方向和利益关注点不同，利益平衡的内容会有差异和变化。以美国为例，19世纪末到20世纪30年代，美国反垄断法主要关注广大消费者和中小企业利益受到损害的问题；40~60年代初期则主要关注竞争的维护；60年代以来则将提高经济效益作为其反垄断法的目标。❹

从诸多国家和地区的反垄断法及其实施情况看，反垄断法的利益平衡通常是在公平竞争与其他利益需求之间，而对其他利益的关注点，可能是一个，也可能是多个。在考察经营者的行为对于竞争影响的基础上，受到关注和考量较多的利益主要有消费者利益、技术创新、国家安全、产业发展、抽象的

---

❶《中华人民共和国发展与改革委员会行政处罚决定书》发改办价监处罚〔2015〕1号。

❷ 叶苏浔. 直击高通反垄断案通气会：发改委解释为何没按10%处罚［EB/OL］.［2022-08-05］. http：//news.xinhuanet.com/2015-02/10/c_127479447.htm.

❸ 赵莹莹. 高通垄断案结果：被罚60.88亿元，高通窃喜［EB/OL］.［2022-08-05］. http：//money.163.com/15/0210/16/AI3UD7T600253B0H.html.

❹ 赵万一，魏静. 论我国反垄断法的价值目标界定及制度架构［J］. 社会科学研究，2006（1）.

公共利益等。

  如何平衡公平竞争与产业发展两种需求不仅是反垄断学者多年来探讨的热点，也是反垄断立法与执法机构往往需要面对的难题。从世界各国竞争法的发展历史看，竞争政策虽然相对于产业政策而言往往具有优先地位，但这种优越性并非绝对的、无条件的。基于社会公共利益最大化的目标导向，在某些时候或者在局部地方，竞争政策也不得不做出一定的妥协，甚至让位于特定的产业政策；在这种情况下，实际上需要在反垄断法的框架内对于两者之间可能存在的冲突进行协调。一般认为，适用除外制度和垄断豁免制度在一定程度上是产业政策和竞争政策之间的冲突在立法上进行协调的产物，但两种公共利益之间冲突的有效协调，还是主要通过反垄断案件处理机构的具体法律适用活动得以实现的。❶ 一国或一地区的竞争政策也可以因时而动，配合乃至推动产业发展，这在美、日、欧的反垄断实践中时有体现。比如美国政府在反垄断法框架下强力推动麦道公司与波音公司的合并，哪怕与盟友翻脸也要坚持；欧盟竞争法在促进竞争的同时，还有一个重要的宗旨，那就是着力推动欧洲统一大市场的建立和发展。❷ 美国反垄断案件处理机构对波音公司和麦道公司合并案的批准表明反垄断案件处理机构在对特殊行业的经营者集中行为进行审查时，会从国家社会整体利益最大化的角度出发来作出是否准予合并的决定，这也是世界许多国家的通例。❸ 20世纪60年代，日本的通产省受到"新产业秩序论"影响，认为过度竞争就是一种"非有效竞争"，它是由企业规模过小和间接融资方式等因素引起的，并出台了相关产业组织优化政策。❹ 基于此，日本政府鼓励企业为了避免过度竞争而努力扩大规模，考虑到一部分产业经营者要求企业合并和产业重组的强烈愿望，政府有意识地采取一些措施推动促进企业开展合并、合作、相互持股或者实施共同行为，

---

  ❶ 刘桂清. 反垄断法实施中的几个重大关系析 [J]. 政法论丛，2007 (3).
  ❷ 史际春，徐瑞阳. 产业政策视野下的垄断与竞争问题 [J]. 政治与法律，2016 (4).
  ❸ 孟雁北. 论特殊行业经营者集中行为的反垄断执法原则 [J]. 上海交通大学（哲学社会科学版），2010，18 (6).
  ❹ 李剑. 反垄断法实施与产业政策的协调——产业政策与反垄断法的冲突与选择 [J]. 东方法学，2011 (1).

产业集中的高峰由此在日本出现，在此过程中培育出像新日本制铁、三菱重工等通过大型合并产生的具有世界规模的超大型企业。在这些产业集中浪潮中，大型的横向合并和混合合并占据了绝大多数。❶

消费者利益保护始终是反垄断立法与执法绕不开的话题，消费者利益甚至被看作反垄断法保护竞争的终极目标。以美国反垄断案件处理机构为代表，在对经营者行为依据反垄断法进行评价时，即使行为在表面上或者形式上是限制竞争的，但只要这种限制能够使消费者获利，或者说消费者获得的福利要比行为限制竞争产生的损害更大，他们往往倾向于对这些行为采取宽容的态度。从美国联邦法院的相关判决看，法官对于促进经济效率的提高并不是更感兴趣，而是更加重视对损害消费者利益行为的阻止；判例法实际上逐渐采纳了注重保护消费者利益的态度。❷ 在美国，对于损害或者可能损害消费者利益的行为，无论是法院还是行政机关通常都不愿意容忍，因此，在反垄断法实践中消费者福利是垄断行为规制的重要标准。❸ 这种重视消费者利益的反垄断态度同样体现在发展中国家的反垄断法中，消费者从经营者行为中获利的情况是反垄断案件处理机构对于经营者行为进行评价的重要依据，特别是关注消费者能否公平地分享企业因实施涉嫌垄断的行为所产生的利益。比如，在秘鲁，价格上的差别待遇是其反垄断法所规定的一种滥用市场支配地位行为，但其法律又规定，如果获得优惠的经营者能够将其得到的折扣和奖励以同等或者类似条件公平地给予所有消费者，则前述差别待遇不构成滥用市场支配地位的行为。❹

国家安全是另一个重大利益需求，任何国家都不允许经营者的交易行为危及本国的国家安全。但国家安全又是一个涵盖广泛、弹性较大、动态变化

---

❶ 戴龙. 日本反垄断法实施中的竞争政策与产业政策 [J]. 环球法律评论, 2009 (3).

❷ John B. Kirkwood. The Essence of Antitrust: Protecting Consumers and Small Suppliers from Anticompetitive Conduct [J]. Fordham L. Rev., 2013 (81).

❸ Jonathan B. Baker. Economics and Politics: Perspectives on the Goals and Future of Antitrust [J]. Fordham L. Rev., 2013 (81).

❹ 参见《秘鲁禁止影响自由竞争的垄断性、操纵性或限制性惯例第 701 号法令》(1992 年) 第 5 条 (b) 款。

的概念，很容易成为一些国家用来进行贸易保护的工具。对于反垄断案件处理机构来说，协调平衡好国家安全与公平竞争无疑是一个艰巨的任务。正如有学者所主张的那样，国家利益是一种客观存在的事实，但如果反垄断案件处理机构过分地以促进民族产业发展和保护国家经济安全为由去否定反垄断法一般规则的适用，片面强调反垄断法的公益精神，就可能遭受"贸易保护主义"的指责；如何更好地处理国内价值目标与国外价值目标之间的关系，协调好两者的冲突，是我国反垄断案件处理机构在法律适用过程中必须要面对的一大难题。❶从我国企业在海外收购的历史看，国外反垄断案件处理机构或者相关机构对于国家安全问题高度重视，为了保护国家安全甚至漠视反垄断法所要保护的其他利益。以美国为典型，我国企业在该国的很多并购行为因受到威胁东道国国家安全的质疑而被禁止，导致企业的海外并购投资屡屡受挫。1989年，中国航空技术进出口公司对美国迈麦可（Mamco）公司的收购，就因为美国政府认为该收购"威胁国家安全"而未能完成；2005年，中国海洋石油有限公司在以高价竞购美国第九大石油公司优尼科的过程中，美国相关官员以损害美国国家安全为由作出了强烈反对和多方阻挠，最终中国海洋石油有限公司无奈撤回了收购报价。同样在美国也被指威胁美国国家安全而遭受并购失败或者严重困难的中国公司还有三一重工、华为和中兴等。❷

技术创新是知识经济时代又一个重要利益需求，甚至在一些国家被看作一种战略性利益。在现实中很多涉嫌垄断的行为会与技术创新或者科技进步相关联，在涉及技术或者知识产权的反垄断案件中，执法机构的一个重要任务就是平衡和评价经营者行为在促进公平竞争和推动技术进步两方面的影响。从反垄断执法的实践情况看，技术创新水平或者能力的提升已经受到高度重视。反垄断法在一定的情况下能够容忍专利独占权的存在，就是为了促进技术创新；当然，这种在自由竞争方面必要的牺牲必须降到最低限度，也就是，只要具有促进创新的效果就可以了。❸就美国的情况看，反垄断执法机构在办

---

❶ 曹平，王一流. 转轨时期我国反垄断法的实施：多元价值目标的冲突与选择［J］. 广西社会科学，2010（12）.

❷ 王东光. 国家安全审查：政治法律化与法律政治化［J］. 中外法学，2016，28（5）.

❸ 刘丽娟. 反垄断法对知识产权滥用的限制［J］. 知识产权，2009，19（5）.

案过程中具有一个较为明显的倾向,那就是出于促进技术创新或者保护消费者利益的目的,其在知识产权领域的反垄断执法行动将趋于宽松。❶ 这实际上是在权衡技术进步与公平竞争两种利益需求后所做出的一个适应时代发展需求的选择。

其他公共利益也会在一些反垄断案件中涉及,反垄断法会面临这些公共利益与公平竞争之间的协调平衡,以及其与其他公共利益需求之间的权衡与抉择。比如,经济效率这一公共利益在反垄断案件中常常被提及,甚至被当作利益保护的重点。在美国,依芝加哥学派的主张,企业利用市场支配地位的行为、经营者之间的垄断协议以及经营者集中都有可能提高社会经济效益,并最终增进消费者福利。基于此,尽管反垄断执法部门仍然不断地针对一些大型垄断企业发起反垄断诉讼,但除美国政府诉美国电话电报公司一案外,大多数案件因为执法部门认定效率抗辩成立而使被告免于被处罚;在1977年具有标志性的 Continental T. V. , Inc. v. Gte Sylvania Incorporated 案中,美国联邦最高法院承认具有竞争关系的经营者之间的协议可能对于竞争具有促进作用,也能够增加社会福利,从而明确地改变了上一时期法院在处理案件时忽视效率和竞争抗辩的做法。❷ 再如,慈善事业作为一种公共利益需求有时也会成为反垄断法关注的利益,并受到重点保护。《美国克莱顿法》明确规定,对于学校、教堂、公共图书馆、医院和各种不以营利为目的的慈善团体购买自用补给品的行为,该法第2条至第2条(b)以及第21条(a)并不适用。这一规定一方面考虑到慈善事业顺利开展的需要,另一方面也考虑到公平竞争的需要而将其范围限定在"购买自用补给品"的范围内,是一种典型的利益平衡规范。另外,还有一些国家的反垄断法明确规定了抽象公共利益的保护,这就要求反垄断案件处理机构在执法时必须厘清经营者行为涉及的相关公共利益并进行影响评价。《瑞士反对卡特尔及其他限制竞争法》规定,具有市场支配地位的企业为了实现公共利益而实施的一些滥用市场支配地位的行为或

---

❶ 江超. 美国知识产权滥用的反垄断法规制的趋势分析 [J]. 科技与法律, 2011 (5).
❷ 刘彤. 美国竞争法的政策实施功能研究 [J]. 北京联大学学报(人文社会科学版), 2015 (1).

者其他垄断行为，经过一定的程序就可以作为例外而予以准许。❶ 这一规定既为反垄断案件处理机构平衡公平竞争与公共利益提供了实体法依据，又规定了相关利益平衡的程序机制。

第二节 从标准必要专利滥用规制的现实看利益平衡之价值

一、对境内外标准必要专利滥用案件的考察

由于技术标准能够为产业发展和消费者带来诸多利益，受到政府和行业的高度重视和大力推广；同时，技术标准也能给其所包含技术的权利人带来巨大的市场效应和收益。因此，围绕技术标准经营者展开了激烈的竞争，技术专利化、专利标准化也就成了很多创新能力较强企业的重要目标。由于技术标准及其所包含的相关专利涉及巨大的经济利益，围绕标准必要专利所产生的纠纷也呈现出越发增多和趋于复杂的局面，其中令人广为关注的纠纷就是标准必要专利权人滥用其专利权的问题。

（一）标准必要专利滥用案件概况

境内外标准必要专利滥用案件频频发生的典型代表就是智能手机产业。智能手机是技术高度密集型的产业，而且技术更新的速度非常快，也因此成了当今标准数量最多、标准必要专利权滥用纠纷最多的产业之一。可以说，当今智能手机产业的典型特征就是各种各样的专利及围绕这些专利产生的争斗；几乎每天在苹果、宏达、微软、摩托罗拉、诺基亚和三星之间都会有新的法律纠纷或者原有纠纷的进展；这些法律纠纷跨越很多法院和数个大洲。很多智能手机专利涉及技术标准的争夺。❷

---

❶ Brown Shoe Co., Inc. v. United States, 370U. S. 294（1962）；Debra A. Valentine. The Goals of Competition Law, May 13 - 14, 1997［EB/OL］.［2016 - 12 - 05］. http：//WWW. ftc. gov/speeches/other/dvspeech. shtm.

❷ Michael A. Carrier. A Roadmap to the Smartphone Patent Wars and FRAND Licensing［J］. CPI Antitrust Chronicle, 2012（2）.

1. 欧美的状况

从 21 世纪开始，欧美反垄断案件处理机构对于知识产权滥用关注的焦点聚集到标准必要专利的滥用上，这类案件的数量也在迅速增长，兹作一些简单的列举。

在美国，法院审理了很多涉及标准必要专利的案件。2001 年，太阳微系统公司（Sun Microsystems）对微软（Microsoft）提起反垄断和专利侵权诉讼，原因在于原告允许用户自由下载使用其 JAVA 编程语言读写所需要的工具，而被告微软公司采取了"接受和扩展"策略，对于原告对 JAVN 程序的控制构成威胁。❶ 2007 年，高通公司（Qualcomm Inc.）起诉诺基亚公司（Nokia），针对其 CDMA 标准必要专利要求专利侵权损害赔偿，诺基亚公司则反过来提出自己的诉讼请求，寻求公平合理的专利许可条款。❷ 在 2012 年威斯康星西区法院审理的苹果公司（Apple, Inc.）诉摩托罗拉公司（Motorola Mobility, Inc.）一案中，摩托罗拉公司先在是国际贸易委员会以侵害其无线通信专利为由对苹果公司提出控告，要求下达禁止苹果公司在美国销售侵权电话的排除令；苹果公司则反诉摩托罗拉公司违反反托拉斯法和《加利福尼亚不公正竞争法》，并构成违约，原因在于摩托罗拉公司没有及时披露其拥有的标准必要专利，且没有按照公平、合理、无歧视条款向苹果公司提供这些专利的许可。苹果公司后来向美国联邦法院提起诉讼。法院根据诺尔－本灵顿原则（Noerr-Pennington doctrine）判决摩托罗拉公司免于反垄断索赔，但该原则不能使摩托罗拉公司免于违约赔偿，摩托罗拉公司终止被许可人的权利并不违反《加利福尼亚不公正竞争法》。法院同意了苹果公司的主张，而对于摩托罗拉公司的主张部分同意、部分拒绝。❸ 在美国联邦巡回法院 2014 年审理的苹

---

❶ James Niccolai. Sun Microsoft settle Java lawsuit, NETWORK WORLD, Jan. 23, 2001 [EB/OL]. [2022-08-05]. http://www.networkworld.com/news/2001/0123msjava.html.

❷ Katie Fehrenbacher. Timeline: Qualcomm, Nokia Duel, GigaOM.com, Apr. 4, 2007 [EB/OL]. [2022-08-05]. http://gigaom.com/2007/04/04/timeline-of-the-qualcomm-nokia-duel/.

❸ Apple, Inc. v. Motorola Mobility, Inc. Cite as 886 F. Supp. 2d 1061 (W.D. Wis. 2012).

果公司（Apple，Inc.）诉摩托罗拉公司（Motorola Mobility，Inc.）一案中，苹果公司于 2010 年在美国威斯康星西区地区法院起诉摩托罗拉公司，提出三项专利侵权指控，摩托罗拉公司则反诉苹果公司，提出 6 项侵权指控，苹果公司随后又增加了 12 项侵权指控；两公司都要求法院作出自己不侵权和对方专利无效的判决。随后该案转给了伊利诺伊北区地区法院，最后法院作出了双方都不能获得赔偿和禁令的判决。涉案的多项专利为标准必要专利，双方就地区法院对其中 6 项专利侵权指控的判决提出了上诉，上诉法院推翻了苹果公司不能获得赔偿的判决，而地区法院关于摩托罗拉公司因违反了 FRAND 承诺而对 898 号专利申请禁令的要求不能获得支持的判决得以维持。❶ 在 2007 年第三巡回法院审理的博通公司（Broadcom Corp.）诉高通公司（Qualcomm Inc.）一案中，作为移动电话市场经营者的博通公司根据《谢尔曼法》和《克莱顿法》向美国新泽西地区法院起诉，指控高通公司在相关市场恶意谋求并获得市场支配地位，具有意图垄断、掠夺性定价等反竞争行为。诉讼请求被驳回后，博通公司提起了上诉，上诉法院对于部分维持、部分推翻了原判。上诉法院在裁判时也提及了诺尔-本灵顿原则（Noerr-Pennington doctrine），并从多方面考察了对竞争具有积极或者消极影响的因素。❷

除法院外，美国的行政机关也处理了很多围绕标准必要专利产生的垄断案件。比如，2008 年 1 月，美国联邦贸易委员会指控协商数据方案解决（N-Data）公司违反了《联邦贸易委员会法》第 5 条之规定，采取了不公平的竞争方式，实施了不正当竞争行为。原因在于协商数据方案解决公司在从国家（National）公司处获得专利技术 Nway 之后，不愿意履行国家公司当初与标准化组织 IEEE 针对该标准必要专利许可费所订立的协议；一方面，协商数据方案解决公司对其专利所收取的使用费，远远超过其专利被纳入技术标准时该公司所承诺的收费标准，另一方面，该公司还以到法院提起侵权诉讼威胁那些拒绝按其要求支付专利许可费的经营者。❸ 又如，美国司法部在 2012 年审

---

❶ Apple Inc. v. Motorola, Inc. Cite as 757 F. 3d 1286（Fed. Cir. 2014）.
❷ Broadcom Corp. v. Qualcomm Inc. Cite as 501 F. 3d 297（3rd Cir. 2007）.
❸ In Renegotiated Date Services LLC, FTC File No.0510094，（Jan, 23, 2008）[EB/OL]. [2022-08-05]. www.ftc.gov/os/ca2selist/0510094/080122do.pdf.

查了三宗涉及标准必要专利的交易：谷歌（Google）收购摩托罗拉（Motorola Mobility, Inc.）包括17000件专利和6800件专利申请的专利池；苹果（Apple, Inc.）收购了网威公司（Novell）最早持有、后在2010年被CPTM联盟购买的近900件专利；摇滚明星（"Rockstar"）集团（由苹果、微软和RIM公司构成）在北方电讯公司（Nortel）破产拍卖中收购了6000件专利和专利申请。参与交易的公司承诺依FRAND条款作出专利许可，且不会对于其中的标准必要专利申请禁令，不会排斥竞争者，美国司法部据此认为这些交易不会实质性地削弱竞争，因而批准了这些交易。此后，美国反垄断执法部门对于移动电话产业滥用标准必要专利行为的调查数量快速增长。❶

在欧盟，其成员国在21世纪初也开始调查和处理涉及标准必要专利滥用的案件。比如，德国联邦最高法院在2004年审理了Spundfass一案，❷ 最终所作的判决便涉及德国化工行业所采用的一个事实标准。❸ 德国法院还审理了"华为诉中兴"这样一个完全在两个外国公司之间发生的、涉及标准必要专利滥用的案件。该案概况是：我国华为公司为原告，拥有诉争专利，该项专利属于LTE标准（由欧洲电信标准协会即ETSI制定）的必要专利，华为公司作为ETSI的成员，在其专利入选标准必要专利时承诺按照公平、合理、无歧视（FRAND）的要求对第三人给予专利实施许可。中兴公司为该案的被告，该公司在2010年11月至2011年3月期间与华为公司进行磋商，商谈诉争专利的使用以及专利许可协议的签订问题。被告中兴公司并未针对华为公司提出的专利许可合同提出正式要约，而是期望与华为公司缔结专利交叉许可合同。虽然双方尚未达成专利许可协议，但被告中兴公司已经开始销售涉及诉争专

---

❶ Michael A. Carrier. A Roadmap to the Smartphone Patent Wars and FRAND Licensing [J]. CPI Antitrust Chronicle, 2012（2）.

❷ 该案的基本情况是：德国化工行业的四家企业在研发一种新的合成材料桶中作过努力，其中一家企业受专利法保护的技术被选中作为生产合成材料桶的标准，该技术由此也成为行业标准。该案的被告是一意大利企业，它在向原告提出有偿使用专利的请求被拒绝后，仍然生产和销售了专利产品。在这种情况下，专利权人便起诉被告，被告则反诉专利权人限制竞争，违反了《德国反对限制竞争法》，请求法院对这一事实上已成为行业标准的专利实施强制许可。该案最后被提交到德国联邦最高法院。

❸ BGH, Urt. v. 13. 7. 2004-KZR 40/02, GRUR 2004, 966-Spundfass.

利的产品，也未向华为公司支付相应的专利使用费用，没有提交使用诉争专利的详尽情况报告。基于此，华为公司认为中兴公司已经构成专利侵权行为，并在德国向杜塞尔多夫地方法院提起侵权诉讼，提出停止侵权、召回侵权产品、提供销售数据以及赔偿损失等多项诉讼请求。因为就该案涉及的一些事项在德国联邦最高法院与欧盟委员会之间存在分歧，杜塞尔多夫地方法院便向欧盟法院提出诸多释疑请求，希望通过这种方式厘清基于标准必要专利的禁令救济和专利权人滥用市场支配地位间的关系。针对这一释疑请求欧盟法院作出了先行裁决。❶

欧盟在其2011年关于纵向合作协议的指南中构建了FRAND问题的分析框架，随后便频繁开展这方面垄断行为的调查，仅在2012年前几个月，欧盟委员会就发起了数起标准必要专利滥用的调查。1月，欧盟委员会对三星公司（Samsung）进行调查，调查该公司是否违反了欧洲电信标准化协会（ETSI）就移动和无线电信系统3G标准必要专利按照FRAND条款进行许可的规定，特别是调查三星公司谋求法院向竞争者颁发禁令是否构成《欧盟条约》第102条规定的滥用市场支配地位的行为。4月，欧盟委员会对三星公司和摩托罗拉公司（Motorola Mobility, Inc.）试图获得标准必要专利的禁令及不合理的使用费的行为进行调查，根据《欧盟条约》第102条规定，该行为可能构成市场支配地位的滥用。4月，根据苹果（Apple Inc.）和微软（Microsoft）的申请，欧盟又开始了对摩托罗拉公司的调查，调查摩托罗拉公司基于其标准必要专利谋求对苹果公司的iPhone和iPad以及微软的Windows and Xbox的禁令是否违反其在专利标准化过程中的FRANDI承诺，调查摩托罗拉公司的行为是否属于《欧盟条约》第102条规定的滥用市场支配地位的行为，是否提出了不合理的许可条件。❷

2. 我国的情况

相对于欧美，我国对于标准必要专利的滥用关注得稍晚一些，但近些年

---

❶ 魏立舟. 标准必要专利情形下禁令救济的反垄断法规制——从"橘皮书标准"到"华为诉中兴"[J]. 环球法律评论，2015, 37 (6).

❷ Michael A. Carrier. A Roadmap to the Smartphone Patent Wars and FRAND Licensing [J]. CPI Antitrust Chronicle, 2012 (2).

这类案件呈现快速增长的势头。自深圳市中级人民法院2011年审理华为技术有限公司诉美国交互数字集团（IDC）垄断案以来，"标准必要专利"这一概念逐渐被我国业界知晓。根据北京市高级人民法院知识产权庭关于垄断案件的一份调查，2011—2016年，我国信息网络技术和用户市场呈爆炸式增长的势头，在信息通信领域也呈现出愈演愈烈的竞争，与专利权保护相交织的垄断纠纷因此不断出现。尤其值得注意的是，相关企业就标准必要专利纠纷寻求司法救济的欲望越来越强烈，并因此形成很多具有代表性的诉讼案件，而且这类垄断纠纷在数量上还在呈现上升的态势。❶

我国法院审理了多起涉及标准必要专利滥用的案件。2011年12月，华为公司向深圳市中级人民法院起诉美国交互数字集团（IDC），主要的事实和理由是：多年以来，IDC积极参与无线通信国际标准的制定工作，其直接或间接拥有的多项专利权属于无线通信国际标准的必要标准，因此IDC无疑在相关市场上具有支配地位。IDC并未遵守其在加入无线通信标准组织时所作出的关于公平、合理、无歧视原则的承诺，在标准必要专利许可中具有不公平地过高定价、对条件相当的被许可人给予差别待遇、在专利许可时附加不合理的条件、涉嫌进行不公平的搭售等行为，而且通过在美国不正当地起诉华为公司及其在美国的子公司的方式来实现拒绝与华为公司交易的目的，IDC公司滥用了其市场支配地位，不仅对正常的竞争秩序造成损害，也直接造成华为公司的实质性损害。华为公司向法院提出了要求IDC立即停止前述各项垄断侵权行为、赔偿华为公司2000万元经济损失等请求。深圳市中级人民法院经过审理后作出一审判决，查实并认定IDC公司的上述行为构成垄断，要求IDC赔偿华为公司经济损失2000万元，但驳回了华为公司的其他诉讼请求，包括华为公司认为IDC构成搭售的主张。在双方上诉后，广东省高级人民法院进行了二审，并作出了维持一审判决的终审判决。❷ 2015年西安西电捷通无线网络通信股份有限公司（以下简称西电捷通公司）和索尼移动通信

---

❶ 陶钧. 北京法院关于审理垄断纠纷案件的调查研究［J］. 竞争政策研究，2017（4）.

❷ 华为诉IDC滥用市场支配地位案二审判决书，广东省高级人民法院（2013）粤高法民三终字第306号民事判决书。

产品（中国）有限公司（以下简称索尼中国公司）之间发生专利侵权纠纷，西电捷通公司针对索尼中国公司向北京知识产权法院提起专利侵权诉讼，提出索尼中国公司立即停止使用涉案专利的手机的生产、销售以及赔偿原告所遭受的经济损失等诉讼请求。作为被告的索尼中国公司则认为，涉案专利被相关的国家强制标准吸收，原告在其专利进入国家标准时作出了专利许可的承诺，因此不能说被告的行为构成专利侵权。法院经审理后判决被告停止侵犯原告涉案专利权的行为，并赔偿原告的经济损失。❶ 此外，还有华为与中兴在湖南省长沙市中级人民法院相互起诉对方的涉及标准必要专利的案件等。

我国的反垄断行政执法机构近些年也高度关注标准必要专利滥用行为，并立案处理了多起案件。2013年11月，源于国内外企业提供的举报信息，国家发改委进行了现场调查，涉及高通公司在北京和上海的两个办公地点；随后，高通公司在其官网否认其实施了滥用市场支配地位的行为，否认其收取不公平的高价许可费。2014年5月，高通公司向国家发改委提交了一份对其行为进行"无罪辩护"的报告。8月初，国家发改委经过调查后确认表示，高通公司存在垄断事实。高通公司随后表示，愿就国家发改委调查关注的相关垄断问题作出相应的改进，并期望进一步寻求最终解决方案。2015年2月10日，国家发改委正式公布了针对高通公司相关垄断行为的行政处罚决定，明确认定高通公司在 LTE、CDMA、WCDMA 等无线通信标准必要专利许可市场和基带芯片市场两个相关市场上都具有支配地位，而且实施了包括非法搭售非标准必要专利许可、对标准必要专利收取不公平的高额许可费以及在基带芯片销售中附加不合理条件等多项市场支配地位滥用行为，对高通公司处以其我国市场2013年度销售额8%的罚款（约合60.88亿元人民币），责令高通公司停止违法行为，并进行整改。❷ 此外，商务部也处理过多宗经营者集中案件，涉及标准必要专利的交易，比如微软并购诺基亚设备及相关服务业务案，谷歌并购摩托罗拉移动案，诺基亚收购阿尔卡特朗讯股权案，对于这

---

❶ 北京知识产权法院（2015）京知民初字第1194号民事判决书。
❷ 靳雨露. 中国反垄断第一大案：高通垄断案评析 [J]. 当代经济, 2016（1）.

些涉嫌垄断的案件商务部最终均作出了附条件批准的决定。❶

(二) 标准必要专利滥用案件透视

从境内外滥用标准必要专利案件的发生和处理的实际情况看,可以将其特点概括为以下几个方面。

1. 滥用标准必要专利的案件呈现不断增长的势头

对于标准必要专利及其所产生的影响,人们由不清楚到具有模糊认识,再到高度重视。目前越来越多的经营者意识到,私人拥有的专利一旦被纳入相关机构或者标准化组织具有公共产品属性的技术标准,专利权人就很容易依靠技术标准的公共产品属性获得比普通专利多得多的利益;特别是那些影响力强的技术标准以及采用的企业很多的技术标准,专利权人能够通过专利许可获得更高的收益。❷ 在专利标准化过程中获胜的企业往往会充分利用技术标准为其创造的优势和便利,榨取标准必要专利能够带来的收益,甚至不惜违反其在标准化过程中对标准制定组织所做的承诺。正因如此,围绕标准必要专利的实施在企业之间所引发的矛盾也就越来越多。近些年,在世界范围内涉及标准必要专利的诉讼案件在数量上呈现出大幅增长的态势。例如,仅仅 2010—2014 年,美国法院受理的标准必要专利案件便已经超过 50 件。❸ 在其他经济发展水平较高、高度重视技术创新的国家和地区涉及标准必要专利滥用的案件数量也都有不同程度的增长。

2. 多种机构可以对标准必要专利滥用行为进行规制

在涉嫌滥用标准必要专利的行为出现后,当事人往往根据自身的需求选择救济机构。从维护自身权益的角度考虑,当事人通常向法院提起民事诉讼,

---

❶ 参见商务部公告 2012 年第 25 号(http://fldj. mofcom. gov. cn/article/ztxx/201205/20120508134324. Shtml)、商务部公告 2014 年第 24 号(http://fldj. mofcom. gov. cn/article/ztxx/201404/20140400542415. shtml)、商务部公告 2015 年第 44 号,http://fldj. mofcom. gov. cn/article/ztxx/201510/20151001139743. shtml)。

❷ 吴太轩. 技术标准化中的专利权滥用及其反垄断法规制 [J]. 法学论坛,2013,28 (1).

❸ 张永忠,王绎凌. 标准必要专利诉讼的国际比较:诉讼类型与裁判经验 [J]. 知识产权,2015 (3).

以寻求损害赔偿或者禁令。基于仲裁的一些优势，仲裁有时也是解决标准必要专利纠纷的恰当路径，目前，WIPO 已经与一些标准发展组织（SDOs）签订了一系列协议，努力承担这类仲裁任务；❶ 在美国法院审理的一些涉及标准必要专利滥用的案件中，也有当事人主张通过仲裁方式解决争议的。在诸多国家和地区反垄断行政执法与司法是应对标准必要专利滥用问题的两种基本途径，行政执法机关往往会依照相关企业的申请或者依职权主动调查涉嫌滥用标准必要专利的行为，欧盟委员会以及美国的司法部、联邦贸易委员会、国际贸易委员会在这方面都有丰富的实践经验和稳定的调查机制。近些年，我国的国家发改委、商务部等反垄断行政执法部门在这方面也开始积极开展行动。

3. 处理涉嫌滥用标准必要专利行为的法律依据具有多样性

针对部分标准必要专利持有人涉嫌滥用专利权的行为，部分专利实施者以该行为损害了自己的权益为由提出侵权之诉，依侵权责任法的规定，要求损害赔偿和停止侵权行为。有些专利实施者则以标准专利持有者违反了其与标准制定组织的约定（或者其对标准制定组织的承诺）为由，将其滥用标准必要专利的行为看成违约行为，依《合同法》的规定，❷ 要求标准必要专利持有人按照承诺的 FRAND 条款，履行许可其实施标准必要专利的义务。以违反反垄断法为由责令标准必要专利持有人停止滥用其专利权的行为或者拒绝标准必要专利持有人的禁令请求，这是法院或者反垄断行政执法机构在处理标准必要专利滥用案件时的常见做法，特别是近些年来，对于涉及标准必要专利的案件法院或者反垄断行政执法机构更多地从反垄断法角度进行评价和处理。有的时候，标准必要专利持有人的对方当事人也会援引两种以上的法律依据以谋求损害赔偿或者阻止标准必要专利权的滥用行为。

4. 规制标准必要专利权滥用行为的措施具有多样性

对于构成标准必要专利权滥用的行为，既有基于私法而采取的规制措施，

---

❶ 任天一，石巍. FRAND 许可的经济分析及争端解决机制探究［J］. 科技与法律，2017（1）.

❷ 标准必要专利持有人与标准制定组织关于 FRAND 条款的约定被一些学者和法官看作第三人利益合同。

如要求专利权人停止滥用行为,对于受害人(通常是需要运用标准必要专利技术的经营者)赔偿损失,也有基于公法而采取的规制措施,如责令专利权人停止滥用行为,对于具有滥用行为的专利权人处以罚款。在有滥用标准必要专利嫌疑的案件中,如果专利权人向法院申请颁发禁令的,法院通常会拒绝专利权人的要求,以防止专利权人利用禁令滥用其标准必要专利所带来的优势地位。

5. 经营者相互指控对方滥用标准必要专利或者构成侵权的情况较多

以电信领域为代表,一些技术密集型产业的技术标准往往汇集了较多的专利,这些专利通常分属于不同的经营者,或者不同的经营者分别主导了同一行业的不同技术标准,使得具有竞争关系的经营者之间或者处于上下游的经营者之间在技术的运用上经常存在"你中有我、我中有你"的现象,存在相互牵制关系。因此,一旦某个企业被另外一个企业控告滥用标准必要专利,它很可能也会有针对性地找到对方滥用标准必要专利的嫌疑并提出指控;某个企业被另外一个企业控告侵犯标准必要专利权,它很可能也会找到对方侵犯自己标准必要专利权的问题并提出反诉。华为与中兴之间,苹果与高通之间,苹果与三星之间,苹果与摩托罗拉之间,华为与IDC之间,还有其他一些电信企业之间,他们相互间围绕标准必要专利滥用或者侵权问题指控对方的案件时有发生,甚至可以说这种相互指控已经成了电子通信产业的一个常态。

二、在标准必要专利滥用规制中利益平衡的基本状况

在涉及标准必要专利滥用的案件中,各国法院或者行政执法机构虽然处理纠纷的思路、方法、理由及最终的结果有一定的差异,甚至反差较大,但直接或者间接的利益考量及必要的平衡协调,都或多或少地存在。在这些案件中,无论是当事人及其代理人提出的各种主张,还是法院或者行政执法机构对于相关问题的认定及处理结论,还是其他参与案件或者关心案件的组织所发表的言论,其依据或者理由往往与某方面的利益有关,对于这种利益考量的表达却有不同的方式。

（一）在部分案件中利益协调的多样化体现

1. 欧美法官或者执法人员对于不同利益的关注

在欧美，围绕标准必要专利滥用发生的案件要比我国国内案件多得多，在很多案件的处理过程中，法官或者行政执法人员不仅考察了争议行为对于双方当事人利益的影响，还考虑到了对于一些公共利益的影响。

在美国，在处理涉及标准必要专利的案件时，经常会有多方面的利益进入法官或者执法人员的视野。在 Funai Electric Co., Ltd., et al. v. LSI Corporation, et al. 一案中，法院在对被告的行为是否违反《谢尔曼法》第2条进行评价时，强调反垄断法的目的在于保护竞争而非竞争者，被告在输入电路技术市场上的非法垄断不仅造成原告的损害，还造成了消费者的损害。❶ 这实际上是在竞争秩序这种公共利益与原告个体的竞争利益之间进行了选择，而且还将消费者利益是否受到损害作为评价被告行为的一个重要依据。也就是说，在这一案件的处理过程中，法官既考量了个体利益，也考虑了竞争秩序和消费者利益这两种社会公共利益。

在 Apple Inc. v. Motorola 一案中，地区法院法官认为，摩托罗拉公司不能因898号专利被侵害而获得针对侵权人的禁令，因为金钱赔偿足以弥补摩托罗拉公司的损害，而且摩托罗拉公司也没有证明苹果公司的侵权给其造成了不能挽回的损害。在该案中，在法官波斯纳看来，FRAND 要求是摩托罗拉公司应当遵守的义务，但是这并不意味着损害赔偿可以被禁令救济所替代；他还认为，基于2012年6月6日美国联邦贸易委员会对 ITC 适用第337-TA-752 问题进行调查后所主张的公共利益，ITC 公司因为企业侵犯标准必要专利权而对其适用排除命令会的做法会对公司利益造成损害。❷ 地区法院法官在确定是否给予禁令救济时实际上比较了专利权人的个体利益与社会公共利益。另

---

❶ Case No. 16 - cv - 01210 - BLF, 2017 WL 1133513, United States District Court, N. D. California.

❷ Lawrence R Gabuzda, Geoffrey D. Oliver. Standards - Essential Patents and Injunctive Relief [EB/OL]. [2022 - 08 - 05]. http：//www.jonesday.com/files/Publication/77a53dff - 786c-442d-8028-906e1297060b/Presentation /Publication Attachment /270fc132-6369-4063-951b-294ca647c5ed/Standards-Essential%20Patents.pdf.

外，在该案中，法官根据诺尔-本灵顿原则（Noerr-Pennington doctrine）判决被告免于反垄断索赔。所谓诺尔-本灵顿原则，是美国联邦最高法院确立的一项原则，该原则产生于美国联邦最高法院对于案件的处理。该原则的主要含义是：基于美国宪法（第一修正案）的相关规定，对于竞争者游说政府改变法律的行为不宜作为违反反垄断法的行为处理，即使该行为可能削弱竞争。诺尔-本灵顿原则是协调《谢尔曼法》进行利益协调的产物，这种利益协调的对象主要是各级政府的有效决策与公民的请愿权利。❶ 诺尔-本灵顿原则的适用是法官在执法过程中对经营者的竞争利益及其他经营者的宪法权利与政府行为的关系的协调。❷ 首席法官雷德（Rader）对于该地区法院的裁决作出了批评，认为地区法院没有在将创造性的贡献与标准化的贡献区别开来方面作出努力。❸ 也就是说，在雷德法官看来，地区法院在该案中对于相关利益的协调还不够，没有将技术创新、标准化所涉及的相关公共利益等因素给予应有的考量。

在博通诉高通一案中，上诉法院认为，反垄断法的主要目标是通过促进企业间的竞争以实现消费者利益的最大化，而私营标准的制定可以在多个维度促进这一目标的实现。在最终的消费者市场，技术标准能够确保产品之间的互通，这便于购买相互竞争的制造商产品的消费者相互分享信息；同时，这种互通效果又可以在整体上增强所有产品的功效，扩大整体消费者市场，相应地，企业可以在更多的消费者之间分散其研发成本，从而降低单位产品的价格。行业性标准还可以降低消费者在于竞争性产品和服务之间转换的成本，从而增强了供应商之间的竞争，也因此增强了上游市场的竞争。在某一行业被某一标准锁定之前，标准制定过程的一个效果就是标准制定组织可以轻易地对竞争性技术、专利地位和许可条款进行客观的比较；标准的设定还可以减少生产者和终端消费者将稀有资源投资于最终可能不会被广泛接受的

---

❶ Apple, Inc. v. Motorola Mobility, Inc. Cite as 886 F. Supp. 2d 1061（W. D. Wis. 2012）.

❷ 于朝印. 美国反垄断法豁免中的诺尔-本灵顿原则评析［J］. 西南政法大学学报，2009，11（3）.

❸ Apple Inc. v. Motorola, Inc. Cite as 757 F. 3d 1286（Fed. Cir. 2014）.

技术的风险。标准的采用不会消除生产商之间的竞争，而是将竞争的焦点由潜在标准的开发转到实施标准的方法的开发上。但这并不是说私人标准的制定就没有限制，至少在某些情况下，损害私人标准化的竞争促进功能的行为会被反垄断法作为限制竞争行为处理。❶ 从该案法官的观点和论述可以看出，法官在处理该案时除考虑涉案企业的个体利益外，还考虑到了多方面的公共利益，包括消费者利益、不同范围和不同环节的竞争、资源节约及利用效率等。当然，如果标准化促进竞争的功能受到较大的损害，则相关的行为会受到反垄断法的禁止。

在诸多标准必要专利相关案件中，往往涉及禁令救济的适用问题，而在决定是否采用禁令救济时，美国法官或者行政官员往往会进行多方面利益的考量，尤其是考察这一救济对于公共利益的影响。美国司法部（DOJ）和美国专利商标局（USPTO）联合发布的一份政策声明便主张，如果标准必要专利的实施借助禁令或者排除令的方式，就很可能与标准所追求的公共利益宗旨相悖，很容易对自由竞争和消费者权益造成损害；但是，这种损害公共利益的可能性，并非意味着标准专利权人获取禁令或者排除令的行为就一定不合适。❷ 在 eBay 一案中，美国联邦最高法院主张，在专利侵权案件中并非一定要采取禁令救济，对专利侵权实施禁令制裁要进行严格控制，应当满足四个方面的条件，这些条件就包括标准必要专利权人必须证明永久禁令的采取不会使公共利益遭受损害。❸ 在三星针对苹果所发起的"337 调查"中，美国奥巴马政府最终否决了 ITC 针对专利侵权人颁发禁令的决定，理由就是这将损害市场竞争和消费者利益。❹ 在后来，eBay 案所确立的禁令运用的衡平法原则（四要素测试法）在美国法院处理涉及标准必要专利的案件时基本上得到了延续，该原则要求专利权人证明以下四个要素：（1）自己遭受了损害，

---

❶ Broadcom Corp. v. Qualcomm Inc. Cite as 501 F. 3d 297（3rd Cir. 2007）.

❷ 徐宝寿. 关于 NPE 运用标准专利垄断的欧美政策研究［C］//中国知识产权法学研究会 2015 年年会论文集. 2015：158-159.

❸ eBay Inc. v. MercExchange, L. L. C., 547 U. S. 388, 391（2006）.

❹ Letter from Michael B. G. Froman, Exec. Office of the President, to the Honorable Irving A. Williamson, Chairman, U. S. Intel Trade Common（Aug. 3, 2013）.

且损害不可弥补；（2）自己所遭受的损害难以通过现有法律规定的救济措施得到弥补；（3）考虑到双方的情况及利益，没有其他合适的救济措施可以运用；（4）永久禁令的实施不会导致公共利益的损害。❶ 也就是说，禁令救济是在保护专利权人利益时不得已而采取的措施，但在适用该救济时必须考虑公共利益所受到的影响，特别是将公共利益不受损害作为永久禁令适用的前提。

基于标准必要专利很强的技术性，美国法院或者反垄断案件处理机构在处理案件时会高度重视当事人的行为对于技术创新的影响。因为从一代到另一代，创新毫无疑问是人类福祉的决定性力量；总体来说，当今反垄断规则及其执行的焦点是促进创新。❷ 在 Spundfass 一案中，法院指出，专利权人实施的拒绝许可只有不存在重大合理性时才应受到制裁。原因在于，从竞争法的角度考虑，推动创新和技术传播是国家授予经营者知识产权的目的所在，也就是说，知识产权的授予是通过制止企业间的"搭便车"行为来促进技术创新和产品的替代性竞争；而在该案中，专利权人拒绝许可的目的是要阻止竞争者进入相关市场，从而限制了市场竞争，也就不利于市场上替代性竞争的推动，对于企业创新活动会造成损害，这样的拒绝许可自然也就被认为缺乏重大的合理性和公正性。❸ 当然，法院虽然直接关注的是技术创新，但实际上也关注了竞争，只不过这种竞争主要是作为激发技术创新保障力量的替代性竞争；从法官的表述看，一个同时阻碍替代性竞争和技术创新两种公共利益的拒绝许可行为更有可能被认定为垄断行为。

在规制标准必要专利运用行为时，FRAND 原则是经常被适用的。美国的执法机构在适用该原则时也考虑了诸多公共利益的要求。前文述及，美国司法部（DOJ）和美国专利商标局（USPTO）于 2013 年 1 月 8 日联合发布了一份声明，该声明涉及标准必要专利 F/RAND 原则承诺救济的政策，美国官方

---

❶ 张永忠，王绎凌. 标准必要专利诉讼的国际比较：诉讼类型与裁判经验 [J]. 知识产权，2015（3）.

❷ Jonathan B. Baker, Beyond Schumpeter VS. Arrow: How Antitrust Fosters Innovation [J]. Antitrust Law Journal, 2007 (74).

❸ 王晓晔. 与技术标准相关的知识产权强制许可 [J]. 当代法学，2008（5）.

在声明中表达的基本观点是：促进创新和经济增长是美国专利制度的根本目的所在；同时，专利制度也要有利于提升产品质量、降低产品价格和增加消费者选择，从而增加社会福祉，而专利制度这些价值的实现需要借助传播新知识、提供新技术。交互性标准具有利弊两面性，一方面，它能够为很多重要创新技术、新产品进入市场创造较好的条件；另一方面，这种标准在制定、实施过程中也很容易出现一些危险，如增加竞争对手进入相关市场难度，专利权人借助技术标准的力量获取较高的许可价格，而这种较高的价格最终通过被许可人的产品销售转移到消费者头上，实质上受到损害的是消费者。❶

与以往涉及技术标准的案件相比，在 N-date 一案中，美国联邦贸易委员会的态度有了很大的变化和发展。在过去，根据传统反托拉斯法的理论，美国联邦贸易委员会高度重视被告在技术标准化过程中保护消费者利益义务的履行。然而在 N-date 一案中，因为被告本身没有参与相关技术标准的制定，其行为被认定违法的基本依据是它没有执行涉案专利的原权利人与标准化组织所达成的许可费协议；美国联邦贸易委员会认为 N-date 的行为违反了《美国联邦贸易委员会法》第 5 条的规定，不是因为该公司违反了反托拉斯法，而是因为它采取了不公平竞争方式和实施了不正当竞争行为。❷ 从中可以看出，美国执法机构在考察竞争利益所受的影响时，会从不同的角度进行；不仅考虑自由竞争是否受到限制，还会考虑公平竞争秩序是否受到损害的问题。

在欧盟，从一些涉及标准必要专利案件的处理情况看，执法机构对于社会公共利益的保护给予了较高的重视。在针对三星公司滥用标准必要专利行为的调查中，三星公司认为自己诉请禁令的行为具有诸多正当理由，除保护三星公司自身的知识产权和商业利益外，对于公共利益的保护也是有利的，因为它们不仅营造了高效的市场环境，还能够给消费者带来不少好处。对于三星公司主张的正当理由，欧盟委员会予以驳回，并强调禁令可能给市场和消费者带来的好处无法抵消反竞争效果。欧盟委员会掌管竞争政策事务的副

---

❶ 徐宝寿. 关于 NPE 运用标准专利垄断的欧美政策研究 [C]//中国知识产权法学研究会 2015 年年会论文集，2015：158-159.

❷ 王晓晔. 与技术标准相关的知识产权强制许可 [J]. 当代法学，2008（5）.

主席阿尔穆尼亚（Joaquín Almunia）明确表示：当专利构成标准必要专利时，专利权人利用其市场支配地位所发起的专利战争，必然会损害消费者权益和相关产业利益，这种滥用行为必须被反垄断执法机构所阻止。可见，自由竞争、消费者利益、产业利益等社会公共利益是竞争执法机构在对专利权人行为进行考察时关注的重点。

在有些案件中，竞争执法机构对于当事人的私人利益和社会公共利益都进行了考虑，但其对于社会公共利益的关注较为单一，将落脚点放在最终消费者利益所受到的影响上。比如，2013年5月，针对摩托罗拉和苹果公司之间的专利纠纷，欧盟委员会做出了初步裁定，驳回摩托罗拉要求禁止苹果公司在德国市场销售手机的主张（摩托罗拉所提请求的依据是其所持有的移动电话"标准核心专利"）。欧盟委员会认为，由于"标准核心专利"拥有者在相关市场上占统治地位，如果专利权人寻求禁售，很容易使会使请求专利许可的经营者处于不公正的境地，这种状况还有可能伤害消费者，损害消费者的选择权，并对创新造成伤害。❶

2. 对于国内案件利益平衡状况的检视

虽然近些年我国法院或者执法机关处理了一系列标准必要专利滥用案件，但只在少量案件的裁决文书或者决定中能够看到利益考量的痕迹，其中较为典型的是华为诉IDC垄断侵权案和美国高通公司垄断案。

在华为诉IDC垄断侵权案中，一审法院在界定相关市场时便考虑了多方面的社会公共利益，如IDC的专利授权行为对出口产品的市场竞争行为产生排除、限制性影响，技术标准的实施所具有的消除消费者的"替换成本"以保护消费者的利益、促进技术进步等方面的作用；在界定IDC的市场支配地位时，谈及了其行为可能危害正常的市场竞争的问题。二审法院在论及相关市场的界定时主要考虑了涉案必要专利满足消费者需求的基本属性，还考虑到了被告的行为可能对出口贸易产生的排除、限制影响；在确定被告是否构成搭售行为时，考虑到打包许可符合效率原则及其有利于提高消费者福利的

---

❶ 廖冰清. 欧盟驳回摩托罗拉禁售苹果手机请求［N］. 经济参考报，2013-05-08（4）.

因素。❶

在高通公司垄断案中，国家发改委在确定高通公司是否存在滥用市场地位的行为时，明确其调查的目标在于考察行为对于境内市场竞争和消费者利益的影响。在认定高通公司是否存在收取不公平的高价专利许可费这一滥用行为时，论及了当事人自身业务发展需求与多种公平利益的保障需求，这些公共利益包括无线通信技术的创新发展、技术市场竞争、消费者利益等；在认定高通公司是否存在搭售非标准必要专利这种滥用行为时，也谈及了这三种公共利益可能受到的影响；在认定高通公司是否具有附加不合理的条件这一滥用行为时，着重分析了其对于市场竞争的影响。❷

(二) 在部分案件中对于利益平衡的沉默

对于多种利益需求的关注，尤其是对于不同利益的平衡或者协调，并没有受到所有处理标准必要专利案件的法官或者执法人员重视。在国内外的诸多案例中，执法者在解释其裁判或者决定理由时，并没有提及利益考量问题，特别是没有提及多方面公共利益的保护问题。即使他们在内心考虑了一些利益的保护问题，也未以文字的形式体现出来，让人感觉执法者至少对于利益协调抱着沉默的态度。

在国内，在西安西电捷通无线网络通信股份有限公司（以下简称"西电捷通公司"）诉索尼移动通信产品（中国）有限公司侵害发明专利权一案中，北京知识产权法院认为专利侵权的构成要件并不会因为涉案专利是否为标准必要专利而有所变化；换言之，即使其他经营者未经权利人许可而实施的是标准必要专利，专利侵权问题同样会存在。在当事人对于专利实施许可事项最终未能达成协议的情形下，针对被告实施涉案专利的行为，专利权人寻求禁令救济的权利是否应当被绝对排除，还是要考虑双方当事人在专利许可协商过程中存在过错的情况。❸ 在全部事实认定和判决理由中，没有任何对于某些公共利益进行考察或者关注的文字。在高通垄断案的处理中，虽然如

---

❶ 广东省高级人民法院（2013）粤高法民三终字第 306 号民事判决书。
❷ 国家发展和改革委员会行政处罚决定书（发改办价监处罚〔2015〕1 号）。
❸ 北京知识产权法院（2015）京知民初字第 1194 号民事判决书。

41

前文所述，国家发改委在多个事实的认定方面考虑了相关的个体利益或者公共利益，但在某些环节仍然存在忽视利益考量的问题。如在对于部分行为的性质进行认定时未从相关利益的角度进行考察，在确定赔偿数额时也未从利益协调的角度进行解释。有学者认为，高通公司在进行专利授权时要求对方当事人给予免费的反向专利许可，这使得被许可人无法获得自身专利权的合理对价，从而使它们难以补偿其在专利技术研发过程中所付出的高额成本；如果从经济学角度考察，专利权人的做法将会严重损害被许可人进行技术创新的积极性，在被许可人这类经营者身上专利法鼓励发明创造的立法目的也就会因此而落空。❶ 对于技术创新的影响问题，却没有在国家发改委的处罚决定中被提及。

在国外，对于相关利益的协调问题，同样在一些标准必要专利纠纷案件的处理过程中没有得到关注。在日本，法官对于标准必要专利相关案件的处理，着眼点还在于当事人私人利益的损害上，对于相关公共利益则没有给予较多的考量。比如，在 Apple Japan vs. Samsung 一案中，一审地方裁判所认为，三星公司违反 FRAND 承诺，有悖《日本民法》中的诚实守信原则，三星公司请求损害赔偿属于权利滥用行为；在上诉审中，知识产权高等裁判所推翻一审部分结论，驳回三星公司停止侵权的请求，同时承认标准必要专利权人三星公司享有请求损害赔偿的权利，但仅限于 FRAND 承诺的范围内。知识产权高等裁判所作出该判决的前提是，损害赔偿额等于符合 FRAND 承诺的专利许可费。❷ 这种不考量公共利益的思维和做法，也受到了一些学者的质疑：如此低的损害赔偿额是否会影响发明人的发明创造热情，是否有悖于专利制度通过给予专利权人一定激励来达到产业发达的目的，这两点也是值得考虑的；实际上，专利制度作为一种用于促进产业发展的工具，在扩大人类社会

---

❶ 谢冠斌，焦姗. 滥用标准必要专利行为反垄断执法里程碑——高通案评述 [J]. 中国价格监管与反垄断，2015（3）.

❷ 一审：東京地判平成 25.2.28 判時 2186 号 150 頁；上诉审：知财高判平成 26.5.16 平成 25（ネ）10043.

整体福利的行为活动面前，应以退步。❶ 在欧盟，2004 年欧盟委员会针对微软公司的垄断行为作出了巨额罚款决定，有人便认为这个决定给全世界的经营者和理论界提出了一个巨大的问号，也造成了一种两难选择：欧盟的态度究竟是鼓励创新还是保护竞争？这种疑问之所以产生，实际上是因为欧盟委员会在对微软公司进行罚款时并未就其决定所考察的利益进行解释，更未就技术创新和市场竞争两种公共利益冲突的处理问题做出一定的回应。

三、在标准必要专利滥用规制案件中利益平衡的重要价值

境内外的实际情况表明，在涉及标准必要专利滥用问题的案件中，不同利益需求的冲突往往是一个不可避免的问题，对于不同利益需求进行考量、选择和协调是法院或者行政执法机关需要承担的重要任务，这种利益平衡具有重要的价值。

1. 技术标准化宗旨得以实现的重要保障

技术标准化的重要价值在于多方面公共利益的促进，正如有些学者主张的那样，技术标准化的基本目标在于，使技术更加协调、优化，给公众带来更多便利和好处，也能够促进技术在行业内的推广利用；❷ 基于标准制定的逻辑，技术标准应当具有经济理性、政治理性和社会理性等优点，它承载着公共利益或者社会整体福利，既要致力于推动科技创新，也要关注产业发展。❸ 技术标准化意图促进的这些社会公共利益，其实现的前提是纳入标准的技术能够借助标准的力量得到大范围的推广。但是，涉及标准必要专利的"专利劫持"却时有发生，这明显违背了技术标准化实现产品或者服务兼容与互通的初衷，造成社会公共利益的损害，正因如此，有些国家或者地区明确要求

---

❶ 刘影. 日本标准必要专利损害赔偿额的计算——以"Apple Japan vs. Samsung"案为视角 [J]. 知识产权, 2017 (3).

❷ 吴太轩. 技术标准化中的专利权滥用及其反垄断法规制 [J]. 法学论坛, 2013, 28 (1).

❸ 刘珊. 专利标准化危机及其应对之策——以中国标准专利第一案为例 [J]. 湖南工业大学学报（社会科学版），2017, 22 (6).

将公共利益受到影响的情况纳入涉及标准必要专利的案件的审查范围。❶ 如果在审理涉及标准必要专利滥用的案件时不对相关社会公共利益所受到的影响进行认真的考量，就有可能仅仅根据双方当事人之间的是非曲直作出对行为性质的判断及相应的处理决定，标准化所意图实现的诸多公共利益需求就有可能在保护一方当事人合理要求的表象下被漠视或者损害。标准制定组织适用公共利益的保护需求，往往制定一些内部知识产权政策，在其中要求其成员提交各自拥有知识产权的状况，包括可能覆盖标准技术的专利列表，并要求其专利纳入技术标准的专利权人承诺在未来按照 FRAND 要求提供专利许可，以此防止标准必要专利可能对竞争环境造成的损害。这在事实上使得技术标准的制定与实施活动，本身就在营造一种促进产业创新与消费者福利的竞争环境。❷ 但在实践中，标准组织自身为实现标准化的宗旨而制定的内部政策，由于政策本身的模糊性、政策执行机制的欠缺及标准组织控制能力的不足等原因，这些内部政策的实施效果往往并不明显，标准必要专利滥用案件处理机构在进行规制时对于标准化所要实现的社会公共利益进行考量，在一定程度上也是弥补标准组织及其内部政策的局限性。

2. 多样化政策需求在标准必要专利运用中的必要彰显

当一个案件存在多种法律适用方法或者多个适用结果选择时，执法者肯定要反复斟酌不同的适用结果对社会和市场造成的影响；这时候政策思维就会起到作用，我们要努力使得自己做出的裁判结果符合立法目的，符合立法精神，符合国家产业发展；这涉及国家长远利益和当前利益考量、动态利益和静态利益的考量和衡平。❸ 反垄断执法在很大程度上是各种政策比较、协调、平衡和选择的过程，执法机构需要对于经营者的行为所涉及的各种政策

---

❶ 王晓晔，丁亚琦. 标准必要专利卷入反垄断案件的原因［J］. 法学杂志，2017（6）.

❷ 连冠. 比较法视野下 FRAND 承诺的反垄断责任［J］. 北京化工大学学报（社会科学版），2017（3）.

❸ 朱理：《创新与数字经济背景下的反垄断司法》，这是作者在 2017 年 11 月 12 日对外经济贸易大学竞争法中心、复旦大学产业发展研究中心及"Competition Policy International"（国际竞争政策）杂志在北京举办的"竞争、创新与数字经济研讨会暨诺贝尔经济学奖得主梯若尔教授新书发布会"上的演讲。

要求进行分析，考虑其裁判或者决定对于这些政策实施的影响。技术标准化往往涉及多方面的政策，如产业政策、竞争政策、消费者政策、安全政策、环境政策、科技政策等，这些政策实际上对应着不同的公共利益需求，各自所追求的主要目标利益是有差异的。在司法机关或者行政执法机构处理标准必要专利滥用案件时对于相关的社会公共利益进行考量和协调，实质上是在对于不同的政策需求进行平衡，力求使得标准必要专利的运用能够更好地体现多方面的政策需求。为了实现标准必要专利所体现或者涉及的相关公共政策，反垄断执法应当成为一种重要工具。我国反垄断法不应当仅仅是对垄断等市场失灵现象的简单回应，它还作为政府构建市场经济体制的法律框架的一个重要环节而存在，是政府推动经济转型升级和经济发展方式变革的法律尝试；❶ 对于相关的经济政策进行统筹考虑是反垄断法实施的应有之义。多方面政策的考量也是境外执法机关常见的做法。比如，在美国，从有关案件的司法实践情况看，根据《美国清洁空气法》第308条规定，如果某项专利技术是遵守该法规定的新固定排放源标准、有害空气污染物标准和机动车排放标准所必需的技术，美国政府可以要求专利权利人以联邦法院指定的合理许可费许可他人实施其专利技术；❷ 除了环保政策的考虑，消费者政策、管制政策以及国家安全政策等方面也是标准涉及专利政策的考虑因素，这些公共政策的考虑给政府行使警察权提供了理由。❸

3. 标准必要专利滥用案件处理结果认可度的提高

案件的处理效果主要涉及两种认可：一是当事人的认可情况；二是社会认可情况。由于当事人对于案件的处理结果往往存在矛盾对立，因此当事人的认可度是很难真正提高的。这样一来，案件处理结果的社会认可度实际上

---

❶ 叶卫平. 产业政策对反垄断法实施的影响 [J]. 法商研究，2007 (4).

❷ 于连超，王益谊. 论我国标准必要专利问题的司法政策选择——基于标准化体制改革背景 [J]. 知识产权，2017 (4).

❸ Segal, Scott H. Fuel for Thought: Clean Gasoline and Dirty Patents [J]. American University Law Review, 2001: 49-89.

也就成了案件处理效果重要的衡量标准。社会效果是任何法律规则内在的要求。❶ 无论是司法机关，还是行政执法机构，都要考虑其案件处理结果的社会效果，也就是其所作出的裁判或者决定受社会认可的程度。考虑到社会公共利益影响的广泛性，一个案件的处理结果要得到较高的社会认可度，就必须尽可能协调和保护好案件涉及的多方面的社会公共利益。对于标准必要专利滥用案件的处理也是这样，这也是很多法院在处理此类案件时常常会关注多方面公共利益的重要原因。以禁令救济的适用为例，在美国的许多案件判决中，排除他人制造、使用、销售或许诺销售或进口专利相关产品被看作专利权人的基本财产权利；但是，在一个具体的专利侵权诉讼中，原告如果要获得禁令许可，必须证明四点，即其可能遭受无法挽回的损失，这种损害无法通过金钱赔偿加以弥补，从双方的情况来看公正的救济能够获得保证，相关公共利益不会因为永久禁令的适用而受到损害。在认定其所称的公共利益时，法院通常考察以下因素：对公共健康或者福利的影响情况，是否会对美国经济发展的公平竞争环境造成一定的影响，对于具有直接有竞争关系的产品或者类似产品的产量所产生的影响，以及对美国广大消费者利益的影响情况。❷

由于标准必要专利的影响广泛，禁令救济如果适用不当可能会对社会公共利益造成很大的损害，不当的禁令救济也往往成为权利人滥用其标准必要专利的重要方式。因此，在标准必要专利滥用案件中加强对禁令救济损害社会公共利益情况的审查是提高案件处理结果社会认可度的重要措施。有学者甚至将公共利益审查作为此类案件的审理所必须经过的环节，强调公共利益审查的重要性，认为即使个案在事实上未涉及公共利益也要进行审查程序；至于禁令救济，认为这不是一劳永逸的解决办法，主张反垄断案件处理机构应当在综合考量的基础上，采取一些在负面损害最小化的前提下最大程度地

---

❶ Christophe Geiger. The Social Function of Intellectual Property Rights, Or how Ethics can Influence the Shape and Use of IP law [EB/OL]. [2022-08-05]. Max Planck Institute for Intellectual Property and Competition Law Research Paper No. 13-06. http://ssrn.com/abstract=2228067.

❷ 翟业虎. 论标准必要专利的滥用及其法律规制 [J]. 东南大学学报（哲学社会科学版），2017，19（4）.

保护各方利益的措施。❶ 事实上，在很多与标准必要专利相关的案件中，专利权人的禁令救济申请之所以未获得许可或者承认，一般是因为此种救济会增强专利权人的市场支配地位，从而可能对社会公共利益产生较大的威胁，影响案件处理结果的社会效果。正如有学者所主张的那样，"有侵权行为发生即授予禁令救济"这种传统理念不应当被固守或者机械搬用，否则就会使得标准必要专利权人本来已经显著的市场地位变得更加强大，无论是对于消费利益保护，还是对相关行业的发展都是不利的，它还很可能阻碍社会创新。❷

第三节 在标准必要专利反垄断规制中利益平衡的主要内容

一、标准必要专利滥用涉及的利益冲突的明确

利益平衡的前提是明确相关利益之所在，否则利益平衡就成为毫无目标的盲目行为，没有任何真实价值。法律的作用在于保证不同群体的和平共存，也就是人们常说的促进社会成员活动的和谐与协调；一句话，这是社会秩序的基础，这种和谐只能通过相互冲突的利益的平衡得以实现。❸ 要使不同群体得以和平共处，自然需要弄清楚在一个事件或者一个行为中涉及哪些群体的利益，否则也不知道需要考虑哪些群体的利益要求。对于知识产权事务的处理也是如此。为了保障知识产权的社会功能，就有必要在这些权利的概念和

---

❶ 丁亚琦. 论我国标准必要专利禁令救济反垄断的法律规制 [J]. 政治与法律，2017（2）.

❷ 魏立舟. 标准必要专利情形下禁令救济的反垄断法规制——从"橘皮书标准"到"华为诉中兴" [J]. 环球法律评论，2015，37（6）.

❸ C. Du Pasquier. Introduction à la théorie générale et à la philosophie du Droit [M]. 4th ed. Neuchâtel/ Paris：Delachaux et Nestlé, 1967：19.

实施方面进行利益协调和平衡，而这些是法官能够控制的。❶ 法官要对利益冲突进行控制，协调和平衡不同的利益要求，就应当对于相关知识产权事务所关联的利益了然于胸。

对于可能存在滥用情形的标准必要专利许可等运用行为进行规制时，法官或者执法人员要较好地完成利益平衡的使命，增强纠纷的处理效果，就必须认真分析特定的标准必要专利的运用究竟在实质上会影响哪些利益。在对标准必要专利的运用涉及的利益进行协调之前，需要仔细梳理哪些利益牵涉其中。一般而言，宜先进行粗略的审视，尽可能将有一定关联的利益囊括其中；在此基础上，再进行利益关联度的识别，找出其中比较重要的利益，特别是可能受标准必要专利的运用影响较大的若干利益。

对于标准必要专利滥用行为的规制者而言，其利益平衡的对象应当是标准必要专利运用所关联的重要利益，因为对于其他利益即使考虑不周，也不会产生较大的影响。作为标准必要专利滥用案件的处理者，法官或者行政执法人员首先需要理清标准必要专利的运用涉及哪些重要的利益。这种重要利益不限于社会公共利益，也有可能是某种个体利益。考虑到反垄断法关注和保障的利益是社会公共利益，因此，反垄断执法机关在处理标准必要专利滥用案件时要着重梳理涉嫌滥用标准必要专利的行为所关联的社会公共利益。另外，构建知识产权经济性法益和非经济性法益的平衡机制等可以解决我国知识产权法在平衡利益冲突机制方面的不足。❷ 基于此，在审视标准必要专利滥用案件涉及哪些重要利益时，执法者不仅要关注经济性的社会公共利益，还要关注非经济性的社会公共利益。

二、相关利益冲突的影响因素的洞悉

人类社会的全部活动都与利益关联，与人们对利益的追求相关，人们的

---

❶ Christophe Geiger. The Social Function of Intellectual Property Rights, Or how Ethics can Influence the Shape and Use of IP law [EB/OL]. [2022-08-05]. Max Planck Institute for Intellectual Property and Competition Law Research Paper No. 13-06. http://ssrn.com/abstract=2228067.

❷ 王翀. 论知识产权法对利益冲突的平衡 [J]. 政治与法律, 2016 (1).

各种社会行为基本上都能够通过利益得到相应的解释；从某种程度上说，利益是支配人们思想、左右人们言论、推动人们从事实践活动的内在动力，站在利益的角度就能够理解人类历史的发展之谜，利益是推动历史发展的原动力。❶ 利益动力的强弱，特别是对于某种特定利益追求的愿望，不是恒定不变的，而是受到某种因素，甚至多种因素的影响。有些因素可能产生激励作用，即使利益主体追求某种特定利益的愿望更加强烈；有些因素可能产生抑制作用，即使利益主体削弱，甚至消除获得某种特定利益的愿望。有时，某种利益需求及其与其他利益之间的冲突并不明显，但因某种因素的出现使这种利益需求及其与其他利益之间的冲突显现出来。比如，围绕知识产权产生的利益冲突，很多是基于权利的滥用。正如有学者所说的那样，知识产权法所授予的垄断权利如果被知识产权人滥用，知识产权法激励创新或者创造的目标就会因为滥用行为而受到阻却，公共利益保护和私权保护的应有平衡也会被打破。❷

利益冲突的协调主要在于因势利导，弄清利益冲突的影响因素则是做好因势利导工作的前提。哪些情况或者因素会激发某方面利益的追求从而加剧若干利益之间的冲突？哪些情况或者因素会抑制某方面利益的追求从而缓和若干利益之间的冲突？或者就某一特定的因素而言，它在什么情况下会提高利益冲突的程度，而在什么情况下它又会降低利益冲突的程度？在反垄断法规制标准必要专利滥用行为的过程中，处理案件的法官或者行政执法人员对于各种利益冲突影响因素梳理和分析的程度，往往会在很大程度上影响其进行利益平衡的质量或者效果，没有在对相关要素进行较多分析基础上进行的利益平衡和规制行动很难获得更多人的认可。

三、基于利益平衡思路的反垄断规则的合理运用

利益平衡能否达到预期的效果，还需要处理具体案件的执法者具有较为

---

❶ 陈跃峰. 利益动力论［D］. 北京：中共中央党校，2015.
❷ 冯晓青，陈啸，罗娇. "高通模式"反垄断调查的知识产权分析——以利益平衡理论为视角［J］. 电子知识产权，2014（3）.

清晰的利益平衡思路，并且能够合理利用科学的路径和方法。标准必要专利许可涉及的法律关系是多方面的，相关纠纷或者案件的处理可能会涉及多种法律的适用，也因此可以由不同的机构进行处理，利益协调或者平衡的思路、路径和方法也会有不同的选择。对于同一行为，之所以要通过不同的法律加以规制，重要的原因在于每一种法律在规制路径和方法上往往有其独特性。任何一种法律规制能够做好利益平衡工作，关键在于执法者能否将该种法律规制的路径和方法加以合理的运用。

反垄断法从功能上看是预防和制止各种垄断行为、有效保护市场竞争的基础性法律，也是不同市场主体之间利益冲突的协调器，它通过对个体利益（包括消费者利益和企业利益）、国家利益以及社会整体利益等各种不同性质的利益进行相应的协调，实现以保障竞争者的竞争权利、维护消费者的正当利益与促进社会公共利益的目标。❶ 反垄断法对标准必要专利滥用行为的规制自然也要实现个体利益、国家利益、社会整体利益等多种利益之间的协调，这种利益协调不是抽象的理论论证或者主观臆断，而应当与反垄断法相关规则的适用结合起来。利益平衡的过程实质上就是反垄断执法人员将利益平衡作为一个重要的标准去适用反垄断法规则的过程。与标准必要专利滥用行为相关的反垄断法规则是多方面的，主要相关市场（产品市场和地域市场）的界定，是否具有市场支配地位情况的判定，具体滥用行为的认定，以及如何追究相关的法律责任等方面的规则；其中既有很多实体规则，也有一些程序规则。反垄断法规制标准必要专利滥用中利益平衡的基本内容就是要将利益协调的思想或者理念贯穿这些实体规范或者程序规范的运用。

本章小结

本章探讨了利益平衡在反垄断法规制标准必要专利滥用中的重要地位，即它是反垄断法在规制标准必要专利滥用时应当遵循的基本准则。在此基础上，本章对于这一利益平衡的主要内容进行了阐述。

---

❶ 吴宏伟. 法益目标：我国《反垄断法》实施之灵魂［J］. 江西社会科学, 2008（7）.

之所以将利益平衡作为反垄断法在规制标准必要专利滥用时应当遵循的基本准则，基于以下两个方面的理由：第一，反垄断法的重要使命之一便是利益平衡。法律的本质是利益平衡，反垄断法自然也不例外。反垄断法所要规制的垄断行为往往涉及复杂的利益关系，如公平竞争秩序、产业发展、消费者利益、中小企业发展、国家经济安全、整体经济效率、当事人自身的利益等，这就决定了反垄断法更要重视利益平衡。另外，从中外法律实践看，反垄断法在利益平衡方面具有很多成功的经验，如多种利益平衡方法的运用、从不同角度的利益平衡、利益考量内容的多样性等。第二，从标准必要专利滥用行为反垄断法规制的现实看，利益平衡具有重要的价值。随着标准必要专利影响的扩大及其广泛运用，各国都加大了对标准必要专利滥用行为的反垄断法规制，形成较多有影响的案例。境内外的实际情况表明，在涉及标准必要专利滥用问题的案件中，不同利益需求的冲突往往是一个不可回避的问题，对不同利益需求进行考量、选择和协调是法院或者行政执法机关需要承担的重要任务。这种利益平衡是技术标准化宗旨得以实现的重要保障，也能够使多样化政策需求在标准必要专利运用中得以彰显，还可以使标准必要专利滥用案件的处理结果提到较高的认可。

在标准必要专利滥用的反垄断法规制过程中，利益平衡的主要内容可以概括为三点：一是查明标准必要专利滥用所涉及的或者引发的利益冲突，这是利益平衡的前提；二是分析相关利益冲突的影响因素，这样才能有针对性地选择利益平衡的路径或者方案；三是从利益平衡的需求出发，合理运用各种反垄断规则。

第二章 反垄断法利益平衡的对象——标准必要专利许可涉及的利益冲突

第一节 标准必要专利许可涉及的利益

一、标准必要专利许可涉及的私人利益

标准必要专利虽然与具有公益特色的标准结合在一起，但其自身在本质上仍然是一种私人权利，这就决定了标准必要专利的许可仍然是一种私法关系，属于民事合同关系的一种。个人权利或者利益总是要面对其他同等价值的权利或者利益，还要面对社会公共利益。在标准必要专利许可协议中，专利权人要面对的其他同等价值的权利或者利益是指与专利权人自身利益价值相当的合同相对人所享有的合法权益，标准必要专利许可涉及的私人利益主要是指标准必要专利权人（标准必要专利的许可人）和标准必要专利技术的需求者（标准必要专利的被许可人）这两方当事人的私人利益。从现实发生的诸多案件情况看，标准必要专利许可涉及的私人利益主要有以下三种。

1. 经济利益

标准必要专利是促进经济发展的重要力量，能够创造巨大的经济收益，这种专利的许可自然也就对双方当事人的经济利益产生较大的影响。在专利标准化利益格局中，技术标准被视作知识产权人（主要是专利权人）的"利益放大器"，而受到知识产权人利益"放大"直接影响的是相对人的利益，其

直接后果往往是其他相对主体利益的减少。❶ 这里的利益主要指的是经济利益。经济利益是标准必要专利许可协议双方当事人最直观的私人利益，也往往是双方当事人最关心、最容易产生争议的利益。

对于标准必要专利许可协议的双方当事人来说，最直接相关的经济利益无疑就是专利许可费的收取。前些年国内外出现多起法院针对许可费进行具体判定的案例，包括我国的华为诉 IDC 标准专利使用费案、美国的 Microsoft v. Motorola 案、Ericsson v. D-Link 案，In re Innovation 案以及 Realtek v. LSI 案，如何处理标准必要专利许可费与标准价值之间的关系，均是相关案件的焦点之一。❷ 为了向华为公司收取标准必要专利使用费，从 2008 年 11 月开始，IDC 公司与华为公司多次进行谈判。❸ 这些情况足以看出标准必要专利许可协议双方当事人对于许可费的高度关注。无论是双方关于许可费数额的约定，抑或是关于许可费率、计算依据或者支付方式的约定，都会直接影响双方当事人的经济利益。标准必要专利许可在事实上还会以其他一些方式影响双方当事人的经济利益，如专利权人可以通过搭售或者一揽子许可等方式实现或者提高其过期专利或者非标准必要专利的经济收益，被许可人可以借助标准必要专利技术提高产品的档次，扩大产品的销售，进而实现更多的销售利润。

2. 技术利益

标准必要专利许可的焦点是专利技术，自然直接影响双方当事人的技术利益，只不过不同的当事人所关注的技术利益的内容和表现形式有异罢了。就标准必要专利技术本身而言，专利权人的技术利益在于该技术维持或者增强在市场上的竞争力和优势能够为其创造的利益，而被许可人的技术利益在于获得该技术的使用权能够为其带来的市场份额和相应的经济利益。专利法对于未经专利权人许可而实施专利的行为进行了限制，但对于他人以现有专

---

❶ 时建中，陈鸣．技术标准化过程中的利益平衡：兼论新经济下知识产权法与反垄断法的互动 [J]．科技与法律，2008（5）．

❷ 韩伟．标准必要专利许可费的反垄断法规制——原则、方法与要素 [J]．中国社会科学院研究生院学报，2015（3）．

❸ 祝建军．标准必要专利使用费条款：保密抑或公开——华为诉 IDC 标准必要专利案引发的思考 [J]．知识产权，2015（5）．

利技术为基础进行的再创造行为并未作出限制。❶ 对于标准必要专利来说，同样也存在一个被许可人基于标准必要专利技术而进行技术创新的问题。在标准必要专利技术之外就衍生出另一个技术利益问题，那就是对于被许可人基于标准必要专利技术的运用而创造的技术成果由谁拥有、支配及使用的问题。特别是基于标准必要专利技术所产生的一些非标准专利，在市场上往往能够发挥巨大的作用。比如在 ITC 领域，标准专利起到互联互通的作用，仅实现产品的基本功能，对于产品的市场接受程度不发挥关键作用；而非标准专利起到支撑个性体验的作用，实现产品的差异化功能，对产品的用户接受度和黏性发挥关键作用。❷ 这样一来，有时基于标准必要专利技术所产生的技术甚至成为专利权人和被许可人关注的重点，作为技术创造人的被许可人当然希望拥有、支配该技术成果并获取相应的经济利益，而作为支撑该新技术成果的标准必要专利技术拥有者的许可人则希望该技术成果不会影响其对于标准必要专利所能够享有的技术利益，也希望能够无偿使用这一技术，甚至还会期望在一定程度上支配该技术成果的推广运用。从现实情况看，在标准必要专利技术之外还有一个附带的技术利益问题，那就是被许可人在使用标准必要专利技术时对于来源于其他经营者的相关技术的获取和使用问题，特别是被许可人能否从其他途径获得并且使用与标准必要专利技术有一定竞争关系的技术成果问题。

3. 发展利益

谋求发展，力争在市场竞争中获得一定的地位，特别是获得优势地位，是每一个经营者的既定目标，标准必要专利的许可人和被许可人也不例外，他们都有一个追求和保障自身发展利益的问题。标准必要专利对于专利权人和被许可人的发展都有直接或者间接的影响。从专利权人的角度看，被许可人是否需要满足自己的要求才能实施标准必要专利，是否可以利用标准必要专利对被许可人施加其他影响，对于他人未满足自己的要求而实施专利的行

---

❶ 冯晓青，陈啸，罗娇．"高通模式"反垄断调查的知识产权分析——以利益平衡理论为视角 [J]．电子知识产权，2014（3）．

❷ 周奇．标准专利的限制与平衡——从国内创新保护的角度 [J]．电子知识产权，2013（12）．

为能否通过法律途径加以禁止，这些问题的处理关系到标准必要专利拥有者能否巩固甚至提升其在相关市场中的地位。从被许可人的角度看，能否及时获得标准必要专利的实施权，关系到企业能否在相关市场上立足和发展；能否以公平的条件获得标准必要专利的实施权，关系到企业在与其他同类企业的竞争中是否会处于劣势；能否在技术选择和技术创新方面排除来自标准必要专利权人的干预和盘剥，关系到企业的经营自由，也关系到企业的发展能力和发展成果能否受到较好的保障。相关的统计结果显示，在专利纠纷中涉及标准必要专利的案件不仅数量大，而且增长速度快。[1] 从表面上看，这些案件的当事人都有具体的诉求，但实质上都是在争夺市场地位和发展机会。各国之所以将标准必要专利许可纳入了反垄断法考察和规制的范围，也主要因为此种许可很容易对于被许可人的竞争资格、竞争能力、竞争条件和竞争成果等发展利益造成损害，尤其是对于中小企业的发展利益可能造成的巨大威胁。

二、标准必要专利许可涉及的公共利益

对公共利益的维护是反垄断法的基本使命。反垄断法需要加强对标准必要专利许可行为的规制，就是因为该行为涉及反垄断法所关注的公共利益。明晰公共利益及其在标准必要专利许可关系中的体现是反垄断法规制标准必要专利滥用行为的前提。

（一）公共利益之界定

对于公共利益，学者们有很多论述，但对于公共利益的理解存在较多的差异。有学者将公共利益看成是同属于一个政体的大多数人所具有的共同利益，它建立在这样一种思想之上，即公共政策不应当仅仅提高几个人的福利，

---

[1] 该统计表明，在近 30 年中，涉及 SEPs 的专利纠纷案件远远超过非 SEPs 的专利纠纷，且呈快速增长趋势；ICT 领域的主要企业，如苹果、摩托罗拉、三星、微软和谷歌等，涉及 SEPs 侵权纠纷所占比例之巨大，侧面反映出近年 ICT 领域"专利大战"在欧盟地区的如火如荼。参见：王丽慧. 公私权博弈还是融合：标准必要专利与反垄断法的互动 [J]. 电子知识产权，2014（9）.

而是应该在最终提高大家的福利。❶ 有学者用共同利益来指代公共利益，其所界定的公共利益首先是指在同一社会关系基础之上，尤其是建立在同一经济关系和经济地位基础之上，是指那些处在同一社会关系之中或者具有相同社会地位的人们各自利益的共同部分，具有公共性、非市场实现性、单一性、相对独立支配性、多重价值复合性等基本特征。❷ 有学者称为社会公共利益，并从法律层面将公共利益的基本语义可理解为社会公众基于社会经济发展企求满足的要求、愿望或者需求，它具有社会性、公共性和整体性等特征。❸ 有学者认为，公共利益历来都是一个开放性的概念，它的内容总是因国家社会的动态变化而有所不同，往往会呈现出不确定性和多样性。❹ 尽管对于公共利益的含义有各种不同的表述，但我们也能从中概括出公共利益所具有的一些特征：一是广泛性，即公共利益覆盖众多主体，而非仅仅归属于某个主体或者某个成员数量很少的群体，但其所涉及的众多主体的范围有大有小。二是公共性，即公共利益是数量众多主体的共同利益需求，而非其中单个或者部分主体的局部利益需求。三是多样性，公共利益的形态并不固定，可以是物质性的利益，也可以是精神性的利益，在同一环境或者社会关系中可能同时涉及多方面的公共利益。四是动态性，特定公共利益的内容在不同的时期会发生一定的变化，如国家经济安全要求在不同时期存在的差异、产业发展导向在不同时期存在的差异等。

由于公共利益的多样性，反垄断法不可能将对所有公共利益的维护作为其目标，而只能致力于部分公共利益的实现。有学者对于各立法文件和学界的主要观点进行了梳理和总结，在此基础上可将作为反垄断法目标的公共利益概括为以下几点：其一，公共利益就是反垄断法所要维护的自由竞争秩序；其二，公共利益实际上就是保障平等交易权的实现；其三，公共利益除了包

---

❶ [美] E. R. 克鲁斯克, B. M. 杰克逊. 公共政策词典 [M]. 唐理斌, 王满传, 颁斌祥, 等译. 上海：上海远东出版社, 1992：30.

❷ 王浦劬. 政治学基础 [M]. 2版. 北京：北京大学出版社, 2006：54.

❸ 冯宪芬. 社会公共利益的法律思考 [J]. 西安交通大学学报（社会科学版）, 2009, 29 (4).

❹ 蒋悟真. 反垄断法中的公共利益及其实现 [J]. 中外法学, 2010, 22 (4).

括自由竞争外,还包括广泛的国民利益,实际上就是国民经济的均衡发展;其四,在经济法中,公共利益主要是指市场竞争秩序和广大消费者的利益;其五,公共利益是涉及生产者、消费者的整个国民经济利益;其六,公共利益主要指中小企业和消费者等经济的从属者的利益以及弱者的利益等。❶ 还有一种代表性观点认为,我国反垄断法立法的核心价值目标是保护市场公平竞争、保证经济效率、消费者权益和社会公益,这四者之间是相辅相成的。❷

综合根据学者们的观点,并结合国内外反垄断法的实践情况,我们可以将反垄断法关注的公共利益概括为以下三大类。

(1)经济秩序与安全。垄断行为可能危及的经济秩序与安全包括竞争秩序和国家经济安全两个方面。就反垄断法所维护的竞争秩序而言,主要是自由竞争秩序,反垄断法的基本价值目标就是"建立和维护自由、有序的竞争秩序"。❸国家经济安全是国家总体安全的一个重要方面,国家经济安全遭受的威胁主要产生于一些外来因素,如跨国公司的进入可能产生的影响。反垄断法在规制跨国公司的垄断行为时就需要将国家经济安全作为一个重要的法益目标。

(2)经济的整体发展。这种整体发展利益除了全国性的经济整体发展需求外,还包括局部性的经济整体发展需求。局部性经济整体发展的典型形态是特定产业的整体发展,由于产业发展是全国性经济发展的支撑和基础,自然也应受到反垄断法的保护和促进。一般的看法是,竞争政策与产业政策之间的关系比较复杂,两者既相互统一,又会不时发生冲突,只有对两种政策的关系进行动态协调,才能有效实现国家社会经济发展的目标;政策协调是反垄断法与生俱来的功能,尤其是在发展中国家。❹ 这种协调本身也就意味着反垄断法需要考虑和保护产业发展这种整体利益需求。经济的整体发展还可能表现为特殊的形态,如全国或者行业整体技术水平的提升。

---

❶ 卢炯星,李晓丽.反垄断法视域中的公共利益问题[J].山东社会科学,2010(7).
❷ 曾翔,曲衍东.论我国《反垄断法》的价值取向[J].价格理论与实践,2015(12).
❸ 蒋悟真.反垄断法中的公共利益及其实现[J].中外法学,2010,22(4).
❹ 徐士英.反垄断法实施面临功能性挑战——兼论竞争政策与产业政策的协调[J].竞争政策研究,2015(1).

（3）弱者利益的保护。国内外反垄断的历史表明，能够实施垄断行为的经营者往往是处于强势地位的企业，反垄断法对于市场行为的规制实际上就是在一定程度上对强者的抑制和对弱者的保护。这里的弱者既包括与实施垄断行为的经营者处于竞争关系中的中小企业，也包括间接遭受垄断行为损害的消费者。在很多国家的反垄断法中，都将大企业的市场行为与中小企业的市场行为区别对待，特别是针对中小企业设计了一些豁免制度，这些都是反垄断法关注和保护中小企业利益的重要体现。对消费者利益的保护作为反垄断法的目标之一，已经得到国际社会的普遍认同。❶ 消费者利益既包括一般消费者对于商品质量与价格等方面的合理需求，也包括消费者对于健康保障的特殊需求。

（二）与标准必要专利许可相关的公共利益

标准必要专利涉及公共利益，目前已经基本没有人表示质疑；标准必要专利许可之所以与公共利益存在较大的关联，主要在于技术标准本身的特性。虽然标准必要专利表面上是由专利技术构成的，但其本质上属于社会公共资源，具有公共产品的属性；除此之外，技术标准具有维护社会公共安全、增强社会整体效益的作用，由此被纳入技术标准的专利也随之拥有了公共性的特点。❷ 从标准的制定逻辑出发，技术标准应兼有经济理性、政治理性、社会理性，承载着公共利益和社会整体福利，致力于推动科技创新与产业发展。❸ 标准化是为了在特定的范围内容获得较好的秩序，促进相关主体的共同效益，针对相关事务或者行为所确立的、供众多主体共同使用和重复使用的行为规范，以及制定、公布和应用涉及前述规范的相应文件的活动；标准是一种供特定范围的主体共同使用和重复使用的文件，它由一定范围内的主体按照既定程序经协商一致而形成，其目标在于为特定范围的各种活动或者相应的结

---

❶ 阮赞林．论反垄断法的消费者利益保护［J］．中南大学学报（社会科学版），2011（1）．

❷ 丁亚琦．论我国标准必要专利禁令救济反垄断的法律规制［J］．政治与法律，2017（2）．

❸ 刘珊．专利标准化危机及其应对之策——以中国标准专利第一案为例［J］．湖南工业大学学报（社会科学版），2017，22（6）．

第二章　反垄断法利益平衡的对象——标准必要专利许可涉及的利益冲突

果提供规则、指南。❶ 可见，技术标准的产生是建立在一定范围内人们的共同需要和共同利益基础之上的。早在20世纪70年代，人们就对标准化的目的作了归纳，那就是为了简化产品品种及人类生活要求，借此增进相互间的沟通，促进安全和健康，消除国家间的贸易壁垒，最终实现保护消费者利益和促进社会公共利益。❷ 也就是说，技术标准的基本价值或者基本目标在于增进公共利益，作为技术标准化一部分的标准必要专利许可自然与公共利益有着密切的关系。

至于标准必要专利与哪些公共利益相关联，通过对标准必要专利许可特点的分析，结合境内外涉及标准必要专利许可的一些案例，不难发现，前述作为反垄断法价值目标内容的诸多方面的公共利益，在标准必要专利许可的过程中都会或多或少地涉及。当然，有些公共利益在标准必要专利许可的过程中可能会呈现出一些特殊性。

（1）标准必要专利许可必然涉及自由竞争。从法律规制标准必要专利的一开始，自由竞争的保护便是基本的目标所在。20世纪末，美国联邦贸易委员会在审理的Dell案时便以不合理限制竞争的理由否定了戴尔公司的主张。❸ 标准必要专利许可对于自由竞争的必然影响在于，如果标准必要专利权人在许可时对于被许可人施加严格的限制，或者附加不合理的条件，不仅会严重影响，甚至排斥众多标准必要专利技术需求者参与相关行业的市场竞争，还会影响与标准必要专利技术相关的其他一些技术成果在相关技术市场的竞争。

（2）标准必要专利许可有时关系国家经济安全。目前，由于西方发达国家在尖端技术上的领先地位，很多战略性新兴产业的国际技术标准都由这些

---

❶ 王先林.涉及专利的标准制定和实施中的反垄断问题［J］.法学家，2015（4）.

❷ ［英］桑德斯.标准化的目的与原理［M］.中国科学技术情报研究所，编译.北京：科学技术文献出版社，1974：7.

❸ 美国联邦贸易委员会认为，戴尔公司早在20世纪90年代初就加入了视频电子标准协会（VESA）的本地公交委员会，并投票赞同电脑巴士设计标准（VL-bus），戴尔公司向VESA保证，这一标准不会侵犯戴尔公司拥有的任何专利；不过，当VESA通过此标准后，戴尔公司声称标准侵犯其专利权；联邦贸易委员会认为，戴尔公司的行为导致其他公司只有在解决专利侵权之后，才能使用标准，从而不合理地限制了竞争。参见：吴白丁.专利劫持反垄断法规制的经济学争议［J］.电子知识产权，2017（6）.

59

国家的跨国公司掌握，它们在这些产业处于主导和支配地位。相对而言，发展中国家的企业则处于严重被动的地位，发展中国家的相关产业及其安全也因此又可能被一些发达国家的跨国公司所左右。由于具有技术先占优势，发达国家的企业在目前不仅控制了大多数国际技术标准，而且不断利用标准所具有的兼容性、普遍性和公开性等特点来强行对外推行本国的知识产权战略，恣意实施损害竞争的行为。❶ 标准必要专利许可对于国家经济安全的影响主要体现在其对于特定产业可能产生的影响。这种不良影响有两种情况：一是跨国公司滥用标准必要专利，加强对我国一些重要产业的发展进行遏制。比如，近年来一些拥有国际标准必要专利的大型企业对中国本土企业在专利许可中进行歧视性收费的行为日益成为中国企业提高创新能力的重要障碍。❷ 日积月累，这种制约往往会削弱我国经济发展的基础，造成国民经济某些方面的薄弱和空虚。二是跨国公司在进行标准必要专利许可时附加一些不合理的条件，通过对诸多民族企业的控制实现对我国一些重要产业的把控，从而威胁我国经济的安全。

（3）标准必要专利许可往往关系技术的整体进步。标准一旦制定，就会对技术发展和营销方面产生各种影响；标准将"冻结"技术的发展，但这并不意味着创新或者技术发展的停止。❸ 在被标准吸收的技术具有较高或者领先水平的情况下，被标准"冻结"的技术通过标准的实施可以在全行业得以推广，全行业的整体技术水平将会因此得到提升。如果标准必要专利权人在实施许可时滥用权利或者进行刁难，势必会影响标准必要专利技术的推广范围或者推广力度，技术标准在提升整个行业技术水平方面的作用将因此受到极大的削弱。

（4）标准必要专利许可通常涉及整体经济效率的提升。标准必要专利的许可是为标准化的推广和展开，而标准化的基本目标之一在于通过统一的要

---

❶ 叶明，吴太轩. 技术标准化的反垄断法规制研究 [J]. 法学评论，2013，31（3）.

❷ 唐要家，尹温杰. 标准必要专利歧视性许可的反竞争效应与反垄断政策 [J]. 中国工业经济，2015（8）.

❸ 米歇尔·默弗里，丹·布莱茨. 信息通信技术：标准、专利与国际竞争 [J]. 李书峰，译. 信息安全与通信保密，2017（4）.

求增进企业的共同利益,通过技术规格的统一,不仅可以全面保证产品质量的稳定和使用的安全,还可以减少差异化和多样性所造成的企业间的商谈沟通成本和企业的产品转换成本,可以大大提高企业生产经营的规模效应。总之,标准化能够给企业带来好处,如企业可以实现规模经济,降低价格,改善质量,提高市场竞争力。❶ 这种好处不仅仅体现在个别企业的身上,而是整个行业的企业普遍受益,是整体经济效率的提高。当然,这种整体效率的提高以标准化的广泛推行为提前,即众多企业能够按照合理的条件获得实施标准必要专利的许可。

(5) 标准必要专利许可势必关系特定产业的整体发展。从标准化的现实状况看,目前的技术标准主要是适用于某一产业的行业标准。一般说来,相对于政府部门和国际组织而言,行业协会对于本行业的动态更为熟悉,更容易掌握行业信息,因此它们在事实上逐渐成为技术标准制定与实施的主要机构。❷ 行业标准的实施情况往往关系该标准所针对的特定产业整体技术水平和竞争力的提升、上下游企业间沟通对接效率的提高、在同等技术条件下服务水平的升级和行业景气度的提高。一旦标准必要专利许可发生较大的问题,标准必要专利技术的推广受到限制,或者不符合必要条件企业草草进入相关产业,国家或者行业组织借助标准化推动相关产业发展的目标就很容易受到损害。

(6) 标准必要专利许可肯定与消费者利益有较大的关联。毫无疑问,标准化会使消费者获益,这已经是广泛的共识。标准的制定有助于降低产品制造的成本,使得消费者获得利益;❸ 标准化所带来的产品规格的统一及互联互通,降低了产品差异化给消费者造成的寻找自己所需产品的成本,避免了一些消费者因无法获得适合配件而提前报废消费品的代价。但是,专利权人应以怎样的许可条件和使用费许可其专利技术给标准实施者,才能既有效保障专利权人和标准实施者的合法权益,又最终不会损害消费者利益,成为标准

---

❶ 王晓晔. 技术标准、知识产权与反垄断法 [J]. 电子知识产权, 2011 (4).
❷ 叶明, 吴太轩. 技术标准化的反垄断法规制研究 [J]. 法学评论, 2013, 31 (3).
❸ U. S. Department of Justice and the Federal Trade Commission. Antitrust Enforcement and Intellectual Property Rights: Promoting Innovation and Competition [R]. 2007-04.

必要专利问题的核心内容。❶ 标准专利权人可能依托标准产生专利挟持，这种挟持使得标准专利权人可以阻止竞争对手进入市场，或者搭标准之便车，获取较高的许可价格，而这种较高的价格最终转移到消费者头上，损害的是消费者利益。❷ 专利权人如果在专利许可时施加很苛刻的条件，就可能妨碍标准必要专利技术的推广范围，标准化能够给消费者所带来的消费便利也将受到严重损害。另外，像医药等关系公众健康的领域，高水平行业标准的实施对于消费者利益的保护还有特殊意义。

（7）标准必要专利许可涉及广大中小企业利益。就目前有影响的行业标准来看，标准必要专利技术的拥有者往往是大型企业，而中小企业则是标准必要专利技术重要的需求者。标准必要专利许可的状况无疑会对众多的中小企业利益产生很大的影响，中小企业也更容易受到标准必要专利权人所施加的苛刻条件的损害，特别是对于中小企业进入相关市场的影响。标准必要专利许可对于中小企业利益的影响还有另外一个层面，那就是少量中小企业作为标准必要专利拥有者的利益，如在西电捷通公司诉索尼中国公司侵害发明专利权一案中西电捷通公司所诉求的相关利益。❸

第二节　标准必要专利许可涉及的直接利益冲突

一、标准必要专利许可相关的直接利益冲突的范围

标准必要专利许可虽然具有很大的影响，但从根本上说其法律性质是合同。虽然对于合同的效力范围有着多种不同的声音，突破合同相对性的主张时有出现，甚至在一些特殊领域已经体现在法律制度的设计中，但现代条件下合同效力扩张所透射出来的实践品质与罗马共和时代如出一辙，而现代合

---

❶ 于连超，王益谊．论我国标准必要专利问题的司法政策选择——基于标准化体制改革背景［J］．知识产权，2017（4）．

❷ 徐宝寿．关于 NPE 运用标准专利垄断的欧美政策研究［C］//中国知识产权法学研究会 2015 年年会论文集．2015：159．

❸ 北京知识产权法院（2015）京知民初字第 1194 号民事判决书。

同效力扩张并不构成对合同相对性核心价值的根本否定。❶ 合同相对性仍然是合同的基本特征之一，由合同主体的相对性、内容的相对性、责任的相对性三方面构成。❷ 作为一种合同关系，标准必要专利许可自然直接体现为当事人之间的关系，也就是作为技术供给方的标准必要专利权人和作为技术需求方的被许可人（标准实施人）之间的关系。一方当事人的权利义务直接针对的是另一方当事人，一方当事人行为直接影响的对象也是对方当事人，一方行为所产生的法律责任也是直接面向对方当事人的。因此，如果标准必要专利许可涉及直接的利益冲突，一般也是发生在标准必要专利权人与被许可人之间；无论是专利权人，还是专利的被许可人，其中任何一方在标准必要专利许可过程中所实现的利益，如果对他人的利益产生直接影响，受影响的主体也仅是对方当事人。尽管其他人的利益也会因为标准必要专利许可受到影响，但这种影响通常是间接性的。

标准必要专利的许可还往往与标准必要专利权人对标准制定组织的 FRAND 承诺有关，这样一来，在表面上便涉及标准制定组织、标准必要专利权人和标准必要专利技术运用者（被许可人）三个法律主体。在微软诉摩托罗拉一案中，标准必要专利权人对标准制定组织作出了 FRAND 承诺，法官即认为标准实施者是这种 FRAND 承诺中的第三方受益人。❸ 但是，标准必要专利许可所产生的直接利益冲突并不涉及标准制定组织，因为这种直接利益冲突主要表现为私人利益的冲突，而标准制定组织对于标准必要专利权人的约束主要是出于公共利益（至少是行业利益），标准制定组织自身在其中并没有私人利益。

二、标准必要专利权人与标准实施人利益冲突的表现

前文已经述及，标准必要专利许可涉及的私人利益可以概括为经济利益、技术利益和发展利益，而标准必要专利许可涉及的直接利益冲突主要是标准

---

❶ 马涛. 历史主义视界中的合同相对性 [J]. 理论导刊，2009（9）.
❷ 王利明. 论合同的相对性 [J]. 中国法学，1996（4）.
❸ Microsoft Corp. v. Motorola, Inc. Cite as 854 F. Supp. 2d 993（W. D. Wash. 2012），P993.

必要专利权人与被许可人之间的私人利益冲突，这种利益冲突也可以从经济利益冲突、技术利益冲突和发展利益冲突三个方面去阐释。

（一）经济利益的冲突

经济利益是标准必要专利许可协议双方当事人最直观的私人利益，也往往是双方当事人最关心、最容易产生争议的利益。这种经济利益冲突的核心内容就是专利许可费，它也是很多标准必要专利案件争议的焦点所在。在华为诉 IDC 一案中，华为公司将 IDC 公司起诉至深圳市中级人民法院，一个重要的要求就是要求法院公平地确定 IDC 标准必要专利的许可费率或费率范围。此案足可以看出标准必要专利权人和被许可人之间往往会在专利许可费的收取上存在直接的利益冲突。❶ 在对 IDC 公司一案进行审理时，广东省高级人民法院的主张是合理的专利许可费应该体现相关当事人之间的利益平衡，专利许可费应当被控制在产品利润的一定比例范围之内。❷ 许可费过低，专利权人就不能获得其技术所产生的应有收益，甚至使专利权人无法及时回收技术研发的成本；许可费过高，被许可人将失去较多的产品利润，甚至出现亏本的局面。专利劫持是在标准专利许可中容易发生的风险，而专利劫持实质上是专利许可协议双方当事人围绕专利许可费展开的利益争夺。专利劫持是指，在使用相关的专利之前，被许可人已经为专利的实施进行了很多准备，特别是进行了大量专用性投资，这就意味着被许可的资产转向其他生产将存在很大困难；在这种状况下，专利权人如果向法院要求下达禁令，则被许可人就很容易被专利权人劫持，从而不得不支付过高的专利许可费。❸ 可以说，许可费的商谈是标准必要专利许可协议双方当事人最直接的经济利益交锋，是双方当事人经济利益此消彼长最直接的体现。从围绕标准必要专利所发生的现实案例情况看，作为双方当事人直接经济利益代表的专利许可费可能有三种：一是标准必要专利技术本身的使用许可费，二是标准必要专利权人通过搭售或者"一揽子"许可为其非标准必要专利技术甚至已经失效的专利所收取的

---

❶ 祝建军. 标准必要专利使用费条款：保密抑或公开——华为诉 IDC 标准必要专利案引发的思考 [J]. 知识产权，2015（5）.
❷ 广东省高级人民法院（2013）粤高法民三终字第 306 号民事判决书.
❸ 吴白丁. 专利劫持反垄断法规制的经济学争议 [J]. 电子知识产权，2017（6）.

使用费,三是标准必要专利权人要求被许可人回授其在使用标准必要专利过程中所产生的专利技术涉及的使用费。第一种专利许可费是标准必要专利许可协议一般会涉及的常规费用,而后两种专利许可费用则未必始终存在,并非常态。在很多标准必要专利许可合同关系中,双方的争夺或者分歧至少涉及其中一种专利许可费,有时甚至涉及全部三种专利许可费。总之,基于经济理性诉求,专利权人会利用其标准化权利实施拒绝交易、不公平高价、搭售许可、价格歧视、"一揽子"许可等一系列损害自由竞争的行为;基于其标准必要专利的不可替代性通过多种渠道向标准实施者索取不合理许可费,标准实施者作为被许可方的利益势必会遭到削弱。❶

(二) 技术利益的冲突

以标准必要专利技术为中心,标准必要专利的许可往往涉及多种相关技术成果,对于这些技术成果标准必要专利权人和被许可人的利益需求是不同的。一是就标准必要专利技术本身而言,专利权人的技术需求在于维护其对标准必要专利所享有的专利权,维持该专利技术的竞争优势和支配力。一般认为,如果善意的标准必要专利权人在进行专利许可时遵守了 FRAND 原则,他们就可以针对恶意违反 FRAND 许可而实施标准必要专利的经营者,向法院主张禁令救济。❷ 这种禁令救济实际上就是标准必要专利拥有者维护其专利权的重要举措,也是标准必要专利权人维持其对标准必要专利技术控制力和支配力的重要手段。对于被许可人来说,其对标准必要专利技术的技术利益需求就是能够及时运用该技术成果;在这种强烈需求的支配下,有时他们虽然未与专利权人达成许可协议,但为了及时进入市场也在事实上使用该专利技术。二是就与标准必要专利技术相关的技术成果而言,标准必要专利权人期望能够借助标准必要专利的力量将其拥有的其他技术成果加以推广,扩大其他技术成果的影响及相应的收益,甚至为此不惜实施搭售行为;标准必要专利权人为了维持其标准必要专利技术的市场地位,通常不希望被许可人从其

---

❶ 刘珊. 专利标准化危机及其应对之策——以中国标准专利第一案为例 [J]. 湖南工业大学学报 (社会科学版), 2017, 22 (6).

❷ 祝建军. 未参加标准制定的必要专利停止侵权救济的条件 [J]. 知识产权, 2017 (7).

他途径获得与标准必要专利技术相竞争的技术,为达此目的他们不惜在许可协议中施加一些不合理的条件。被许可人则不然,他们期望在标准必要专利技术之外拥有技术自主权,不愿意标准必要专利权人提供自己并不需要的其他技术成果,更不愿意标准必要专利权人干涉自己从其他途径获得自己所需要的技术成果。三是就被许可人在标准必要专利技术基础上进行改进和研发而取得的技术成果而言,标准必要专利权人希望能够以较小代价甚至不付出代价获得该技术成果的使用权,甚至有些标准必要专利权人希望控制该技术成果的运用;被许可人则希望像对待一般的技术成果一样,自己能够独自享有改进技术成果的所有权和使用权及相应的利益,排斥标准必要专利权人对于改进技术成果的干预及利益分享,这也是被许可人在标准必要专利技术基础上进行创新的动力所在。在高通垄断案中,国家发改委的态度是,高通公司不应当对于被许可人施加就其专利进行免费反向许可的要求,这样做很容易抑制被许可人的技术创新动力,从而对无线通信技术的创新和发展会产生较大的阻碍,也就会对无线通信技术市场的竞争产生排除、限制影响。❶ 这一论断正是对于双方当事人在改进创新及其技术利益方面矛盾冲突的描述。

(三) 发展利益的冲突

标准必要专利的许可对双方当事人具有重要影响,关系到他们在相关市场的竞争力及其业务发展。专利的标准化在理论上为专利权人增强市场地位创造了优越的条件,而标准必要专利的许可过程则能够将这种优越条件转化为现实优势;在标准必要专利许可协议中专利权人对于被许可人施加的限制比较多,可以维系其在相关市场中的地位,增强其在发展中的优势。但是,标准必要专利权人这种市场优势的获得或者维系以及发展能力的增强,往往会对于被许可人的正常发展要求造成损害,甚至威胁到其他经营者的竞争利益。在高通公司垄断案中,国家发改委认为,标准必要专利权人要求专利免费反向许可使专利权人相对其他基带芯片的生产商来说会获得不正当的竞争优势,致使那些采购其他基带芯片生产商产品的无线通信终端的制造商将因

---

❶ 《中华人民共和国国家发展和改革委员会行政处罚决定书》发改办价监处罚〔2015〕1号。

此而不得不负担更高的知识产权成本,从而使其他基带芯片生产商的市场竞争力受到明显的削弱,自然也就损害了市场竞争。[1] 这种结果的出现正是标准必要专利权人不正当地谋求更大发展优势的心态导致的。与此类似,在华为诉IDC案中,IDC无视其在加入标准组织时对公平、合理、无歧视原则的承诺,对条件相似的交易相对人实施差别待遇,涉嫌搭售,并在专利许可中附加一些不合理的条件,还在美国的法院和国际贸易委员会对华为公司及华为公司的美国子公司同时发起诉讼,想以此来达到拒绝与华为公司进行交易的目的,这些滥用市场支配地位的行为,不仅损害了相关市场的正常竞争秩序,也对华为公司的利益造成实质性损害。[2] 在相关产业或者行业,对于采用技术标准的广大经营者来说,能否获得实施标准必要专利的许可,直接关系到其能否获得在特定行业立足和发展的机会;而且,直接关系到企业的商品能否走向世界市场。另外,在标准必要专利许可协议中,被许可人所受限制的多少及程度,其获得技术使用权而付出代价的大小,直接关系到其后续发展的能力,关系到其与同行业其他同类经营者竞争的能力。但遗憾的是,被许可人的这些发展需求经常得不到满足,其重要原因就是标准必要专利权人在标准必要专利许可时竭力谋求自身发展能力的进一步提升和竞争优势的巩固。

第三节 标准必要专利许可涉及的深层利益冲突

一、私人利益与公共利益的冲突

在知识产权法领域,由于参与主体的多样化,存在不同类型的利益冲突,最为典型的是私人利益与公共利益的冲突。[3] 这种私人利益或者个体利益与公共利益的冲突,也时常发生在技术标准化的过程中。正如有学者所认识的那样,技术标准化在实质上可以被认为是作为标准化组织内部成员的经营者之

---

[1] 《中华人民共和国国家发展和改革委员会行政处罚决定书》发改办价监处罚〔2015〕1号.
[2] 广东省高级人民法院(2013)粤高法民三终字第306号民事判决书.
[3] 王翀.论知识产权法对利益冲突的平衡[J].政治与法律,2016(1).

间的合同关系,因为它反映了参与标准制定的各个企业之间的一种合作和协调,它关系到众多企业的切身利益;简单说来,技术标准化的过程既与遵守标准的经营者息息相关,也在很大程度上体现了消费者的最终利益,同时它又在一定意义上反映了政府和监管机构的利益,因此,作为一种公共物品,技术标准明显涉及较为广泛的社会公共利益。❶ 由于标准必要专利所涉及的公共利益的多样性,在标准必要专利许可过程中个体利益与公共利益的冲突也有多种表现形式。

(一)私人利益与自由竞争秩序的冲突

标准必要专利许可之所以被广泛关注并被与反垄断法联系在一起,是因为其与自由竞争的紧密联系。标准必要专利许可的过程中存在当事人私人利益与自由竞争的冲突是一个不争的事实。在国家发改委查处的高通公司垄断案中,❷ 由于在基带芯片这一特定的相关市场,高通公司具有较为明显的支配地位,无论是现实的被许可人还是潜在的被许可人,在事实上都会对高通公司的基带芯片存在严重依赖,如高通公司拒绝向这些被许可人提供基带芯片,则这些被许可人就很有可能无法进入相关市场,或者只能从相关市场退出,有效的市场竞争也就因此受到损害。事实上,恰恰是高通公司为了谋求高额许可费及其市场势力的扩张等个体利益而导致其他众多潜在或者实际的被许可人参与竞争能力的削弱,严重限制了自由竞争。在华为诉IDC一案中,❸ 交互数字集团(IDC)的常规收入来源,主要是根据其与专利技术实施者的许可协议所收取的专利使用费,而华为公司认为,在加入标准组织时IDC作出了公平、合理、无歧视许可的承诺,现在IDC违反了这一承诺,对其标准必要专利的许可收取不公平的过高价格,并存在实行歧视待遇、附加不合理条件、搭售、恶意诉讼等方式滥用其市场支配地位,损害了竞争秩序。这一案件实际上也是标准必要专利权人在高额许可费用方面的追求与自由竞争秩序的冲

---

❶ 王晓晔,丁亚琦.标准必要专利卷入反垄断案件的原因[J].法学杂志,2017(6).
❷ 《中华人民共和国国家发展和改革委员会行政处罚决定书》发改办价监处罚〔2015〕1号.
❸ 广东省高级人民法院(2013)粤高法民三终字第306号民事判决书.

突。在苹果诉摩托罗拉一案中，❶ 苹果公司认为摩托罗拉公司侵犯了自己的无线通信技术专利权而向美国国际贸易委员会寻求禁止竞争对手在美国销售侵权产品的禁令，而摩托罗拉公司则提起反诉，认为苹果公司没有以公平、合理和无歧视条件向竞争对手发出标准必要专利许可，违反了反托拉斯法和加利福尼亚不正当竞争法，并随后作为原告向美国联邦法院起诉苹果公司。该案双方的冲突在于一方为了实现自己的利益需求而禁止他人在未按自己提出的条件获得许可的情况下实施专利，而另一方则从自由竞争和公平竞争的角度谋求对于标准必要专利技术的运用和对标准必要专利权人的约束。在博通诉高通一案中，❷ 原告博通公司的前三个诉讼请求都是指控高通公司为了谋求自己的利益而通过多种方式实施了一些违反美国联邦反托拉斯法的行为，如不按照事前向 SDOs 作出的 FRAND 承诺对其 3G 标准必要专利进行许可从而在 WCDMA 技术市场非法谋求垄断，出于垄断 UMTS 芯片市场的意图而故意非法参与相关经营者集中的行为，等等。

至于在标准必要专利许可中当事人私人利益与自由竞争秩序之间存在的冲突，已经成为学者们的广泛共识。我国著名的反垄断法专家王晓晔教授认为，技术标准更多地体现了社会公共利益，具有公共属性，而专利则是其拥有者的私权，这种情况下，专利权人为了最大限度地谋取其私人经济利益，就有可能在标准化过程中或其专利成为标准之后利用其专利实施排除、限制竞争的行为。❸ 美国乔治梅森大学的小林教授等的研究表明，随着标准制定组织在经济发展中作用的提升以及知识产权在标准中的遍布，产生了一系列关于竞争政策的挑战，特别是特许权使用费的叠加和专利劫持等问题。❹ 从学者们的关注点及其研究成果看，标准必要专利许可涉及的私人利益与自由竞争

---

❶ Apple, Inc. v. Motorola Mobility, Inc. Cite as 886 F. Supp. 2d 1061 (W. D. Wis. 2012).

❷ Broadcom Corporation, Plaintiff, v. Qualcomm Incorporated, Defendant. No. 08cv1607 WQH (LSP). March 11, 2009.

❸ 王晓晔. 技术标准、知识产权与反垄断法 [J]. 电子知识产权, 2011 (4).

❹ Bruce H. Kobayashi, Joshua D. Wright. Intellectual Property and Standard Setting [Z]. Forthcoming ABA Handbook on The Antitrust Aspects of Standard Setting (2010): 1.

秩序的冲突大量存在，这里的私人利益主要是标准必要专利权人的利益追求。

（二）私人利益与国家经济安全的冲突

在"冷战"结束后，伴随着国际政治经济新秩序的产生，国家安全的概念及其所包含的内容也发生了变化；虽然传统的军事安全对于主权国家存在和发展的保障而言仍然是核心要素，但国家安全涉及的因素在不断增加，以经济竞争和科技竞争为主要内容的综合国力的竞争更是日趋重要。❶ 有些纳入标准的专利技术可能对于一个国家某一方面的经济发展和科技创新具有重要的作用，甚至代表着一个国家经济发展和科技进步的重要方向，实质上事关国家经济和科技安全。标准必要专利许可与国家经济安全的关系，在实践中并未引起当事人和相关案件处理机构的关注，主要是因为关于国家经济安全的担忧并非在很多标准必要专利许可中都存在，而且国家经济安全所受到的影响或者损害并没有像自由竞争的损害、技术创新热情的消减、消费者利益的损害表现得那么明显。但是，在有些情况下，标准必要专利许可的情况又确实会影响国家经济安全，只不过这种影响的显现可能会经过一个较长的时期才能释放出来。

由于技术标准的广泛而深入的影响，加上有些技术标准涉及国家经济发展的核心技术，近年来以美国为代表的一些国家已经将技术标准与国家安全联系起来，甚至为此不惜打压我国华为、中兴等通信企业。据报道，美国政府高度重视中美对5G"控制权"的竞争，甚至将这一竞争定义为"新的军备竞赛"，并且认为哪个国家控制了5G，就能够在经济、军事和情报等诸多方面领先其他国家。❷ 美国等国的一系列举动虽然源于其长期对抗的惯性思维和霸权主义作风，但从中也不难看出技术标准与国家安全的关系正在受到高度关注和重视，不仅是经济安全问题，甚至还被置于与军事、国防等传统安全相关联的高度。

标准必要专利权人在谋求个体利益最大化的时候有可能存在以下影响国

---

❶ 刘卫东，刘毅，马丽，等. 论国家安全的概念及其特点［J］. 世界地理研究，2002（2）.

❷ 张岩. 美国人冒出一个歇斯底里的想法 又和中国有关［EB/OL］.［2022-08-05］. https：//news.sina.com.cn/c/2019-01-28/doc-ihqfskcp1235679.shtml.

家经济安全的情况：其一，在对国计民生有重要影响的产业或者亟待发展的脆弱产业，由于标准必要专利权人在专利许可时进行过度的索取而使先进技术不能及时用来促进该产业的发展，从而削弱国计民生的支撑力量或者使得影响经济全局的薄弱产业长期得不到发展。其二，如果一些重要产业的技术标准被跨国公司所控制，而跨国公司通过在境内企业和境外企业之间实行差别待遇使得境内企业很难进入这些产业，或者虽然能够进入这些产业但竞争力受到很大的削弱，就很可能导致这些重要产业被掌控在境外企业的手中，甚至被外国政府间接控制。当然，也有可能出现的一种情况是，一些重要产业的技术标准为境内企业所控制，但它们基于私人利益的追求而将标准专利的实施权更多地许可给境外企业，同样也会导致这些重要产业受到境外势力的控制。其三，在各种技术标准的推行过程中，由于标准必要专利权人仅仅从私人利益出发颁发许可，大量的民族企业因不具备满足许可条件所需要的实力而无法运用相关行业的先进技术，从而影响民族企业的发展和民族经济的增长，并进而削弱我国经济长期稳定发展的根基。

(三) 私人利益与整体技术进步的冲突

为了提升产业发展的质量，更好地满足消费者的需求，通常被纳入标准的技术都是在本行业具有较高水平的技术，甚至是具有引领作用的技术。这是技术标准科学性的基本要求，因为既然技术标准要反映其制定时的科学技术发展水平，它自然就要不断吸纳最能够体现那个时代要求的技术。❶ 这些技术的创造或者运用对于特定产业整体技术水平的提高乃至整个国家技术能力的提升都可能具有重要的影响；同时，这些技术成果又往往涉及重大的经济收益和技术利益，无论是从专利权人的角度看，还是对于被许可人来说，都有重要意义。在标准必要专利许可所要关注的事项上，一方面是国家总体技术能力或者特定产业整体技术水平提升问题，另一方面是双方当事人私人权利或者利益需求的保护问题，两个方面难免存在冲突或者矛盾。

国家或者行业整体技术水平的提高主要体现在两个方面：一是高水平技术创新成果的产出，二是创新成果的推广与运用。高水平创新成果的产出有

---

❶ 王先林. 涉及专利的标准制定和实施中的反垄断问题 [J]. 法学家, 2015 (4).

赖于技术创新的激励，而创新的激励则以较好地保护创新主体的私人利益为前提。专利法"私权保护"的界限，应当在于是否"激励了创造"，"私权保护"和"激励创造"之间应当达到一种平衡。❶ 从激励创新的角度考虑，在标准必要专利的许可过程中应当允许专利权人获取相应经济利益的需求及其为此所做的一些限制，因为一般来说，如果技术创新成果可以被他人毫无代价地抄袭模仿而创新者得不到任何报酬，必然会严重打击创新者的创新积极性。❷ 如果更多地考虑专利实施人的利益需求，对于标准必要专利权人要求过高、限制过严，可能会使其期望的利益在很大程度上得不到满足，从而降低其创新热情以及在技术创新上的投入。但是，如果过分迁就于标准必要专利权人的利益需求，允许其对专利实施人提出过多要求或者限制，甚至为了谋取自身利益不惜进行专利劫持等行为，可能导致专利权人满足其现有技术带来的稳定地位及利益，从而故步自封，丧失进一步创新的动力。正如有学者所指出的那样，专利权人实施专利劫持行为，或者以专利劫持相威胁，往往会增加专利许可的成本，由此会对创新产生阻碍作用，同时，也会对其他的市场参与者（包括其他专利权人在内）增加很多不确定性；这种滥用行为对于专利使用人的合法利益构成严重威胁，也会对其他专利持有人造成较为严重的伤害，从而产生危害创新发展的影响。❸ 对于创新成果的推广应用也是如此。如果过多考虑对于被许可人利益需求的满足，就会使专利权人受到较多的限制和约束，这虽然对于已经标准化的专利技术的推广应用具有促进作用，但因此降低了专利权人将其他先进技术成果纳入标准的积极性，从而延缓这些先进技术成果通过标准化加以传播和运用的进程。如果过分强调对于专利权人利益需求的满足，他们就可能肆无忌惮地对被许可人施加限制或者提出过重要求，从而使众多需要实施专利的人无法获得许可，或者因为代价太大而放弃实施专利技术的计划，这无疑会使标准必要专利技术不能在较大范围

---

❶ 冯晓青，陈啸，罗娇. "高通模式"反垄断调查的知识产权分析——以利益平衡理论为视角［J］. 电子知识产权，2014（3）.

❷ 李丹. 反垄断法规制知识产权滥用的理论拓补［J］. 理论月刊，2015（11）.

❸ 翟业虎. 论标准必要专利的滥用及其法律规制［J］. 东南大学学报（哲学社会科学版），2017，19（4）.

获得推广运用,技术标准化在推进产业技术水平提升方面的功能将因此而严重受损。

(四) 私人利益与整体经济效率的冲突

技术标准化的重要使命之一是通过产品诸多技术要素的统一实现共融共通,从而提高生产、流通和消费等多方面的便利和效率,提高整体经济效率。因此有学者认为技术标准具有维护社会公共安全、增强社会整体效益的作用。❶ 技术标准化对于整体经济效率的提升还表现在另外一个方面,那就是通过标准的力量推广运用先进技术成果,实现经济的转型升级和经济发展质量的提高。技术标准化促进整体经济效率的提升有赖于标准必要专利许可的顺利开展,如果在标准必要专利许可过程中出现消极因素,就会影响技术标准化提高整体经济效率功能的实现。经济学家法雷尔(Farrell)和夏皮罗(Shapiro)等在其研究成果中指出,在标准制定过程中,如果专利权人实施欺骗行为或者对其拥有的专利有策略地推迟进行披露和作出声明,就会造成经济效率降低和消费者福利减少的危险。❷ 在标准必要专利的许可过程中这种对经济效率降低的担忧同样也会存在,担忧的对象主要是因为当事人对个体利益的片面追求而导致标准必要专利技术的许可和运用受到阻碍。

专利权人从自身利益考虑,可能会尽可能让其标准必要专利的垄断地位和市场优势持续更长时间,这会导致他们减少创新投入或者放慢更新技术投产运用的进程。专利权人也可能通过加大对被许可人的限制和索取更高使用回报等方式获得更多的经济利益和技术利益,从而导致一些高水平的标准必要专利技术推广运用的范围和进程受到较大影响。专利实施人从自身利益考虑,会实施拖延许可谈判等行为,专利权人难以得到有效补偿,最终损害创新的积极性和持续性投入。❸ 也就是说,无论是过度追求专利权人的个体利

---

❶ 丁亚琦. 论我国标准必要专利禁令救济反垄断的法律规制 [J]. 政治与法律, 2017 (2).

❷ Joseph Farrell, John Hayes, Carl Shapiro, etal. Standard Setting, Patents and Holdup [J]. Antitrust Law Journal, 2007, 74: 604.

❸ 周奇. 标准专利的限制与平衡——从国内创新保护的角度 [J]. 电子知识产权, 2013 (12).

益，还是过度追求被许可人的个体利益，都会使得能够促进经济发展提质增效、整体经济发展水平提高的先进技术成果的产出和运用受到较大挫伤，技术标准对于经济发展的整体效应因此而受损或者丧失。

  私人利益与整体经济效率冲突的一个具体情形就是私人利益需求与特定产业整体发展要求的冲突，也可以说，标准必要专利许可当事人的个体利益与特定产业整体发展要求的冲突是私人利益与整体经济效率冲突的一个缩影。当下的技术标准以行业标准为典型，主要适用于特定的行业或者产业。技术标准与产业发展的交接点在于技术创新和先进技术成果的运用。技术创新是产业发展的根本动力，以各大制造业为例，有研究表明，如果对于融资约束条件不加考虑，技术创新能够对中国制造业的高度化发展发挥显著的推动作用；❶ 在当下经济环境下，技术创新推动产业发展的基本方式在于促进产业结构的转型升级，因为无论环境规制强度和其他因素变化与否，只要技术创新水平提高，就会促进产业结构升级。❷ 技术创新对于产业发展的作用需要通过技术标准去推动，行业标准在整合和推广先进技术方面具有独特的作用。有学者结合汽车产业状况研究后认识到，汽车产业的发展离不开产业标准功能的发挥；促进我国智能网联汽车产业发展，需要科学的顶层设计，这种顶层设计应当由政府部门、行业组织、相关企业、高校以及研究机构共同协作完成，通过科学的顶层设计来有序推进产业标准体系建设，优化产业政策。❸ 技术标准对产业发展的另一个重要价值就是保障产业安全。以技术标准最多、影响最大的电子信息产业为例，标准化在维护我国电子信息产业安全方面具有非常突出的作用。❹ 在标准必要专利许可过程中，无论是专利权人，还是被许可人，如果过度谋取自身的私人利益，都会影响特定产业高水平技术的标

---

  ❶ 季良玉. 技术创新对中国制造业产业结构升级的影响——基于融资约束的调节作用 [J]. 技术经济, 2018, 37 (11).
  ❷ 时乐乐, 赵军. 环境规制、技术创新与产业结构升级 [J]. 科研管理, 2018, 39 (1).
  ❸ 毕红毅, 胡娜. 标准化对山东省电子通讯产业技术进步的影响研究 [J]. 经济与管理论坛, 2015, 31 (6).
  ❹ 谢小可, 于长钺, 付伟, 等. 标准化维护我国电子信息产业安全存在的问题及对策研究 [J]. 标准科学, 2017 (6).

准化进程，影响标准必要技术成果通过广泛的专利实施许可在该产业中的普遍运用；从产业发展的整体需要考虑，标准必要专利许可的双方当事人的私人利益需求都应当受到一定的限缩或者抑制。

(五) 私人利益与消费者利益的冲突

标准化与消费者利益的密切关系是毋庸置疑的，荷兰蒂尔堡大学竞争法专家达米安·杰拉丁（Damien Geradin）教授认为，标准制定的目的在于促进设备操作的交互融通和产品的兼容，❶ 这实际上表明从一开始标准化的一个重要目标就是实现消费者对于产品使用的便利。随着技术标准的影响逐步从网络、通信等行业发展到更多的高新技术甚至于传统行业，其对于消费者的影响日益显著。❷

标准化对于消费者利益影响的方向以及影响的程度与标准必要专利许可双方当事人的行为有关，专利权人和被许可人的利益追求影响消费者利益的保障。消费者既对标准产品支付了相应的对价，又是标准化的产品所带来的利弊的直接承受者，因此，其他相关主体在标准制定过程中进行利益博弈的结果最终很容易影响消费者福利。例如，如果标准必要专利权人收取了巨额的许可费，往往会导致产品成本的增加，而成本的增长自然会引起价格的上涨，最终则由消费者为此买单。❸ 特别是在技术标准影响巨大、产品广受关注的电子通信领域，标准必要专利权人如果收取不公平的高额专利许可费，无疑就会增加无线通信终端制造商的生产成本，而这种增加的成本最终会传导给消费终端，从而造成消费者利益的损害。❹ 再如，如果被许可人为了尽可能以较小代价获得标准必要专利的使用权，实施拖延许可协议谈判等行为，就

---

❶ Damien Geradin, Miguel Rato. Can Standard-Setting lead to Exploitative Abuse? A Dissonant View on Patent Hold-Up, Royalty Stacking and the Meaning of FRAND [EB/OL]. (2018-04-08) [2022-08-05]. http://ssrn.com/abstract=946792.

❷ 张泳. 标准竞争市场中的消费者购买决策研究：不确定性及基于心理模拟的沟通策略 [J]. 暨南学报（哲学社会科学版），2016, 38 (11).

❸ 时建中, 陈鸣. 技术标准化过程中的利益平衡：兼论新经济下知识产权法与反垄断法的互动 [J]. 科技与法律，2008 (5).

❹《中华人民共和国国家发展和改革委员会行政处罚决定书》发改办价监处罚 [2015] 1号。

可能使专利权人丧失将最新技术纳入标准的兴趣，标准所采用的技术很可能是落后的。消费者向来只是市场经济中商品价格变化的被动接受者，标准落后或不合理很可能造成对消费不利的价格变化，进而使得消费者利益受到损害。❶ 另外，如果专利权人和被许可人各自过度追求自身利益，标准必要专利的许可协议就很难顺利达成，标准的实施就会因此受到严重阻碍，技术标准能够带给消费者的消费便利及高端享受等利益必将深受损害。

在标准必要专利许可中涉及的私人利益与消费者利益的冲突还有一个特殊的体现，那就是当事人私人利益与公众健康的冲突问题。公众健康在标准中具有重要地位，我国反垄断专家王先林教授认为，标准的制定和实施有助于统一那些重复性的技术事项，实现一系列重要目标，其中包括保障公众健康和安全。❷ 健康安全对于消费者来说是最重要的利益之一，因此在标准必要专利的规制中受到高度重视。在美国，如果阻碍禁令救济采用的主要原因是公共利益保护的需求，通常法官还可能考虑其他更多的因素，比如公共健康或者福利可能受到禁令救济影响的情况。❸ 2013 年 8 月，美国奥巴马政府列出对美国国际贸易委员会发布的禁令进行政策审查时需要考察的相关因素便包括公共健康与福利。❹ 在医药领域、环保领域、食品领域等事关公众健康与安全的行业，高水平技术标准的制定及标准的实施对于增进公众的健康安全具有重要的价值，但如果专利权人谋取高额许可费用，可能会阻碍标准实施的效果，紧缺药品的供应、环境水平的提升、食品安全的保障就会受到较大影响，消费者的健康安全自然会受到损害。

（六）私人利益与中小企业发展的冲突

中小企业数量巨大，分布广泛，经营灵活，在国家的经济社会发展中扮演着极为重要的角色，在局部地区和某些领域，甚至是中坚力量。离开中小

---

❶ 韩灵丽. 标准战略的法律研究 [J]. 现代法学，2002（6）.
❷ 王先林. 涉及专利的标准制定和实施中的反垄断问题 [J]. 法学家，2015（4）.
❸ 王丽慧. 公私权博弈还是融合：标准必要专利与反垄断法的互动 [J]. 电子知识产权，2014（9）.
❹ 姚玉凤. 标准必要专利的产生流程及实践中的若干问题 [J]. 电信科学，2016，32（6）.

企业的参与，一个国家经济社会的发展将会受到严重影响，因此，我们完全可以将中小企业的发展看作公共利益保护的一个方面。中小企业与技术标准的关联，除了少量技术标准由中小企业推动形成或者由中小企业主导外，更多的联系体现在中小企业是技术标准的被动接受者、标准必要专利技术的需求者。在绝大多数情况下中小企业会受到主宰技术标准的大型企业的支配，尤其是受到大型跨国公司的制约。在实践中，人们越来越清醒地认识到，很多境外的跨国公司正在不断大力推行"技术专利化，专利标准化，标准垄断化"这样的市场竞争战略。这种状况导致我国中小企业生存和发展的瓶颈变更越来越严重。❶ 一旦掌控技术标准的企业企图借助标准的力量谋求巨大的经济利益和持续的技术优势，中小企业将会不得不支付远远超过其负担能力的使用费用，或者因不能获得标准必要专利技术的使用而无法发展。我国大量的产品出口中小企业已经因此受到较大的损害，国外一些企业将技术标准作为技术性贸易壁垒的核心内容，对我国中小企业出口贸易和技术创新活动产生越来越大的影响。❷

从现有的理论研究成果及现实中发生的标准必要专利纠纷案件情况看，在标准必要专利许可中个体利益与公共利益的冲突往往不是单个的个体利益与单个的公共利益的冲突，而是单个或者多种个体利益与多重公共利益的冲突，是多种形式的个体利益与公共利益的冲突交织在一起。以电子通信领域的情况为例，由于专利权人在标准必要专利之外强制搭售其他专利许可，被许可人不得不为自己并不需要的非无线标准必要专利许可向专利权人支付许可费，理性的被许可人通常不会因为非标准必要专利的搭售而用额外的费用去进行规避设计或者寻求标准必要专利的替代性技术。那些与所搭售的非无线标准必要专利具有竞争关系的其他替代性技术，势必会失去很多参与竞争的机会，这实际上严重限制了在相关非无线标准必要专利许可市场上的竞争，甚至可能完全排除该市场上的竞争，进而实质性地阻碍或者抑制了相关领域

---

❶ 李忠涛，徐冉. 我国中小企业实施标准化战略的分析与研究 [J]. 中国质量技术监督，2010（10）.

❷ 毕克新，王晓红，葛晶. 技术标准对我国中小企业技术创新产品的作用机理及对策研究 [J]. 中国科技论坛，2008（10）.

的技术创新,并最终使相关消费者利益遭受较大损害。❶

二、不同公共利益之间的冲突

(一) 不同公共利益发生冲突的原因

从反垄断法的视角来看,公共利益的类型或者内容是多样化的。作为反垄断法主要价值目标的公共利益,包括保护竞争、提高经济效率、保护消费者权益等,还有学者将国民经济之均衡发展、中小企业者等经济的从属者以及弱者的利益也列为公共利益的范畴。❷ 公共利益的多样性是不同公共利益发生冲突的基本原因。

不同的公共利益存在多方面的差异:(1) 主体的不同。虽然各种公共利益的覆盖范围都比较大,也就是有学者所说的公共利益强调利益主体的广泛性和包容性,❸ 但涉及的主体还是存在相互差异的。比如,自由竞争或者公平竞争所要保护的对象是相关市场现有的经营者或者潜在的经营者;产业的整体发展所要保护的对象是特定产业的所有经营者;消费者利益的保护对象一般指普通的公众;中小企业发展的保护对象是广大的中小企业,特别是竞争力较弱的中小企业;而国家经济安全和整体技术进步这两种公共利益的主体并不局限于某类主体。(2) 内容的不同。每一种公共利益主体的利益追求通常是有差异的,尤其是在直接需求上的差异。比如,自由竞争或者公平竞争的主要内容通常包括经营者进入相关市场的难度不大、经营者进入相关市场的代价不高、经营者在相关市场上与其他经营者具有基本相同的外在条件等;产业整体发展的主要内容通常包括特定产业的发展趋势或者速度较为稳定、发展方式较为先进或者合理、发展的内外环境较为宽松等;消费者利益的主要内容通常包括较低的价格、较优的质量、更多的便利、更高的安全等;中小企业发展的主要内容包括免受大企业的歧视和挤压,在技术、融资、产品

---

❶ 参见《中华人民共和国国家发展和改革委员会行政处罚决定书》发改办价监处罚〔2015〕1号。

❷ 卢炯星,李晓丽. 反垄断法视域中的公共利益问题 [J]. 山东社会科学, 2010 (7).

❸ 冯宪芬. 社会公共利益的法律思考 [J]. 西安交通大学学报 (社会科学版), 2009, 29 (4).

销售、人才引进等方面获得必要的帮助或者扶持等。（3）实现方式的不同。内容截然不同的公共利益，利益实现的方式通常是不同的。有些公共利益在部分内容上虽然与其他公共利益相同或者相近，但利益的实现方式有较大的差异。比如，产业的整体发展和中小企业发展都会涉及中小企业发展的内容，前者实现的方式主要是以产业政策为导向，根据特定产业的特点采取一些针对性较强的促进与保障措施，后者实现的方式则主要是国家针对中小企业的弱势特点出台一些针对性较强的帮扶性法律或者政策，并在处理涉及中小企业的事务时体现对中小企业予以倾斜的政策导向。

由于在主体、内容与实现方式上的诸多差异，不同的公共利益很难在同一事务的处理过程中同时得到满足或者保护。在标准必要专利的许可过程中，特定的许可模式、许可费用、许可条件及其他相关的事项，往往只能满足部分公共利益的要求，而无法在同时对其他相关公共利益提供保护，甚至还会有损其他公共利益，这就导致不同公共利益在标准必要专利许可事务方面存在冲突。

（二）不同公共利益冲突的主要表现

就标准必要专利许可涉及的诸多公共利益而言，其相互间的冲突有多种多样的表现形式，兹仅作少许列举。

（1）自由竞争与其他诸多公共利益之间的冲突。这是围绕标准必要专利许可存在的最常见的不同公共利益之间的冲突。正如著名经济法专家史际春教授所说，市场经济发展的根本动力在于竞争，竞争则意味着一些个人或者企业、群体、产业、地区等因处于劣势而遭受淘汰，经济不景气的状况也会导致较高的失业率，并因此使部分人群的收入水平和生活状况显著恶化，如果任由这种状况延续下去，最终很容易对一定范围内经济社会发展的全局产生严重的不利影响。[1] 这种多元化的冲突在标准必要专利许可中也有较多地体现。

自由竞争与整体技术进步之间存在冲突。如果强调自由竞争，保障标准必要专利技术的需求者以较小的代价获得进入相关市场所需要的专利许可，

---

[1] 史际春，宋槿篱. 论财政法是经济法"龙头法"[J]. 中国法学，2010（3）.

就很有可能降低专利权人投入创新和推广创新成果的积极性，整体技术进步的目标会因此受阻；而为了推动整体技术进步，需要更多创新成果的涌现，这就要通过赋予标准必要专利权人更大的自主权和更多的利益回报来激发其创新热情，这将会助长其专利许可过程中的诸多恣意行为，从而阻碍诸多被许可人进入相关市场参与竞争。正如有学者意识到的那样，在标准必要专利的许可过程中如果对其公权属性加以过度强调，人们对公地悲剧的担心与焦虑就会加重，也就很难刺激标准必要专利权人的研发积极性，经营者的很多研发投入也就不能得到合理补偿，创新进程毫无疑问会因此受到较为严重的阻碍；反过来，如果对私权和相应利益的保护强调过度，又可能会导致"专利劫持"等现象的发生——部分标准必要专利的所有人会借保护其专利的名义，在事实上进行市场垄断。❶

自由竞争与特定产业整体发展之间存在冲突。竞争政策的关注点在于微观经济目标能否得以顺利实现，以及有利于公平竞争的良好市场争环境的塑造，而其在市场结构调节方面能够发挥的作用则十分有限，甚至无法发挥调节作用；与竞争政策所关注的竞争环境与市场秩序相比，从产业政策所致力维护、保障的利益往往更显得具有全局性和宏观性。❷ 竞争政策与产业政策的差异使它们的目标在标准必要专利许可中往往难以同步获得保障。从自由竞争与公平竞争的角度考虑，在标准必要专利许可中对于各类技术、各类产业应当一视同仁，但这种不考虑特定技术对特定产业发展的特殊作用的做法很容易造成盲目竞争而损害特定产业发展需求的结果。而如果在应对标准必要专利许可事务时仅仅根据产业政策的需求而不时强调区别对待或者特殊处理，相关市场竞争的统一性将被割裂。20世纪90年代，虽然日本的一些产业政策产生了较好的效果，但它们遭受了较大的质疑；在部分日本学者看来，这些产业政策的实施确实对于经济的短期增长具有相应的促进作用，但它们也会

---

❶ 张俊艳，靳鹏霄，杨祖国，等. 标准必要专利的FRAND许可定价——基于判决书的多案例研究 [J]. 管理案例研究与评论，2016，9 (5).

❷ 史际春，徐瑞阳. 产业政策视野下的垄断与竞争问题 [J]. 政治与法律，2016 (4).

造成市场机制被严重扭曲。❶ 在标准必要专利许可过程中过度强调产业政策实施的需要,也容易出现这种损害市场竞争的结果。

自由竞争与消费者利益之间存在冲突。自由竞争标准与消费者利益标准也会发生冲突,这主要是因为竞争的受益人并非只有消费者,还有很多其他主体,但有时为了其他受益人需求的实现而不惜牺牲消费者的利益。❷ 在标准必要专利许可过程中,有必要采取一些措施去防止损害被许可人的竞争能力以及来自其他经营者面向被许可人的竞争,就需要对专利权人在许可中施加限制条件的行为进行约束,而事实上有时专利权人施加的限制性要求很可能是为了保障标准必要专利技术顺利实施以及给消费者带来更多的利益。从消费者利益角度考虑,专利权人应当收取的许可费越低越好,因为最终消费者会因为被许可人技术使用成本的降低而获得其提供的价格较低的商品;但是,这么做往往会导致经营者在技术创新及技术标准化方面竞争的削弱,因为创新及其标准化并未给经营者带来相应的利益。

(2)整体技术进步与产业发展之间的冲突。专利实质上是政府对市场进行的有意识的干预,是人为刺激创新的经济政策,而不能将专利看作国家对特定人发明的道德赋权。❸ 这种创新刺激是整体技术进步的必要举措。在标准必要专利许可中,这种创新刺激手段发挥作用的重要条件是允许专利权人通过高额许可费及其他限制措施获得较多的利益。但是,对于专利权人的放纵很可能造成专利许可的延滞或者停顿,一些产业急需的标准必要专利技术不能及时得以推广运用,整个产业发展的质量和速度都会因此受到较大影响。在无线通信领域,当下是技术标准盛行的年代,标准必要专利制度虽然被作为促进和保护技术创新的重要武器,但该制度的运行在事实上还是具有许多缺陷和不完善的地方。❹ 其中的重要缺陷就是对于专利权人创新热情的过度重

---

❶ 刘慷,王彩霞.从产业政策到竞争政策——由日本学者对产业政策的质疑说起[J].黑龙江对外经贸,2008(11).

❷ 兰磊.反垄断法上消费者利益的误用批判(上)[J].竞争政策研究,2016(5).

❸ 刘孔中.解构知识产权法及其与竞争法的冲突与调和[M].北京:中国法制出版社,2015:5.

❹ 祝建军.未参加标准制定的必要专利停止侵权救济的条件[J].知识产权,2017(7).

视可能会损害一些重要产业技术的推广运用及相关产业的发展。反过来亦是如此,产业的快速发展需要已经纳入标准的产业技术能够尽快推广,这就要求专利权人尽可能地降低许可费用并减少附加条件,这种在一定程度上牺牲专利权人部分利益以谋求产业发展的做法往往会打击专利权人的创新热情,从而削弱整体技术进步的社会基础。

(3) 整体技术进步与国家经济安全之间的冲突。要推动我国整体技术进步,需要有更多的高水平技术成果能够被纳入我国的技术标准,包括将外国公司的一些高技术成果吸纳到我国的技术标准中。但是,外国公司之所以有兴趣将他们的专利技术纳入中国的标准,主要是考虑到知识产权持有人可以用他们认为合适的方式自由处置他们的财产。❶ 也就是说,为了借助国外的先进技术成果以尽快提高我国的整体技术水平,就有必要在标准必要专利许可中尽可能满足掌握先进技术成果的跨国公司的利益要求。但是,这样做的结果很可能是我国民族企业受到较多的制约和盘剥,民族企业的发展能力和发展空间受到严重削弱,从而损害我国经济安全所依赖的民族经济基础。科技部曾经有一份《报告》,列举了某些跨国公司在华知识产权滥用的行径,主要是就知识产权"权利"滥用,包括价格歧视、过高定价、搭售行为、掠夺性定价、拒绝许可等现象。❷ 我国在知识产权反垄断方面的法律制度还存在一些缺陷,这些缺陷近年来被许多跨国公司所利用,其行为实际上已经超越知识产权的合法利用范围,它们有意识地将知识产权作为获取市场竞争优势地位的工具,并借此来排挤国内企业。❸ 这些实际上是我国通过跨国公司技术的引入迅速提高我国整体技术水平的举动所付出的代价。当然,如果仅仅从国内经济安全的角度考虑,最好是禁止跨国公司涉足我国的一些战略性新兴产业或者重要敏感产业,至少是严格限制跨国公司在标准必要专利许可中的任何不利于我国企业的举动。这么做无异于将跨国公司的高水平技术成果排除在外,通过外部技术牵引、带动我国整体技术进步的期望自然就会落空。

---

❶ [美] 米歇尔·默弗里,丹·布莱茨. 信息通信技术:标准、专利与国际竞争 [J]. 李书峰,译. 信息安全与通信保密,2017 (4).
❷ 王岩云,杜娟,赵树文. 知识产权滥用的法哲学思考 [J]. 学术交流,2009 (5).
❸ 李丹. 反垄断法规制知识产权滥用的理论拓补 [J]. 理论月刊,2015 (11).

（4）消费者利益与整体技术进步之间的冲突。标准必要专利许可涉及的消费者利益与整体技术进步的冲突有多种具体的表现。整体技术进步需要加快创新以及加速创新成果的广泛运用，为此可能要放松对作为主要创新力量的专利权人的约束，这样专利权人就极易实施高额收费和采取更多对被许可人不利的措施，而这种高额许可费及被许可人因遭受种种不利待遇而付出的代价最终会转嫁给消费者。整体技术进步需要标准必要专利技术尽可能得到广泛的实施，但专利许可的泛化对消费者利益保护未必是好事，因为有些并不具备相应条件的经营者可能也会取得专利使用权，它们生产的专利产品未必在事实上能够达到标准，这对于消费者来说是一个巨大的隐患。在不能较为顺利地获取标准必要专利的许可或者获得此种使用许可代价过高的情况下，围绕同类技术的研发及技术标准化的竞争可能非常激烈，虽然这种竞争能够促进更多新的技术成果的产生，但经营者集中于异质性不强的技术所展开的过度竞争或者不必要竞争将会产生巨大的成本，这些成本最终也会通过各种形式转移到消费者身上，成为消费者的沉重负担。

本章小结

本章在第一章探讨利益平衡重要性的基础上，探讨标准必要专利滥用规制过程中反垄断法利益平衡的对象，也就是与标准必要专利许可紧密关联的各种主要的利益冲突，利益平衡的基本任务就是对这些利益冲突进行协调。

利益冲突是不同类型利益主体的需求差异引发的冲突。要理清利益冲突，就得查明标准必要专利许可可能影响的主要利益需求。这一章分析了标准必要专利许可涉及的私人利益和公共利益。前者指标准必要专利许可双方当事人的利益需求，涉及经济利益、技术利益和发展利益等；后者主要指自由竞争、国家经济安全、技术的整体进步、整体经济效率、特定产业的整体发展、消费者利益以及中小企业发展等。

在标准必要专利许可过程中前述利益之间的冲突可以分为两大类，即直接利益冲突和深层利益冲突。其中的直接利益冲突一般发生在标准必要专利技术的拥有者与该技术的需求者之间，涉及经济利益的冲突、技术利益的冲突和发展利益的冲突。标准必要专利许可涉及的深层利益冲突包括私人利益与公共利益的冲突以及不同公共利益之间的冲突两种。前者主要指私人利益与自由竞争秩序、国家经济安全、整体技术进步、整体经济效率、消费者利益或者中小企业发展的冲突；后者的表现形式多种多样，如自由竞争与其他诸多公共利益之间的冲突、整体技术进步与产业发展之间的冲突、整体技术进步与国家经济安全之间的冲突、消费者利益与整体技术进步之间的冲突等。

第三章 反垄断法利益平衡的基础——标准化背景下利益冲突影响因素的分析

第一节 标准必要专利的状况对于利益冲突的影响

一、相关技术标准的类型对利益冲突的影响

(一) 技术标准的类型化分析

1. 基于标准制定者的分类

我国法律根据标准制定主体的差异将标准划分为五种，分别为国家标准、行业标准、地方标准、团体标准以及企业标准。

国家标准是由中央国家标准化行政主管部门针对一些特别重要的技术要求所制定的标准。从我国的标准化实践看，国家标准可以由国务院标准化行政主管部门单独作出立项决定，这种立项通常是基于相关政府部门或者社会团体的建议，企业事业组织或者公民也可以提出此种建议；国家标准也可以由国家标准化行政主管部门与国务院有关行政主管部门会同协调进行立项；国务院标准化行政主管部门还可以根据需要直接制定国家标准。其中，前两种情况通常制定强制性标准，其所覆盖的技术要求主要是那些涉及人身健康和生命财产安全保障的事项，以及国家安全和生态环境安全保障的事项，还涉及一些满足经济社会管理基本需要的技术；最后一种通常是推荐性标准，但一般与强制性标准相配套，其所针对的技术主要是那些用以满足基础通用并且对于各相关行业能够发挥引领作用等需要的技术要求。国家标准是一种重要的裁量基准，在具体行政行为的实施中发挥着非常重要的作用；在各类

标准中国家标准无疑对社会经济秩序具有最强的影响,也使得标准实施者获得最高程度的合理信赖。❶

行业标准针对这样一类技术要求:这种技术要求没有相应的推荐性国家标准,这种技术要求有必要在全国特定的行业范围内加以统一。行业标准一般由中央国家相关行政主管部门负责制定,但在标准形成后要报经国务院标准化行政主管部门备案。在我国,负责行业标准制定的法定机构是国务院有关行政主管部门。当前,我国政府在经济发展与科技创新中往往发挥着重要的主导性作用,由政府部门在行业标准的制定中发挥主导作用有其合理性与必要性;但是,在科技创新与发展的不断推进过程中,行业协会的地位无疑将会显得更加重要,政府将行业标准制定的主导权适时转移到相关行业协会手中,实属必然。❷

地方标准由特定地方政府的标准化主管部门负责制定,这种技术标准所涉及的技术一般是基于地方自然条件、风俗习惯等需要的特殊技术要求。在我国,并非任何地方政府的标准化行政主管部门都可以制定地方标准,其标准化行政主管部门拥有地方标准制定权的政府仅限于由省级政府和设区的市级政府。地方标准的制定要受到上级政府部门的监督,目前这种监督的方式主要是备案,备案部门是国务院标准化行政主管部门。❸

团体标准一般由社会团体(如学会、协会、商会、联合会、产业技术联盟等)与相关市场主体在相互协调的基础上共同制定,其基本目的也是满足市场和创新需要。团体标准的效力范围一般限于本团体成员,效力的来源是成员的约定;团体标准也可以供社会自愿采用,但需要以团体规定作为此种开放的依据。我国为了对团体标准的制定加强约束,要求这种标准的制定接受必要的规范、引导和监督,这些约束措施由国家标准化行政主管部门负责采取,但需要与国务院有关行政主管部门进行会同。团体标准是在世界上影

---

❶ 王贞华,樊延霞.技术标准中专利信息不披露行为的审查对策[J].知识产权,2014(8).

❷ 陈光,李炎卓.行业标准的制定:从政府主导到行业协会主导[J].科技与法律,2017(6).

❸ 国务院标准化行政主管部门在备案后还应当向国务院有关行政主管部门通报。

响最大的一种技术标准,从域外实践来看,标准必要专利侵权纠纷问题主要发生在团体标准领域。❶ 我国自 2015 年国务院提出培育和发展团体标准以来,团体标准迅速发展,从"全国团体标准信息平台"提供的最新数据看,2016 年 5 月至今,平均每月公布的团体标准近 600 项。❷

企业标准是指由每个企业根据本企业的需求自行制定,或者在必要时与其他企业联合制定的技术标准。企业标准一般是针对企业范围内需要协调统一的事项,包括技术要求、管理要求和工作要求等多个方面。企业标准是企业组织生产、经营活动的依据。企业标准具有以下一些特殊性:它不单纯是一种技术性标准,往往还包括很多管理性和工作性的要求;它一般不对外公开,或者说并不完全对外公开;它不是严格意义上的正式标准,具有非正式性;它的实施在内部是强制的,而对外则属自愿采用。正是因为这些特殊性,在西方国家,企业标准通常不被作为标准对待,往往使用企业的产品技术要求、技术文件、技术规程等称谓,企业标准一般也不属于国家标准化法的调整对象。❸

需要说明的是,就相互关系看,上述几类标准的界限并非绝对的,有时它们存在相互转换或者吸收的情形。根据我国规定,强制性国家标准的相关技术要求实际上是最基本的技术要求,其他各类标准不得低于这些要求;社会团体、企业所制定的团体标准或者企业标准,其技术要求可以高于国家推荐性标准的相关技术要求。在实践中,通过一定方式实现国内标准与国际标准的对接,或者将国际标准纳入国内行业标准或者企业标准的

---

❶ 于连超,王益谊. 论我国标准必要专利问题的司法政策选择——基于标准化体制改革背景 [J]. 知识产权,2017(4).

❷ 全国团体标准信息平台 [EB/OL]. [2022-11-06]. http://www.ttbz.org.cn/Home/Standard?page=2318.

❸ 王艳林,刘瑾,付玉. 企业标准法律地位的新认识与《标准化法》修订 [J]. 标准科学,2017(10).

现象也时有发生。❶

2. 基于标准效力的分类

依据企业是否必须执行标准规定的技术要求，可以将技术标准划分为两大类：一类是强制性标准，另一类是推荐性标准。根据我国现行相关法律的规定，国家标准既可能属于强制性标准，也可能属于推荐性标准。行业标准则不然，通常不具有强制执行的效力，属于推荐性标准。与行业标准一样，我国的地方标准都属于推荐性标准，不能对企业强制适用。总体上看，强制性标准在技术标准体系中明显属于少数，推荐性标准则居主导地位。据相关统计数据，2006—2013 年，我国强制性国家标准的数量很少，推荐性国家标准的数量则大得多，占整个国家标准体系总量的比例超过 86%；2006—2011 年，推荐性行业标准的比例则更高，在整个行业标准体系总量中所占的比例接近 92%；截至 2013 年年底，我国累计备案的地方标准数量超过 2.7 万项，而其中推荐性地方标准占比大概为 88%。❷

强制性标准是指针对保障人身健康和生命财产安全、国家安全、生态环境安全以及满足经济社会管理基本需要的技术要求，由特定的国家行政机关制定，需要强制执行的技术标准。也有学者将强制性标准分别在狭义和广义上作了理解：就狭义而言，强制性标准仅仅是指按照专门的法定程序（法律针对强制性标准专门规定的程序）制定和发布的标准；而就广义而言，强制性标准还包括一种特别的推荐性标准，它们之所以成为强制性标准是因为它由法律法规引用而具有强制执行力。❸ 我国强制性标准的产生路径有两种：一是由国务院标准化行政主管部门单独决定，这是常见路径；二是由国务院标

---

❶ 比如，为了实现国内及国际无线通信服务的互联互通，由工信部主管的中国通信标准化协会（CCSA）通过制定无线通信技术标准规范性文件的方式，将 3GPP 制定的无线通信技术标准采标为我国无线通信行业的技术标准；同时，中国移动、中国电信、中国联通三大无线通信企业运营商，分别制定各自的无线通信技术规范，从而将 3GPP 无线通信技术标准采标为各自的企业标准。参见：祝建军. 未参加标准制定的必要专利停止侵权救济的条件［J］. 知识产权，2017（7）.

❷ 于连超，王益谊. 论我国标准必要专利问题的司法政策选择——基于标准化体制改革背景［J］. 知识产权，2017（4）.

❸ 刘云. 如何理解强制性标准在中国的内涵［N］. 中国质量报，2018-03-02（4）.

准化行政主管部门会同国务院有关行政主管部门决定。强制性国家标准所规定的技术要求是对其他各类标准的最低要求。国内外的研究表明，强制性标准具有以下主要特点：一是其设立目标的公共性，以维护公共秩序和保障公共利益为使命；二是其制定以必要的科学、技术知识和客观经验为坚实基础；三是内容的技术性，它们主要体现为技术内容；四是它们具有强制执行力；五是国家在其治理中发挥主导作用。❶ 从法律属性上说，强制性标准应当归为其他规范性文件的范畴。❷

推荐性标准是指不具有强制执行力，但国家鼓励企业采用的技术标准。推荐性标准针对的技术要求是与强制性国家标准相配套的技术要求，主要是那些基础通用并且通常对各有关行业起引领作用等的技术要求，该类标准由国家标准化主管部门或者相关标准化组织制定。推荐性标准是市场经济发展的产物，具有市场特性；我国产品要进入国内外大市场，就要有适应市场需求的不同性质、不同层次的推荐性标准。❸ 推荐性标准在一定的条件下也具有强制执行力，这些情况主要有以下五种：一是根据法律和行政法规的规定，企业在一定的范围内必须执行；二是企业通过一定的方式自行承诺执行并加以明示，比如企业如果在产品或其包装上标注某种推荐性标准，则属于执行该标准的明示；三是推荐性标准被企业在合同加以引用的，则企业应当在合同约定范围内执行；四是企业的特定产品必须符合认证标准，这些产品是指获得认证在销售时标示认证标志的产品；五是推荐性标准如果被强制性标准引用，则在该强制性标准适用的范围内企业必须执行被引用的推荐性标准。❹

3. 基于标准产生方式的分类

根据标准的产生方式可以将技术标准区分为制定标准和事实标准两种，两种技术标准不仅生成路径差异很大，而且在约束机制、稳定性、权威性等

---

❶ 刘三江，梁正，刘辉. 强制性标准的性质：文献与展望 [J]. 学术界，2016（2）.
❷ 谭启平，应建均. 强制性标准对合同效力的影响及规范路径 [J]. 求是学刊，2017，44（4）.
❸ 李世元. 论推荐性标准的市场特性 [J]. 中国标准化，1996（7）.
❹ 王玮娟. 强制性标准和推荐性标准的理解与适用——以"一次性塑料杯案"为例 [J]. 质量与标准化，2017（8）.

方面都各不相同。目前各国法律文件普遍承认和规制的技术标准一般指的是制定标准,韩国公平交易委员会制定的《滥用知识产权行为的审查指南》所规定的标准曾经包括事实标准,即"在相关技术领域中被广泛作为标准使用的技术",但该指南在 2016 年 3 月 23 日修订时删除了有关事实标准的内容。❶

制定标准,也被称为法定标准或者官方标准,还有学者称为公权标准,❷是指由一定的标准制定组织所制定和发布,并且伴有相应规则的技术标准。制定标准具有绝对权威性和法律约束性,因此通常是显性的和刚性的,❸ 也是较为稳定的技术标准。

事实标准,又被称为形成的标准,是指在长期的市场竞争中自发形成的标准。这类标准通常是由处于技术领先的企业制定、由市场实际接纳的技术标准。❹ 也有学者从另一个角度界定了事实标准,认为它是指某种技术产品因为市场运作的成果而取得支配地位,该类产品受消费者偏爱,从而导致其他技术竞争者难以进入特定的市场。❺ 比如,在相关案件中,微软的个人电脑操作系统被反垄断执法机构认定为毫无疑问的事实标准,因为其在个人电脑操作系统市场上占有 95% 的份额。相对于制定标准,事实标准随时可能因为其他竞争技术的挑战而失去标准的地位,稳定性比较差。而且,与制定标准的市场地位很快得以确定不同,事实标准市场地位的确立往往会经历一个较长的过程,事实标准扩散一般要经过标准导入阶段、标准联盟竞争阶段和标准统一或者标准寡头垄断阶段。❻

制定标准和事实标准存在相互转化的可能。事实标准可能经过特定的标

---

❶ 胡铁. "事实标准"该如何规制?[N]. 中国知识产权报,2016-09-21 (5).

❷ 王季云. 技术标准选择:中小企业竞争的起点——基于公权标准和事实标准的思考 [J]. 中南财经政法大学学报,2008 (1).

❸ 赵伟,于好. 基于事实标准的竞争战略初探 [J]. 科学学与科学技术管理,2009,30 (4).

❹ 胡铁. "事实标准"该如何规制?[N]. 中国知识产权报,2016-09-21 (5).

❺ 梁志文,李卫军. 钢丝绳上的平衡——论事实标准和知识产权 [J]. 电子知识产权,2004 (1).

❻ 吴正刚,田静. 基于事实标准的智能手机操作系统竞争力研究 [J]. 科技管理研究,2016 (2).

准化组织的认可，并经规定的标准制定程序而成为制定标准。境外的制定标准（特别是很多国际标准）也可能因为被境内企业大量采用而转化为境内的事实标准。比如，在信息技术领域，由于国外信息技术的发展速度非常快，很多国际品牌加强了对相关国际标准的应用，而这些国际品牌产品在国内被很大一部分企事业单位和个人所使用，这样一来这类产品便在国内市场占有较大份额，这些国际品牌所应用的相关国际标准也就在我国境内逐步成为事实标准。❶另外，如果一个国家对标准必要专利实行严格的管制，对专利权人的利益重视不够，就很容易挫伤他们申请加入技术标准的积极性，也会因此引起大企业或者优势企业对相关行业标准进行集体抵制，并且另行制定事实标准。❷

4. 基于标准影响范围的分类

根据标准被认可和适用的范围可以将技术标准区分为国际标准和国内标准。实际上两种标准分别出于不同类型的标准组织。一般而言，标准组织（standard-setting organizations）是指制定与管理技术标准的各种协会、团体等专门组织，分为国际标准组织和国内标准组织两大类。❸。

国际标准是由各种国际标准组织制定的技术标准，它们能够在世界范围内统一运用，但并不具有在各个国家强制适用的效力。从国际标准运行的实际情况看，有影响的国际标准组织的数量并不多，常见的有国际标准化组织（ISO）、国际电工委员会（IEC）以及国际电信联盟（ITU）等，它们所制定的标准为国际标准；另外，其他国际组织制定的标准如果被国际标准化组织确认并加以公布，则也属于国际标准。国际标准通常需要一个国家通过认可、引用、吸收为国家标准等方式才能在该国执行，但由于国际贸易的范围越来越广泛，各国企业的产品在国际市场上也面临越来越激烈的竞争，这对于企

---

❶ 赖英旭，赵轶文，杨震，等. 可信计算领域技术标准分析——从事实标准与法定标准比较出发 [J]. 信息技术与标准化，2012（6）.

❷ 刘珊. 专利标准化危机及其应对之策——以中国标准专利第一案为例 [J]. 湖南工业大学学报（社会科学版），2017，22（6）.

❸ 刘珊. 专利标准化危机及其应对之策——以中国标准专利第一案为例 [J]. 湖南工业大学学报（社会科学版），2017，22（6）.

业产品在广泛的通用性、互换性方面的要求也就越来越高，最好按照国际上统一的标准生产，否则就会给国际贸易带来障碍，所以世界各国都积极通过不同的形式采用国际标准。

国内标准是指一国境内的标准组织制定并在该国境内适用的技术标准。我国《标准化法》实际上只是从国内标准的角度规定了国家标准、行业标准、团体标准、地方标准和企业标准五类标准。国内标准与国际标准并非相互隔绝，前者可以升级为后者，但要经过相应的国际标准化过程。国际标准化可以看作标准国际统一行动，是指众多国家或者组织在世界范围内共同参与开展相关技术要求的标准化活动，通过共同行动研究、制定并推广采用国际统一的标准，或者对于各国、各地区的标准化活动进行有效的协调，对有关标准化事宜进行广泛的研讨和交流。❶ 我国政府和企业越来越重视国际标准化活动，着力推进技术专利化、专利标准化、标准国际化等方面的工作，其中一个重要目标就是能够将部分国内标准的技术要求转变为国际标准的技术要求，争取使我国能够在更多的国际标准中占有主动地位。

（二）不同类型技术标准对于利益冲突的影响

技术标准的类别或者性质不同，对于标准必要专利许可涉及的各种利益冲突的影响也不一样。在不同类别或者性质的标准体系下，标准必要专利许可涉及的利益冲突的形式和利益冲突的程度会有一定的差异。

1. 国家标准、行业标准、地方标准、团体标准和企业标准的差异化影响

就这五种标准说，由于在标准的制定主体、标准的制定程序和标准的适用范围等方面的差异，标准必要专利许可相关的利益冲突存在或轻或重、时隐时现等状况。在我国，前三种技术标准的制定主体为中央和省级标准化行政主管部门，以及国务院有关行政主管部门，它们可以单独制定，也可以共同制定，标准的实施也由这些部门管理和监督。从理论上说，这些部门作为公共管理机关，它们在标准制定过程中通常会从公正的角度综合考虑各种利益主体的要求，特别是对于各种公共利益需求的考量；而且，这些标准的实

---

❶ 马祥，黄超，刘扬. 国际标准制定工作机制研究 [C] //第十一届中国标准化论坛"中光防雷杯"优秀论文选集. 2014：1251.

第三章 反垄断法利益平衡的基础——标准化背景下利益冲突影响因素的分析

施也会受到较严格的管理和监督，对于标准必要专利权人进行约束的规范也比较明确，以防止在标准制定过程中所维持的利益平衡在标准必要专利许可时扭曲变样。团体标准和企业标准则是另一番情景。团体标准由社会组织与产业技术联盟自主制定并通过市场竞争优胜劣汰，而市场主体具有逐利性，❶ 这就使得这类技术标准的形成更多的是团体成员共同利益追求的结果，甚至是掌控团体的少数大成员企业利益追求的结果。而且，在团体标准的实施过程中通常缺少严格约束标准必要专利权人的规则，专利权人主要通过自我声明公开等方式进行自主管理，标准实施的外部监督管理机制也不够健全。相对于团体标准，企业标准就更是企业自我利益追求的结果，企业实施标准的自我约束机制大多缺乏。因此，从总体上看，就国家标准、行业标准和地方标准这几种公权标准来看，在标准的制定及标准必要专利许可过程中所面临的利益冲突相对较弱。正如有学者所主张的那样，公权标准的制定过程具有开放式和集体化的特点，所有感兴趣者都能够以适当方式参与其中。因此，公权标准通常会考虑到各利益相关方的利益和需求，对于利益冲突的协调度也更高，公权标准的采纳也就不容易与反垄断发生冲突。❷ 团体标准和企业标准的制定和标准必要专利的许可更容易受少数甚至单个企业利益需求的左右，也更容易引发利益冲突，特别是引发私人利益与公共利益的冲突。

即使在国家标准、行业标准和地方标准之间，各自对标准必要专利许可相关的利益冲突的影响也是不同的。比如，行业标准专注于特定行业或者产业的发展，任何行业的企业想要参与市场竞争，都要受到行业标准的约束，需要获得相关行业标准必要专利的授权许可。❸ 行业标准的制定对于特定行业的规范发展发展具有重要意义，有利于行业秩序的维护，也有助于加快行业的发展；无论是哪一行业，通常只有受到统一的标准约束，才有可能获得健

---

❶ 方放，刘灿. 团体标准裂化、元治理与政府作用机制 [J]. 公共管理学报，2018 (1).
❷ 李春田. 标准化概论 [M]. 北京：中国人民大学出版社，2005：258-263.
❸ 刘珊. 专利标准化危机及其应对之策——以中国标准专利第一案为例 [J]. 湖南工业大学学报（社会科学版），2017，22 (6).

康有序的发展。❶ 可见，行业标准对于特定行业或者产业的利益需求会有更多的关注，在行业标准必要专利的许可过程中可能会面临更多产业发展与其他公共利益的冲突。再如，地方标准的制定和实施往往会考虑本地的特殊情况和发展需求，对于标准必要专利许可的监督管理也是基于这样的宗旨，这就很容易引发地方发展需求和国家整体经济发展需求之间的冲突、地方发展需求与产业发展需求的冲突。另外，由于地方标准仅适用于一个地区范围内，而企业的生产经营活动一般可以跨区域进行，因此不满意某一地方标准的企业可以转向其他地方开展经营活动，从而免受特定地方标准必要专利许可所造成的利益冲突的影响。同样，在团体标准和企业标准这两种市场自治色彩较浓的技术标准之间，标准必要专利许可涉及的利益冲突也有差异。无论是标准的制定，还是标准必要专利的许可，企业标准相对于团体标准而言，所受到的外部制约更少，对于私人利益的关注更甚，也就更容易引起私人利益与公共利益的冲突。但是，由于企业标准仅适用于某一单个的企业，即使在标准必要专利许可过程中存在相应的利益冲突，❷ 这种利益冲突的覆盖范围也是极其有限的。

2. 强制性标准和推荐性标准的差异化影响

由于技术标准针对的事项和适用方式的差异，使这两种标准必要专利许可相关的利益冲突在某些方面存在不小的差异。因为强制性标准所涉及的技术是那些保障人身健康和生命财产安全，或者维护国家安全、生态环境安全，以及满足经济社会管理的各种基本需要的技术要求，因此，这类标准必要专利的许可如果出现问题，更容易产生或者加剧私人利益与消费者利益（主要是消费者的健康安全利益、环境需求）、国家经济安全和整体经济发展等公共利益的冲突或者这几种公共利益之间的冲突。推荐性标准所针对的技术要求的范围并无限制，可能面向各种各样的技术要求，因此，这类标准必要专利

---

❶ 陈光，李炎卓. 行业标准的制定：从政府主导到行业协会主导 [J]. 科技与法律，2017（6）.

❷ 企业标准中包含的专利技术通常是企业自身的专利，因此，企业通常不存在为了达到企业标准而需要经由他人专利许可的问题。只有企业将他人的专利技术作为企业自身技术标准的一部分，才有这种标准必要专利许可的需要，但这种情形是极少的。

的许可如果存在问题，可能引发的利益冲突会更加多样化。相对于推荐性标准，强制性标准在制定和实施过程中受到国家更为严格的管理和规范，标准必要专利许可相关的利益冲突也会因此受到较多的控制。

强制性标准具有强制执行力，其强制执行的效力源于两个方面：一是一般法律所规定的法定义务，即将标准的遵守作为对经营者的统一要求；二是特定的标准被某一法规作了排他性引用，即依该法规的规定，除所引用的标准外，其他任何标准都不能满足该法律规范所设定的目标。[1] 无论是哪一种形式，对于希望进入特定市场的经营者来说，都不能避免受其影响的技术标准。推荐性标准虽然是国家期望市场主体执行的标准，但标准是否执行还取决于市场主体的意愿，市场主体完全可以不执行推荐性标准而采用其他技术，也可以在不同的推荐性标准中进行选择，而不是一定要受限于某一推荐性标准。由于这种差异，对于强制性标准而言，如果在标准必要专利许可中存在问题而产生利益冲突，这种利益冲突往往影响范围很大而又无法避免；而对于推荐性标准而言，即使在标准必要专利许可时产生利益冲突，经营者也可以回避该标准的执行而免受或者少受这些利益冲突的影响。也就是说，在其他条件相同的情况下，强制性标准必要专利的许可可能存在的利益冲突较之推荐性标准要显得大而深。

3. 制定标准和事实标准的差异化影响

就制定标准和事实标准来说，由于两者在形成机制、实施保障力量以及稳定性等方面的突出差异，在两种标准必要专利许可过程中所涉及的利益冲突及其变化也存在较多的差异。由于事实标准基本上是在大企业掌控的技术的基础上形成的，且在形成初期对于中小企业而言这种标准具有一定的模糊性，大企业很容易在标准必要专利许可过程中为了自己的利益而提出对于中小企业不利的要求；制定标准则由于经过公开、严格的制定程序，且其实施受到较多的监管和制约，对于中小企业发展的消极影响相对较小。正如有学者所说，对于大多数中小企业来说，采用公权标准的成本较低，风险也比较

---

[1] 刘三江，梁正，刘辉. 强制性标准的性质：文献与展望［J］. 学术界，2016（2）.

小，因为公权标准的知识产权规定和技术要求相对其他标准来说往往更加成熟。❶ 事实标准的出现，使得新标准过程不再仅仅是公共利益的产物，标准化过程也因此变得更加多样化，技术标准也开始具有私有利益属性。❷ 事实标准所包含的标准必要专利技术本身就是基于单个或者少数企业个体的发展需要而形成的，这种专利的许可自然也会深受个体利益要求的影响，因此其造成私人利益与公共利益冲突的风险更大。

制定标准的形成往往是相关利益方共同参与的结果，而事实标准的形成则是独家技术经过市场筛选的结果，两种标准的制定对于相关各方利益的考虑是不一样的，这种状况也会体现在两种标准必要专利许可的过程中。由于公权标准的制定过程具有较强的开放性，集体化程度也比较高，更容易关注各种利益相关者的需求和利益冲突的协调，这种标准也就不容易和反垄断发生冲突。❸ 事实标准则具有制定时间短、制定程序和知识产权政策灵活的特点，那些在行业拥有较大话语权的经营者往往会利用事实标准的这些特点，力图使本领域的技术进程沿着本企业的优势方向发展，并借此获得巨大利益；"快速"的事实标准化过程并不一定能处理好创新速度、生产者的需求、消费者的需要等多种利益之间的关系。❹ 事实标准较之制定标准更容易引发多样性的利益冲突还在于两种标准的制定和实施所受到的规范及监管是截然不同的。从长期的标准化实践情况看，制定标准的实施一般都受一定规则的约束，较为普遍的约束规则便是 FRAND 原则。就标准组织制定的标准来看，FRAND 原则实质上是企业为了使自身的专利成为标准技术而作出的承诺，在合同法的意义上，企业既然对标准组织就其专利许可做出了承诺，就应当严格遵守；而"事实标准"则不同，它们是在激烈的市场竞争中形成的，企业在该标准形成时并未对其他人做出类似 FRAND 原则的承诺，因此，该原则就很难施加

---

❶ 李春田. 标准化概论［M］. 北京：中国人民大学出版社，2005：258-263.
❷ 王季云. 技术标准选择：中小企业竞争的起点——基于公权标准和事实标准的思考［J］. 中南财经政法大学学报，2008（1）.
❸ 李春田. 标准化概论［M］. 北京：中国人民大学出版社，2005：258-263.
❹ 王季云. 技术标准选择：中小企业竞争的起点——基于公权标准和事实标准的思考［J］. 中南财经政法大学学报，2008（1）.

在"事实标准"的必要专利权人身上。❶ 由于受到规则的制约,在制定标准的实施中,标准必要专利许可所涉及的利益冲突会受到较多的控制,而没有明确规则的事实标准在实施过程中难免会更为张扬,标准必要专利权人不顾及、不控制相关利益冲突的现象更容易发生。当然,FRAND 规则本身还存在一些问题,FRAND 许可虽然为标准必要专利权人设置了一道红线,以防止他们在专利许可过程中实施专利劫持行为,但由于这一规则在内容上的模糊性,导致涉及标准必要专利许可的纠纷不断发生,使得该类交易的不确定性明显增加,交易成本也因此而上升,对于技术的转移与更新造成严重阻碍。❷ 因此,受 FRAND 规则制约的制定标准在控制利益冲突方面的优势能够在多大程度上得以彰显,还有赖于标准制定组织在 FRAND 规则完善方面所做的努力。

制定标准和事实标准所面临的竞争是不一样的,这对于两种标准涉及的利益冲突的变化具有较大的影响。制定标准一经确定便是明确的和唯一的;而事实标准则不然,它在一定的期限内或一定的程度上往往具有较强的隐蔽性,也具有明显的动态性,市场上一般会同时有多个事实标准并存,而且相互间可能进行着激烈竞争。❸ 由于制定标准在一定时期内具有唯一性和确定性,一旦此种标准必要专利许可造成一些利益冲突,由于标准本身的稳定性及竞争性标准的欠缺,能够使得这些利益冲突削弱甚至消失的影响因素相对较少。事实标准则不然,即使在标准必要专利许可中存在诸多利益冲突,但现实的或者潜在的竞争性标准的存在,可能迫使专利权人主动调整专利许可政策以缓解一定的利益冲突,也可能因新旧标准的替换而使得原本紧张的利益冲突逐步缓解或者不复存在。

4. 国际标准和国内标准的差异化影响

就国际标准和国内标准来说,由于两者在主导力量、适用范围、技术水平等方面的差异,在标准必要专利许可的过程中所涉及的利益冲突也有较多

---

❶ 胡铁."事实标准"该如何规制?[N]. 中国知识产权报,2016-09-21(5).
❷ 任天一,石巍. FRAND 许可的经济分析及争端解决机制探究[J]. 科技与法律,2017(1).
❸ 赵伟,于好. 基于事实标准的竞争战略初探[J]. 科学学与科学技术管理,2009,30(4).

的差异。从目前的实际情况看，国际标准在总体上仍然由西方发达国家的企业主导，绝大多数国际标准的核心必要专利技术由西方发达国家的企业所拥有，在我国企业执行这些国际标准时，相对于国内标准而言，更容易发生专利权人的私人利益与我国国家经济安全的冲突。多年前，在几乎全部关键技术领域，我国的企业都曾被国外企业成功地实施了知识产权合围，对于技术水平不高的中国本土企业来说，要突破这种合围具有非常大的难度。❶ 在这种情况下，国家经济安全和相关利益的冲突也就在所难免。当然，如果我国企业的技术能够被纳入国际技术标准之中，特别作为核心技术要求被国际技术标准所吸纳，国际技术标准的实施对我国国家经济安全的影响或者威胁就会有所削弱。

相对于国内标准，国际标准通常是以西方发达国家企业所拥有的技术为基础构成的，标准必要专利技术的水平比较高。以装备制造业为例，以美国、欧盟为主要代表的发达国家和地区一直致力于技术标准的国际化或者区域化，它们牢牢掌握和控制着国际和区域标准，尤其是与环境、安全等密切相关的标准制定的主导权；其中，美国标准在技术上具有先进性，而欧盟指令通常具有较强的领先性和先导性，因此成为国际标准的基础。❷ 国际标准的引入及其实施通常是先进技术引进的一种方式，会带动一个国家，尤其是发展中国家整体技术水平的提升。因此，与国内标准相比，在国际标准必要专利的实施许可过程中，国家或者行业整体技术水平的提升与其他利益需求之间的冲突更容易出现。

国际标准的影响力及实施范围可能遍及全世界，而国内标准仅在一国范围内实施。无论是标准必要专利的许可涉及哪一种利益冲突，国际标准所面临的利益冲突的覆盖面都要远大于国内标准。而且，在同一个国家的范围内，标准必要专利许可涉及的利益冲突得以协调解决的难度要远小于跨越不同国家的利益冲突，因为国与国之间政府或者企业的较量或者竞争无疑会给各种

---

❶ 魏衍亮. 跨国公司知识产权滥用严重威胁我国经济安全 [J]. 商务周刊, 2008 (7).
❷ 刘春卉, 林承桢. 装备制造业成套工程国际贸易事实标准推广应用模式 [J]. 标准科学, 2018 (2).

利益冲突的发展变化增加更多不确定的因素。

二、标准必要专利自身的特性对利益冲突的影响

(一) 技术标准中专利结构对利益冲突的影响

一般来说，任何产品的生产都是诸多技术合力的结果，产品的技术标准往往包含多项技术。早先的技术标准通常有几十个或者数百个必不可少的专利，而现代的标准通常会有数千个基本专利。❶ 除了一些事实标准是在个别大型企业技术的基础上经由市场竞争和选择而形成以外，由于技术标准的市场准入和技术引领作用，纳入标准的技术成果及其专利权人往往能够因此而在产品技术上处于支配地位，并取得相应的市场优势地位，企业便会在技术专利化、专利标准化方面展开激烈的竞争。技术标准的形成一般是出于商业动机，它们是生产者和消费者在全面考察多方面的市场要素、认真权衡自身经济利益得失及相关利弊基础上的结果，❷ 其中伴随着多重竞争。这种竞争的结果就是纳入标准的技术更加多样化、权属更加多元化，标准化的关系也因此越来越复杂。另外，忌惮于过度竞争的消极影响，在技术标准化中的企业结盟现象也不断增多。基于技术标准的制定而结成的企业联盟和产业标准联盟在事实上已经成为技术标准制订与运作的重要载体，这种变化突出地体现在计算机、信息通信以及生物医药等高技术领域；就信息通信产业来看，AVS联盟、TD-SCDMA联盟、DVD-3C联盟以及WIFI联盟等都是这一发展变化的典型表现。❸ 在这样的背景下，技术标准所包含的专利情况往往是比较复杂多样的，标准必要专利结构的差异对于标准必要专利许可相关的利益冲突会产生较大的影响。

首先，技术标准中的专利数量影响标准必要专利许可相关的利益冲突。

---

❶ [美] 米歇尔·默弗里，丹·布莱茨. 信息通信技术：标准、专利与国际竞争 [J]. 李书峰，译. 信息安全与通信保密，2017 (4).

❷ 舒辉，王媛. 市场推进技术创新、专利、标准协同转化路径分析 [J]. 科技进步与对策，2018，35 (12).

❸ 张米尔，姜福红. 创立标准的结盟行为及对自主标准的作用研究 [J]. 科学学研究，2009，27 (4).

如果一个技术标准中只有一项标准必要专利，私人利益与公共利益之间的冲突也是单一的，单一专利许可所引发的不同公共利益之间的冲突也不会复杂，这些利益冲突的影响也比较小；而且，单一专利的许可行为受到的关注和监管比较集中，专利权人的恣意行为容易及时被发现并受到控制，利益冲突的协调难度相对较小。如果一个技术标准中包含多项甚至大量的标准必要专利，则无论是个体利益之间的冲突，还是个体利益与公共利益之间的冲突，抑或是不同公共利益之间的冲突，都将变得非常复杂，利益冲突的协调工作也会显得比较艰巨。

其次，技术标准中的专利权分布情况影响标准必要专利许可相关的利益冲突。无论是哪一类人，都是同在特定的时代背景下与特定的社会关系结合在一起的，如果离开社会关系谈人论法就会出现较大的偏差，因为只有"社会关系"才可以被作为法律的直接本源。[1] 在特定的背景下，一旦涉及的主体数量增多，社会关系也就更加复杂，法律协调的任务就会加重。在技术标准所包含的多项专利权属于一人的情况下，虽然围绕标准必要专利的许可会发生多方面的社会关系，并可能伴随多种利益冲突或者矛盾，但这些社会关系都是围绕单一的专利权人，具有一元多向的特性，很多利益冲突往往具有同质性。如果一个技术标准中的多项专利分属不同的权利人，专利许可涉及的利益冲突将变得异常复杂；个体利益的冲突数量多，性质也会有较大的差异。由于不同权利人利益追求和行为风格的差异，个体利益与公共利益之间的冲突以及不同公共利益之间的冲突也会更加多样化。另外，同一技术标准中的若干标准必要专利若为同一人所拥有，相关利益冲突受其他经营者牵制的力量会很小；相反，若同一技术标准中的诸多标准必要专利分属不同的经营者，每一经营者的许可行为都会受到其他专利权人的制约或者影响，所涉及的利益冲突也往往会因为这些制约而有所缓和。比如，当一个国际标准所包含的专利权完全被跨国公司掌控时，我国的国家经济安全就更容易在标准的实施中受到威胁；但如果在国际标准中包含中国企业的专利权，则标准的

---

[1] 吴越，陈蔚红. 法律的直接本源不是人而是给人定位的社会关系——"人本法律观"质疑 [J]. 江汉论坛，2007 (9).

实施对我国国家经济安全的影响会有所减轻。

再次,技术标准中专利权人的相互关系影响标准必要专利许可相关的利益冲突。与传统的封闭式创新范式相比较,在开放式创新范式下的资源利用、关系情境、创新环境以及竞争格局等发生了明显的改变,对于技术标准所涉及的各种知识产权(特别是专利)的管理已经不再是单纯对知识产权的控制,更多的注意力被放在知识产权权益的合理配置、高效的知识产权集成利用和增值等方面,因此,日益增多的知识产权持有者的结盟行为也就不足为奇。❶ 如果同一技术标准中的若干专利权人全部或者大部分结成联盟,在专利许可中采取一致行动,相关利益冲突会因此受到较大影响。比如,就专利权人的私人利益与自由竞争的冲突来说,自由竞争受到的损害会更大,因为专利权人之间的联盟在一定程度上消灭了他们相互之间的竞争,并巩固或者强化专利权人对其他同业经营者的竞争优势,而且专利权人的联盟使得这种冲突不再会因为其他专利权人的牵制而受到控制。再如,就整体技术进步与消费者利益这两种公共利益的冲突来说,标准必要专利人的结盟可能会消除他们之间的技术竞争,不利于进一步的创新和整体技术进步,但参与结盟的专利权人可能会因为相互争斗的削弱而减少成本支出,从而向消费者提供更实惠的商品。

最后,技术标准中有效专利和失效专利的结构影响标准必要专利许可相关的利益冲突。随着时间的推移,在标准制定时的一些标准必要专利可能会因为保护期限届满而成为失效专利,这样一来,标准必要专利就包含有效专利和失效专利两部分。在实践中,以通信技术领域为代表,标准必要专利众多,专利持有人往往会进行"一揽子"许可,对于单个标准必要专利进行许可的做法并不受青睐。❷ 即使一部分标准必要专利已经失效法律效力,一些专利权人仍然将它们与仍然有效的专利一起进行许可。相较于全部有效专利的一揽子许可,包含失效专利的一揽子许可所造成的利益冲突显然更甚;技术标准中包含的失效专利越多,进行一揽子专利许可造成利益冲突的风险就越大。

---

❶ 王珊珊,王宏起. 开放式创新下的全球技术标准化趋势研究 [J]. 研究与发展管理,2012,24 (6).

❷ 仲春. 标准必要专利相关市场界定与市场支配地位认定研究 [J]. 知识产权,2017 (7).

（二）标准必要专利质量对利益冲突的影响

专利质量体现着专利的水平，决定着专利的竞争力。专利质量的高低有多方面的体现，主要包括专利的技术含量（技术水平）、市场影响（市场运用范围及其所产生的价值等）、生命力（技术的生命周期及其运用前景）等。标准必要专利的质量状况对于专利许可相关的利益冲突也有一定的影响，有时影响还可能比较大。

大量证据显示，在专利的引用率方面，标准制定组织披露的专利要高得多，通常相当于同期申请的同一技术类别的其他专利的两倍。❶ 也就是说，一般被纳入技术标准的专利通常质量是比较高的，至少在标准制定之初是这样。即使这样，不同的标准必要专利在质量上仍然有高低之别，对于专利许可相关的利益冲突的影响也不相同。如果标准必要专利的技术含量比较高，专利的广泛许可能够带动某一行业或者多个行业技术水平的提升，在专利许可过程中整体技术进步与相关的个体利益或者公共利益的冲突就会凸显出来，而技术含量低的标准必要专利的许可所涉及的整体技术进步与其他利益的冲突则并不明显。而且，专利技术含量的高低本身就是一个有争议的问题，一个产品中若包含多项专利，各项专利技术的重要性如何，往往是专利诉讼中的争议点，❷ 这也增加了相关利益冲突的不确定性。如果标准必要专利技术的市场需求比较旺盛，技术运用的范围广泛，一旦这种专利的许可受到较大的限制，相关市场的竞争就会受到很大的影响，因此，相对于市场影响小的标准必要专利，市场影响大的标准必要专利的许可对于自由竞争与其他利益的冲突会产生更大的影响。之所以当今围绕通信技术标准引发的诉讼比较多，包括很多涉及诸多公共利益的反垄断诉讼，一个很重要的原因就在于引发争议的标准必要专利技术都是市场需求强、影响范围广、经济价值大的先进技术，容易引起市场竞争状况的变化。如果标准必要专利技术具有较长的生命周期和较远的运用前景，相对于那些生命力短暂的专利技术来说，这种标准必要

---

❶ 何隽. 技术标准中必要专利的独立评估机制 [J]. 科技与法律, 2011 (3).
❷ 姚玉凤. 标准必要专利的产生流程及实践中的若干问题 [J]. 电信科学, 2016, 32 (6).

专利的许可所造成的利益冲突就可能持续很长时间，利益冲突的协调将会是一个长期的过程，难以毕其功于一役。同样是在通信技术领域，虽然新技术频繁出现，标准不断升级，但 5G 标准的出现并不意味着 2G 标准立即被淘汰，很多标准必要专利技术却能长期在市场上呼风唤雨，并反复引发多方面的利益冲突，不断成为诉讼的话题。

（三）标准必要专利权人的能力对利益冲突的影响

利益冲突从根本上说是人与人之间不和谐关系的一种。既然是人与人之间的关系，利益冲突的发生及其程度自然就受到人的行为的左右，而相关主体的行为对于利益冲突的影响又往往与其能力相关。如果标准必要专利权人自身的实力强大，他们不仅能够左右技术标准的制定及标准实施规则的出台，还能够在进行专利许可时根本不考虑被许可人的意愿和需求，这样的标准必要专利的许可行为往往很少考虑其他个体利益的需求及公共利益保护的需要，也就很难避免较大利益冲突的产生。如果标准必要专利权人的实力强大，标准必要专利的许可更容易损害中小企业利益，中小企业发展与其他利益的冲突也容易凸显出来。

就企业市场地位的评估而言，企业在相关市场所面临的竞争压力，是一种至关重要的因素。[1] 对于标准必要专利权人实力和谈判能力的考量，除了依据其自身的条件外，还应当考虑到外部的制约力量。在华为诉 IDC 一案中，在法官看来，由于 IDC 没有进行任何实质性生产，其经营模式或者营利模式是专利许可，这使得原告华为公司无法通过标准必要专利的交叉许可来对 IDC 进行有效的制约，因而应当认定 IDC 在相关市场中具有市场支配地位。[2] 也就是说，标准必要专利权人是否受到外部的制约，尤其是是否存在对抗标准必要专利权人的力量，也是影响标准必要专利权人的一个重要因素。在同等条件下，缺少同行经营者对抗的标准必要专利权人更可能完全按照自己的意愿实施专利许可，也就更容易引发一些利益冲突。

---

[1] 韩伟，尹锋林. 标准必要专利持有人的市场地位认定 [J]. 电子知识产权, 2014 (3).

[2] 叶若思，祝建军，陈文全. 标准必要专利权人滥用市场支配地位构成垄断的认定——评华为公司诉美国 IDC 公司垄断纠纷案 [J]. 电子知识产权, 2013 (3).

第二节 标准之间的竞争对于利益冲突的影响

一、不同标准体系之间的竞争对利益冲突的影响

(一) 不同标准体系之间的竞争

标准化不仅是公共利益的体现,也关系到参与其中的诸多企业的个体利益,特别是关系到在某一领域的标准化过程中能够发挥主导作用的大型企业的个体利益,标准组织及其制定的技术标准已经成为一些具有较大行业影响的企业谋求市场优势及相应利益的重要工具。因此,在大企业的推动下标准组织纷纷设立,围绕技术标准市场话语权的争夺在标准组织之间存在激烈的竞争。特别是在一些技术含量高、技术发展快的领域,在开放式创新范式下,全球技术标准的竞争更多地体现为技术联盟之间的竞争,导致这一格局产生的主要因素包括开放合作的产业创新环境和创新的专业化分工,以及各国基于知识产权的科技较量等。❶ 在同一领域不同标准体系之间的竞争已经不足为奇,在一些行业,甚至在事实上同时存在执行多种同类型不同标准的产品进行激烈竞争;具体到移动通信市场看,适用 2G、3G 和 4G 等三世代、多种技术标准的产品在相关市场中同时存在。❷ 在不同国家之间还存在不同标准体系的竞争,其中就包括一些发展中国家面对发达国家标准的挤压而不得不进行的种种努力。但是,发达国家对后发国家的自主技术标准进行施压并不能有效阻挡后发国家技术标准化的进程;全球技术标准在很长的时期内被发达国家垄断的现象逐步由新的国际标准秩序所取代,一种均衡态势渐渐在标准先发和后发国家之间以及标准垄断与竞争之间呈现出来。❸

---

❶ 王珊珊,王宏起. 开放式创新下的全球技术标准化趋势研究 [J]. 研究与发展管理,2012,24 (6).

❷ 韩伟,尹锋林. 标准必要专利持有人的市场地位认定 [J]. 电子知识产权,2014 (3).

❸ 互联网实验室咨询顾问公司课题组. 新全球主义:中国高科技标准战略研究报告 [R]. 2004:3-4.

第三章 反垄断法利益平衡的基础——标准化背景下利益冲突影响因素的分析

早在 21 世纪初，美国斯坦福大学的莱姆利（Lemley）教授对通信与计算机网络领域的标准化组织专门进行了研究，其研究的标准制定组织为 43 家，其中的 36 家标准制定组织（占比为 84%）制定了书面的知识产权政策，29 家标准制定组织要求其成员按 FRAND 原则对其在技术标准中的专利权利进行许可。[1] 这一研究成果实际上也从一个侧面说明了以标准组织为核心的标准体系之间的竞争状况。一是标准竞争主体的数量众多。仅在通信与计算机网络领域就有数十家标准组织，其中不乏美国电气电子工程师协会（IEEE）、美国电信工业协会（TIA）、VEMbus 国际贸易协会（VITA）、开放服务网关联盟（OSGI）、工业计算机制造者联合会（PCIMG）、欧洲电信标准协会（ETSI）、欧洲计算机制造联合会（ECMA）、国际互联网工程任务组（IETF）、日本电信技术委员会（TTC）等颇具影响的知名贸易组织或者行业组织。二是标准竞争内容的多样化。在技术的选择上，各标准组织一般尽可能制定或者采纳反映其成员要求的技术标准，特别是体现其核心成员或者龙头企业要求的技术标准。技术标准的制定只是标准组织间竞争的第一步，它们之间竞争的关键实际上是技术标准的推广，也就是通过各种方式使其技术标准能够被市场所接受，被更多的企业所采用。各标准组织之所以制定其技术使用规则，特别是针对被标准吸纳的专利制定知识产权政策，实质也是增强其技术标准吸引力的一种方式。绝大多数标准组织采纳了 FRAND 原则，也是考虑到这一原则已经受到广泛的认可，能够增加其技术标准被市场接受的概率。

从类别上看，技术标准化组织既有政府部门和国际组织，也有行业协会等机构；与政府部门和国际组织相比，行业协会对于本行业的动态更为熟悉，能够有效掌握行业信息，它们因此逐渐成为技术标准制定和实施的主要机构。[2] 因此，不同标准体系之间的竞争更多地发生在行业协会之间。比如在技术密集型的通信领域，国际电工委员会（IEC）、国际电信联盟（ITU）、日本无线工商业联合会（ARIB）、韩国电信技术委员会（TTC）、中国通信标准协

---

[1] Mark A. Lemley. Intellectual Property Rights and Standard-Setting Organizations [J]. California Law Review, 2002, 90: 1907.

[2] 叶明，吴太轩. 技术标准化的反垄断法规制研究 [J]. 法学评论, 2013, 31 (3).

会（CCSA）、美国电信产业协会（TIA）、欧洲电信标准化协会（ETSI）等国际行业标准组织、区域行业标准组织、国内行业标准组织实际上既有合作，又存在竞争关系。从现实情况看，技术标准的形成往往是从专利联营开始的，通过专利联营相互之间的市场竞争，借助市场的力量进行淘汰和选择，特定的多种技术方案最终集中形成产业标准。❶ 当然，在不同的行业，不同标准体系之间的竞争参差不齐。在以电子通信为代表战略性新兴行业，标准体系之间的竞争颇为激烈，新标准的研制和推出受到高度重视；而在一些传统产业，技术标准的更新并不为企业所重视，标准组织之间的竞争并不突出。

（二）外部竞争对标准必要专利许可相关的利益冲突的影响

从实践情况看，标准必要专利许可行为对于各种利益的影响主要取决于标准必要专利权人对待专利许可的态度，而标准必要专利权人的态度除了受其自身的情况及利益需求影响外，还受到外部环境的影响，来自不同标准体系的竞争和压力就是这种外部环境因素之一。

不同标准体系之间的竞争对于标准必要专利许可相关的利益冲突的影响主要体现在这种竞争所产生的标准更替或者既有标准影响力的降低等实际效果上。比如，面对适用国外相关标准对中国企业造成的不利局面，为了帮助克服中国企业面临的成本困境，我国工业和信息化部发起了一个项目，目标在于建立一个廉价的新一代音视频编码标准；通过政府研究机构、大学和工业实验室的努力，被称为音视频标准（AVS）的一个由中国研发的替代品于2005年被发明出来，它使用了不同的方法，因此不会侵犯外国专利。❷ 这种引入新标准的竞争不仅在客观上化解了境外相关技术标准实施时所引发的一些利益冲突，而且会给境外相关标准组织及标准必要专利权人施加一定的压力，促使它们适当地调整自己的政策或者行为以缓和标准必要专利许可可能引发的利益冲突。

---

❶ 张平，赵启杉．冲突与共赢：技术标准中的私权保护［M］．北京：北京大学出版社，2011：136.

❷ ［美］米歇尔·默弗里，丹·布莱茨．信息通信技术：标准、专利与国际竞争［J］．李书峰，译．信息安全与通信保密，2017（4）．

第三章　反垄断法利益平衡的基础——标准化背景下利益冲突影响因素的分析

不同标准体系之间的竞争会促使标准组织优化其标准制定与监管行为，以便尽可能减少标准实施中的利益冲突。考虑到不同标准之间对市场影响力的竞争，特别是对于标准运用企业和消费者的争夺，标准组织在选择技术时，就要既考虑技术的先进性，也要考虑同行业企业运用该技术的条件和成本，还要考虑到技术的运用给消费者带来的便利以及消费者的负担；也就是说，不同标准体系之间的竞争会要求标准组织在制定标准时要努力从技术进步、自由竞争和消费者利益等多个方面进行考量，而不能在很大程度上受控于掌握先进技术的少数企业。同时，标准组织要努力提高技术标准相关的知识产权信息透明度。专利信息披露制度是技术标准化的重要组成部分，其重要价值在于专利信息透明化；这一制度的有效实施为专利的推广运用提供了便利，可以在一定程度上防范专利挟持现象、有效解决全球化环境下一些复杂化的技术问题，同时，该制度的推行还能够及时减少和淘汰一些落后的技术标准，并能够在整合各种技术的基础上形成最优水平的标准体系。❶也可以说，技术标准相关专利信息透明度的增加，有利于通过专利技术的推广而提高整体技术水平，有利于整合最优技术而满足消费者的更高需求，也有利于防范专利挟持对于自由竞争造成的损害。另外，标准组织还需要制定综合考虑多方利益的知识产权政策，并加强对标准必要专利许可的监管，特别是监督专利权人遵守标准组织的知识产权政策，协调好在标准必要许可过程中发生的争议及相关的利益冲突。

不同标准体系之间的竞争会促使标准必要专利权人努力克制其自利行为。如果标准必要专利权人仅仅根据自身的利益需求实施专利许可，最终很可能因为其他利益主体的不满与抵制而使得吸纳其专利技术的标准受到冷落，专利权人期望借助标准的力量所实现的利益也会落空。在这样的压力下，标准必要专利权人在专利许可过程中也不就会毫不顾及被许可人的利益需求及相关的公共利益，他们会尽可能遵守标准组织的知识产权政策，在专利许可费的索取、不公平交易手段的使用、禁令救济方法的运用等方面有所节制。

---

❶ 王贞华，樊延霞. 技术标准中专利信息不披露行为的审查对策［J］. 知识产权，2014（8）.

二、同一标准体系内的竞争对利益冲突的影响

(一) 同一标准体系内部的竞争

同一标准体系内部的竞争是在同一标准组织成员之间展开的，主要是不同企业为提高自身技术在标准中的地位而进行的竞争，特别是在技术能力较强的大企业之间的竞争。技术标准化活动是一个复杂的系统工程，需要经过长期的工作，单一企业通常很难独自完成全部标准化活动，也很少能够拥有一个技术标准所涉及的全部专利。❶ 因此，同一标准体系内的竞争始终存在，这种竞争不仅发生在标准形成与实施之前，即使在技术标准实施后，每个企业也会为了将其技术纳入新的标准而激烈竞争。❷

同一标准体系内部的竞争在内容上体现在多个方面。其一，纳入标准的专利技术的竞争。在新的经济时代，无论是产品的生产方式还是企业的经营战略都已经出现重大转变，企业之间竞争的核心要素不再是价格和质量，能否拥有业界通用的技术标准已经成为左右企业胜负的关键所在；卖劳动的经营者、卖产品的经营者、卖技术的经营者和卖标准的经营者相互之间在竞争力上存在巨大的差异，这是新经济条件的特点所在。❸ 因此，技术专利化、专利标准化已经成为众多企业的创新目标，将企业的专利技术纳入行业标准，甚至进入国家标准和国际标准对于技术创新能力比较强的企来说，始终是一个核心工作。其二，企业的专利技术在标准中的份额之争。企业技术在标准中的份额代表着企业在标准中的话语权，专利技术被纳入标准的企业总是努力争取在标准中有更多自己的专利，增加其在技术标准中的份额和地位。由于事实标准的特殊性，企业对于这种技术标准的份额实际上就是其事实标准的市场认同度以及行业影响力。事实标准竞争战略的核心问题在于企业怎样才能够将自己的技术发展成为行业技术标准，或者至少能够成为行业技术标

---

❶ 王珊珊，王宏起. 开放式创新下的全球技术标准化趋势研究 [J]. 研究与发展管理，2012, 24 (6).
❷ 韩伟，尹锋林. 标准必要专利持有人的市场地位认定 [J]. 电子知识产权，2014 (3).
❸ 时建中，陈鸣. 技术标准化过程中的利益平衡：兼论新经济下知识产权法与反垄断法的互动 [J]. 科技与法律，2008 (5).

第三章　反垄断法利益平衡的基础——标准化背景下利益冲突影响因素的分析

准的一部分，这样才能够使企业借助技术标准的力量获取高额的利润和在相关市场上的长远竞争优势。❶ 其三，标准组织的知识产权政策之争。就现实而言，企业在参与技术标准制定时都会希望标准组织所制定的知识产权政策能够尽可能体现本企业的要求。专利技术被纳入标准的企业一般也不希望标准组织的知识产权政策对于其专利许可施加过多的限制，这样其专利标准化所追求的目标就很难得到完全实现，甚至不同的企业在其专利标准化后的知识产权政策需求也会有差异。另外，其技术未纳入标准而又需要实施标准的企业，则会希望通过标准组织的知识产权政策对专利权人施加更多的限制，以便自己能够以较小代价且较为容易地获得标准必要专利的许可。这样一来，知识产权政策的设计自然也就成为标准体系内部竞争的一个重要部分。

从现实情况看，同一标准体系内部的竞争形式不外乎两种：一是正面的介入。即各标准组织成员企业竞相将企业的专利技术纳入标准，并将企业的知识产权主张纳入标准组织制定的政策中。在新的世界竞争格局中，创新性产业的发展已经成为焦点，技术标准也发展成为经营者经济实体和竞争能力强弱的重要衡量标准，专利标准化更是一个企业用以掌握相关技术领域话语权的重要手段。❷ 专利标准化能够依托技术标准的力量给专利带来额外的价值，并能显著提高标准化组织的参与者在专利许可使用谈判中的地位。❸ 因此，有一定技术能力的企业对其专利技术的标准化一般都有较为强烈的愿望，但最终真正能够入选技术标准的专利技术毕竟是有限的，每个企业在有可能的情况下都努力通过各种方式将其一项或者多项技术挤进标准体系。这种正面竞争不仅是为了企业自身的利益，同时，在标准制定过程中各个经营者为了将不同技术纳入标准而进行的多样化竞争，在事实上能够使消费者获得诸

---

❶ 赵伟，于好. 基于事实标准的竞争战略初探 [J]. 科学学与科学技术管理，2009，30（4）.

❷ 刘珊. 专利标准化危机及其应对之策——以中国标准专利第一案为例 [J]. 湖南工业大学学报（社会科学版），2017（6）.

❸ 徐新宇，刘晓宇. 标准必要专利的 FRAND 定价问题探析 [J]. 中国价格监管与反垄断，2017（9）.

如产品功能增强或者价格降低等方面的福利。❶ 二是反面的阻碍。由于纳入标准的专利技术在数量上不会太多，为了增加自己的技术进入标准的机会，一些企业往往会采取多种手段以阻止其他企业的技术进入标准。如互联网标准，一项规范标准经历一段时间的开发，历经数个版本的更迭是常规过程，其间一般要通过多次互联网社区的审查，并要根据实践经验不断进行修订，这样一来一项技术规范才能被确立为真正的互联网标准，进而被出版发行。❷ 在此漫长的过程中，增加其他企业技术进入标准的难度是具有竞争关系的企业常用的手段。这种阻碍性竞争不仅出现在标准制定之初，在标准修订过程中一些企业为了维持其专利技术在标准中的地位也会利用这种手段。比如，为了防止其拥有的标准必要专利技术被其他企业所拥有而可能进入技术标准的新的技术方案所淘汰，作为旧技术拥有者的专利权人利用其在现有技术标准体系中的地位和便利，或者与其他成员进行联合，对技术标准的制定或者修订过程进行操纵，阻碍新的技术进入标准，从而在事实上达到阻止新技术进入市场的目的。❸

（二）内部竞争对标准必要专利许可相关的利益冲突的影响

面对来自同一标准体系内的激烈竞争，标准必要专利权人不得不考虑其为了实现自身利益最大化而损害其他个体利益或者公共利益的行为可能产生的严重后果。这种严重后果主要有两个方面：一是增加其以后技术进入标准的难度。如果标准必要专利权人在专利许可过程中过度考虑自身利益，很容易损害被许可人，尤其是广大中小企业利益，损害众多消费者利益，影响自由竞争及技术进步，这样一来标准必要专利权人的声誉自然会受到影响，在修改或者更新技术标准时其专利技术将会因受到较多的抵制而增加进入标准的困难。正如美国联邦贸易委员会国际合作局官员安德鲁・J. 海默特（Andrew J. Heimert）所说，经常参加标准制定组织活动的主体，或许不希望

---

❶ Renata Hesse. Six 'Small' Proposals for SSOs Before lunch ［EB/OL］. ［2022 – 08 – 05］. http：//www. justice，gov/atr/public/speeches/287855. pdf.
❷ 许青. IETF 团体标准制定政策解读及其启示 ［J］. 标准科学，2018（8）.
❸ 王先林. 涉及专利的标准制定和实施中的反垄断问题 ［J］. 法学家，2015（4）.

由于从事了专利劫持而损害其名誉。❶ 尤其是，草案标准需要更多或者更广泛的实施经验，以便在大规模生产环境中实施该草案标准规范时能证明不可预见的行为。❷ 如果标准必要专利权人拟实施的专利许可行为存在较大的争议，很可能经过试验期后其专利技术就被排除在标准之外了。二是削弱其技术在标准体系中的地位。如果标准必要专利权人的专利许可行为引发的利益冲突比较多，就可能加速标准组织对技术标准的修订，在标准中引入更多其他企业的技术成果，专利权人的技术在标准中的地位就会受到一定的削弱。

面临上述两个不利后果的威胁，标准必要专利权人在进行专利许可时就不得不考虑包括广大中小企业在内的被许可人的利益要求，考虑其行为对于同行业竞争的影响，考虑消费者的感受和情绪，考虑其行为对整个技术标准造成的负面影响而可能引发的其他标准必要专利拥有者的不满。也就是说，标准必要专利权人将不得不考虑其他利益要求，特别是诸多具有较大影响的公共利益保护的需求，努力自觉地协调多方面的利益关系。

三、标准的发展变化对利益冲突的影响

（一）技术标准的发展升级

技术标准的竞争有两大方面，除了同一标准体系的内部竞争和不同标准体系之间的竞争等横向竞争外，还有一种纵向竞争，这是体现技术标准发展变化的竞争，那就是技术标准的更替或者升级，或者说技术标准的代际竞争。

技术标准的代际竞争，或者说技术标准的更新升级，通常有两个方面的原因：一是技术的发展。技术标准既是为了实现产品与服务的技术统一、操作规范、使用便利，从而实现更佳的规模效应和兼容互通，也是为了借助标准实现先进技术的推广运用，引领产业发展，带给消费者更高质量的商品。因此，技术发展的最新成果往往需要及时在技术标准中体现出来。由于技术标准通常要及时地反映当时的科学技术发展水平，就必然要尽可能地吸纳最

---

❶ Andrew J. Heimert. 美国的专利主张实体与标准必要专利 [J]. 竞争政策研究，2016（1）.

❷ 许青. IETF 团体标准制定政策解读及其启示 [J]. 标准科学，2018（8）.

符合时代要求的技术。❶ 特别是高新技术领域的技术标准制定，往往以该领域不断更新的科学技术为依托。❷ 一旦在某一领域有更新的技术产生，特别是水平具有较强超越的技术，在运用一段时间后，就会有转化为技术标准的需要，就要用新标准取代旧标准。一般而言，随着技术的不断变化和成熟，一个新的标准规范有可能在技术上明显地优于其他的标准，以至于一个或者多个现有针对相同功能的标准规范应该被淘汰。❸ 二是利益的争夺。技术标准对于新技术的拥有者具有巨大的吸引力，原因在于，技术标准从本质上看属于一种公共产品，一旦在具有较强公共性的技术标准中吸收了私有的专利技术，专利权人就可以借助公共产品所具有的力量获得更多的收益；而且，影响力越大的技术标准，就会有更多的企业采用，专利权人在专利许可的过程中所能够获取的收益就会更高，其获得的竞争优势也会更强；正是由于技术标准所具有的这种网络效应优势，使得越来越多的专利权人不惜采取各种手段，努力使其专利技术进入技术标准体系。❹ 从理论上说，可能只有很少的技术标准没有面临有力的竞争者，随着采用新技术的新标准的产生，旧标准就随时可能被取代。❺ 这种竞争的重要根源在于新技术的拥有者通过标准扩张其利益需求的强烈愿望，是新旧技术拥有者争夺技术收益和市场地位的方式之一。更好地保护公共利益的需求也是技术标准更替或者升级的重要原因，有时这种标准的更替甚至是在没有更先进的技术成果存在的情况下发生的。从公共利益的角度考量，有时现有技术标准虽然没有显得落后，但可能存在更合适的技术，这时也可能导致技术标准的更替。甚至，有时技术标准的更替并非因为技术上的落后，而纯粹是源于不同公共利益的冲突和协调。我国在奶粉业发生三聚氰胺事件后，修订了牛奶标准，但该标准的出台受到很大的争议，

---

❶ 王先林. 涉及专利的标准制定和实施中的反垄断问题 [J]. 法学家，2015（4）.

❷ 郑素丽，胡小伟，赵剑男，等. 标准必要专利申请行为新动向及其对我国的启示 [J]. 标准科学，2017（6）.

❸ 许青. IETF 团体标准制定政策解读及其启示 [J]. 标准科学，2018（8）.

❹ 吴太轩. 技术标准化中的专利权滥用及其反垄断法规制 [J]. 法学论坛，2013，28（1）.

❺ 黄勇，李慧颖. 技术标准制定及实施中的反垄断法问题分析 [J]. 信息技术与标准化，2009（3）.

被很多人指责该标准降低了对蛋白质和菌落总数的技术要求。❶ 这种变更实际上是在奶制品行业发展、弱势奶农利益保护、消费者健康安全等多种公共利益保护需求激烈争议背景下发生的。

(二) 标准发展对标准必要专利许可相关的利益冲突的影响

技术标准发展变化的影响因素是多方面的，其中，现有技术标准的标准必要专利权人的行为就是一个重要影响因素。如果专利权人在专利许可时对于其他利益需求漠不关心，就会激发其他相关主体更新技术标准以对抗现有标准必要专利权人的愿望。而且，如果专利权人在专利许可时不顾其他利益主体的正当需求，就会导致更多的经营者背离专利权人赖以在相关市场获取竞争优势的现有技术标准，加速新的技术标准淘汰现有技术标准的进程。一些技术标准虽然被国家作为法定标准，但由于产业化和市场化方面存在的明显不足，未能成为相关市场上的事实标准；或者虽然政府进行强力推动，但明显缺乏市场竞争力。❷ 这样的技术标准也就很容易成为标准更新的对象。考虑到标准必要专利权人自身的不当专利许可行为很可能引发其所忌惮的现有标准的衰败及新标准的介入，标准必要专利权人在进行专利许可时才不得不有所顾忌，不得不适当考虑其他利益主体所关注的一些事项。

标准的升级对于原标准必要专利权人产生影响的情况还要取决于不同世代标准控制权的分布情况。不同世代的技术标准之间也存在竞争；高性能、高成本的新技术取代成熟、廉价的传统技术，通常是渐进式的动态过程。❸ 因此，在一定的时期内可能存在不同世代技术标准同时发挥作用的局面，比较典型的例子就是在当今通信领域2G、3G、4G 和5G 标准的并存。如果不同代

---

❶ 在新国标遭遇第一轮炮轰时，主持新国标制定的专家起草组组长、国家疾控中心营养与食品安全所副所长王竹天就对媒体表示，蛋白质含量降低、菌落总数放宽，是兼顾行业现实，保障散户奶农的利益。参见：尹晓琳，杨铮. 中国牛奶标准符合国际惯例 [EB/OL]. [2022-08-05]. http://news.ifeng.com/opinion/special/milk/detail_2011_06/29/7332551_0.shtml.

❷ 王珊珊，王宏起. 开放式创新下的全球技术标准化趋势研究 [J]. 研究与发展管理，2012，24 (6).

❸ 韩伟，尹锋林. 标准必要专利持有人的市场地位认定 [J]. 电子知识产权，2014 (3).

际的标准必要专利分别由不同的企业拥有，技术标准的升级以及新一代标准的存在，就会对原有标准的标准必要专利权人产生较大的压力，他们在进行专利许可时会较为谨慎，为了延缓新一代标准产生的进程或者减少转向新标准的企业数量，他们会更多地考虑专利许可对相关利益的影响。如果不同世代的标准必要专利权为少量企业，甚至单个企业所拥有，比如像高通公司同时掌握着2G、3G和4G移动通信标准必要专利这样，因对于被许可人转向新的技术标准没有顾忌，它们在专利许可时就更容易利用标准的力量为自己谋取更大的利益，利益冲突也就更容易发生。

第三节 标准必要专利相关主体的制约能力对于利益冲突的影响

一、标准化组织的监控管理能力对利益冲突的影响

（一）标准化组织对于专利许可的监控管理模式

就标准化组织的特点和实际情况而言，它们可以采取不同的模式对于标准必要专利的许可进行一定的监管。

（1）对于在许可中利益冲突风险较大的专利的排除。标准化组织可以在制定标准选择专利技术时，将有可能在专利许可时因专利权的滥用而造成较大利益冲突的专利排除在外。在确定是否将某一专利排除在外时主要考察两个方面。一是考察专利本身的情况。标准化组织往往集聚了相关技术领域的一大批技术专家，这些专家对于标准的技术内容及这些技术在未来的实施方式有着深刻认识，这是外人难以企及的，这就决定了标准化组织在确定相关专利是否是标准必要专利权利方面具有得天独厚的条件。[1] 因此，对于一项专利技术在市场上的需求情况及其面临的竞争，标准化组织一般容易把握，标准化组织的专家对于相关的专利技术在纳入标准后是否会被权利人滥用以及一旦专利权被滥用会造成的利益冲突，能够有一定的预判。二是考察专利权

---

[1] 马海生. 标准化组织的FRAND许可政策实证分析 [J]. 电子知识产权，2009 (2).

人的情况。标准化组织对于本领域有影响的专利技术的权利人一般是比较熟悉的，对于每一专利权人在专利许可过程中的习惯或者做法往往了解得比较多。如果专利权人在专利许可时经常会向被许可人施加一些不合理的条件，其专利被纳入标准后专利权人滥用专利权而造成利益冲突的风险就比较大。特别在原有标准体系中经常存在权利滥用行为的专利权人，他们很难在专利技术被纳入新标准后改变其行为风格及其过度榨取标准必要专利利益的心态。无论是技术本身的缘故，还是专利权人的原因，如果一项专利技术在纳入标准后存在被滥用而造成较大利益冲突的风险，将此种专利技术排除在标准之外，无疑是标准化组织应有的理性选择。

（2）为防范利益冲突而对专利许可预设规则。如果不加限制，专利权人技术的标准化将使专利权人从执行该标准的经营者那里获得垄断利润，并借此为了自己的利益而控制下游市场。为了防止专利权人可能的滥用技术标准的行为，标准制定组织通常会制定或者采用一些知识产权政策（主要是明确专利权行使的规则、政策或者程序等）。比如，标准制定组织通常会要求专利权人披露他们拥有的知识产权并且承诺按照公平、合理和无歧视原则对这些知识产权进行许可。❶ 标准化组织基于对技术标准执行的配套而制定一套合理的知识产权政策，是其为防范标准必要专利的许可引发利益冲突的可行路径，这也是绝大多数标准化组织管理技术标准的惯常手段。

（3）对于专利许可行为的日常监督和协调。标准化组织一般具有一定的权威性，它们完全可以在标准必要专利的许可过程中发挥监督和协调作用。标准化组织可以以合同当事人或者准当事人的身份对标准必要专利权人进行监督，检查其专利许可行为是否存在问题，并促使专利权人就其专利许可设定更为合理的条件。这种监督的基本依据通常是标准必要专利权人对于标准化组织所作出的 FRAND 承诺。在标准化的实践中，专利权人作出的 FRAND 承诺一般是完全自发的，也可能是基于标准制定组织的要求，为了增加其专利进入技术标准的成功率，而自愿向标准制定组织单方面发出的声明，

---

❶ Broadcom Corporation, Plaintiff, v. Qualcomm Incorporated, Defendant. No. 08cv1607 WQH (LSP). March 11, 2009.

这种承诺的法律性质在国内学术界目前还存在不小的争论。在不同的标准制定组织之间，其所设立的 FRAND 义务以及专利权人的承诺所具有的法律效力可能存在不同程度的差异：有的可能被看作一种合同，而有的可能仅仅被看作专利权人单方面的一种保证或者允诺。❶ 各国司法实践对于 FRAND 承诺的效力也有不同的理解，按照有的国际法律的解读，FRAND 声明可以作为"要约邀请"处理；在美国，FRAND 承诺则被解释为"第三方受益合同"。❷ 在华为诉 IDC 一案中，广东省高级人民法院在判决时认为，RAND 应当被作为 ESTI 所制定的知识产权政策，华为与 IDC 公司同是 ESTI 这一标准制定组织的成员，当然应当受此协议约束。❸ 无论是将 FRAND 承诺看作标准必要专利权人与标准化组织之间形成的协议（含第三方受益合同），还是将它看作标准必要专利权人面向标准化组织对于标准的实施者作出的承诺，都意味着标准化组织有权对专利权人履行这种承诺的情况进行监督，有权就专利权人纠正在专利许可中的一些不合理行为提出要求或者建议。此外，对于在标准必要专利许可过程中出现的利益冲突与争议，标准化组织可以基于其高度的专业性、权威性、公益性和广泛代表性，居中进行协调。

（二）标准化组织的监管能力对于相关利益冲突的影响

标准化组织可以在控制标准必要专利许可相关的利益冲突方面发挥一定的作用，但这种作用发挥的实际效果取决于标准化组织的监管能力以及这种能力施展的情况。事实上，由于部分标准化组织监管能力的局限性，或者监管意愿的淡薄，通过标准化组织的监管或者协调防范或者缓解与标准必要专利许可相关的利益冲突的实际状况并不理想。

就利益冲突隐患的事先防范来说，有研究表明，在实践中，标准化组织在识别一项专利是否为"必要专利"时，需要判断该专利究竟是属于互补性的专利，还是属于可替代性的专利。对于一个专利联营来说，如果内部专利

---

❶ 周源祥. RAND 许可原则的最新立法与案例发展趋势分析 [J]. 科技与法律, 2016 (3).

❷ 连冠. 比较法视野下 FRAND 承诺的反垄断责任 [J]. 北京化工大学学报（社会科学版），2017 (3).

❸ 广东省高级人民法院（2013）粤高法民三终字第 306 号民事判决书。

第三章　反垄断法利益平衡的基础——标准化背景下利益冲突影响因素的分析

具有很强的互补关系，那么这样的专利联营一般会被认为能够促进竞争，也可以增加社会福利；如果内部专利相互之间具有竞争关系，即它们是可以相互替代的，那么这样的专利联营很可能被认为是有害于市场公平竞争的。❶ 一旦标准制定组织对于拟纳入标准的专利之间关系的判断出现偏差，再加上一些专利信息没有及时披露，那么专利阻碍效应在技术标准实施后就很容易出现，其他可替代技术的竞争作用也很难发挥，因为它们囿于成本而不能再进入标准；与此同时，标准必要专利技术的需求者基于技术标准的网络效应和锁定效应很难轻易进行业务转移，因为这种转移的巨大成本往往高于接受专利权人提出的高额许可费的损失。❷ 能否在一开始就将那些可能在标准实施时造成较多利益冲突的专利技术排除在标准之外，关键在于标准化组织的识别能力，即对于风险较大的专利技术的识别能力。

对于已经纳入标准的专利权，标准化组织对于其许可过程中可能引发的利益冲突的控制主要通过以知识产权信息披露规则和 FRAND 原则为核心的知识产权政策的制定和执行。标准化组织能否通过其制定的信息披露规则防范专利权滥用产生的利益冲突，取决于该规则的合理性及规则的执行力度。事实上，虽然各标准组织都要求其成员企业对其专利信息及时作出披露，但相关规定大多是鼓励性的，而且普遍缺乏对于违规者的有效惩罚措施，也就难以真正对标准必要专利权人产生制约效果；另外，大多数标准组织在性质上都属于非政府组织，它们在法律上并没有实施处罚性措施的行政职权。以上这些因素导致了专利纠纷案件在技术标准的实施过程中经常发生。❸ 因此，标准化组织通过知识产权信息披露规则避免利益冲突的意图也就常常难以实现。为平衡标准必要专利权人的利益、专利实施人的利益与社会公共利益，许多

---

❶ 张炳生，蒋敏. 技术标准中专利权垄断行为的理论分析及其法律规制 [J]. 法律科学，2012，30（5）.

❷ 王贞华，樊延霞. 技术标准中专利信息不披露行为的审查对策 [J]. 知识产权，2014（8）.

❸ 单麟. 浅析标准必要专利信息披露义务 [J]. 中国发明与专利，2017，14（2）.

标准化组织制定了 FRAND 原则。❶ 但是，FRAND 原则能否在控制标准必要专利许可引发的利益冲突方面发挥较大的作用还需要标准化组织能够对于 FRAND 原则的内涵作明确乃至具体的界定。遗憾的是，无论是在理论界，还是在实务界，FRAND 原则之所以遭受很多批评和怀疑，最根本的原因恰恰就是这一原则的含义不够明确，以致对于很多专利许可行为是否符合该原则的要求无法作出准确或者明确的判断。❷ 这是大部分标准化组织所崇尚的 FRAND 原则未能在解决标准必要专利许可纠纷及相关利益纠葛方面发挥较大作用的重要原因。

另外，标准化组织即使对于标准必要专利的许可具有较强的监管能力，也未必就一定能够在专利许可相关的利益冲突方面发挥应有的作用，这还要取决于它们是否有承担这种使命的意愿。美国斯坦福大学马克·A. 莱姆利教授曾经调查了 29 家标准制定组织，结果发现近 60% 的标准制定组织并不会严格对待 FRAND 原则的要求，即使有些专利人拒绝按照 FRAND 原则的要求进行专利实施许可，它们也不会在遴选标准必要专利技术时排斥这些专利权人的专利技术。❸ 也就是说，大部分标准制定组织实际上并没有很强的意愿为了防范或者减少专利许可纠纷而加强对于标准必要专利权人遵守 FRAND 原则情况的监督。更有甚者，一些标准化组织还与标准必要专利权人联合对付标准实施人。在美国的 Radiant Burners v. Peoples Gas 案中，被告与其他一些公司组成的标准化组织就刻意将原告的煤气认定为不合格从而阻止其参与相关市场的竞争。❹ 这种与标准化组织应当发挥的利益协调功能背道而驰的现象在现

---

❶ 赵军，张建肖. 通信行业 FRAND 原则实现困境及其解决 [J]. 中国发明与专利，2017，14 (10).

❷ 马海生. 标准化组织的 FRAND 许可政策实证分析 [J]. 电子知识产权，2009 (2).

❸ Mark A. Lemley. Intellectual Property Rights and Standard-Setting Organizations [J]. California Law Review, 2002, 90: 1907.

❹ 被告 Peoples Gas Light & Coke Co. ETAL 和其他 9 家公司组成的美国煤气协会（AGA）滥用自己对煤气炉标准的认证权，违反相关程序，刻意在两次认证中认定原告光辉公司（Radiant Burners）生产的陶瓷煤气炉不合格，抵制光辉公司生产的煤气炉顺利面市。参见：马骁. 涉及技术标准与知识产权关系的几个典型案例剖析 [J]. 网络法律评论，2003，3.

实中也不在少数，尤其是那些公益性不是很明显的事实标准组织。

至于标准化组织在标准必要专利许可时发挥利益冲突协调的作用，在很多情况下也仅仅是一种愿望。很多标准化组织无意于介入标准必要专利权人与被许可人的利益纷争，它们大多将此种专利许可看成纯粹市场化的行为，主张将纠纷的解决留给当事人自己。

二、被许可人的对抗或者制约能力对利益冲突的影响

（一）被许可人对抗或者制约能力的体现

虽然标准必要专利许可可能会引发多方面的利益冲突，但这些利益冲突的纽带是专利权人与被许可人的交易行为，他们之间交易行为内容的任何改为都会影响某一方面或者多方面的利益冲突。标准技术条件下的专利权人在与被许可人（主要指产品的制造商）进行专利许可谈判的过程中，专利权人在事实上一般居于强势地位。[1] 在这种标准必要专利权人因为拥有强势地位而刻意操纵交易内容的情况下，能够促使专利权人改为交易行为内容的直接力量往往就是作为交易对方当事人的被许可人对抗或者制约的能力。

被许可人能够对标准必要专利权人进行制约从而促使其改变交易行为某些内容的能力体现多方面，从实际情况看，可以概括为以下六个方面的情况。

（1）被许可人自身较强的创新能力。在被许可人的创新能力如果比较强的情况下，如果标准必要专利权人进行专利许可时损害被许可人利益及其他相关利益，被许可人就很可能在标准之外利用自己的创新成果，特别是自己拥有的非标准专利去反击标准必要专利权人，在标准实施中占据主动的标准必要专利权人在其他技术成果的运用或者相关市场上可能会遭受较多损失。比如，在 ICT 领域，非标准专利是专利市场的主力军，且其占据的份额将进一步扩大；个性化需求的增多以及用户体验的不断创新将会推动与此相适应的非标准专利快速增长，这就会使得仅能在支持产品符合相关技术指标上发挥作用的标准必要专利进一步发展和延伸的空间变得非常有限；互联网的开

---

[1] 叶若思，祝建军，陈文全. 标准必要专利权人滥用市场支配地位构成垄断的认定——评华为公司诉美国 IDC 公司垄断纠纷案 [J]. 电子知识产权，2013（3）.

放要求会迫使实现其基本功能的标准专利逐步降低并放弃收取许可费，非标准专利也会越来越多地成为市场竞争主体用以对抗标准专利的武器。❶ 而且，技术创新能力强却又在进行标准必要专利许可商谈时受到不公正待遇的被许可人，很可能会利用其先进技术成果单独或者联合其他创新能力较强的企业推动事实标准的形成，以此对抗标准必要专利权人。

（2）被许可人巨大的市场占有量。我国国家发改委处理的高通公司垄断案是颇有影响的标准必要专利垄断案件。高通公司长期按照手机的整机批发净售价作为专利许可费的计价基础，广为国内手机生产商诟病，国内生产商普遍认为高通公司借垄断地位攫取超额利润。❷ 这实际上是众多标准必要专利权人滥用专利权案件的一个缩影，它反映出标准必要专利权人的一种共同需求，即尽可能利用技术标准谋求巨大经济利益。事实上，对于标准必要专利权人而言，这种经济利益需求既可以通过收取超高的许可费得以实现，也可以在收取正常许可费的情况下通过扩大其专利产品的销售范围和销售数量得以实现。如果标准必要专利权人因为收取不合理的高额许可费而导致其专利产品失去很大的市场，未必是一个明智之举，甚至从长远的角度考虑可能是得不偿失。标准必要专利（SEP）持有者或许会发现促进标准化技术的采用更为有利，❸ 而促进标准化技术的采用实质上就是扩大标准化技术产品市场。因此，如果不愿意接受超高许可费的被许可人拥有巨大的产品市场，无疑对于标准必要专利人采取超高收费模式的专利许可行为会有较强的制约作用。

（3）被许可人较强的谈判能力。从实际情况看，如果被许可人能够制定并实施较好的专利许可谈判策略，也能够对标准必要专利权人产生制约。被许可人谈判能力的高低往往与其对谈判相关信息的掌握程度有较大关系。在华为诉IDC一案中，深圳市中级人民法院在判决中认为，在就其标准必要专

---

❶ 周奇．标准专利的限制与平衡——从国内创新保护的角度［J］．电子知识产权，2013（12）．

❷ 朱战威．垄断语境下标准必要专利许可费之厘定——兼评"高通案"专利许可费的裁决［J］．价格理论与实践，2015（11）．

❸ Andrew J. Heimert．美国的专利主张实体与标准必要专利［J］．竞争政策研究，2016（1）．

利进行许可谈判时，拥有标准必要专利的经营者掌握了较多有关必要专利达成许可条件的信息，而作为谈判对手的专利技术需求者并不掌握这些交易信息；基于信息不对称的状况，标准必要专利许可交易的顺利实现，更需要依赖标准必要专利权人在合同签订、履行时对于公平、合理、无歧视原则的严格遵守。❶ 也就是说，由于信息不对称的原因，被许可人在谈判时完全处于被动，这就使得许可协议的合理性在很大程度上依赖专利权人的自觉性。通过自身努力和外部规范以保障被许可人尽可能多地获得与标准必要专利许可相关的信息，无疑是增强被许可人谈判能力、提高被许可人制约力量的重要举措。

（4）被许可人转向其他标准的良好条件。标准必要专利之所以能够被大家认定为特定产品生产所必需的投入要素，缘由不是标准必要专利本身具有不可替代的技术特征，而主要是因为标准对于技术及其下游产品的锁定效应。❷ 如果被许可人有能力摆脱这种锁定，他们就可以对抗标准必要专利权人。特别是，如果被许可人可以轻易地转向其他技术标准，那他们就有足够的资本可以对抗标准必要专利权人的不合理要求。被许可人转向其他技术标准所需要的良好条件有两个方面：一是替代性技术标准的存在；二是被许可人转向新的技术标准在技术、设备、人员等方面不存在障碍，也不会因此而付出很大的代价。

（5）被许可人持有专利权人需要的标准必要专利。如果被许可人的某项或某几项专利也被同一个技术标准所吸纳，或者被许可人的专利技术被标准必要专利权人需要执行的其他技术标准所吸收，他们就完全可以利用相互许可的需要对抗标准必要专利权人。广泛的交叉许可协议也可能会保护标准使用者免于被胁持，❸ 双方当事人均持有对方需要的标准必要专利则是交叉许可的前提。

---

❶ 深圳市中级人民法院（2011）深中知民初字第858号民事判决书。

❷ 袁波. 标准必要专利权人市场支配地位的认定——兼议"推定说"和"认定说"之争［J］. 法学，2017（3）.

❸ Andrew J. Heimert. 美国的专利主张实体与标准必要专利［J］. 竞争政策研究，2016（1）.

(6) 被许可人在诉讼的应对方面具有较强的能力。多年以来，从世界范围看，涉及标准必要专利的诉讼案件的数量快速增长；域外的司法实践表明，这些案件主要有两类：一类是专利权人针对"侵权人"向法院提出禁令请求，而专利实施者则以专利权人违反FRAND承诺进行抗辩；另一类是专利实施者请求法院确定专利许可费的数量或者费率，其请求的依据主要是FRAND原则的要求。❶ 针对标准必要专利的诉讼会给标准必要专利权人造成很大的压力，一旦在诉讼中败诉，不仅其通过专利权的滥用获得的额外利益将因赔偿或者罚款而丧失，还会使自己的声誉受到一定的影响。如果被许可人拥有较强的诉讼能力，他们可能熟练地利用诉讼机制对抗标准必要专利权人，标准必要专利权人一般也会忌惮他们发起的诉讼以及败诉后可能产生的连锁反应。

（二）被许可人反制能力对专利许可相关利益冲突的影响

被许可人反制标准必要专利权人的能力对于标准必要专利许可相关利益冲突的影响体现在事前和事后两个方面。事前影响指的是如果被许可人具有较强的反制能力，则会引起标准必要专利权人的顾忌，增加标准必要专利权人的心理压力，他们在进行专利许可时就不会为了自己的利益而肆无忌惮，对于对方的利益需求和相关公共利益需求会有一定的关注，利益冲突会因此而减少或者得以缓解。相反，如果被许可人没有必要的反制标准必要专利权人的能力，则标准必要专利权人在专利许可过程中往往会我行我素，与标准必要专利许可相关的利益冲突就很容易被激化。事后影响指的是如果被许可人有较强的反制能力，他们会针对标准必要专利权人在专利许可中的不合理行为，采取必要的措施，抵销其行为给自己的利益或者相关的公共利益所造成的损害，或者避免这些损害；相反，如果被许可人的反制能力较弱，通常难以针对标准必要专利权人的自利行为作出有力的回应，在避免或者弥补相关利益所受损害方面也难以发挥作用。

事前影响在前述被许可人的六个能力方面都能体现出来。如果被许可人技术创新能力较强，特别是能够研发出足以推动新的技术标准建立的更先进

---

❶ 张永忠，王绎凌. 标准必要专利诉讼的国际比较：诉讼类型与裁判经验 [J]. 知识产权，2015（3）.

的技术，标准必要专利权人针对这类被许可人的专利许可就会颇为谨慎，因为忌惮于激怒对方可能遭受的报复，❶ 他们通常不敢不关心对方及其代表的利益群体的需求。如果被许可人或者其联盟拥有巨大的市场份额，一旦他们对于专利许可条件不满意而导致专利技术运用受阻，标准必要专利权人会失去专利技术广泛运用所带来的收益，出于此种担心，专利权人在进行专利许可时也会适当照顾被许可人的私人利益及与此关联的社会公共利益。如果被许可人有较强的谈判能力，标准必要专利权人有损于被许可人利益及相关公共利益的专利许可条件会被直接拒绝而无法实施，或者至少被迫进行适当的修正。如果被许可人有较强的转向其他技术标准的能力，这种直接来自其他技术标准的竞争压力会迫使标准必要专利权人压缩自身的利益要求，在与被许可人妥协中努力维系支撑其专利技术的标准的地位。如果被许可人在对于标准必要专利权人具有重要关系的技术标准中拥有标准必要专利，因为顾忌被许可人利用具有制约关系的标准必要专利进行报复或者直接对抗，标准必要专利权人一般就不会将明显有损于被许可人利益及其关联的公共利益的许可条件施加给被许可人。如果被许可人具有较强的诉讼能力，标准必要专利权人在实施专利许可时会抑制盲目追求自身利益的行动，尽可能避免违法损害被许可人利益及相关公共利益的行为，因为他们意识到在实施这些行为后，一旦被许可人付诸诉讼，自己的种种努力将会变得徒劳，还会损害自己的声誉及标准必要专利的影响力。

事后影响主要体现在被许可人较强的诉讼能力的运用上。比如，禁令救济是标准必要专利权人经常用的手段，其在保护专利权人的私人利益及相关公共利益方面具有较大的积极作用，但是，在标准化这一特殊背景下，标准必要专利的网络效应与锁定效应非常强，外部的激烈竞争和巨大的利益诱惑很容易驱使标准必要专利权借禁令救济的名义，在事实上进行限制竞争的行动，从而对自由竞争和消费者利益造成较大损害。❷ 正因在利益协

---

❶ 被许可人可以在标准必要专利权人需要运用自己所创造的先进技术成果时进行报复，也可以加速新技术标准的建议以淘汰旧技术标准来报复主导旧技术标准的专利权人。

❷ 韩伟，徐美玲．标准必要专利禁令行为的反垄断规制探析［J］．知识产权，2016（1）．

调方面正反两方面的作用同时存在，各国法律在不得不对标准必要专利权人赋予禁令救济权的同时也允许被许可人依法进行抗辩。如果标准实施者是善意的合同主体，他们可以基于第三人利益合同中的知识产权政策要约对标准必要专利权人的禁令请求进行抗辩，也可以因合同产生信赖利益保护而提出此种抗辩。❶ 如果被许可人的诉讼能力强，他们就会利用自身实力或者诉讼机制对标准必要专利权人进行有力的对抗，有效阻击标准必要专利权人的禁令救济滥用行为及由此可能引发的利益冲突。较强的诉讼能力主要是在标准必要专利权人的行为引发利益冲突后发挥作用，通过诉讼消弭标准必要专利权人的行为给其他私人利益和公共利益造成的损害，并阻止这种损害继续发生。当然，就弥补已经造成的损害而言，较强的诉讼能力也仅仅局限于对于被许可人私人利益损失的弥补，而无法补救公共利益已经遭受的损害。就像深圳市中级人民法院审理的华为诉 IDC 一案，❷ 也只能解决华为公司因 IDC 一系列滥用标准必要专利权行为所遭受的损失赔偿问题，而无法解决这些滥用行为对我国的相关产业发展、技术进步、消费者利益等公共利益损害的赔偿问题。

此外，被许可人较强的创新能力和及时转向其他技术标准的良好条件也可以在利益冲突的淡化方面发挥一定的事后影响。优势企业应主动创新，积极更替现行落后标准，❸ 现行标准的落后可能体现在多个方面，可能是技术本身的水平不高，也可能是专利许可政策不够合理。❹ 如果被许可人利用自身较强的创新能力，他们可以在因与标准必要专利权人的专利许可谈判受阻后加速创新和推动新的事实标准的形成，使自己及其他类似的被许可人摆脱原有的技术标准的束缚，借此化解标准必要专利权人的滥用行为对于自己的私人利益及相关的公共利益可能造成的损害。如果被许可人在技术、人员、设备等方面还没有被现有技术标准锁定，且在市场上同时存在替代性的技术标准，

---

❶ 马尚，陶丽琴，阮家莉. 标准必要专利禁令请求权的抗辩——从利益第三人合同的视角［J］. 标准科学，2017（9）.

❷ 深圳市中级人民法院（2011）深中知民初字第 858 号民事判决书。

❸ 王宇. 团体标准竞争协调机理研究［J］. 标准科学，2018（7）.

❹ 标准必要专利许可中的诸多消费影响往往是这些不合理的知识产权政策诱发的。

在标准必要专利权人实施不利于自己利益的专利许可时，被许可人可以及时转向其他技术标准，从而轻易避开标准必要专利权人的不当行为给自己的利益及相关的公共利益可能造成的损害。

本章小结

本章是在第二章明确标准必要专利许可涉及的主要利益冲突的基础上对于这些利益冲突的影响因素进行分析，以便为反垄断法的利益平衡探寻合理的进路和针对性较强的方案。

在标准化背景下，标准必要专利许可相关利益冲突的形成和变化受到多方面因素的影响。首先，标准必要专利本身的状况所产生的影响。技术标准的类别或者性质不同，对于标准必要专利许可涉及的各种利益冲突的影响也不一样；在不同类别或者性质的标准体系下，标准必要专利许可涉及的利益冲突的形式和利益冲突的程度会有一定的差异。就一个具体的技术标准而言，其标准必要专利的质量、标准必要专利的结构、标准必要专利权人的能力等方面的差异都会对相关利益冲突产生不同的影响。其次，技术标准之间的竞争所产生的影响。标准体系之间的竞争对相关利益冲突的影响主要在于这种竞争所产生的标准更替或者既有标准影响力的降低等实际效果上。这种竞争不仅会促使标准组织优化其标准制定与监管行为，以便尽可能减少标准实施中的利益冲突，还会促使标准必要专利权人努力克制其自利行为。在同一标准体系内的激烈竞争使得标准必要专利权人不得不考虑其为了实现自身利益最大化而损害其他个体利益或者公共利益的行为可能产生的严重后果，从而使他们不得不考虑其他利益要求，特别是诸多具有较大影响的公共利益保护的需求。技术标准的发展升级也会影响相关利益冲突，因为如果专利权人在专利许可时对于其他利益需求漠不关心，就会激发其他相关主体通过标准更新来有效对抗滥用标准专利的权利人的愿望。最后，标准必要专利相关主体的制约能力所产生的影响。如果标准化组织具有较强的自律和监管能力，就能够减少专利权人私人利益与公共利益之间的冲突。如果被许可人具有较强的对抗或者制约能力，如被许可人具有较强的创新能力、巨大的市场力量、较强的谈判能力、改用其他标准的良好条件、拥有可作对抗工具的标准专利等，就能够对标准专利权人施加较大的心理压力，使他们在进行专利许可时就不会为了自身利益而肆无忌惮，对于对方利益需求和相关公共利益需求会有一定的关注。

第四章 反垄断法在规制标准必要专利滥用时利益平衡的基本思路

第一节 不同利益的区别对待

一、个体利益与社会公共利益的区别对待

(一) 个体利益冲突协调之排除

1. 反垄断法的根本使命在于公共利益的保护

法律是利益关系的调节器,作为法律体系重要构成元素的反垄断法亦是如此。反垄断法的根本使命,即反垄断法的价值目标是什么?王晓晔教授等认为,反垄断法的直接目的是预防和制止垄断行为,保护市场竞争,最终目的是提高经济效率,保护消费者合法权益,增进社会公共利益。[1] 赵万一教授等认为,社会整体效益和实质公平应当是我国反垄断法的价值目标;反垄断工作既要注重竞争,也应当兼顾某些经济领域的特殊性要求,这是反垄断立法的基本要求。[2] 从实质上看,上述专家所说的"社会公共利益""社会整体效益""消费者合法权益"以及"某些经济领域的特殊性要求"都是可以算是一种利益。由此可以看出,对于利益的调节是反垄断法律制度赖以构建的中心,虽然反垄断法表面上是直接针对各类垄断行为的,相关执法行动以维

---

[1] 王晓晔. 我国反垄断立法的宗旨 [J]. 华东政法大学学报,2008 (2).
[2] 赵万一,魏静. 论我国反垄断法的价值目标界定及制度构架 [J]. 社会科学研究,2006 (1).

护市场竞争为着眼点，但在本质上它是在以一种特定的方式协调垄断行为涉及相关的利益关系，力求各种利益获得一种整体上的平衡。从整个历史发展情况看，利益问题一直是人们在人类社会生活所关注的一个焦点问题，正因如此，社会利益关系是否能够保持协调有序对于整个社会的稳定与和谐来说都至关重要。❶

利益关系纷繁复杂，且范围非常广泛，任何法律都无法针对所有利益关系发挥调节作用，每一方面的法律对利益关系调整都有一定的范围或者偏向。经济法致力于经济生活中的利益关系的调整，其在本质上是国家对于经济生活的干预或调节；自产生之日起，经济法就以社会整体利益的保护作为其根本目标。反垄断法则被人们称"经济宪法"，从宏观上维护基本的市场结构和总体竞争秩序是其主要的着眼点；反垄断法所关注的法益是社会整体利益，而不是对于某个具体的市场主体的私人利益的维护。❷ 可以说，对于社会公共利益或者社会整体效益的维护是各国反垄断法的终极目标；更准确地说，维护和促进社会整体利益是现代反垄断法的核心目标。正如有学者所言，从反垄断法功能发挥的领域来看，其主要是在社会整体范围内；没有社会整体，反垄断法也就没有存在的必要和立足之地。❸ 从利益冲突协调的角度看，反垄断法只协调那些与公共利益有关的利益冲突，纯粹私人利益之间的冲突也就不属于反垄断法所要解决的问题。也就是说，就标准必要专利许可涉及的各种利益关系而言，只有其中的私人利益与公共利益之间的冲突以及不同公共利益之间的冲突，才是反垄断法协调平衡的对象。

2. 不同私人利益冲突的协调属于民商法的任务

反垄断法对于标准必要专利许可涉及的私人利益之间的冲突不予协调，并不意味着这种利益冲突不受法律关注和解决，而是因为这种利益冲突更适宜由其他法律进行调整，这种法律就是民商法律。在市场经济条件下，民商

---

❶ 刘芳. 优化社会关系与协调利益关系：构建和谐社会的重要途径 [J]. 探索，2011 (6).

❷ 曹平，王一流. 转轨时期我国反垄断法的实施：多元价值目标的冲突与选择 [J]. 广西社会科学，2010 (12).

❸ 王翀. 论反垄断法的价值目标冲突及协调 [J]. 政法论丛，2015 (3).

法律调整社会关系的重心逐步转移到利益之争上来。正如有学者所说，在市场经济条件下的民商法具有利益性品格，因为市场经济在本质上是一种利益经济，追求利益本是人类共有的天性和本能，没有这种本能和天性，人就不可能生存、发展；在市场经济条件下，交易各方均是追求自身利益的有理性的市场主体，其行为受到市场利益信息的影响、诱导和指挥。❶ 至于民商法调整什么样的利益关系，或者说民商法更适宜协调什么样的利益冲突，这主要取决于民商法的法律属性。就法律属性而论，从传统公法与私法的划分看，民商法具有完全的私法属性，而私法所保护的是公民或者法人的个人利益，而不是国家或者公共利益。❷ 私法以个人利益为本位；民法本质上是权利法，民商法的利益观是私人利益。❸ 私法本性决定了民商法的关注点应当是私人利益，负有协调不同私人利益冲突的使命，无论这种私人利益冲突以何种形式体现出来。当然，民商法的平等性品格决定了其协调平衡的私人利益冲突应当是发生在平等民事主体之间的利益冲突。概言之，民法主要是对市民社会内部的私人利益关系进行调整和保护，在此过程中需要进行平衡协调的利益也仅限于平等主体间的个体利益。❹

可以说，现代民商法是调整直接涉及"私益"的财产关系、人身关系和经营关系的法律，如何实现私法关系中利益均衡，逐渐成为现代民商法文化和制度建设追求的目标。❺ 标准必要专利的许可在形式上属于在平等民事主体专利权人和被许可人之间发生的交易关系，专利权人和被许可人各自的利益需求都是私人利益，这种利益冲突是平等主体之间的私人利益冲突，这种利益冲突理应由民商法去协调解决。

---

❶ 王明锁. 市场经济特质与民商法之品格［J］. 河南大学学报（社会科学版），2007（1）.

❷ 朱景文. 中国特色社会主义法律体系：结构、特色和趋势［J］. 中国社会科学，2011（3）.

❸ 唐孝东. 经济法与民商法价值比较阐析［J］. 兰州学刊，2005（1）.

❹ 徐钢. 利益衡量概念的辩说［J］. 法律方法，2006.

❺ 黄清华. 现代民商法文化的品质与中国梦的实现［J］. 社会科学论坛，2014（10）.

(二) 对公共利益保护之高度关注

1. 对公共利益保护的必要倾斜

对于私人利益与公共利益的冲突，因为涉及对公共利益如何保护的问题，也就落入反垄断法的调整范畴，因为反垄断法的任务在于解决与公共利益相关的问题，借此达到保护公共利益的目标。至于在协调私人利益与公共利益冲突时如何对待这两种性质的利益，在境内外已经有了较多的做法和观点。

在应对私人利益与公共利益冲突时反垄断法不能对于两者等量齐观，总是要有所倾斜，这一做法或者看法得到了较为一致的认同。至于孰轻孰重，毫无疑问，反垄断法应当强调对于公共利益的保护，向公共利益作适度倾斜。一方面，如前文所述，作为经济法的核心部分，反垄断法的基本使命就是维护公共利益；而个体利益的保护，则不是反垄断法的关注点，而是主要依赖以民法为核心的私法体系。在学者们看来，公共利益优先的理念应当是反垄断法协调不同价值冲突的基准点。[1] 反垄断法必须加强对公共利益的保护，并非只保护公共利益，但当公共利益与私人利益冲突时，反垄断法的重点方向应当为公共利益。也就是说，反垄断法不仅致力于社会整体利益的保护，也要适当保护单个经营者的合法利益，但当这种利益相冲突时，反垄断法的首要选择是社会整体利益而不是单个经营者的私人利益。[2] 反过来说，在私人利益与公共利益发生冲突时，虽然反垄断法不能只顾其中一种利益需求，但私人利益要受到更多的抑制。从法哲学上看，法律的权利限制原则要求权利人在行使权利、追求个人利益最大化的过程中不得损害，甚至必须顾及国家、社会及他人的利益。[3] 在德国，在理论上认为，法律制度的功能是为了谋求个人利益与社会公共利益之间的协调；私人权利必须受到社会利益的限制。[4] 这

---

[1] 卢炯星，李晓丽. 反垄断法视域中的公共利益问题 [J]. 山东社会科学，2010 (7).

[2] 王翀. 论反垄断法的价值目标冲突及协调 [J]. 政法论丛，2015 (3).

[3] 吕明瑜. 论知识产权垄断法律控制的理论基础 [J]. 河北法学，2009，27 (2).

[4] Christophe Geiger. The Social Function of Intellectual Property Rights, Or how Ethics can Influence the Shape and Use of IP law [EB/OL]. [2022-08-05]. Max Planck Institute for Intellectual Property and Competition Law Research Paper No. 13-06. http://ssrn.com/abstract=2228067.

第四章　反垄断法在规制标准必要专利滥用时利益平衡的基本思路

正是对反垄断法在应对私人利益与公共利益冲突时侧重公共利益的一种诠释。另外，加强对于公共利益的保护并非不利于私人利益的保护。公共利益是一种整体利益，甚至被看成大量个体利益的集合体；因此，公共利益的实现同时意味着大量个体利益的增进，在一定程度上能够产生保护私人利益的效果。而且，公共利益与私人利益存在密切的联系，在很多情况下甚至是互动的，不能仅仅根据表面现象就得出法律仅仅是在保护公共利益的结论。有学者认为，虽然公共利益高于个人利益的原则在中国的法律中并没有找到明文规定，但其中还是蕴含了在公共利益与个人利益发生冲突时应当以公共利益为主的要求；但是，不能因为反垄断法需要关注社会公共利益就得出它不为个体利益着想的结论，因为任何个人利益的实现都不可能脱离社会的场域。❶ 强调反垄断法对于公共利益的保护，有时也在为私人利益的实现创造良好的环境，能够为私人利益的保护提供更多的路径。

结合到标准必要专利来说，域外已经历经多年的标准专利理论探讨和法律实践可以为我们提供较多的参考，无论是在权利人利益与公众利益的平衡方面，还是在实现对技术创新和产业创新的双向激励方面，它们都已经有很多比较成熟的做法。❷ 无论是在欧洲，还是在美国，也都倾向于对于公共利益保护的重点关注。斯特拉斯堡国际知识产权研究中心克里斯托夫·热日尔（Christophe Geiger）教授认为，公共利益是绝大多数个体利益的最大化，知识产权运用的目标和状况必须始终依据公共利益进行检视。❸ 美国在2013年出台了一份关于标准必要专利的政策声明，其中美国国际贸易委员会表示了一种担心，即标准必要专利权人在作出FRAND承诺后如果获得禁令救济很容易引发专利劫持，并因此而扭曲竞争，这样的救济显然与社会公共利益的保护

---

❶ 胡玉鸿. 和谐社会与利益平衡——法律上公共利益与个人利益关系之论证 [J]. 学习与探索，2007（6）.

❷ 周奇. 标准专利的限制与平衡——从国内创新保护的角度 [J]. 电子知识产权，2013（12）.

❸ Christophe Geiger. The Social Function of Intellectual Property Rights, Or how Ethics can Influence the Shape and Use of IP law [EB/OL]. [2022-08-05]. Max Planck Institute for Intellectual Property and Competition Law Research Paper No. 13-06. http://ssrn.com/abstract=2228067.

要求是相悖的。❶ 这一声明充分体现了美国高度重视标准必要专利相关的社会公共利益的态度。在我国，当在标准必要专利许可中发生公共利益与私人利益冲突时，理性的协调思路也应当是对于公共利益的倾斜。尤其是在特定的背景下当两种利益根本无法兼顾时，反垄断法的保护对象只能是公共利益，对于私人利益的保护只能寄托于其他相关的法律。或者说，公共利益是否遭受损害应当是反垄断法在对标准必要专利运用行为进行规制时的主要关注点；至于个人利益遭受的损害应当如何处理的问题，则主要由相关主体依据私法途径解决，即依据民法、合同法或者知识产权法等法律制度处理。在面对标准必要专利许可涉及的私人利益与公共利益的冲突时，反垄断法将公共利益的保护作为其重心，还有一个原因，那就是对标准必要专利许可相关的诸多公共利益，如自由竞争秩序的维护、整体技术水平的提高、整体经济效益的提高、特定产业的发展等加强保护，对于专利权人和被许可人的私人利益往往也会产生促进作用，只不过这种促进作用有时是较为明显的或者直接的，有时是间接的、经过较长期限才能显现的。

2. 对个体利益保护的适当兼顾

我国反垄断法对于其价值目标作出了明确规定，即"为了预防和制止垄断行为，保护市场公平竞争，鼓励创新，提高经济运行效率，维护消费者利益和社会公共利益，促进社会主义市场经济健康发展，制定本法"。❷ 这实际上明确了我国反垄断法所关注的主要利益；从这一立法目的的表述看，我国反垄断法的使命在于保护多种公共利益。虽然在我国《反垄断法》的立法目的中不包含对于个体利益的保护，但并不意味着反垄断法的实施无须考虑个体利益，因为漠视个体利益的做法很难调动相关个体去追求公共利益的积极性，也会人为地割裂个体利益与公共利益固有的内在联系。

社会整体利益与社会成员个体利益可以看成一个矛盾体，相互之间是一种对立统一关系；经济法需要以其独特方式合理应对两者的复杂关系，主要

---

❶ U. S. Department of Justice & U. S. Patent & Trademark Office：Policy Statement on Remedies for Standards-essential Patents Subject to Voluntary FRAND Commitments [EB/OL]. (2022-08-05). http：//www.justice.gov/atr/public/guidelines/290994. Pdf.

❷ 参见我国《反垄断法》第 1 条之规定。

是在加强对社会整体利益保障的过程中不断兼顾相应的个体利益需求，随时协调由此而产生的冲突。❶ 对于经济法的要求也同样适用于被视为经济法核心部分的反垄断法；反垄断法固然要特别强调对社会公共利益的保护，但绝不意味着可以漠视，甚至牺牲个体利益。在追求和增进公共利益的前提下，反垄断法也应当注意保护个体利益的合理需求；在对垄断行为进行规制时，除了满足公共利益的需求，还要看采取何种措施能够同时促进当事人个体利益的实现，尤其是能够使双方当事人的利益都能获得一定满足的措施。但是，个人利益具有多样性和复杂性，而公共利益是由从个人利益中抽离出的共同部分组成，并不能满足每个个体的所有利益需求。❷ 也就是说，有的时候，公共利益的增进无法同时带来当事人个体利益增长需求的满足，在这种情况下，基于利益兼顾的考虑，反垄断法的规制措施至少不应当损害当事人个体的正当利益需求。换言之，反垄断法不能将公共利益的促进建立在损害当事人个体的正当利益需求之上。

由于个案的多样性和复杂性，在保护公共利益时对于个体利益的兼顾也会存在较大的差异性。就反垄断法对于标准必要专利滥用行为的规制而言，基本的理念在于，公共利益应当优先于专利许可合同当事人的个体利益获得保护或者促进，但不能因此而损害专利权人基于专利法所应当享有的正当利益，也不应使得被许可人的境况变得比其获得专利许可之前更糟；如果存在公共利益和当事人个体利益不能同步增长的问题，优先保护相关的公共利益是基本态度，但也要兼顾标准专利许可协议当事人的个体利益，特别是专利权人的合法得利，如在许可费、技术权益、市场影响力等方面的合理需求。理想的状况是，在促进公共利益的同时，能够使标准必要专利权人的利益较之在其专利纳入标准之前有所改善，同时被许可人也能因为标准必要专利的实施而获得较多的利益。

事实上，对于当事人个体利益需求的兼顾，本身也是实现标准必要专利

---

❶ 冯果．求经世之道 思济民之法——经济法之社会整体利益观诠释 [J]．法学评论，2004 (4)．

❷ 李丹．反垄断法规制知识产权滥用的理论拓补 [J]．理论月刊，2015 (11)．

相关的公共利益的重要手段和必要路径。比如，如果被控滥用的行为与专利许可费关联，反垄断法既要做到避免权利人滥用专利权以牟求过高的许可费，或者大规模影响标准的实施，而最终损害公共利益；更要避免侵权人拖延许可谈判，专利权人难以得到有效补偿，最终损害创新的积极性和持续性投入。❶ 也就是说，反垄断法对于这类标准必要专利滥用行为的规制，如果不能兼顾专利权人个体对于许可费的正当需求，就很可能影响整体技术的进步等公共利益的实现。因此，反垄断法对于被控谋取高额许可费的滥用行为的规制，在优先保护标准的正常实施所关联的各种公共利益的同时，应当保证标准必要专利权人获得正常专利许可费的利益需求不会受到损害，使专利权人获得比其专利纳入标准前水平更高一些的专利许可费，也是可以考虑的，只要高的程度不是属于离谱或者不合理的状况。再如，禁令滥用是反垄断法经常面对的一种涉嫌滥用标准必要专利的行为，反垄断法在规制此种行为时，既要将防范禁令的适用对于相关公共利益可能造成的较大损害作为优先目标，又要兼顾专利权人通过禁令救济维护其专利权及相关经济利益的正当需求。考虑到标准必要专利权的特殊价值，为使其专利进入标准及获取由此产生的巨大经济利益，专利权人对于按照 FRAND 要求许可第三方实施专利的义务不会拒绝，但这并不意味着他们会甘愿放弃针对专利侵权行为申请禁令救济的权利。❷ 拒绝专利权人针对侵权行为申请禁令救济，将其请求权限制于损害赔偿救济，事实上就是强制他们只能借助烦琐冗长且不确定的法律程序，专利权人最终很可能因此无法获得应有的救济。❸ "无救济即无权利"，因对于公共利益的关注而否认专利权人依法可以采取的救济行动，等于否定专利权人

---

❶ 周奇. 标准专利的限制与平衡——从国内创新保护的角度［J］. 电子知识产权，2013（12）.

❷ 尹雪萍. 标准必要专利禁令之诉的竞争法边界——以欧盟 2015 年华为诉中兴案为视角［J］. 东岳论丛，2016，37（4）.

❸ 王斌. 关于标准必要专利禁令救济的思考［J］. 电子知识产权，2014（11）.

的权利本身，这种不适当兼顾个体利益的做法在实践中大多被摒弃。❶

知识产权权利拥有者与社会公众在利益上的平衡，是一个动态过程，它不是机械而绝对不变的；这种平衡，要努力与一个国家的现实情况、生产力发展水平和科学技术进步状况相适应。❷ 也就是说，在反垄断法规制标准必要专利滥用行为时如何做到在优先保护公共利益的同时兼顾个体利益的保护，需要考虑各种具体的情况，包括特定的时代背景、经济技术发展水平、涉案技术特征、滥用行为性质、相关利益性质等多方面的情况。不管具体的情况如何特殊，反垄断案件处理机构优先保护相关公共利益的方向不能改变，只是在兼顾个体利益保护的内容和方式上要灵活处置，主要是根据具体情况解决是要兼顾所有当事人的个体利益还是只能照顾一方当事人的个体利益，是要兼顾当事人所有的个体利益还是仅仅要兼顾当事人某些方面甚至某一方面的个体利益，是要兼顾当事人正常的利益需求还是要兼顾当事人在标准条件下利益增长的需求，是要借助通常的方式实现当事人的个体利益还是要采取一些特殊的方式变相解决当事人个体利益的实现问题。

二、不同公共利益冲突的差异化处理

（一）以自由竞争为核心的公共利益冲突之协调

标准必要专利许可往往涉及多种公共利益，反垄断案件处理机构在处理标准必要专利滥用案件时也会考虑到多方面的公共利益。比如，在美国，在许多涉及禁令救济滥用的案件中，法庭一般要考虑永久禁令的采取不至于导致公共利益的损害，法院对公共利益的考量通常着眼于以下因素：公共健康

---

❶ 比如，在欧洲，根据《欧洲联盟基本权利宪章》第17（2）条和第47（1）条，权利人的知识产权受到侵害时，其有权向法院寻求有效的法律救济；在美国，美国联邦巡回法院在1983年的 Smith Int'l, Inc. v. Hughes Tool Co. 案中就曾指出："如果没有禁令之力，赋予专利的独占性效力将会消灭，美国国会和立法所追求的促进有用技术发展的目标也将会受到严重损害。"[董美根. 美国专利永久禁令适用之例外对我国强制许可的启示——兼论《专利法》（第三次）修订[J]. 电子知识产权，2009（1）.] 美国联邦巡回法院的解释实际上也在表明，对于个体利益的兼顾不单单是保护个体利益本身，最终也是促进某一方面公共利益。

❷ 李顺德. 知识产权保护与防止滥用[J]. 知识产权，2012（9）.

和福利受到了什么样的影响，经济发展的公平竞争环境是否受到了损害，对类似或具有直接竞争关系的产品产量会产生多大影响，以及美国广大消费者利益可能受到的损害。❶ 如果说对于公共利益与私人利益的冲突进行协调的基本思路容易厘清的话，对于不同公共利益之间的冲突如何进行平衡协调则是一个较大的难题，因为不同公共利益的轻重比较过于复杂。不同公共利益之间的冲突可以划分为两种类型：一是包含有自由竞争的利益冲突，也就说自由竞争是相互冲突的多种公共利益中的一种；二是不包含自由竞争的利益冲突，也就是说自由竞争与其他公共利益之间没有发生冲突，冲突仅是发生在其他公共利益之间。

在标准必要专利许可中自由竞争与其他公共利益之间的冲突在很多情况下是个不争的事实，如何解决这种冲突也是各国司法机关或者反垄断行政执法机关面临的重要任务，解决方案或者思路也多有差异。在我国，诸多关于标准必要专利案件的裁判文书或者处罚决定书将大量的文字放在行为对于竞争影响的阐述上，而至于行为对于其他公共利益的影响，除了消费者利益外，提及的很少，这足以看出我国法院和反垄断行政执法机关利益平衡之重心所在。究竟是以促进竞争为重点还是侧重保护消费者权益，是多年来欧共体竞争法价值协调的争议焦点，❷ 也就是说，在利益平衡方面，欧盟至少面临自由竞争和消费者利益这两种重要公共利益冲突的解决问题。除此之外，目标在于促进特定产业发展的产业政策与竞争政策也不可避免地存在冲突，解决两者的矛盾也是欧盟反垄断案件处理机构所面临的任务；❸ 反垄断案件处理机构需要对这些政策所促进的利益进行协调，在解决哪一个政策应当被优先适用的问题时，较为合理的根据应当是经济发展的具体情况。❹ 同样，在美国经济

---

❶ 翟业虎. 论标准必要专利的滥用及其法律规制 [J]. 东南大学学报（哲学社会科学版），2017, 19（4）.

❷ 游钰. 欧共体宽恕政策的最新发展及其启示——兼论我国的反垄断宽恕政策 [J]. 经济法论丛，2008（2）：69-80.

❸ 王晓晔. 反垄断法 [M]. 北京：法律出版社，2011：44-45.

❹ EuGH Rs. 10/56, Urt. v. 13. 6. 1958, Slg. 1958, 51, 80f.

第四章　反垄断法在规制标准必要专利滥用时利益平衡的基本思路

发展中，竞争和消费者权益不是口头上的事，而是美国行政执法机关优先考量的，❶ 美国国际贸易委员会凡处理涉及标准必要专利的案件，就必须认真考虑社会公共利益，发布的禁令不得扭曲竞争，不得损害消费者利益；❷ 只不过在自由竞争与消费者利益发生冲突时哪一种利益更应当得到优先考虑，在很多案件的处理过程中并没有明确的答案，甚至很多执法者并未认真思考过这样一种冲突的存在及其应对思路。

对于自由竞争与其他公共利益之间的关系，特别是孰轻孰重的问题，学者们的认识也有不少差异。有些学者并未将自由竞争置于其他公共利益之上，也就是说，他们并没有将自由竞争作为一种优先的公共利益，甚至更为强调其他一些公共利益。徐士英教授指出，从世界范围考察，大多数国家将它们竞争政策的终极目标定位于消费者利益与经济效率，而其中的消费者福利更是被看作最终目标的真正落脚点，原因在于消费者福利最大化目标的追求具有更强的可操作性。❸ 当然，更多的学者或者执法者在论及标准必要专利的反垄断规制时，强调较多的还是自由竞争，有时甚至仅仅提及自由竞争这一种公共利益。著名反垄断法专家王晓晔教授认为，标准必要专利之所以要受到反垄断规制，除了其所具有的很强的社会公共性外，还在于标准必要专利权人滥用其权利的风险，包括借助标准所造就的市场支配地位索取不合理的许可费以及不正当地行使禁令请求权。❹ 国家发改委的徐新宇认为，在我国反垄断法律框架下评价标准必要专利许可的合法性，必须结合市场竞争的现实情况。❺

---

❶ 徐宝寿. 关于 NPE 运用标准专利垄断的欧美政策研究 [C] //中国知识产权法学研究会 2015 年年会论文集. 2015：159.

❷ Jay Jurata, T. Vann Pearce Jr., Matthew Poppe et al. White House Reins in ITC on Standard- Essential Patents [EB/OL]. (2022-08-05). http：//www.jdsupra.com/legalnews/white-house-reins-in-itc-on-standard-ess-06171/.

❸ 徐士英. 竞争政策与反垄断法实施 [J]. 华东政法大学学报，2011 (2).

❹ 王晓晔，丁亚琦. 标准必要专利卷入反垄断案件的原因 [J]. 法学杂志，2017 (6).

❺ 徐新宇. 标准必要专利许可行为的反垄断规制思考 [J]. 中国价格监管与反垄断，2017 (3).

从法律的属性及其运行现状看，不同的法律在对不同公共利益之间的冲突进行协调时侧重点并不相同。反垄断法对于垄断行为的规制主要是为了维护公平竞争秩序，特别是对于自由竞争环境的保障。即使对于其他公共利益不得不关注，但不能以牺牲竞争机制为代价；比如，我国当前不可能没有产业政策，但是产业政策不应当成为与竞争政策相对立的一种政策，我国产业政策的制定与实施不能严重扭曲、损害竞争，更不能排除竞争。❶ 因此，反垄断法在规制标准必要专利滥用行为时如果面临自由竞争与其他相关公共利益的冲突，应当以自由竞争的维护为核心，适当兼顾其他公共利益的保护，特别是在一般情况下应当以自由竞争受到影响的情况作为直接依据，去认定专利权人是否实施了标准必要专利滥用行为。如果标准必要专利的运用对于其他公共利益虽然具有一定的促进作用，但明显损害了竞争，则应当受到反垄断法禁止；如果标准必要专利的运用对于自由竞争和其他公共利益都具有促进作用，则不应当受到反垄断法禁止；如果标准必要专利的运用能够促进其他公共利益，但同时会对自由竞争造成一定的消极影响，则既要看此种消极影响是否达到不能容忍的程度，还要看其所促进的其他公共利益的具体性质与增进程度，灵活运用一些处理办法。这种公共利益平衡协调的思路主要是基于以下两个方面的理由。

第一，反垄断法的特殊属性决定了其核心使命是维护自由竞争。经济法之所以能够产生，是因为传统民法在公共利益保护上存在明显缺陷，这就决定了经济法各个部分虽然存在较大差异，但都以保障和促进社会公共利益为其目标；而且，为了形成合力，就社会公共利益的保护来说，经济法的每个部分都有其侧重点。反垄断法是经济法的重要组成部分，甚至被看成经济法的核心部分，与经济法的其他部分共同担负保护和促进公共利益的使命，但基于反垄断法的产生背景及其制度设计，其保护公共利益的侧重点在于竞争秩序，应当以维护自由竞争为其根本使命。竞争虽然是其他法律价值得以实现的重要路径，但它自身也是一种独立的法律价值；同时，竞争在很多情况下还是其他法律价值所服务的一个目的。作为竞争法核心内容的反垄断法，

---

❶ 王晓晔．反垄断法［M］．北京：法律出版社，2011：47.

必然以竞争为核心，这是其本质属性所决定的；因此，是否损害竞争应当是反垄断法认定违法与否的最终标准。❶ 推动创新与增进消费者福利是知识产权法和反垄断法的共同目标所在，除此之外，促进有效竞争也是它们的共同使命所在。对于反垄断法来说，禁止非法限制竞争行为，以此来保护和促进自由公平竞争，更是其基本使命。❷ 正是基于这种考虑，欧盟虽然也强调通过产业政策促进特定产业的发展，要求欧盟组织及其成员国应当确保产业政策竞争力所必要的前提条件，但要求这些条件必须开放和竞争的市场经济制度相一致，对于产业竞争力的重视不得成为欧盟实施任何可能扭曲竞争的措施的基础。❸

第二，自由竞争的维护有助于其他公共利益的实现。理论研究成果和法律实践情况均表明，竞争是其他很多法律价值得以实现的重要手段。例如，相关的经济分析揭示出，垄断严重损害了效率，而竞争的作用则相反，这就使得反垄断与经济效率的提高之间形成有机联系；相关的经济分析还表明，垄断会使消费者失去很多福利，而自由竞争则能够通过经营者之间的相互对抗让消费者获利，这无疑使反垄断与消费者利益之间建立了很强的联系。❹ 可以认为，自由竞争与经济效率都是反垄断法重点追求的价值，但两者并非并列关系，竞争虽然有其明显的独立价值，但它实际上又有提高经济效率的工具性价值。❺ 竞争对于反垄断法的重要性自不待言，但它并不能承载反垄断法的全部政策目标，它在本质上是反垄断法借以实现其他政策目标的方法和手段。❻ 也就是说，反垄断法可能将多种公共利益的增进作为其政策目标，而自由竞争对于这些公共利益的实现具有重要的作用，是保护和促进这些公共利益的重要手段。正因如此，维护好自由竞争，就能够在一定程度上促进部分

---

❶ 兰磊．反垄断法上消费者利益的误用批判（上）[J]．竞争政策研究，2016（5）．
❷ 冯晓青．论知识产权法与竞争法在促进有效竞争方面的平衡与协调[J]．河北法学，2008（7）．
❸ 王晓晔．反垄断法[M]．北京：法律出版社，2011：45．
❹ 兰磊．反垄断法上消费者利益的误用批判（上）[J]．竞争政策研究，2016（5）．
❺ 曾翔，曲衍东．论我国《反垄断法》的价值取向[J]．价格理论与实践，2015（12）．
❻ 刘宁元．反垄断法政策目标的多元化[J]．法学，2009（10）．

或者全部其他公共利益的实现。

当然，以自由竞争为公共利益的核心和滥用判断的直接依据，并非完全不顾其他公共利益的保护。特别是当在一些特定的背景下或者特定的时期某一种其他公共利益的保护显得尤为重要时，比如国家急需通过标准必要专利拥有者加大技术创新的力度以加速某一重要产业的建立或者振兴，我们就不能仅仅从自由竞争的角度去考虑问题，甚至在有些时候不能将自由竞争所受到的影响作为反垄断法判定和处理标准专利滥用行为的主要依据。尽管我们要对知识产权及其运用进行充分保护，尊重和保护消费者利益以及通用产业发展同样重要，还必须构建一种机制，平衡竞争秩序与其他相关利益。❶ 同时考虑标准必要专利的运用在竞争秩序和其他社会公共利益等多方面产生的影响，也是以美国为代表的一些发达国家的政策导向。❷ 在国家或者社会面临重大的特殊需要时，人们对于某些公共利益的关注可能会普遍超过自由竞争，如加强对一些重要的技术先进企业的扶持以便增强我国技术的国际竞争力和影响力，这时反垄断法再强调对自由竞争的维护而漠视对于相关公共利益的促进就会显得不合时宜。

（二）整体效果最大化导向下的平行公共利益冲突之协调

除自由竞争外，在反垄断法规制标准必要专利滥用过程中所涉及的其他公共利益，一般不存在轻重之分，可以看作平行的公共利益。在运用反垄断法来对垄断行为进行约束时，要承认反垄断法价值目标的多元化，并且需要在多重价值目标中进行正确选择。❸ 对于平行公共利益之间的冲突如何进行平衡协调或者取舍是反垄断法规制标准必要专利滥用时面临的更大难题。利益

---

❶ 比如，美国奥巴马政府的贸易代表在其向美国国际贸易委员会发布的禁令否决书中便指出，只要处理涉及标准必要专利的案件就应当考虑社会公共利益，作出的决定不得排除、限制竞争，不得破坏社会公共利益。Maria Fabiana Jorge. The need to create a balanced system: How to discourage abuse by IP holders and patent infringement [J]. Journal of Generic Medicines, 2009（6）：181-183.

❷ T. Vann Pearce, Jr., et al. White House Reins in ITC on Standard-Essential Patents [EB/OL].[2022-08-05]. http://www.jdsupra.com/legalnews/white-house-reins-in-itc-on-standard-ess-06171/?.

❸ 王翀. 论反垄断法的价值目标冲突及协调 [J]. 政法论丛, 2015（3）.

第四章 反垄断法在规制标准必要专利滥用时利益平衡的基本思路

协调的原则有很多,如效率与公平统一原则、有序推进与统筹兼顾原则、利益共享原则等,❶ 结合技术标准的特点和标准必要专利许可的特殊场景,反垄断法在协调平衡多种平行公共利益之间的冲突时应当遵循一个基本的思路,即追求整体效果的最大化和对一些特殊因素的考虑相结合。

首先,追求整体效果的最大化。既然多种公共利益无法分出轻重,那就看采取何种规制态度或者措施能够使更多的公共利益得到保护或者促进。如果说有两种规制选项,涉及三种公共利益,其中一种规制选项能够促进两种公共利益,而另一种规制选项能够促进三种公共利益,那么单从公共利益种类的数量上看,后一种规制选项更应当受到青睐。当然,公共利益种类的数量并非判断规制行为整体效果的唯一标准,还应当考虑各种相关公共利益的涉及面、影响力等多方面的因素,具有"质优""量广"特性的公益应当为法律所尊重和支持,❷ 两个涉及面较小的公共利益未必在整体效果上超过一个涉及面广泛又影响深远的公共利益。总之,标准必要专利往往关联到多种平行社会公共利益,如果这些平行公共利益之间存在冲突,反垄断案件处理机构需要从整体效应最大化的角度考虑相关规制措施的运用,甚至有时不得不放弃促进某种公共利益的努力。反垄断案件处理所要进行的判断是:从整体上看,怎样进行规制才能使其对于社会公共利益的促进较可能存在的抑制或者损害要更大?这种整体效应的判定不能一概而论,而要视情况处理,正如德国学者拉伦茨所说,一旦利益冲突发生,司法裁判应当进行权利或者法益的重要性比较或者"衡量",而这种衡量需要考察相关的具体情况。❸ 另外,由于不同的公共利益的实现需要借助相应的政策工具,反垄断执法在很大程度上是各种政策比较、协调、平衡和选择的过程,执法机构需要对于经营者的行为所涉及的各种政策要求进行分析,考虑其裁判或者决定对于这些政策实施的影响。❹ 对于标准必要专利滥用行为的规制,就是尽可能地满足更多的

---

❶ 陈跃. 利益动力论 [D]. 北京:中共中央党校,2015.
❷ 刘继峰. 反垄断法益分析方法的建构及其运用 [J]. 中国法学,2013(6).
❸ [德] 拉伦茨. 法学方法论 [M]. 陈爱娥,译. 台北:台湾五南图书出版公司,1996:313.
❹ 李耀锋. 公共利益:公共政策伦理的核心价值诉求 [J]. 人文杂志,2016(3).

政策需求，使国家多方面政策实施的效果在整体上达到较为理想的状态。

其次，对一些特殊因素的考量。在反垄断法协调标准必要专利许可涉及多个平行公共利益的冲突时，需要对国家在特定时期经济社会发展优先考虑的重要目标加以适当考虑，也要关注国家在特定时期所急需解决的一些突出矛盾。比如，当国家面临重大的疾病传染风险而急需广泛运用某一标准必要专利技术时，在考虑是否对标准必要专利适用禁令救济时，如果禁止侵权人继续使用诉争专利技术将对公共安全、公众健康或者其他相关重大公共利益明显不利时，法院就应当拒绝禁令的颁发。❶ 也就是说，如果此时公众健康保障与其他公共利益发生冲突，反垄断法对于标准必要专利禁令救济滥用问题的处理，更应当考虑规制措施是否对于公众健康的保障有利，而不是计较在短暂时间内公共利益保护的整体效应。再如，一个国家的主导产业往往能够发挥前向和后向两种带动效应，借此促进其他产业的发展，并因此达到实现整个国民经济增长的目标，主导产业的发展也就因此需要得到多方面的关注；战略性新兴产生的发展对于发展中国家而言特别重要，但这类产业的发展往往需要政府通过制度安排和政策引导，甚至是直接经营等方式给予必要的保护或扶持。政府需要采取必要的产业保护措施，这既是维护经济安全的需要，对于促进本国重要产业部门和产业体系的发展，有效维护本国或地区经济的竞争能力、发展能力和抗风险能力也具有重要意义。❷ 因此，对于那些对整个国家经济发展具有重大意义的战略性主导产业，应当尽可能使其免受反垄断规制措施的负面影响，在同阶位公共利益受到正反两种影响相当时，反垄断案件处理机构对于规制措施的选择应当倾向于对这些战略性主导产业发展的促进。在比较各种平行公共利益受到反垄断规制措施的影响时，还应当考虑到市场力量对于反垄断规制所产生的消极影响所具有的自我消化功能。比如，限制高额许可费的措施一般而言能够促进产品市场竞争，增加相关产品用户的福利，同时，这种限制很可能对特定产业技术的进步产生一些负面影响，

---

❶ 林秀芹，刘禹．标准必要专利的反垄断法规制——兼与欧美实践经验对话［J］．知识产权，2015（12）．

❷ 俞晓晶．产业发展的中国经验：政府-产业-国民经济的发展范式研究［J］．社会科学，2012（12）．

因为往往会抑制专利权人的创新热情;但是,在市场机制作用下,技术标准对专利技术的运用所能产生的规模效益,又会刺激其他同行业经营者为了成为标准必要专利的拥有者而加大创新的力度,这实际上又间接地推动了相关行业的技术进步。也就是说,由于市场本身的消化功能,对于高额许可费的限制在事实上对产业技术的进步也就没有想象中那么大的消极影响了。

第二节 反垄断法一般规则的运用

一、市场支配地位滥用规制的反垄断法规则

(一) 适用反垄断法一般规则的理由

由于专利权滥用仍是权利滥用之一种,因此,有关认定权利滥用的一般方法对专利权滥用的认定仍有指导意义。[1] 标准必要专利权的滥用虽然具有多种特殊性,但该行为在本质上是经营者滥用市场支配地位的行为,应当适用反垄断法关于滥用市场支配地位行为的一般规则进行处理,对于标准必要专利许可涉及的诸多利益的协调也应当融合在反垄断法一般规则的适用中。标准必要专利及相关滥用行为的特殊性并不能成为其游离于反垄断法一般规则之外的理由,而是要在适用反垄断法一般规则的前提下作一些特殊的考量。

从欧美和我国的反垄断法实践情况看,无论是行政执法机关,还是法院,它们对于标准必要专利滥用案件的处理,都是适用反垄断法的一般规定进行的,即通过对一般规则的解释或者阐述形成对于标准必要专利滥用行为的处理依据。如在美国,在"Apple, Inc., Plaintiff, v. Motorola Mobility, Inc., Defendant"一案中,对于摩托罗拉公司拒绝许可标准必要专利权的行为,原告苹果公司依据《谢尔曼法》第 2 条提出了滥用行为的指控,而法官也是依据该条规定作出了裁判。[2] 在"Broadcom Corp. v. Qualcomm Inc."一案中,原

---

[1] 吴太轩. 技术标准化中的专利权滥用及其反垄断法规制 [J]. 法学论坛, 2013, 28 (1).

[2] Apple, Inc., Plaintiff, v. Motorola Mobility, Inc., Defendant. 2011 WL 7324582, No. 11-cv-178-bbc.

告依据《谢尔曼法》和《克莱顿法》等反垄断法起诉被告滥用标准必要专利,法院也是依据这些反垄断法的一般规则进行分析和处理。❶ 在德国,2004 年联邦最高法院对于涉及德国化工行业的一个事实标准的 Spundfass 一案所做的判决,其依据主要是《德国反限制竞争法》第 20 条。❷ 2005 年,爱立信(Ericsson)、博通(Broadcom)、日本电气(NEC Corporation)、诺基亚(Nokia)、松下移动通信(Panasonic Mobile Communications)和德州仪器(Texas Instruments)等公司就高通(Qualcomm)公司对 WCDMA 标准的专利收费提出反垄断指控,❸ 针对原告的诉求,法院以欧盟竞争法的规定作为案件审理的基本依据。❹ 在我国,无论是法院还是反垄断行政执法机关,都是适用反垄断法的一般规则处理标准必要专利滥用案件。在华为诉 IDC 滥用市场支配地位一案中,❺ 法院在认定被告的行为是否构成滥用市场支配地位的行为(包括是否属于过高定价和是否构成搭售)时,其直接依据就是我国《反垄断法》(2008 年)第 17 条第 1 款关于禁止滥用市场支配地位的行为的规定。在国家发改委查处的高通公司垄断案中,❻ 直接根据《反垄断法》(2008 年)第 18 条和第 19 条的规定认定高通公司具有市场支配地位,根据《反垄断法》(2008 年)第 17 条第 1 款认定高通公司具有收取高额许可费、搭售、附加不合理条件等滥用市场支配地位的行为,并依据《反垄断法》(2008 年)第 47 条和第 49 条作出处罚决定。

考虑到标准必要专利滥用与其他一些知识产权垄断行为所具有的特殊性,

---

❶ Broadcom Corp. v. Qualcomm Inc. Cite as 501 F. 3d 297(3rd Cir. 2007),No. 06 - 4292. United States Court of Appeals,Third Circuit.

❷ 王晓晔. 与技术标准相关的知识产权强制许可[J]. 当代法学,2008(5).

❸ Broadcom Corp. v. Qualcomm Inc,501 F. 3d 297,310(3d Cir. 2007).

❹ 该案的几个原告根据欧盟竞争法(《欧盟运行条约》第 102 条,即《罗马条约》第 86 条)指控高通公司违背 FRAND 原则许可专利,对 WCDMA 标准中的专利收取了高昂的专利费,试图将移动电话芯片领域的竞争厂商逐出市场,损害了全球移动通信行业的整体利益,妨碍了技术创新。参见:张永忠、王绎凌. 标准必要专利诉讼的国际比较:诉讼类型与裁判经验[J]. 知识产权,2015(3).

❺ 广东省高级人民法院(2013)粤高法民三终字第 306 号民事判决书。

❻ 《中华人民共和国国家发展和改革委员会行政处罚决定书》(发改办价监处罚〔2015〕1 号)。

以美国司法部和联邦贸易委员会为代表的一些国家的反垄断案件处理机构就反垄断法在知识产权领域的实施制定了指导性文件,但这些指导性文件并非要否定反垄断法一般规则对知识产权滥用行为的适用。美国司法部和联邦贸易委员会联合制定了《知识产权许可的反托斯指南》,但指南的形成仍然是建立在反垄断法一般规则的基础上的;根据美国《知识产权许可的反托拉斯指南》的第1条原则,在确认是否违反反垄断法时,反垄断机关将专利权与其他财产同样对待。❶ 我国国务院反垄断委员会制定的《关于知识产权领域的反垄断指南》对于知识产权滥用行为所规定的分析规则也表明了基本相同的态度。❷

(二) 反垄断法关于市场支配地位滥用的主要规则

对于标准必要专利滥用行为需要适用反垄断法关于滥用市场支配地位行为的一般规则进行处理,并在适用这些规则过程中对于相关的利益冲突进行平衡协调。那么,反垄断法规制市场支配地位滥用行为的规则有哪些呢?从国内外反垄断立法及实践情况看,与标准必要专利滥用相关的反垄断法一般规则包括实体规则和程序规则两个方面。

就实体规则而言,一般有两个方面的内容:其一,标准必要专利滥用行为的认定。这涉及相关市场的界定(相关市场的类型及每类市场的范围)、标准必要专利权人在相关市场上地位的判定(判定其是否具有市场支配地位)和标准必要专利权人是否存在具体的滥用行为的判定三个方面。其二,标准必要专利权人的法律责任。这方面的规则主要是解决滥用市场支配地位的标准必要专利权人应当承担的法律责任(主要是行政责任和民事责任等)及其具体内容,也包括责任豁免事项。这两个方面实体规则的适用是有先后顺序的,只有根据第一个方面的规则确定了滥用行为,才能适用第二个方面的规则采取相应的法律措施;如果基于第一个方面的规则不能认定滥用行为的成立,也就不必要适用第二个方面的规则。从深圳市中级人民法院处

---

❶ 张炳生,蒋敏.技术标准中专利权垄断行为的理论分析及其法律规制[J].法律科学,2012,30(5).

❷ 参见国务院反垄断委员会办公室在2019年1月4日印发的《关于知识产权领域的反垄断指南》第2条。

理华为公司诉美国 IDC 公司垄断纠纷案的情况看，法官正是适用了这两个方面的实体规则进行分析。运用第一个方面的规则分析了"关于本案相关市场范围的界定问题""关于被告方在相关市场中是否具有市场支配地位的问题"和"关于原告指控被告方滥用市场支配地位实施垄断民事侵权行为是否成立的问题"三个关于市场支配地位滥用行为认定的问题；运用第二个方面的规则分析了"被告方如何承担垄断民事侵权的法律责任"。❶

就程序规则而言，主要是反垄断法关于滥用市场支配地位行为及相关纠纷的处理机构及其组织形式、参与主体、纠纷解决过程（如案件的受理、调查、审理等程序）、证据规则等一般的程序规则，以及豁免适用、承诺与和解机制、民事诉讼与行政执法的协调等特殊的程序规则。王晓晔教授认为，标准必要专利权人应当认识到，不当行使专利权的行为会遭致反垄断执法机关的查处或者反垄断私人诉讼，即行使专利权得考虑反垄断法。❷ 这表明滥用标准必要专利的行为可能通过行政执法和民事诉讼两个途径处理，相关的反垄断程序规则实际上也就分为行政执法程序规则和诉讼程序规则两个方面。

二、运用反垄断法一般规则进行利益平衡的思路

（一）对于实体规则利益平衡价值的高度重视

反垄断法的实体规则在协调平衡标准必要专利许可涉及的利益冲突时具有重要的价值，这些规则既为利益冲突的协调提供了必要的依据，也为利益冲突的协调提供了相应的空间，反垄断案件处理机构在标准必要专利滥用规制过程中应当充分发挥实体规则在利益平衡中的重要作用。

实体规则是一般关于当事人权利义务的规范，或者说为当事人的权利义务设定了相应的标准，而权利义务往往直接与一定的利益相关联，因此，反垄断法的实体规则实际上界定了一定的利益关系，也为反垄断执法机关在进行利益平衡时确定了一定的边界。当然，这种边界在很多情况下是比较模糊

---

❶ 叶若思，祝建军，陈文全. 标准必要专利权人滥用市场支配地位构成垄断的认定——评华为公司诉美国 IDC 公司垄断纠纷案 [J]. 电子知识产权，2013 (3).

❷ 王晓晔. 标准必要专利反垄断诉讼问题研究 [J]. 中国法学，2015 (6).

的。正因如此，反垄断执法机关在处理标准必要专利滥用案件时，虽然其在利益平衡方面可以进行不同的选择，有些选择可能差异很大，但这些选择必须在反垄断法的实体规则中找到依据，或者说是依据某一反垄断法实体规则进行的解释和取舍。比如，在对加强保护专利权人的利益和促进自由竞争两种利益冲突进行协调时，通常涉及相关市场的界定。[1] 对于市场范围的界定，虽然可能有多种结论，但必须遵循反垄断法及相关规范的基本要求。就像华为诉IDC垄断案那样，法院最终将相关市场的范围界定得比较小，但其仍然是按照我国反垄断法关于相关市场的实体规定进行判断的。根据国务院反垄断委员会《关于相关市场界定的指南》的规定，相关市场是指经营者之间在一定时期内针对特定的商品或者服务开展竞争的商品范围和地域范围，因此，对于相关市场的界定一般需要考察存在竞争关系的商品的范围以及这种竞争所涉及的地域范围。[2] 法院正是从商品范围和地域范围两个方面确定了该案所涉及的相关市场。

实体规则通常具有较强的抽象性，可以根据具体情况灵活运用，便于反垄断执法机关在规制标准必要专利滥用行为时进行利益平衡。关于市场支配地位滥用行为的处理首先就涉及有关相关市场界定的实体规则，我国《反垄断法》第15条便是这样一种重要的实体规则，该条的内容为"本法所称相关市场，是指经营者在一定时期内就特定商品或者服务（以下统称商品）进行竞争的商品范围和地域范围"。《反垄断法》的这一规定显然过于抽象，为此，国务院反垄断委员会颁布了《关于相关市场界定的指南》，从含义、基本依据及重要的考量因素等多方面对相关市场作了专门规定。但这些专门规定还是具有很大的弹性，如关于相关市场界定的基本依据该指南规定了需求替代和供给替代两个方面，并对两种替代进行了阐述，而这些阐述性文字仍然体现

---

[1] 一般而言，相关市场的范围界定得越大，越有利于对专利权人利益的保护，相关市场的范围界定得越小，越有利于自由竞争这种公共利益的保护，选择一个适中的范围，就更能兼顾两种利益需求。

[2] 朱文慧. 标准必要专利权人滥用市场支配地位的判断——兼评华为诉美国交互数字公司上诉案 [J]. 电子知识产权, 2014（9）.

出较大的不确定性，❶ 反垄断案件处理机构在适用时具有较大的解释空间，这种解释空间恰好可以服务于利益平衡的需要。在华为诉 IDC 一案中，深圳市中级人民法院的法官正是通过对这种不确定性规则的运用，将每一个 3G 无线通信领域内的必要专利许可市场解释为一个单独的相关技术市场。❷ 关于市场支配地位滥用行为的处理涉及的第二个主要的实体规则是反垄断法关于市场支配地位的规定。以我国《反垄断法》为例，该法第 22 条第 3 款将市场支配地位规定为"经营者在相关市场内具有能够控制商品价格、数量或者其他交易条件，或者能够阻碍、影响其他经营者进入相关市场能力的市场地位"。但这一定义显然是模糊的，为此，《反垄断法》第 23 条和第 24 条又分别规定了认定市场支配地位应当重点关注的因素以及能够对市场支配地位作出推定的情形。除推定情形较为明确外，其规定的所要考虑的每一个因素仍然具有较大的伸缩性，反垄断案件处理机构完全可以根据利益平衡的需要或者特定的政策目标对于《反垄断法》所规定的考量因素进行有选择的解释。关于市场支配地位滥用行为的处理涉及的第三个主要的实体规则是反垄断法关于具体滥用行为的规定。虽然我国《反垄断法》对于滥用行为进行了列举，所列举的行为包括六种具体行为和一种开放性行为，❸ 但从文字上看，其所规定的具体行为仍然具有较大的解释空间，特别是其中的"正当理由"，可以对很多公共利益的保护提供依据，为反垄断案件处理机构协调自由竞争与其他公共利益之间的冲突提供了较好的路径。市场支配地位滥用规制涉及的第四个主要的实体规则是责任追究规则，即反垄断法对于实施此种行为的经营者所设定的法律责任。对于民事责任，境内外的反垄断法一般不作直接规定，而是根据相关民事法律的规定处理；对于行政责任，反垄断法通常会规定一个处罚

---

❶ 比如，该指南将"需求替代"阐述为"需求替代是根据需求者对商品功能用途的需求、质量的认可、价格的接受以及获取的难易程度等因素，从需求者的角度确定不同商品之间的替代程度。原则上，从需求者角度来看，商品之间的替代程度越高，竞争关系就越强，就越可能属于同一相关市场"。但是，"获取的难易程度"又如何衡量呢？何为"替代程度"高呢？

❷ 祝建军. 标准必要专利权人滥用市场支配地位构成垄断［J］. 人民司法，2014（4）.

❸ 参见我国《反垄断法》第 22 条之规定。

的幅度，具体的处罚力度及处罚的措施由反垄断案件处理机构行使自由裁量权确定，而且自由裁量的空间比较大。比如，我国《反垄断法》第57条对于滥用市场支配地位的行为规定了"上一年度销售额百分之一以上百分之十以下的罚款"，10%的年度销售额对于具有市场支配地位的经营者来说可能是一个巨大的数字，在1%~10%之间自由选择的空间也是巨大的，而这一选择空间在协调专利权人私人利益与公共利益冲突之间能够发挥很大的作用。

（二）对于程序规则利益平衡作用的有效运用

程序规则在利益平衡方面的作用容易被人忽视，而事实上这种作用有时显得很重要，反垄断案件处理机构应当予以重视并加以有效运用。

首先，有效运用反垄断法程序规则防范执法机构在标准必要专利滥用行为的规制过程中偏离其利益平衡的使命。程序规则是对于反垄断案件处理机构的一种约束机制，这种约束机制可以防止或者减少反垄断案件处理机构的不当规制行为可能引发的利益失衡现象，或者尽可能避免反垄断案件处理机构的行为加剧相关利益冲突的局面。有学者认为，由于管制机构的寻租以及执法机构的错误判断等原因，反垄断案件处理机构的独立性反而会强化其偏离执法目标；因此，在强调反垄断案件处理机构的独立性时，应该从程序角度构建对反垄断案件处理机构的制约机制，以便其正确、合理地执法。❶ 其所说的"偏离执法目标"，包括背离利益平衡的使命，尤其是不合理地偏向对于某种利益的保护。强调反垄断法程序规则的依循，能够减少执法者非理性行为，特别是防范其恣意行为，进而减少偏离利益平衡目标的执法行动。

其次，有效运用反垄断法程序规则为执法机构在规制标准必要专利滥用行为时提供合适的利益平衡路径。有些反垄断法程序规则本身就是基于利益协调的需要而设计的，反垄断案件处理机构在处理一些具有较大利益冲突的标准必要专利滥用案件时应当充分利用这些程序规则。

比如，承诺与和解程序的运用。该程序在利益平衡方面有两个作用：其一，它照顾甚至默认了专利权人在过去通过有损于其他利益主体的许可行为

---

❶ 李剑. 如何制约反垄断执法机构——反垄断执法机构的独立性与程序性制约机制[J]. 南京师大学报（社会科学版），2010（5）.

所获得的利益，同时又使得专利权人自愿对于这种许可行为加以抑制，主动在未来对于其他利益主体的需求作出让步。在我国反垄断案件处理机构规制标准必要专利滥用行为的过程中已经有过较好地适用该程序规则的例子。❶ 其二，通过提高纠纷解决效率防止利益冲突的加剧。在技术标准化中，技术标准制定和实施的可持续发展对于专利权人和专利实施者都具有重要意义；反垄断执法机构在较短的时间内解决专利权人与实施者的纠纷，保障专利技术被标准实施者顺利采用，对专利权人和实施者是双赢的结果。❷ 纠纷解决效率的提升表面上看缓解了专利权人与专利实施人之间的利益冲突，实质上它也是避免了专利权人与一些公共利益（专利顺利实施涉及的公共利益）冲突的加剧。

再如，豁免程序的运用。豁免通常是利益衡量的结果，豁免的法律后果为，经营者的行为虽然属于限制竞争行为，但如果该行为符合豁免条件并获得了豁免的待遇，便不再追究反垄断法上的法律责任。❸ 反垄断法规定的豁免制度，是要在维护竞争机制的前提下兼顾和促进其他公共利益需求；设立豁免制度是为了更好地实现反垄断法保障其他公共利益的目标。豁免不是竞争规则适用的削弱，实际上，而是对竞争法及竞争政策的其他适用目标的一种兼顾。❹ 也就是说，豁免制度实质上是反垄断法平衡竞争目标与其他公共利益目标的重要机制。像标准必要专利滥用规制这类涉及知识产权的案件，豁免适用的一个重要目标在于平衡知识产权法所追求的激励创新等政策目标与竞争秩序的关系。正如王晓晔教授所说，知识产权的目的是激励创新，在知识产权运用中的限制竞争行为是否可以获得豁免待遇，主要取决于这些限制竞

---

❶ 比如，2013年，发改委对美国交互数字集团（IDC）提起反垄断调查之后，该公司向发改委做出一系列消除涉嫌垄断行为的承诺后，发改委最终于2014年5月22日做出终止调查的决定。参见：发改委对美国IDC公司涉嫌价格垄断案中止调查 [EB/OL]. [2022-08-05]. http：//news.sohu.com/20140522/n399895729.shtml.

❷ 罗蓉蓉. 经营者承诺制度在技术标准化反垄断中的适用 [J]. 法学杂志，2016，37（4）.

❸ 孔祥俊. 反垄断法原理 [M]. 北京：中国法制出版社，2001：658-659.

❹ 钟刚. 我国反垄断法豁免的程序控制模式研究——事先控制，抑或事后控制？[J]. 经济法论丛，2010，18（1）.

争行为是否能够在另一方面激励创新。❶ 当然，对于涉及知识产权的垄断案件，豁免适用所要兼顾的政策目标并非仅仅是激励创新，还有诸如此环保、中小企业发展等其他公共利益需求。❷ 就反垄断法价值目标的实现而言，豁免的实施无疑具有重大现实意义；但如果豁免制度被滥用，其立法宗旨将难以实现；行政执法人员或者法官在按照法律规定适用豁免的条件时，有必要考虑到多方面的政策性问题，除了案件当事人的经济利益及其商业运作外，有时还要关注自己可能不太熟悉的更大范围的社会问题。❸ 也就是说，豁免制度所追求的利益平衡能否得到较好地实现，需要相应的程序规则；而且，只有有效地运用这些程序规则，规程规则对豁免制度利益平衡目标的保障作用才能得以发挥。

再次，有效运用反垄断执法中的证明规则可以为执法机构在规制标准必要专利滥用行为时提供更多利益平衡的空间。在处理标准必要专利滥用案件时，反垄断案件处理机构并不需要适用特殊的证明规则，也没有可供适用的特殊证明规则。比如，在认定经营者是否具有市场支配地位时，反垄断法没有因为知识产权的独占性而施加更严格的限制，这便表明知识产权与有形财产权一样，在反垄断法规则的适用时不应被区别对待；因此，对标准必要专利来说，持有人一般不会因为该专利的缘故而被直接作为具有市场支配地位的经营者，反垄断案件处理机构同样要根据法律规定和通行原则对其市场地位加以认定。❹ 一般规则的适用也为反垄断案件处理机构在兼顾竞争秩序之外的利益保护时提供了良好的条件。当标准必要专利的许可行为在表面上限制了竞争而在事实上对于其他公共利益具有较大的促进作用时，为了体现对一

---

❶ 王晓晔. 反垄断法 [M]. 北京：法律出版社，2011：162.

❷ 中国《反垄断法》第 20 条第 1 款第三项至第六项的规定并不能单纯归结为经济效率的考虑，为了节约能源、保护环境、救灾救助等公共目的，为了提高中小企业的竞争力或者缓解经济衰退等公共利益而实施的行为，都有可能获得豁免。参见：黄勇. 中国《反垄断法》中的豁免与适用除外 [J]. 华东政法大学学报，2008（2）.

❸ 钟刚. 我国反垄断法豁免的程序控制模式研究——事先控制，抑或事后控制？[J]. 经济法论丛，2010，18（1）.

❹ 朱文慧. 标准必要专利权人滥用市场支配地位的判断——兼评华为诉美国交互数字公司上诉案 [J]. 电子知识产权，2014（9）.

些重要公共利益的关注,反垄断案件处理机构可以从多种途径收集该行为增进公共利益的证据,在运用证据解决相关市场界定、市场支配地位认定、滥用行为识别等问题时,尽可能向着有利于专利权人的方向解释。

最后,反垄断案件处理机构可以有效利用反垄断法程序规则较为宽松的条件为在标准必要专利滥用行为规制过程中的利益平衡创造更多的工具。总体来说,各国反垄断法对于垄断行为的规制所提供的程序还是比较宽松的,反垄断案件处理机构在行政执法或者司法过程中具有较大的回旋余地。因此,反垄断案件处理机构完全可以在不违背现有程序规则和反垄断法宗旨的前提下基于部分案件的特殊性设计一些有针对性的程序规则,进行相应的程序创新。就标准必要专利滥用行为的规制来说,考虑到标准化组织在标准必要专利管理中的特殊价值,反垄断案件处理机构可以设计一些程序规则,使标准化组织能够帮助执法机构识别和衡量相关利益关系及利益轻重程度,从而使执法机构在利益协调方面的选择和决定更加合理;考虑到标准必要专利许可涉及的利益关系的复杂性,反垄断案件处理机构也可以设计一些程序规则,使得各种利益主体或者其代表有充分表达其利益主张的机会,甚至获得直接协商的机会,借此帮助执法机构更清晰地认识各种利益之争,从而选择合理的利益协调思路和利益协调方法。

第三节 对于标准必要专利特殊性的重视

一、标准必要专利滥用行为的特殊性

(一) 对于标准必要专利滥用行为特殊性的应有态度

基于辩证的思维,在任何滥用市场支配地位行为的规制中,反垄断案件处理机构都应当处理好事物一般性与事物特殊性的关系。不遵守一般性规则,则规制行为就会背离正确的方向和规范的轨道;不考虑行为的特殊性,则规制行为将因为其固执与教条而降低执法的实际效果。在实践中,标准必要专利许可行为的特殊性也确实受到了高度重视。反垄断案件处理机构和司法机关普遍认为,标准必要专利是实施标准所不可或缺的专利,这一特征决定了

第四章　反垄断法在规制标准必要专利滥用时利益平衡的基本思路

在市场上不存在能够替代标准必要专利的技术,每个标准必要专利都可以独立构成一个相关市场,因此可以直接认定或者推定标准必要专利的拥有者具有市场支配地位。❶ 这里对"不可或缺的专利"特征的考量,就是对于标准必要专利许可行为最重要特点的高度关注。标准必要专利滥用案件自在我国发生以来之所以受到很大的关注,也主要是因为其与一般市场支配地位滥用行为相比所具有的一些特殊性,在反垄断案件处理机构处理标准必要专利滥用案件时对于此种特殊性给予较多的考虑符合社会的预期,也是应有之举。

但是,对于标准必要专利许可行为特殊性的重视,绝不意味着仅仅以这种特殊性作为对于滥用行为相关要素的判断依据;也就是说,不能机械地看待标准必要专利许可行为的特殊性,更不应当将它作为处理标准必要专利滥用相关问题的唯一依据,还要将反垄断法的一般规则作为事实认定和行为法律性质判定的基本准则。这种分析与处理方法也为我国理论界和司法实践所崇尚。王晓晔教授在分析华为诉 IDC 公司垄断案时虽然主张涉案标准必要专利构成一个单独的相关市场,但她的分析依据仍然是反垄断法的一般规则,而非一味强调标准必要专利本身的特称性。❷ 王晓晔教授一方面强调在界定相关市场及 IDC 公司的市场地位时要充分考虑标准必要专利的特殊性,即该专利技术的不可替代性或者唯一性;另一方面,她强调对于 IDC 公司市场地位的认定还应当考虑经营模式等能够制约专利权人从而抵销其部分市场影响的因素,这实际上是在按照反垄断法一般规则对于其他影响因素的考虑。事实

---

❶ 袁波.标准必要专利权人市场支配地位的认定——兼议"推定说"和"认定说"之争 [J].法学,2017 (3).

❷ 王晓晔教授认为,该案中的相关市场必须考虑 IDC 公司所拥有的与 3G 无线通信标准相关的必要专利;华为公司作为在中国销售和向美国出口 3G 无线通信设备的生产商,它的产品必须遵照 3GPP 和 3GPP2 国际标准,才能在中国和美国的市场上进行销售,作为 3GPP 和 3GPP2 无线通信国际标准的核心要素是标准必要专利,这些专利相互间不可替代,市场上也没有替代性的技术,因为这些标准必要专利的功能具有差异性;在这种情况下,每一个标准必要专利都可以构成一个相关商品市场。而且,该案中的 IDC 公司仅是以专利许可作为其经营模式,根本不从事实质性的生产活动,这种情况下它就可以不受其他无线通信设备生产商的制约。参见:王晓晔.市场支配地位的认定——对华为诉 IDC 一案的看法 [J].人民司法,2014 (4).

上，司法机关在处理华为公司诉 IDC 公司垄断案时也是遵循了这种尊重一般规则和强调特殊性相结合的分析方法。❶ 法院不仅关注了标准必要专利不可替代性的特殊之处，还对买方的对抗力量进行了分析，而买方的对抗力量则是本书在前文所分析的对卖方市场支配地位的否定性因素之一。法院对被许可人对抗力量的考察实质上就是按照反垄断法关于市场支配地位认定的一般规则对于其他因素的考察。

（二）应予关注的标准必要专利滥用行为的特殊性

相较于一般的滥用市场支配地位的行为，标准必要专利滥用行为及作为其外在形式的标准必要专利许可行为具有多方面的特殊性，就其要者，可以列举以下几点。

（1）知识产权法与竞争法的交叉。一般而言，滥用市场支配地位的行为仅涉及竞争法问题，而标准必要专利的滥用既涉及竞争法问题，还同时涉及知识产权法问题。技术标准逐渐成为掌握市场竞争的重要因素，当企业以构建技术标准联盟或者专利池等方式实现专利技术标准的产业化之后，技术标准往往就成为一种经营者排斥新技术进入市场的壁垒；对于这一问题的解决在法律上涉及两个领域，即知识产权法的规制（主要是专利法的适用）以及竞争法的规制（主要是反垄断法的适用）。❷ 知识产权法与竞争法的交叉意味着反垄断案件处理机构在处理滥用标准必要专利行为的案件时既要关注知识产权法的价值目标及相应利益的保护，也要重视竞争法的价值目标及相应利益的保护。知识产权法的目的旨在赋予并保护权利人的独占权，帮助权利人消除他人搭便车的不正当竞争行为，❸ 并借此激励权利人积极追求创新成果的

---

❶ 该案的审理法院认为，一旦专利技术被纳入相关的技术标准，这意味着对需求方来说，"2G、3G 和 4G 标准下的每一必要专利都是唯一的、不可替代的"，不存在替代性产品，因而分别构成独立的相关市场；在支配地位的认定上，鉴于每一项标准必要专利均是由其自身所组成的相关市场上的唯一专利，没有替代性产品，法院认定其市场份额为百分之百，并以此作为认定 IDC 公司拥有支配地位的基础。但法院的论证并未到此结束，法院的判决还考察了该案中原告方的对抗力量。参见：许光耀，刘佳. 论标准必要专利许可中支配地位的滥用 [J]. 价格理论与实践，2014（10）.

❷ 徐士英. 知识产权、标准与反垄断法 [J]. 电子知识产权，2011（5）.

❸ 陶鑫良，袁真富. 知识产权法总论 [M]. 北京：知识产权出版社，2005：22-23.

第四章　反垄断法在规制标准必要专利滥用时利益平衡的基本思路

产出和创新成果的运用。知识产权人的利益必须得到充分保障,这样才能够使其创造性劳动得到公平补偿,并进而刺激智力创造活动,丰富人类创新成果;另外,也需要切实禁止妨碍技术革新、知识与信息传播的行为,以实现社会资源的有效配置、确保公平竞争的社会利益。知识产权的私人利益与这种社会利益存在平衡协调关系。❶ 也就是说,在对标准必要专利滥用行为规制过程中的利益平衡,不仅要考虑到反垄断法所关注的不同利益之间的协调,也要关注知识产权法所关注的不同利益之间的协调,更要关注知识产权法和反垄断法所共同关注及保护的利益需求的满足。

(2) 市场范围较强的封闭性。在规制标准必要专利滥用的过程中,相关市场的界定既是反垄断案件处理机构进行利益平衡的重要工具,也是案件处理所必须经过的步骤,而与其他涉嫌垄断的行为相比,标准必要专利许可行为涉及的相关产品(技术)市场具有较为明显的封闭性。在谈及标准必要专利滥用行为涉及的相关产品(技术)市场时,在理论上和实践中均注意到了其封闭性。马海生认为,在标准技术条件下,每一个 3G 无线通信领域内的必要专利许可市场,均是唯一和不可替代的。❷ 在华为诉 IDC 公司垄断案中,法院的判决也认定每一个 3G 无线通信技术标准专利的独立性。❸ 在谈及该案相关市场的判断时,王晓晔教授强调了每一个标准必要专利技术在功能上的差

---

❶ 冯晓青.论知识产权法与竞争法在促进有效竞争方面的平衡与协调[J].河北法学,2008(7).

❷ 马海生.专利许可的原则:公平、合理、无歧视许可研究[M].北京:法律出版社,2010:8.

❸ 在该案中法院认定,在 3G 无线通信技术中的 WCDMA、CDMA2000、TD-SCDMA 标准下,每一个必要专利许可市场,均构成一个独立的相关市场。参见华为公司诉交互数字技术公司等四被告标准必要专利使用费率案判决书[(2011)深中法知民初字第 857 号]。

155

异，也是间接强调了其封闭性。❶ 祝建军法官在评析该案时认为，当专利技术被纳入标准后，由于该专利技术是产品的制造商唯一且必须要使用的技术，而专利权人又是该必要专利许可市场的唯一供给方，因此，产品制造商无法找到替代技术以规避标准必要专利；基于此，法院将每一个标准必要专利市场分别作为一个独立的相关市场具有较强的合理性。❷ 欧盟委员会曾经针对三星的标准专利实施行为发表了一份异议声明：UMTS（在欧洲经济领域内被广泛使用的 3G 移动通信技术标准）技术市场是不可替代的，因此 UMTS 标准中所涉及的标准必要专利也很难被其他技术所替代，与此相适应，每一标准必要专利就可以被作为一个独立的相关商品市场处理。❸

也就是说，在通常情况下，由于技术标准的强大力量，标准必要专利在许可时没有能够供给被许可人的替代性技术，在特定的技术许可市场中，标准必要专利是唯一的存在，或者说是该技术许可市场唯一的商品，从而单独构成一个商品市场。该商品市场不涉及其他技术，具有较高的封闭性。当然，一个标准必要专利构成一个独立的、封闭的相关市场，并非是绝对的。这种封闭的商品市场能否形成和持续，还要看技术标准本身的性质、技术标准的稳定性等状况。一个受到强制执行或者在事实上没有受到挑战的技术标准，纳入其中的每个专利就更容易各自独立构成一个封闭的相关市场；相反，如果技术标准的实施本身并非强制的，或者技术标准已经步入面临诸多同类技术挑战的没落阶段，标准必要专利往往很难构成一个独立封闭的相关市场。在封闭性比较强的相关市场，对于竞争秩序的影响较容易考察，利益平衡的

---

❶ 王晓晔教授认为，作为 3GPP 和 3GPP2 无线通信国际标准的核心要素是标准必要专利，它们由多个专利权人分别持有，这些专利相互间不可替代，而且市场也没有替代性的技术；因为这些标准必要专利的功能具有差异性，无线设备生产商要生产符合标准的产品，就需要与不同的专利所有权人进行谈判，取得这些专利使用的许可，在这种情况下，每一个标准必要专利都可以构成一个相关商品市场。参见：王晓晔．市场支配地位的认定——对华为诉 IDC 一案的看法［J］．人民司法，2014（4）．

❷ 祝建军．标准必要专利权人滥用市场支配地位构成垄断［J］．人民司法，2014（4）．

❸ 徐宝寿．关于 NPE 运用标准专利垄断的欧美政策研究［C］//中国知识产权法学研究会 2015 年年会论文集．2015：161．

第四章　反垄断法在规制标准必要专利滥用时利益平衡的基本思路

重点在于就专利权人的行为对于其他公共利益影响的分析。

（3）市场支配地位取得的特殊性。市场支配地位反映了企业与市场竞争的关系，即拥有这种地位的企业可以不受竞争的制约；特别是当企业在市场上占据过大份额的时候，它就有能力抬高产品的价格，为了维持产品的高价，它也会减少对市场的供给。❶ 除了价格外，基于反垄断法规定，这种支配地位可以通过企业在产品数量、其他交易条件不受制约的状况反映出来。❷ 经营者的市场支配地位通常以其商品（技术）在相关市场所占的份额作为主要的依据，同时考察其他一些强化或者削弱其市场份额影响力的因素。

在普通的商品（技术）市场，经营者市场支配地位的形成通常是基于其产品较强的竞争力而占领较多的市场，或者通过合并等协作关系而控制较多的市场。也就是说，对于一个经营者来说，其市场支配地位一般是通过自身的努力而形成的，很少依靠外力获得。标准必要专利权人的市场支配地位则不然，其形成主要是靠技术标准的力量，是技术标准使其获得了不受竞争机制约束的条件。在专利制度的背景下，产品的制造商本来具有采用或者舍弃特定技术的自由，但标准的制定就可能导致产品制造商无法回避被技术标准所采用的专利技术的使用。❸ 因产品制造商不能避开标准必要专利技术，标准必要专利权人在专利许可市场上便拥有了对于众多需要标准必要专利技术的经营者的支配力。在华为诉 IDC 公司垄断案中，这种不可回避性的理由也有明显的体现。在市场支配地位的认定上，鉴于每一项标准必要专利均是由其自身所组成的相关市场上的唯一专利，没有替代性产品，法院认定其市场份额为百分之百，并以此作为认定标准必要专利权人拥有支配地位的基础。❹

---

❶ 王晓晔. 市场支配地位的认定——对华为诉 IDC 一案的看法 [J]. 人民司法，2014（4）.

❷ 我国《反垄断法》第 22 条第 3 款之规定："本法所称市场支配地位，是指经营者在相关市场内具有能够控制商品价格、数量或者其他交易条件，或者能够阻碍、影响其他经营者进入相关市场能力的市场地位。"

❸ 马海生. 专利许可的原则：公平、合理、无歧视许可研究 [M]. 北京：法律出版社，2010：8.

❹ 许光耀，刘佳. 论标准必要专利许可中支配地位的滥用 [J]. 价格理论与实践，2014（10）.

尽管技术标准的强大力量使得标准必要专利权人在相关专利许可市场被认为拥有百分之百的市场份额，但不能将这种推断作为认定标准必要专利权人市场支配地位的绝对理由，对于标准必要专利权人在事实上是否具有市场支配地位的认定还应当考察其他一些相关因素，比如，买方的对抗力量对于卖方支配地位的否定性影响。法院对华为诉 IDC 公司垄断案的判决就体现了对于买方有无对抗能力等因素的考量。❶ 另外，要判断所持有的标准必要专利对其市场地位的影响有多大，除要考察标准本身的市场影响力外，还应关注标准化组织制定的标准是否面临来自市场中的事实标准的竞争压力。❷

正是由于标准必要专利权人的市场支配地位主要是靠技术标准的力量形成的，因此，在适用反垄断法有关市场支配地位认定的规则时，应当主要着眼于对于技术标准具体情况的考察，特别是要分析技术标准对于同类技术需求者的锁定能力以及影响特定技术标准锁定能力的相关因素，并且基于技术标准的影响力将利益平衡的要求贯穿于市场支配地位的认定之中。

（4）行为对市场影响的复杂性。与一般涉嫌垄断的行为不同，标准必要专利许可行为涉及两种商品市场，即相关的产品市场和技术市场。在技术标准化过程中，"相关市场"的界定需要结合标准技术和标准产品两个市场来分析；标准中所涵盖的技术使用者一般既有可能是该标准产品的竞争对手，也可能是与标准产品兼容的产品的制造商。❸ 标准必要专利许可的内容是技术的交易，在对此种行为进行规制时反垄断案件处理机构首先就要界定和分析技术市场，即与标准必要专利技术具有竞争性（或者替代性）关系的技术的范围；在此基础上，就该专利技术涉及的产品市场进行分析，即与使用标准必要专利技术的产品具有竞争关系的产品的范围，有时与标准技术产品兼容的

---

❶ 在该案中，法院考察了原告方的对抗力量，认为"由于交互数字仅以专利授权许可作为其经营模式，自身并不进行任何实质性生产，无须依赖或受制于 3G 标准中其他必要专利权利人的交叉许可，故其市场支配力未受到有效制约"。参见广东省高级人民法院（2013）粤高法民三终字第 306 号。

❷ 韩伟，尹锋林．标准必要专利持有人的市场地位认定 [J]．电子知识产权，2014 (3)．

❸ 时建中，陈鸣．技术标准化过程中的利益平衡：兼论新经济下知识产权法与反垄断法的互动 [J]．科技与法律，2008 (5)．

产品也要纳入同一产品市场进行考察。正是由于标准必要专利的许可涉及两种商品市场，因此，此类行为对于市场竞争的影响也就同时包括两个方面，即对于技术市场竞争的影响和对于产品市场竞争的影响。标准必要专利许可行为对于两种市场影响的实际状况并非整齐划一，而是取决于标准必要专利权人的经营状况及协议的内容。技术标准的特性决定了对于特定的技术需求者而言，标准必要专利技术以外的竞争性技术将被排除，但这不能看作标准必要专利许可行为本身对于技术市场竞争的影响，该行为自身对于技术市场竞争的影响通常存在于许可协议中包含技术搭售或者限制被许可人技术来源的情况下。标准必要专利许可对于市场竞争的影响更多地体现在产品市场上，这种影响主要是标准必要专利技术需求者的产品能否参与标准产品市场的竞争及其竞争力大小问题。另外，标准必要专利权人自身是否是两个市场的竞争者也存在差异。如果标准必要专利权人仅仅提供标准必要专利技术，而自身并不运用此种技术生产产品，则它仅是技术市场的竞争者，而非产品市场的竞争者；如果标准必要专利权人既进行技术许可，同时又运用此种技术生产产品，则它不仅是技术市场的竞争者，也是产品市场的竞争者。我国反垄断案件处理机构所处理的两个典型的滥用标准必要专利的案件，❶ 被控垄断的企业就分别属于上述两种情形。IDC 公司采取的是"必要专利许可"模式，而高通公司则不同，其模式为"必要专利许可+产品"。❷

由于标准必要专利的许可涉及两个市场，反垄断案件处理机构在进行利益平衡时必须考虑两个市场在相关利益上的差异，并且结合两个市场的不同特点选择利益调节的思路和方法。

（5）公益与私益的结合。标准必要专利许可既涉及公共利益，又关系私人利益，是两种利益的综合体，这是由技术标准自身的特点所决定的。在技术标准化进程中，如果相关主体能够合理、审慎地行使其权利，借助技术标准这种公共产品的力量，不仅能够使相关私人利益得到满足，而且能够较好

---

❶ 两个案件分别指的是深圳市中级人民法院和广东省高级人民法院处理的华为诉 IDC 公司垄断案以及国家发改委处理的高通公司垄断案。

❷ 朱文慧. 标准必要专利权人滥用市场支配地位的判断——兼评华为诉美国交互数字公司上诉案 [J]. 电子知识产权，2014（9）.

地维护社会公共利益。❶ 标准必要专利联结着技术标准和专利两个因素,技术标准体现的是社会公共利益,专利则是其所有权人的私权。❷ 标准与专利的结合能够产生的效应主要取决于专利权人对于标准必要专利的运用状况。知识产权与标准结合以后,它的应用范围被大大推广,毫无疑问,标准是知识产权人的"利益放大器",而这种利益的"放大"导致的直接后果是其他相对主体利益的"缩水"。❸ 如果标准必要专利权人合理地实施专利许可,则标准和专利权的结合将产生较大的积极效应,私人利益和公共利益都能得到增进;如果标准必要专利权人不恰当地实施专利许可,则会引发较大的利益冲突。

公益与私益在标准必要专利许可中的融合决定了标准必要专利的顺利实施既是私益实现的要求,也寄托了公共利益的需要。因此,反垄断案件处理机构在进行利益协调时不是对于标准必要专利许可的禁止,而是在促进标准必要许可顺利许可的前提下完善标准必要专利许可的内容,使此种许可能够更好地体现公益保护和私益满足两个方面的需要。

二、约束标准必要专利许可行为的专门规则

(一) 约束标准必要专利许可行为的专门规则述要

基于技术标准的特殊性及其影响的广泛性,政府、行业组织或者标准化组织往往会制定一些专门的规范,对于技术标准的形成与实施加以约束,很多约束性的规范也适用于标准必要专利许可行为。

(1) 国家专门的法律法规。推进标准化的国家一般都有专门的标准化立法,这些立法对于标准必要专利的许可行为会有一些原则性要求或者具体的规定。如我国《标准化法》便就标准的运用限制竞争问题作了原则性规定。❹

---

❶ 叶明,吴太轩. 技术标准化的反垄断法规制研究 [J]. 法学评论, 2013, 31 (3).
❷ 王晓晔. 技术标准、知识产权与反垄断法 [J]. 电子知识产权, 2011 (4).
❸ 时建中,陈鸣. 技术标准化过程中的利益平衡:兼论新经济下知识产权法与反垄断法的互动 [J]. 科技与法律, 2008 (5).
❹ 根据我国《标准化法》第 22 条第 2 款、第 39 条第 3 款之规定,禁止利用标准实施妨碍商品、服务自由流通等排除、限制市场竞争的行为;利用标准实施排除、限制市场竞争行为的,依照《中华人民共和国反垄断法》等法律、行政法规的规定处理。

2013年国家标准化管理委员会和国家知识产权局共同制定的《国家标准涉及专利的管理规定（暂行）》的第三章和第四章分别就标准必要专利实施许可的要求以及拒绝许可的处理作出了规定，该管理规定的附则还规定了许可费的确定原则。我国当下高度重视市场机制在资源配置方面基础作用的发挥，在此背景下团体标准将是我国在技术标准发展方面的一个重要方向，为此，2019年国家标准化委员会和民政部联合印发了《团体标准管理规定》，其中专门就包括专利许可在内的团体标准的实施作出了规定。总体上看，国家对于标准必要专利许可行为所做的专门规定通常具有较强的原则性，对于专利权人的规范和限制缺乏可操作性。

（2）标准化组织自身的要求。标准化组织（行业组织或者经营者团体）为了扩大其技术标准的影响力，一般并不希望因个别标准必要专利权人的恣意行为而损害其技术标准的公信力，因此它们往往会制定自身的管理规范以约束标准必要专利权人，这也是境外标准必要专利管理的主要机制。从内容上看，这些规则包括对专利权人的专利技术纳入技术标准的要求（标准化过程中的规则）和纳入技术标准后专利许可的要求（标准化后的规则）。比如，作为国际互联网界权威的标准制定组织，国际标准制定组织互联网工程任务组（IETF）便有自己的标准规则体系，如果一个企业要参与IETF的工作，就需要自动接受IETF的规则，自然也要遵循其知识产权（专利、版权和商标）规则。❶ 从实践情况看，FRAND规则已经成为各个标准化组织约束标准必要专利权人的主要规则。FRAND原则意指标准必要专利权人必须基于"公平、合理、无歧视"（Fair, Reasonable and Non-Discriminatory）的要求将自己拥有的必要专利许可给技术标准的所有其他专利权人以及专利实施方，它也可称为RAND（Reasonable and Non-Discriminatory）。❷ 根据该原则的要求，任何善意第三人愿意支付符合FRAND条件的许可费的，标准必要专利权人便不能拒绝许可其所拥有的标准必要专利；而且，标准必要专利权人针对

---

❶ 许青.IETF团体标准制定政策解读及其启示［J］.标准科学，2018（8）.
❷ 胡洪.司法视野下的FRAND原则——兼评华为诉IDC案［J］.科技与法律，2014（5）.

该善意标准实施者申请禁令救济的权限也要受到严格限制。[1] FRAND 规则一般不能对标准必要专利权人直接适用,而是要取决于其意愿。美国乔治梅森大学法学院全球反垄断学会在对我国《国务院反垄断委员会关于滥用知识产权的反垄断指南》(征求意见稿)进行评论时便从经济学和欧美立法经验的角度提出建议,只有当 SEP 权利人已经对标准制定组织做出了自愿接受 FRAND 条款约束的承诺,这一规定才得以适用。[2]

虽然 FRAND 规则是绝大多数标准制定组织为约束标准必要专利权人而普遍采用的知识产权政策,但这一规则显得弹性过大。在标准制定时标准制定组织一般会要求拟纳入技术标准的专利之持有人作出一个承诺,即在未来根据 FRAND 原则的要求授权其标准必要专利;但有一个症结,在实践中人们对 FRAND 条款的确切含义往往有较大的分歧。[3] 正是由于 FRAND 要求过于抽象,缺少明确的含义,也没有操作性强的界定标准,这一规则如何适用才显得合理的问题一直是法律界和企业界面临的重大挑战与难题,专利许可费纠纷也因此层出不绝,法官在个案中的解释也可谓众说纷纭。[4] 一些标准制定组织也在通过自身的努力去尽可能弥补这一规则的缺陷。比如,美国电气和电子工程师协会(IEEE)在 2015 年对其技术标准相关的专利政策进行了修订,尽可能对专利许可费的"合理"标准、关于歧视性许可的禁止,以及标准专利禁令救济的具体规则等相关事项做了更清晰的规定。[5] 这种尝试可能会被更多的标准制定组织效仿。

---

[1] Case C 170/13, Huawei Technologies Co. Ltd. v. ZTE Corp., ZTE Deutschland GmbH (2015).

[2] Joshua Wright, Koren Wong-Ervin, Douglas Ginsburg, etal. Comment of the Global Antitrust Institute, George Mason University School of Law, on the National Development and Reform Commission's Draft Anti-Monopoly Guideline on Intellectual Property Abuse [EB/OL]. (2015-11-12) [2022-08-05]. http://papers.ssrn.com/sol3/papers.cfm?abstract_id=2715173.

[3] 仲春. 标准必要专利禁令滥用的规制安全港原则及其他 [J]. 电子知识产权, 2014 (9).

[4] 周源祥. RAND 许可原则的最新立法与案例发展趋势分析 [J]. 科技与法律, 2016 (3).

[5] 于连超, 王益谊. 团体标准自我治理及其法律规制 [J]. 中国标准化, 2016 (16).

（二）专门规则对于多方面利益保护的影响

就与标准必要专利许可相关的专门规则的内容看，无论是国家的法律法规，还是标准制定组织的政策，主要是对于标准必要专利权人的限制和约束，其直接目标是防止标准必要专利权人在实施专利许可时损害被许可人的利益。以标准制定组织较多采用的 FRAND 规则为例，一般认为，FRAND 原则的主要目的在于对标准专利的使用许可进行必要的规制，借此平衡专利权人与标准实施者的利益。❶ 从实际情况看，以 FRAND 规则为主的这类专门规则对于促进标准必要专利的实施及其所关联的诸多公共利益，保护专利实施者的经济利益和竞争能力，均发挥了积极作用。有时，标准制定组织会要求专利权人在标准制定前进行事前协商（ex ante negotiation），以此确定是否将专利权人的专利技术纳入标准。❷ 标准制定组织所制定的这些专门规则对于相关专利技术的权利人欺诈行为的减少具有一定成效。❸

但是，以 FRAND 规则为代表的专门规则在实际运行时会出现偏差，没有真正发挥利益平衡的作用。这些规则本来是为了防止标准必要专利权人基于自身的利益追求而滥用专利权，防止标准实施者的利益与标准必要专利技术运用相关的公共利益受到不应有的损害，有时却被标准的实施者用作要挟专利权人的依据，不当地制约了标准必要专利权人，反过来又对标准必要专利权人的正当利益造成不应有的损害，还因此损害了一些公共利益。其中，标准实施者的"反向劫持"就是该类规则发挥了消极作用的一种典型。近些年，标准必要专利技术的需求者已经开始有意识地利用 FRAND 原则对标准必要专利权人进行"反向劫持"，明显损害了标准必要专利持有者的利益，很容易挫

---

❶ 孟雁北．标准制定与实施中 FRAND 承诺问题研究［J］．电子知识产权，2014（11）．

❷ 协商的内容通常包括专利权人应做出比 FRAND 原则更明确具体的许可承诺，如许可条件、专利许可费等，如谈判无法达成，标准制定组织可以选择放弃这一技术、选择其他替代性技术以增加未来专利许可费率的透明性；目前，欧洲电信标准协会（ETSI）、国际贸易协会（VITA）、电气和电子工程师协会（IEEE）等标准化组织已经积极采用事先披露（Ex Ante RAND）原则。

❸ 钱江．对标准化进程中专利权人欺诈行为的反垄断规制——欧盟的经验与启示［J］．价格理论与实践，2017（2）．

伤他们开展技术创新的积极性。❶ 这种"反向劫持"除直接损害标准必要专利权人的利益外，还可能降低专利权人将其高水平专利技术纳入标准的意愿并因此削弱技术标准在推动整体技术水平进步方面的作用。

（三）专门规则对于利益平衡正反两方面的影响

就标准必要专利许可涉及的利益冲突的协调来说，标准制定组织制定的专门规则既有正面的影响，也有不利的一面；当然，从反垄断法规制标准必要专利滥用行为的实践情况看，主要还是积极的作用。

这类专门规则总体上有利于抑制专利权人对于私人利益的过度追求，从而保障标准实施者对于标准专利技术的合理需求得以满足。❷ 有的时候，标准化组织的知识产权政策还能够为利益相关方自行通过协商等方式进行利益平衡创造良好条件。比如，IETF（国际标准制定组织互联网工程任务组）的成员遍布全球，其标准制定也对任何单位和个人开放，这就保证了IETF标准制定全流程的广泛协商一致；在标准制定的任何阶段，任何感兴趣的个人都可以就某一项互联网规范发表自己的意见，工作组都应当充分尊重评议意见并妥善处理，甚至对于一项已经成为互联网标准的规范，基于经验和对新需求的识别，标准内容也可能会发生进一步的变化。这种广泛的协商一致性切实保障了标准能得到所有利益相关方的关注，❸ 协商的过程同时也是利益相关方不断进行目标调试和利益妥协的过程。

这类专门规则为反垄断案件处理机构进行利益平衡提供了必要的依据。从诸多文献和信息来源看，虽然与标准必要专利许可行为相关的专门规则在内容上并非相同，但就知识产权政策而言，核心要求无非两个方面：一是在

---

❶ 张俊艳，靳鹏霄，杨祖国，等. 标准必要专利的FRAND许可定价——基于判决书的多案例研究［J］. 管理案例研究与评论，2016，9（5）.

❷ 标准化组织为防止知识产权的行使阻碍标准的实施和推广，往往通过有关专利政策对标准必要专利权人进行制衡，这会对其市场支配地位的取得和实施产生重要影响。例如，大多数标准化组织都规定了"公平、合理和无歧视"（FRAND）许可承诺，要求标准必要专利权人必须向他人提供符合该条件的许可。参见：袁波. 标准必要专利权人市场支配地位的认定——兼议"推定说"和"认定说"之争［J］. 法学，2017（3）.

❸ 许青. IETF团体标准制定政策解读及其启示［J］. 标准科学，2018（8）.

第四章　反垄断法在规制标准必要专利滥用时利益平衡的基本思路

专利技术纳入标准之前,技术拥有者必须披露包括专利在内的与该技术相关的知识产权信息;二是专利技术被纳入标准后,专利权人面向所有标准实施者的专利许可应当遵守公平、合理、无歧视的要求。如果在标准必要专利许可中产生利益冲突,反垄断案件处理机构需要判断被许可人的利益及相关的公共利益是否受到专利权人的损害,这种判断往往要考虑到专利权人在主观上是否有过错,特别是是否存在恶意,而专利权人是否违反知识产权披露义务则可以作为反垄断案件处理机构认定专利权人是否存在主观过错的重要依据。FRAND 规则则是反垄断案件处理机构进行利益平衡更合适的依据,因为各种利益的保护是否得到了兼顾,或者某一种或者若干种特别重要的利益是否得到了保护,都可以作为判断标准必要专利许可行为是否合理或者公平的重要因素。从境外情况看,美国以及欧盟的标准化组织设定 FRAND 或者 RAND 准则,就是为了更好地协调技术标准的"公权"属性与专利"私权"特征的矛盾。❶ 美国相关政府机构和组织在这方面的基本立场是:在 FRAND 原则项下,对于标准专利的禁令救济需要作严格限制;在处理禁令授予问题时,需要考虑禁令的实施对于公共健康和福利、市场竞争以及消费者利益可能产生的影响。❷ 对于其他涉及标准必要专利的垄断行为的处理也是遵循这样的思路。我国的反垄断案件处理机构在应对涉嫌垄断的标准必要专利许可案件时也日益重视对于 FRAND 规则的运用。我国法院在华为诉 IDC 案中,首次适用 FRAND 原则作为裁判依据,但法院在该案中对 FRAND 许可的内涵界定略显抽象,实质上是对许可的原则进行了界定。❸ 既然境内外的法院和行政执法机关将 FRAND 规则作为对于标准必要专利相关行为性质认定及处理的依据,从公平和合理的角度去平衡相关利益需求亦是应有之义。

这类专门规则为反垄断案件处理机构进行利益平衡提供了较大的空间。

---

❶ 张俊艳,靳鹏霄,杨祖国,等. 标准必要专利的 FRAND 许可定价——基于判决书的多案例研究 [J]. 管理案例研究与评论,2016,9 (5).

❷ 王丽慧. 公私权博弈还是融合:标准必要专利与反垄断法的互动 [J]. 电子知识产权,2014 (9).

❸ 罗娇. 论标准必要专利诉讼的"公平、合理、无歧视"许可——内涵、费率与适用 [J]. 法学家,2015 (3).

既有的专门规则都比较概括、抽象，需要反垄断案件处理机构结合案件的实际情况对于一些具体问题作出界定。比如，多数标准制定组织未对 FRAND 承诺制定出详细具体的许可条款，而将一些在根本性问题上的巨大分歧留给了标准必要专利持有者和实施者，最终交由法院和监管机构来处理。❶ 这样一来，反垄断案件处理机构在面对标准必要专利许可所涉及的利益冲突时就有了灵活处理的余地，可以基于利益平衡的需要对相关专门规则的内容进行解释并加以适用。

就对于利益平衡不利影响的一面看，前述专门规则在内容上的不确定性会造成适用上的随意性，也会造成反垄断案件处理机构在同类情况下作出不同的解释并得出不同的结论。以在标准必要专利许可案件中作为利益焦点的许可费的确定为例，FRAND 原则因其抽象性无法提供具体指导，实践中标准必要专利许可费的确定采用多种不同的方法，❷ 法院或者反垄断行政执法机关对这一问题的处理方式或者认定态度多有差异。在华为诉 IDC 公司垄断案中，法院认为，因为交易条件基本相同，IDC 公司对于华为公司所确定的标准必要专利的许可使用费不应当高于其对苹果公司的收费，至少做到大致相同。❸ 在此，法院在认定许可费率是否合理时实际上采取的是一种简单比较的方法。美国在司法实践中常通过"假想谈判"理论的运用来计算专利许可费，逐步形成以许可费的一定倍数作为专利侵权损害赔偿额的做法。❹ 早在 Georgia-Pacific 案中，法院便运用了"假设性协商"的分析思路来确定合理的许可费，在此基础上确立了合理专利许可费的 15 项判断依据，即 Georgia-Pacific 因素。❺ 在 2013 年判决的微软诉摩托罗拉案中，法官又对传统的 Georgia-Pacific

---

❶ Jones A. Standard-essential patents: FRAND commitments, injunctions and the smart phone wars [J]. European Competition Journal, 2014, 10 (1): 1-35.

❷ 朱战威. 垄断语境下标准必要专利许可费之厘定——兼评"高通案"专利许可费的裁决 [J]. 价格理论与实践, 2015 (11).

❸ 广东省高级人民法院 (2013) 粤高法民三终字第 306 号。

❹ 罗娇. 论标准必要专利诉讼的"公平、合理、无歧视"许可——内涵、费率与适用 [J]. 法学家, 2015 (3).

❺ Georgia - Pacific Corp. v. United States Plywood Corp., 318 F. Supp. 1116, 166 U. S. P. Q. (BNA) 235 (S. D. N. Y. 1970).

因素作了很大改动，提出了确定 RAND 许可费率的四项基本原则：便于专利技术广泛传播；避免"专利劫持"；解决"专利费堆叠"的风险；仅考虑专利自身的价值，不包括因纳入标准带来的额外价值。❶ 在无线星球诉华为案中，英国的比尔斯法官指出，计算全球标准必要专利组合的合理许可费主要有两种方法：一是专利权人专利价值评估法；二是参考可比较许可协议法，其中最直接的可比较许可协议为专利权人就涉诉专利组合已签订的许可协议。❷ 标准必要专利纠纷可能涉及不同类型的诉讼，而案件类型不同，诉讼请求不同决定了即使这些案件都涉及合理许可费问题，法院的分析视角和途径也会有不同。❸ 但如果对于同类情况的案件，不同的法院或者行政执法机关在利益考量后作出不同的处理，就容易使公众质疑利益协调的合理性，从而削弱利益平衡的实际效果。

本章小结

本章是在前两章对于标准必要专利许可涉及的利益冲突及其影响因素进行详细分析的基础上，探讨反垄断法对于这些利益冲突进行协调的基本思路，为后文研究如何通过反垄断法实体规则和程序规则的运用进行利益平衡问题作必要的铺垫。

本章将反垄断法对于标准必要专利许可涉及的利益冲突进行平衡协调的基本思路概括为三点。第一，对于不同利益的区别对待。私人利益之间的冲突不属于反垄断法调整的范围，也不是反垄断法利益协调的对象。对于私人利益与公共利益的冲突，反垄断法应当秉持对公共利益的保护予以倾斜并适当兼顾私人利益保护的态度。在面对公共利益之间的冲突时，反垄断法应当

---

❶ Microsoft Corp. v. Motorola, Inc., No. C10-1823JLR (Apr. 25, 2013), 2013 WL 2111217, pp. 9-10.

❷ Unwired Planet International Ltd. v. Huawei Technologies Co. Ltd, Royal Courts of JHP, Case No: HP-2014-0000005, 04/05/2017.

❸ 赵启彬. 标准必要专利合理许可费的司法确定问题研究 [J]. 知识产权，2017 (7).

采取差异化处理的态度,自由竞争应当是反垄断法所保护的核心公共利益。但是,以自由竞争为公共利益的核心和滥用判断的直接依据,并非完全不顾其他公共利益的保护;在国家或者社会面临重大的特殊需要时,人们对于某些公共利益的关注可能会普遍超过自由竞争,这时反垄断法再强调对自由竞争的维护而漠视对于相关公共利益的促进就会显得不合时宜。在自由竞争之外的其他平行公共利益之间发生冲突时,反垄断法应当持整体效益最大化的原则,即看采取何种规制态度或者措施能够使更多的公共利益得到保护或者促进,但也要适当考虑同期国家在经济社会发展方面的重要目标以及急需解决的一些突出矛盾。第二,注重反垄断法一般规则的有效运用。反垄断法一般规则是规制各种垄断行为的基本依据,对于标准必要专利滥用行为的规制也不例外。对于标准必要专利许可涉及的利益冲突的协调,既要高度重视反垄断法实体规制的作用,也要考虑和运用反垄断法程序规则所具有的功能。第三,关注标准必要专利的特殊性。适用反垄断法的一般规则并不意味着对标准必要专利特殊情况的忽视。在利益平衡时所要考虑的标准必要专利及其许可的特殊性主要有,知识产权法与竞争法的交叉,市场范围较强的封闭性,市场支配地位取得的特殊性,行为对市场影响的复杂性,公益与私益的结合等。另外,对于标准必要专利许可行为还有一些专门的规则,它们对于多方面利益的保护具有正反两方面的影响,反垄断案件处理机构在进行利益平衡时应当考虑这些专门规则所产生的特殊影响。

第五章　基于利益平衡的反垄断法实体规范对标准必要专利滥用的适用

第一节　在标准必要专利权人市场支配地位认定中的利益平衡

一、在相关市场界定中的利益平衡

（一）在相关商品市场界定中的利益平衡

1. 在相关商品市场界定时对于私人利益与公共利益的协调

如何平衡私人利益与公共利益的冲突，特别是在保护公共利益的同时兼顾标准必要专利权人的私人利益，是所有标准必要专利滥用案件的处理都要面临的一个问题。反垄断案件处理机构对于商品市场范围的界定应当体现私人利益与公共利益协调平衡的要求，而且，这一相关市场的界定也能够在私人利益与公共利益协调平衡方面发挥相应的作用。就标准必要专利许可涉及的相关商品市场而言，除了相关技术市场外，还经常涉及相关产品市场。基于私人利益与公共利益平衡的考虑，对于标准必要专利许可涉及的相关商品市场的界定不能采用绝对化的思路，因为绝对化的做法没有兼顾相关利益的空间，而只是充分显示出对于某一方面利益强化保护的刚性。

（1）在相关技术市场界定中协调好私人利益与公共利益。

在对于标准必要专利涉及的技术市场进行界定时，一些学者态度鲜明地将每一个标准必要专利技术都看作一个独立的技术市场。比如，王晓晔教授在评价华为诉 IDC 公司垄断案时就体现了这样的态度。❶ 这种观点在境内外近些年的反垄断实践中也有较多地体现，美国联邦贸易委员会（FTC）2013 年针对谷歌、摩托罗拉移动的反托拉斯调查，欧盟委员会 2012 年对谷歌收购摩托罗拉移动案的审查决定，中国法院 2013 年在"华为诉 IDC 滥用市场支配地位案"的裁判，均明确或在事实上主张，每个标准必要专利均不存在可替代技术，每个标准必要专利都单独构成一个相关市场。❷ 与此相反，有些学者在界定标准必要专利涉及的相关技术市场范围时则强调将反垄断法界定相关市场的一般规则作为依据，不能绝对化，而是要从需求的交叉弹性以及是否具有合理的可替代性等角度判断相关技术市场的范围。❸ 在司法实践中同样也有坚持依相关市场认定的一般规则界定标准必要专利相关技术市场的情况，如美国加利福尼亚州北部地区法院在 2014 年审理 ChriMar v. Cisco 一案时便持这种态度。❹

不顾及多样化的具体情况，将每一个标准必要专利技术一律认定为一个独立的相关商品市场，实质上是完全置反垄断法界定相关市场的一般规则于不顾，对标准必要专利的特殊性过于强调，这很容易不恰当地人为扩大拥有市场支配地位的经营者的范围。就如国外一些知名的反垄断专家所说的那样，"由于市场界定具有足够的弹性，高度集中变得无所不在，数量惊人的良性兼并能够被弄得好像带有危险的垄断性"；❺ "从某种程度上来说，产品的每一

---

❶ 王晓晔. 市场支配地位的认定——对华为诉 IDC 一案的看法 [J]. 人民司法，2014（4）.

❷ 袁波. 标准必要专利权人市场支配地位的认定——兼议"推定说"和"认定说"之争 [J]. 法学，2017（3）.

❸ 朱文慧. 标准必要专利权人滥用市场支配地位的判断——兼评华为诉美国交互数字公司上诉案 [J]. 电子知识产权，2014（9）.

❹ 在该案中法院认为，不应假定标准必要专利必然给企业带来垄断力量，其权利人是否具有垄断力量需基于个案综合各方面因素确定。ChriMar Systems, Inc. v. Cisco Systems, Inc. 72F. Supp. 3d1012, 1019（N. D. Cal. 2014）.

❺ ［美］理查德・A. 波斯纳. 反托拉斯法 [M]. 2 版. 孙秋宁，译. 北京：中国政法大学出版社，2003：172.

个供应者都会成为垄断者,如果市场规定得相当狭窄的话。"❶ 从私人利益与公共利益平衡的角度考虑,这种将每一项标准必要专利技术作为一个独立技术市场处理的做法明显不够合理,因为它实际上完全没有顾及标准必要专利权人可能提出的正当抗辩,而是站在保护自由竞争等公共利益的立场对标准必要专利权人提出了最为苛刻的要求,没有留给他们一丝回旋的余地。事实上,由于使用不同专利技术的类似商品之间可能存在的竞争以及技术标准自身情况的复杂性,很难避免某一技术标准中的必要专利技术与其他标准必要专利技术或者非标准专利技术之间的竞争关系,这些不同的技术完全有可能构成同一个相关技术市场。❷ 一些学者已经认识到,任何标准必要专利均构成独立的相关市场的观点难以成立,由于技术标准涉及复杂的竞争关系,能够替代标准必要专利的技术的存在并非不可能,并非每个标准专利技术都当然地构成一个独立的相关市场。❸ 而且,技术标准有很多类型,不同类型的技术标准在约束力和影响力上并不相同。如果技术标准是自愿的,那么就意味着市场上还存在替代技术,在界定市场时必须要把该替代技术考虑进去,这里标准必要专利本身就不构成一个单独的市场。❹

从总体上看,对于标准必要专利许可涉及的技术市场依反垄断法一般规则进行实事求是的认定,更有利于协调公共利益需求与专利权人的私人利益需求。"替代性分析"是我国反垄断主管部门认可的相关技术市场分析的一般

---

❶ [英]约翰·亚格纽. 竞争法 [M]. 徐海,等译. 南京:南京大学出版社,1992:56.

❷ 董新凯. 标准必要专利持有人市场支配地位认定的考量因素 [J]. 知识产权,2015(8).

❸ 袁波. 标准必要专利权人市场支配地位的认定——兼议"推定说"和"认定说"之争 [J]. 法学,2017(3).

❹ 卜元石. 中国知识产权的反垄断规制:争论问题与解决方案——兼评《关于滥用知识产权排除、限制竞争行为的规定》[J]. 中国专利与商标,2016(1).

规则，主要是需求替代，有时也会考虑供给替代。❶ 在分析需求替代性时必须弄清谁属于反垄断案件处理机构需要考察的需求者。就技术市场的认定而言，需求者应当指运用相关技术制造产品的制造商，而非指这些产品的最终消费者。在评价华为诉 IDC 公司垄断案时，王晓晔教授便批评了将电信终端设备的最终消费者作为该案需求者的看法，而是主张，就 IDC 的标准必要专利而言，华为公司作为无线设备制造商，是该设备制造专利技术必不可少、不可替代的需求者。❷ 另外，根据我国反垄断主管部门的相关规定，在考察需求的交叉弹性和合理的可替代性时，不仅要考虑当前的实际需求情况，还应当考虑因潜在竞争性技术的出现而导致的潜在需求的变化。❸ 在注重公共利益保护、兼顾私人利益保护的利益协调思路指引下，一方面，反垄断案件处理机构在一般情形下可以将每一个标准必要专利技术视作一个独立的技术市场，特别是对于那些因法律的强制要求或者在事实上强大的影响力而在相当长的时期内具有唯一性的技术标准，更应当作这样的处理，借此使技术标准的顺利实施所能促进的公共利益切实得到彰显和实现；另一方面，如果标准必要专利权人能够提供确实的证据说明其并非对方所需要技术的唯一来源，对方的技术需求可以通过其他途径得到满足，那么就应当将这种可能从其他渠道获得的技术纳入相关技术市场的范围，以便标准必要专利权人向对方提出的一些合理要求不至于因为技术范围缩小而被对方当事人无视或者无理拒绝。如果标准必要专利权人能够提供相应的证据，反垄断案件处理机构可以将下

---

❶ 《国务院反垄断委员会关于相关市场界定的指南》根据国内外反垄断执法实践情况将相关技术市场的认定依据概括为"替代性分析"，这里的替代一般指需求替代，即根据需求者对商品（技术）功能用途的需求、质量的认可、价格的接受以及获取的难易程度等因素，从需求者的角度确定不同商品（技术）之间的替代程度，有时也会考虑供给替代。原则上，从需求者角度来看，商品之间的替代程度越高，竞争关系就越强，就越可能属于同一相关市场。

❷ 王晓晔. 市场支配地位的认定——对华为诉 IDC 一案的看法［J］. 人民司法，2014（4）.

❸ 《国务院反垄断委员会关于相关市场界定的指南》第 2 条规定："科学合理地界定相关市场，对识别竞争者和潜在竞争者、判定经营者市场份额和市场集中度、认定经营者的市场地位、分析经营者的行为对市场竞争的影响、判断经营者行为是否违法以及在违法情况下需承担的法律责任等关键问题，具有重要的作用。"

第五章　基于利益平衡的反垄断法实体规范对标准必要专利滥用的适用

列技术认定为能够满足制造商需求的替代技术；同时存在的同类技术标准中的必要专利技术；能够与标准产品兼容的同类非标准专利技术；在事实标准之外存在的具有较强竞争力的同类技术；在强制性标准即将淘汰或者更新时的同类先进技术；可以在地方标准适用范围以外的地方运用的同类技术。当然，这些技术究竟是否列入同一技术市场范围，关键还要看就制造商的需求满足来说它们与标准必要专利技术是否具有现实的可替代性或者潜在的可替代性。

（2）在相关产品市场界定中协调好私人利益与公共利益。

对标准必要专利许可的当事人来说，专利许可一般有两种模式：一种模式是标准必要专利权人仅仅通过专利实施许可获利，本身并不生产和销售运用该专利的产品，如前述相关案件中的 IDC；另一种模式是标准必要专利权人除通过专利实施许可获利外，自己也生产和销售运用该专利的产品，如前述相关案件中的高通公司。❶ 在这两种模式下商品市场的内容存在差异，在第一种模式下对标准必要专利滥用案件的处理仅涉及前文所探讨的相关技术市场的认定；如果是第二种模式，对标准必要专利滥用案件的处理涉及技术市场和产品市场这两种商品市场的认定。相关产品市场的界定没有特殊之处，通常适用反垄断法界定相关产品市场的一般规则，从需求替代角度或者供给替代角度加以考察，我国反垄断主管部门专门就需求代替性的考量因素作出了较为详细的规定。❷

---

❶ 朱文慧. 标准必要专利权人滥用市场支配地位的判断——兼评华为诉美国交互数字公司上诉案 [J]. 电子知识产权，2014（9）.

❷ 《国务院反垄断委员会关于相关市场界定的指南》结合国内外的反垄断实践就界定时所要考察的因素作了较为细致的规定，其中，从需求代替角度主要考察的因素有：需求者因商品价格或者其他竞争因素变化，转向或者考虑转向购买其他商品的证据；商品的外形、特性、质量和技术特点等总体特征和用途；商品之间的价格差异，通常情况下，替代性较强的商品价格比较接近，而且在价格变化时表现出同向变化趋势；商品的销售渠道，销售渠道不同的商品面对的需求者可能不同，相互之间难以构成竞争关系，则成为相关商品的可能性较小；其他重要因素（由执法者根据具体情况确定，常见的其他重要因素有：需求者偏好或者需求者对商品的依赖程度；可能阻碍大量需求者转向某些紧密替代商品的障碍、风险和成本；是否存在区别定价等）。

173

从私人利益与公共利益平衡的角度考虑，涉及标准必要专利的产品市场范围的界定应当把握以下几个原则：一是基于公共利益优先的思路，反垄断案件处理机构应当努力通过产品市场的界定提升技术标准的公益性。技术标准的公益性体现在其提供的稳定的质量、使用的便利、技术水平的整体提升、规范的生产等方面，这些公益目标的实现依赖于技术标准的顺利实施。基于此，反垄断案件处理机构原则上宜将执行同一技术标准或者同类技术标准的产品确定为同一产品市场，在此基础上再根据其他产品的特点、用途、价格、销售渠道等情况确定是否将其列入同一相关产品市场。将相关产品市场聚焦于执行涉案技术标准的产品，可以促使标准必要专利权人更加规范其许可行为，减少不利于标准的实施和标准必要专利技术推广运用的行为，使有赖于标准推广的相关公共利益得以有效增进。二是相关产品市场的界定应当考虑技术标准的影响力和适用范围。对于影响力很小或者适用范围很小的技术标准，如一些地方标准或者影响有限的事实标准，不宜将相关产品市场的范围限定于执行技术标准的产品，否则会不适当地加重标准必要专利权人的压力，很容易使其正常的牟利行为因相关产品市场范围界定过窄而被判定为滥用市场支配地位的行为。原因在于技术标准化虽然容易消除相关技术市场原本存在的竞争，但这种消极影响并非绝对、彻底的，不同标准及其标准产品和非标准产品之间的竞争仍然会在一定程度上存在，❶ 影响力很小的技术标准不可能排除很多消费者用执行其他同类技术标准的产品满足其需求。三是相关产品市场的界定应当有利于促进技术标准的更新和发展。标准都是有生命周期的，一般会经历萌芽期、成长期、成熟期和衰退期，每个标准都会衰退并被新的标准所取代。❷ 总体上看，技术标准的更新和发展意味着技术标准所促进的公共利益水平的提升，而技术标准更新与发展的源泉在于不同技术标准之间的竞争。如果将执行同类技术标准的产品均划入同一相关产品市场的范围，在标准实施者对现有技术标准或者相关标准专利权人不满时，其通过滥用行

---

❶ 袁波.标准必要专利权人市场支配地位的认定——兼议"推定说"和"认定说"之争［J］.法学，2017（3）.

❷ 舒辉，刘芸.基于标准生命周期的技术标准中专利许可问题的研究［J］.江西财经大学学报，2014（5）.

为规制方式保护自身利益的难度就会比较大,这样就会逼迫他们在现有技术标准之外寻求解决办法,推动新的技术标准的制定,从而在客观上会加快技术标准的更新和发展。而且,这样的界定也能够兼顾现有技术标准必要专利权人的正当获利需求,避免其在特定技术标准产品上的专注与拓展遭到不合理的打压。

2. 在相关商品市场界定时对于不同公共利益的协调

反垄断法的使命在于保护多方面的公共利益。自由竞争是反垄断法所要保护的核心公共利益,同时,在不损害自由竞争的前提下反垄断法还应当促进其他公共利益的发展。从协调自由竞争与其他公共利益冲突的角度考虑,反垄断案件处理机构对于相关商品市场的界定首先就是要尊重和适用反垄断法关于商品市场界定的一般规则,❶ 因为国家在设计这些一般规则时从根本上说就是为了维护自由竞争;当然,反垄断法关于相关商品市场界定的一般规则并非教条、僵化的,而是具有一定的灵活性,其适用需要考虑较多的具体情况,这些具有较大弹性空间的规则可以用来为强调和保护某些公共利益服务。

前文已经述及,公共利益之间冲突的协调应当遵循以自由竞争为核心、实现平行公共利益保护的整体效果最大化的思路。基于此,反垄断案件处理机构在依据反垄断法一般规则界定相关商品市场时,还应当根据标准必要专利的特点,着重从两个角度着手,并在现有规则下作出合理的解释。

(1) 相关商品市场的界定应当以促进自由竞争为基调,在保护传统竞争的基础上致力于推动更高规格的竞争,促进多方面公共利益的提升。标准通常具有统一规范性、广泛适用性、重复使用性,❷ 技术标准的制定与实施是相关公共利益需求的重要体现,技术标准的更新发展与更高水平技术标准的产生往往意味着对于公共利益的保护会提升到新的高度,因此,反垄断案件处

---

❶ 在我国,商品市场界定的一般规则主要体现在《反垄断法》、原国家工商行政管理总局《关于禁止滥用知识产权排除、限制竞争行为的规定》、《国务院反垄断委员会关于相关市场界定的指南》等法律、部门规章或者指导性文件中。

❷ 赵伟,于好. 基于事实标准的竞争战略初探 [J]. 科学学与科学技术管理, 2009, 30 (4).

理机构可以将分属同一领域的不同技术标准的标准必要专利技术界定为同一技术市场，❶ 这样可以促进不同技术标准之间的竞争及技术标准水平的提升，从而使竞争力度的加强与公共利益保护水平的提高有机融合在一起。而且，这种界定既符合技术标准的发展方向，也能够在反垄断法一般规则中找到依据。

这样的界定在我国的一些反垄断法规则中也可以得到体现。❷ 事实上，在技术标准上也有一个需求替代的问题，同类企业，尤其是广大中小企业，在多标准共存的环境下，都面临选择适合自己的技术标准问题，❸ 因此，将同一领域不同技术标准中的标准必要专利技术列入同一相关技术市场，是符合需求替代考量的基本规则的。基于同样的理由，反垄断案件处理机构应当将执行同一技术领域各种不同技术标准的产品列入同一相关产品市场，因为这是消费者在正常情况下考虑替代商品的基本范围；如果某一技术标准因其明显的特殊性或者高水平而使消费者在实际上不会选择执行其他技术标准的商品，则可以将执行该技术标准的商品单独作为一个相关产品市场。这样的产品市场界定也有助于包括标准必要专利权人在内的制造商专注于采用特定技术的产品的生产，为消费者提供更加稳定的产品供给和更好的产品质量保障。比如，就无线通信终端产品而言，根据国家发改委的分析，❹ 一方面，4G通信产品和3G通信产品虽然是升级关系，但在一定期限内从消费者需求的角度看两者仍有替代性，可以作为同一个相关产品市场。另一方面，4G产品相对于2G产品具有较大幅度的提高，技术水平明显不在一个层次，喜好4G产品的

---

❶ 除非由于法律的强制性或者事实标准强大的锁定效应使得技术需求方没有选择的余地。

❷ 从《国务院反垄断委员会关于相关市场界定的指南》第8条第（1）、（2）、（3）和（5）项规定的内容看，这种界定能够获得支撑。

❸ 王季云. 技术标准选择：中小企业竞争的起点——基于公权标准和事实标准的思考［J］. 中南财经政法大学学报，2008（1）.

❹ 国家发改委认为，不同代际的无线通信技术标准存在演进关系，但电信网络运营商升级到新一代无线通信技术标准时，为了保证长达数年的网络升级过程中的代际兼容性，普遍要求无线通信终端必须同时支持上一代无线通信技术标准。参见《中华人民共和国发展和改革委员会行政处罚决定书》（发改办价监处罚〔2015〕1号）。

第五章 基于利益平衡的反垄断法实体规范对标准必要专利滥用的适用

消费一般不会用 2G 产品替代,将 4G 产品与 2G 产品划入同一个相关市场就不是很恰当。就基带芯片产品而言,反垄断案件处理机构则倾向于将执行不同技术标准的基本芯片分别划归不同的产品市场,正是考虑到采用不同技术标准的基带芯片具有明显的特殊性。❶

(2) 相关商品市场的界定应当有助于在特定环境下对于特定公共利益的促进。在特定时期反垄断案件处理机构所要重点促进的公共利益可以是国家高度关注的利益,也可以是社会公众高度关注的利益。只要相关市场的界定不会明显削弱市场竞争,在特定环境下重要公共利益的保障需求就应得到充分的重视。

公共健康在当下是专利权受到限制的重要理由,❷ 当公共健康需要扩大某些标准药品或者环保产品的生产和销售范围时,就可以将相关技术市场界定为特定的标准必要专利技术,至少界定在同一技术标准所吸纳的标准必要专利技术范围内,这样的商品市场界定往往会使标准必要专利权人被认定为具有市场支配地位的经营者的概率大大增加,从而迫使他们在进行专利许可交易时为避免构成滥用行为而更加小心,也就能在一定程度上减少其药品专利技术推广运用的障碍。

面对巨大的经济下行压力和严峻的经济结构调整要求,技术的整体进步具有特别重要的意义,相关技术市场的界定应当有助于这种公共利益的保护。技术标准的产生和迭代是知识创新螺旋上升的过程,技术标准化各阶段与知识创新活动具有一一对应性。❸ 将同一技术领域各种标准所包含的同类标准必要专利界定为同一相关技术市场,在事实上往往会刺激不同技术标准之间的竞争,进而推动整体技术水平的提升。

---

❶ 在高通公司垄断案中,国家发改委认为,由于不同无线通信技术标准依托不同的无线标准必要专利,符合不同技术标准的基带芯片在特性、功能等方面均不相同,因而将该案涉及的基带芯片市场细化为 CDMA 基带芯片市场、WCDMA 基带芯片市场和 LTE 基带芯片市场等三个不同的相关产品市场。参见《中华人民共和国发展和改革委员会行政处罚决定书》(发改办价监处罚〔2015〕1 号)。

❷ 肖海棠. 专利权限制制度比较研究 [D]. 武汉:武汉大学,2010:第四章.

❸ 姜红,孙舒榆,吴玉浩. 知识创新驱动的标准竞争行为研究:生命周期视角 [J]. 情报杂志,2018,37 (11).

国家经济安全事关国家发展的全局，而产业安全则是其支撑，当产业安全面临巨大威胁时，反垄断执法应当在保障产业安全方面发挥相应的作用。对外经济和技术的开放促进了我国产业的发展，但在产业安全保障方面也存在一些隐患。❶ 从中兴通讯事件可以看出，一旦核心技术被境外企业控制，就会对我国相关产业的安全构成严重威胁。中美贸易战最终结局尚未可知，单就中兴事件这一个案，便暴露出我国芯片产业面临非常严峻的安全形势。❷ 从国家经济安全角度考虑，为了防止跨国公司利用标准必要专利控制我国特定的产业或者压制该产业的民族企业，反垄断案件处理机构在特定的案件中有必要将特定的标准必要专利技术单独划分为一个技术市场，这样可以通过严格的市场界定减少跨国公司利用标准必要专利在技术上封锁或者控制我国企业的现象。考虑到高通公司这一大型跨国公司的特殊背景，对于其实施标准必要专利许可对我国经济安全的消极影响不能不令人担心，在就高通公司受到中国发改委调查一事答记者问时，外交部发言人便要求在中国的外国企业必须遵守我国法律规定，不得实施危害包括中方安全在内的中方利益的行为。❸ 在处理高通公司垄断案时，国家发改委强调，唯一性是每一项无线标准必要专利的特点，在它们被相关无线通信技术标准采纳和实施后，没有实际的或者潜在的替代技术，因此，有必要将每项无线标准必要专利许可单独作为一个相关技术市场处理。❹ 这种相关市场的界定实质上也是在一定程度上对于国家经济安全利益的谨慎考虑。

中小企业利益保护一直是反垄断法关注的重点，在我国大力推进大众创

---

❶ 正如有些学者所意识到的那样，随着开放程度的加深，也会暴露一些问题，对民族品牌、国内技术和人才等都会产生一定的负面影响，这是产业开放发展到一定程度后难以回避的现象，威胁产业安全，不利于产业的良性发展。参见：章东明，崔新健. 中国高新技术产业的开放发展与产业安全研究［J］. 国际贸易，2018（12）.

❷ 文炳洲，陈琛. 中兴事件、核心技术与中国集成电路产业——兼论全球化背景下的国家产业安全［J］. 技术与创新管理，2019，40（2）.

❸ 毛启盈. 发改委调查高通中国垄断幕后［EB/OL］.［2019-02-03］. https://www.huxiu.com/article/23819/1.html.

❹ 参见《中华人民共和国发展和改革委员会行政处罚决定书》（发改办价监处罚〔2015〕1号）.

第五章　基于利益平衡的反垄断法实体规范对标准必要专利滥用的适用

业的背景下，这一公共利益的重要性更加凸显出来。中小企业在大多数情况下是市场条件与技术标准的接受者，技术标准成功地推动了全球生产技术发展，但与此同时，它们给我国的企业，特别是在高新技术产业领域的中小企业带来了严峻考验；一旦市场垄断加剧，中小企业将会更加举步维艰。❶ 因此，在很长一段时间内，我国必须在技术标准的实施方面为中小企业创造良好的环境，为适应这一需要，反垄断案件处理机构对于标准必要专利许可相关技术市场的认定需要从严把握，可以将特定的标准必要专利技术界定为独立的相关技术市场，这样能够在一定程度上减少标准必要专利权人针对中小企业的恣意行为。当然，在个案中对于某一种特定公共利益的关注也应当从反垄断法认定相关市场的一般规则中找到依据。就我国来说，主要是根据《国务院反垄断委员会关于相关市场界定的指南》的相关规定对于认定结果进行合理的解释。❷ 从2G到3G，再到4G，芯片一直是阻碍我国手机产业发展的不利因素之一；中小企业在国内半导体公司中居大多数，营业额超过亿元的国内半导体企业的数量很少；而且，从当时情况看，只有10%是由国内芯片企业提供的。❸ 在这样的背景下，国家发改委在处理高通公司垄断案时将技术市场界定在较小的范围内，是有利于中小企业利益的促进的。

　　上述多方面的公共利益对于相关商品市场范围的界定要求可能会存在差异或者冲突，对于这些平行公共利益保护需求，反垄断案件处理机构要从整体效益最大化的角度加以考量。如果某种商品市场界定能够促进的公共利益种类最多，就宜作为最佳选择。从前述分析可以看出，当前将标准必要专利相关的商品市场作较小范围的界定，能够满足更多的公共利益保护需求，这可能也是我国司法机关和行政执法机关更倾向于对商品产品市场（尤其是技

---

❶　齐欣，王策. 技术标准对我国中小企业出口收益影响研究——基于高新技术领域中小企业的经验分析［J］. 财经问题研究，2015（4）.

❷　为服务于以上几种特定公共利益需求而进行的相关市场界定，通常可以从《国务院反垄断委员会关于相关市场界定的指南》第8条第1款的第（1）、（2）、（5）项及第2款的规定得到解释。

❸　萧然. 政府将十年投1万亿扶持半导体产业［EB/OL］. ［2022-08-05］. https：//club.mscbsc.com/t494052p1.html.

179

术市场）作较小范围解释或者认定的重要原因。

（二）在地域市场界定中的利益平衡

1. 仅涉及标准必要专利技术的情形

就技术市场地域范围的界定来说，考虑到技术交易及其竞争的全球化趋势，技术交易方式的趋同性，以及技术的无形性及由此导致的在不同国家之间进行技术交易所存在的较小障碍，对于技术需求方而言，来自不同国家的同类技术具有较强的替代性，可以将中国和有同类技术供给的其他国家划分为同一个地域市场。事实上，我国法院在审理涉及标准必要专利滥用案件时对于地域市场的界定也是这样做的。❶ 这样的地域市场界定既尊重了竞争的客观情势，也符合利益平衡的基本要求。无论是法律的制定，还是法律的实施，必须考虑相关的各方面利益，妥善处理各种相关主体的利益关系，对各种利益保护需求进行充分的评估、衡量和选择，努力做到法律所调整的各主体各得其所，不能过于照顾任何一方，也不能对任何一方造成过分的损害。❷ 在处理标准必要专利权人的个体利益和社会公共利益的关系时，要如冯晓青教授所说的那样，既要重视每个人利用自己的时间为公众服务的贡献，使他们获得其劳动的正当价值和报酬，也不能忽视包括艺术等在内的整个社会的进步。❸

将中国和有替代性技术供给的国家列为同一个地域市场，对于标准必要专利权人无疑是有利的，他们被界定为具有市场支配地位的概率减少，他们在标准必要专利许可中的既得利益更容易得到保护。对于技术市场的地域范围作这样的界定，对于以自由竞争为核心的诸多公共利益也能发挥一定的促进作用：首先，在一定的意义上可以有效促进市场竞争。它有助于激励更多的境外技术拥有者将其高水平技术输出到中国市场，也会引导中国企业寻求从境外引入替代性技术，从而使中国市场技术竞争的强度有效提升。而且，这种地域市场界定可能引发的标准必要专利权人在专利许可过程中的一些苛

---

❶ 在华为诉 IDC 公司滥用市场支配地位一案中，法院将中国和美国共同界定为一个地域市场，参见广东省高级人民法院（2013）粤高法民三终字第 306 号民事判决书。

❷ 吕明瑜. 论知识产权垄断法律控制的理论基础 [J]. 河北法学，2009，27（2）.

❸ 冯晓青. 知识产权法利益平衡理论 [M]. 北京：中国政法大学出版社，2006：11.

求行为往往会激发或者迫使技术需求企业单独或者联合加大自主创新及另行构建技术标准的行为，对国内企业技术竞争能力的提升起间接促进作用，也有助于提高国内市场技术竞争强度及技术标准的竞争程度。❶ 另外，国内技术市场竞争强度的提升又能够提高整个市场经济的竞争水平，因为市场经济发展的进程表明，近现代科学技术的发展以及科学技术的经济功能作用促进了现代市场经济的确立、发展与深化。❷ 其次，对于我国企业整体技术水平的提高具有一定的促进作用。知识产权的立法目标不是简单地对私人的智力劳动成果或商业标记提供一种独占性的权利保护，还要通过垄断性权利的赋予激励权利人的创作或者创造，为公众贡献更多的知识，从而推动整个社会的科技和文化进步。❸ 前述的地域范围界定可以激励更多的国外先进技术输出或者引进到中国，还能增强国内技术需求企业自主创新的意识，恰好能够与知识产权法促进整个社会科技进步的目标相切合。最后，能够更好地满足消费者的需求。有的时候，采取一些看似对于标准必要专利权人宽松的政策，对于广大的消费者未必不是好事，特别是在满足消费者更好的生活需要方面的作用。当前，人民日益增长的美好生活需要和不平衡不充分的发展之间的矛盾已经成为我国的社会基本矛盾，全社会更加重视发展的质量与效益，人民生活的内涵、品质与价值也更受关注。❹ 消费者对于更高技术水平、更高质量商品的需求正是人民美好生活需求的重要体现，将技术市场的地域范围界定为中国和替代性技术来源的相关国家事实上是在消费者层面上应对社会基本矛盾的重要举措，因为这样的地域市场界定能够在实质上扩大技术竞争的范围，

---

❶ 比如，针对像高通公司的专利技术网络，我国企业可以采取迂回战术，绕过专利障碍的战略，如改变或者放弃专利权利要求中某个或者某些必要技术特征，开发不抵触的技术，使用与专利不抵触的替代技术或者在不受专利地域保护范围内使用他人专利等。参见：冯晓青，陈啸，罗娇. "高通模式"反垄断调查的知识产权分析——以利益平衡理论为视角 [J]. 电子知识产权，2014（3）.

❷ 舒少泽. 科学技术对市场经济的影响 [J]. 学习月刊，2012（12）.

❸ 冯晓青，陈啸，罗娇. "高通模式"反垄断调查的知识产权分析——以利益平衡理论为视角 [J]. 电子知识产权，2014（3）.

❹ 赵中源. 新时代社会主要矛盾的本质属性与形态特征 [J]. 政治学研究，2018（2）.

增加技术来源的渠道，加快技术发展的进程，从而更好地满足消费者多样化和高品质的需求。

尽管在界定市场范围时值得反垄断案件处理机构考量的因素有很多，但究竟哪些因素应当被重点关注，应当做到具体问题具体分析。❶ 这一思路对于协调和保护特定的公共利益具有重要意义。在界定技术市场的地域范围时，为了保护特定的公共利益可以将某些因素作为重要的依据，只要这种界定的结果没有在实质上消除或者明显削弱相关市场的竞争。

比如，当我国特定的重要产业遭遇国外技术封锁时，如果对于境内标准必要专利持有人采取宽松的政策，很可能出现标准必要专利技术在特定重要产业推广不力从而阻碍该产业发展的问题。在这种形势下，出于保护特定重要产业的发展并带动经济增长的整体需要，就可以侧重对于技术封锁因素的考察，并以此作为重要依据，将技术市场的地域范围界定为国内市场或者有限的几个相关国家市场。从这种利益平衡的思路看，我国国家发改委在处理高通公司垄断案时认为"单独构成一个独立相关产品市场的每一项无线标准必要专利的地域市场均为一个特定的国家或者地区"，❷ 无疑具有一定的合理性。在华为诉IDC公司垄断案中，IDC公司在上诉中主张技术市场的地域范围应当是全球，认为一审法院将地域市场限定为中国和美国有误，二审法院并未认可该主张；❸ 从维护竞争并同时促进我国特定重要产业发展的角度考虑，该案一审法院和二审法院的做法具有较强的正当性。

又如，如果境内外同类技术的价格差别很大，相互之间的替代性就会明显降低。多年来，一些跨国公司在进行技术许可时实行区别定价，导致其在中国收取的许可费比在境外收取的许可费高得多，这些过高的技术成本又会通过产品价格转嫁给最终的消费者。就像在医药行业，跨国公司在发展中国家的新药价格比欧美市场上的价格要高，这最终导致了发展中国家的居民成

---

❶ 根据《国务院反垄断委员会关于相关市场界定的指南》第8条第3款规定，任何因素在界定相关商品市场时的作用都不是绝对的，可以根据案件的不同情况有所侧重。

❷ 参见《中华人民共和国发展和改革委员会行政处罚决定书》（发改办价监处罚〔2015〕1号）。

❸ 广东省高级人民法院（2013）粤高法民三终字第306号民事判决书。

为新药研发投入的主要买单者。❶ 面对拥有标准必要专利的跨国公司实行幅度很大的差别定价的行为，出于加强对我国消费者利益保护的需要，反垄断案件处理机构完全可以将区别定价作为重要依据，将技术市场的地域范围界定在我国的境内。

再如，需求者对某类技术的偏好或者对于特定来源技术的依赖，也是划分技术市场地域范围需要考量的重要因素，当这种偏好关系特定的公共利益时，也可以将这一因素作为地域市场界定的重要依据。比如，出于国家安全考虑，某些行业可能偏好于采用国内企业的技术成果，为了防止国内标准必要专利技术的拥有者借此谋求超额利润而损害国家安全，就可以从技术偏好的角度缩小技术市场的地域范围，将该地域市场界定在国内市场。

2. 同时涉及标准必要专利技术及运用该技术生产的产品的情形

如果标准必要专利持有人除了提供技术外，自身还生产或者销售使用标准必要专利技术或者同类技术的产品，反垄断案件处理机构就需要对相关产品市场的地域范围进行界定。与技术市场地域范围的界定主要以制造商的技术需求替代性为标准不同，产品市场地域范围的界定则主要以消费者的需求替代性为标准。从消费者需求替代性的角度，结合利益平衡的需要，标准必要专利关联的产品市场的地区范围可以界定为三种情况。其一，国内特定的区域。不同类型的标准适用的地域范围有一定的差异，地域差异对标准必要专利地域市场界定至关重要。❷ 但并非适用地方标准的产品的地域市场就一定是特定的区域，只有地域差异必须对于消费者的需求具有决定性影响，才能将产品的地域市场界定为国内某一特定区域。导致可以将某一特定区域界定为一个相关地域市场的地域差异主要是指：产品具有较强的地方特色，该产品通常只有当地消费者使用，且当地消费者对于本地产品具有明显的偏好。其二，整个中国的地域范围。考虑到当前物流的便利及物流成本对于一般产品的价格不会造成巨大影响，一般产品的地域市场宜界定为全国范围。其三，

---

❶ 王新华，梁伟栋. 知识产权法律保护的经济学分析——以利益平衡观为视角 [J]. 江西社会科学，2011, 31 (6).

❷ 仲春. 标准必要专利相关市场界定与市场支配地位认定研究 [J]. 知识产权，2017 (7).

整个世界范围。这种产品市场地域范围的界定主要适用于通过互联网提供的服务，因为考虑到互联网的便捷性、开放性及跨境成本低等特点，通过互联网提供的同类服务产品更容易在世界范围内实现替代，除非某些通过互联网提供的服务具有明显的国别特色，如以某国特有的语言提供的网络服务。

　　与技术市场地域范围的界定一样，产品市场地域范围的界定也可以根据公共利益保障的需要进行适当的调整。比如，对于网络服务市场的地域范围就可以基于国家安全保障的需要而做一定调整。网络舆情监控是互联网时代国家安全和社会稳定的基石，网络舆情监控的实施需要充分的法律依据，而中国目前这方面直接的立法较为缺乏。❶ 在没有直接立法的情况下，在网络服务领域保障国家安全的需要就要借助一些关联法律的实施得以实现，其中包括反垄断法的实施。在适用反垄断法对于标准必要专利技术相关的网络服务市场的地域范围进行界定时可以基于国家安全保障的需要进行一些灵活的处理。但是，这种灵活处理必须于法有据，要本着反垄断法规定的界定地域市场的基本依据，那就是网络服务消费者需求的替代性，只不过在判定消费者需求的替代性时要将国家安全保障对于消费者需求的影响作为一个重要考量因素。随着法理念向"安全优先，兼顾隐私和产业利益"更新，全球范围内的网络监控法律正经历现代化的范式革命，各国选择法治化模式，明确通信业者的协助义务和政府责任，以优先保障安全利益。❷ 在这样的大背景下，鉴于境外一些网络服务对国家安全保障的威胁较大、安全风险防范难度较大等原因，境内网络服务和境外网络服务的替代性就会明显削弱，将特定的网络服务市场的地域范围界定为国内市场便具有更大的合理性。这样的地域市场界定也便于加强拥有标准必要专利技术的境外网络服务提供者在我国境内网络服务行为的监督，尽可能消弭危及境内网络安全的境外因素。

---

　　❶ 周松青. 中美网络舆情监控法律规制比较研究 [J]. 社会科学战线，2017（12）.
　　❷ 王新雷，王玥. 网络监控法之现代化与中国进路 [J]. 西安交通大学学报（社会科学版），2017，37（2）.

二、在市场支配地位判定中的利益平衡

(一) 市场支配地位认定的一般条款与利益平衡

无论是从国内外的反垄断立法看,还是从反垄断司法实践考察,在认定市场支配地位时,都存在一个一般性规则。我国《反垄断法》规定了市场支配地位认定的一般条款:"本法所称市场支配地位,是指经营者在相关市场内具有能够控制商品价格、数量或者其他交易条件,或者能够阻碍、影响其他经营者进入相关市场能力的市场地位。"[1] 我国的这种规定借鉴了欧盟竞争法的经验。[2] 欧共体委员会在其 1972 年大陆罐一案的决定中指出,"一个企业如果有能力独立地进行经济决策,即决策时不必考虑竞争者、买方和供货方的情况,它就是一个处于市场支配地位的企业"。[3] 美国的反垄断法一般不使用"市场支配地位"一词,而是使用垄断力或者市场力概念,垄断力一般被理解为企业在相关市场上能够"控制价格或者排除竞争"的一种力量,[4] 其含义与欧盟的"市场支配地位"大体相当。可见,在各类垄断案件中,认定市场支配地位的基本依据是立法规定的一般条款;[5] 在处理标准必要专利权人的市场支配地位认定问题时,自然也要以反垄断法的一般条款作为基本依据。对标准必要专利来说,权利人并不会因为拥有标准必要专利而直接被认定为具有市场支配地位的经营者,反垄断案件处理机构仍然应当依据法律规定和通行原则对其市场地位进行分析。[6]

从各国反垄断实践情况看,除非经营者明显符合推定经营者具有市场支配地位的法定情形,否则反垄断案件处理机构通常按照法律规定的市场支配地位的一般条款来分析和判定经营者的市场地位。法律规定的一般条款通常

---

[1] 参见我国《反垄断法》第 22 条第 3 款之规定。

[2] 王晓晔. 市场支配地位的认定——对华为诉 IDC 一案的看法 [J]. 人民司法, 2014 (4).

[3] 1972C. M. L. R. DII, para. II. 3.

[4] M. A. Utton. Market Dominance and Antitrust Policy. 2nd Edition. 2003:30–31.

[5] 也可能是反垄断案件处理机构在长期司法实践中形成的一般条款。

[6] 朱文慧. 标准必要专利权人滥用市场支配地位的判断——兼评华为诉美国交互数字公司上诉案 [J]. 电子知识产权, 2014 (9).

具有较强的概括性、抽象性和开放性，也就具有较大的弹性空间，这就为利益协调提供了较好的条件。反垄断法包含多元的价值目标，那么如何在同一法律中对于不同的价值目标进行选择或者重点关注呢？反垄断立法的应对方法就是充分利用规则的模糊性。❶ 反垄断法关于市场支配地位认定的一般条款具有这种模糊性，适于作为对不同利益目标的冲突进行协调的工具。从我国《反垄断法》关于市场支配地位的一般条款的内容看，其要义为两个方面：一是经营者的控制能力；二是经营者的阻遏能力。❷ 这两个方面的解释均具有模糊性，可以根据标准必要专利滥用案件的具体情况加以阐释，以便实现利益平衡的目标。

在认定经营者的控制能力时，可以根据利益平衡的需要对于此种控制能力作一些有倾向性的解释。标准必要专利兼具公共属性与私权属性，涉及自由竞争与知识产权保护两个方面。❸ 在标准必要专利滥用行为的反垄断法规制中首先就面临专利权人个体利益与标准相关的公共利益的协调问题。在对涉及知识产权的垄断行为进行规制时，反垄断案件处理机构应当寻找知识产权法与反垄断法最佳平衡点，实质上也就是知识产权人的利益与相关公共利益的平衡点。❹ 个体利益与公共利益平衡协调的基本方法就是合理地评估标准必要专利权人对于相关市场交易的真实控制能力。不能因为技术标准的假象就一律认定专利权人具有市场交易的控制能力，这样会使那些事实上没有较强控制能力的标准必要专利权人受到严重的限制或者不应有的制裁，他们在技术标准化中的应有利益得不到保障，从而挫伤他们热衷于技术创新和追求技

---

❶ 王翀. 论反垄断法的价值目标冲突及协调 [J]. 政法论丛，2015 (3).

❷ 前者主要指经营者自身控制商品价格、数量或者其他交易条件的能力，后者主要指经营者阻碍、影响其他经营者进入相关市场的能力。

❸ 叶高芬，张洁. 也谈标准必要专利的禁令救济规则——以利益平衡为核心 [J]. 竞争政策研究，2016 (5).

❹ 一方面，知识产权人的利益必须得到充分保障，以使创造性劳动得到公平的补偿，从而进一步刺激智力创造活动，增进人类知识宝库；另一方面，也需要切实禁止妨碍技术革新、危害自由与公平竞争的行为，以实现社会资源的有效配置，确保公平竞争的市场秩序。参见：吕明瑜. 论知识产权垄断法律控制的理论基础 [J]. 河北法学，2009，27 (2).

第五章　基于利益平衡的反垄断法实体规范对标准必要专利滥用的适用

术标准化的热情，技术整体进步和消费者的使用便利等公共利益也会因此受到阻滞。在技术标准的市场中，如果标准已经成为市场中唯一的或者少数的几个"领导技术"，则他们便会有动力去实施反竞争的行为。❶ 也就是说，在客观地评价标准必要专利权人的市场控制能力时，技术标准在同类技术市场中的地位是一个重要因素，如果同一技术领域有多个技术标准的存在，仅仅在某一技术标准中拥有标准必要专利的权利人拥有市场控制能力的难度是很大的，除非其在其他方面具有强大的实力或者明显的优势。客观地评价标准必要专利权人的市场控制能力还要关注其专利在特定技术标准中的地位和份额。技术标准涉及的专利越少，专利权人通过技术标准控制市场的能力就越强；反之，因其专利的实施受到同一技术标准中其他较多专利权人的牵制，就很难形成较强的控制市场的能力。❷

在认定经营者的控制能力时，可以根据需要体现出一定的利益偏向。当专利权人已经通过技术标准使其技术创新获得足够的利益回报时，专利权人所重点追求的经济利益已经得到较好的保护，反垄断案件处理机构对于市场支配地位一般条款的适用就可以偏向某一种或者某些公共利益的保护。比如，为了加强对消费者利益的保护，对于我国《反垄断法》规定的"能够控制商品价格、数量或者其他交易条件"，可以重点考察专利权人控制商品价格的能力；为了促进标准必要专利的推广运用和技术的整体进步，可以重点考察专利权人控制商品数量的能力；为了增强特定技术市场和相关产品市场的自由竞争程度，使社会同时必须保持竞争的充分性和市场的开放性，为每一个人追求自己珍视的生活幸福创造机会，❸ 应当全面考察商品价格、商品数量和其他交易条件，对于其中任一交易条件具有较强的控制能力的，都可认定专利

---

❶ 时建中，陈鸣．技术标准化过程中的利益平衡：兼论新经济下知识产权法与反垄断法的互动［J］．科技与法律，2008（5）．

❷ 比如，自愿性标准化过程的开放性和企业的广泛参与，决定了一项标准中彼此间存在互补关系的必要专利通常分别由多个权利人拥有；在这种情况下，当各个权利人设定其专利许可费费率时，就必须考虑其他必要专利持有人的定价情况。参见：韩伟，尹锋林．标准必要专利持有人的市场地位认定［J］．电子知识产权，2014（3）．

❸ 徐孟洲．论我国反垄断法的价值与核心价值［J］．法学家，2008（1）．

权人具有市场支配地位,特别是在"其他交易条件"方面作较多的考察,广泛收集专利权人具有较强控制能力的证据。在技术标准实施初期,在没有明显损害公共利益的前提下可以考虑对于专利权人给予更多的保护,此时对于"能够控制商品价格、数量或者其他交易条件"的解释可以较为严格一些。比如,着重考察专利权人是否对于两个以上的交易条件具有控制能力;再如,对于价格控制能力或者数量控制能力的认定从严把握,必须是专利权人对于商品价格的变动、商品数量的变化能够决定性的作用才可以认为专利权人具有控制能力。

在认定经营者的阻遏能力时,现有的规定同样可以为反垄断案件处理机构偏向特定的利益保护提供较大的弹性空间。我国《反垄断法》将阻遏能力描述为"能够阻碍、影响其他经营者进入相关市场能力",何为"影响"?"影响"到什么程度?"阻碍"和"影响"是什么关系?这些都可以成为反垄断案件处理机构在利益平衡时进行灵活处理的法律依据。如果反垄断案件处理机构意欲在特定背景下侧重对公共利益的保护,就可以将与专利权人有关的一切可能"影响"其他经营者进入标准必要专利相关市场的因素都考虑在内。比如,考虑到许可谈判的强势表现说明可能存在市场支配力,❶反垄断案件处理机构甚至可以将专利权人的谈判能力、以往与被许可人谈判的经验等作为影响因素。相反,如果反垄断案件处理机构认为有必要在特定的条件下激励专利权人,就可以将这种能力限制在"阻碍"上,并主要考察专利权人对于其他经营者进入标准必要专利相关市场的直接阻碍作用。比如,专利权人是在相关技术标准中唯一拥有标准必要专利权的经营者,且该技术标准是该领域唯一的标准。反垄断法所保护的多元化公共利益既有相互协调、共同增进的一面,又存在相互冲突的一面。以欧盟竞争法为例,其在实践中也存在一些价值层面上的争议,如有人认为,借助反垄断机制,就能够将资源和劳动力从不景气的产业吸引到朝阳产业,竞争的这种传统作用,在近年来得到了非常显著的强化;但是,自由竞争与保护消费者权益哪一个更重要?这

---

❶ 仲春. 标准必要专利相关市场界定与市场支配地位认定研究 [J]. 知识产权,2017 (7).

一直是欧盟竞争法在价值协调中试图解决的焦点问题。❶ 这种多元化公共利益之间的复杂关系同样存在于我国和其他国家。面对存在一定冲突的两种以上公共利益关系的处理，我国《反垄断法》上述有关阻遏能力的一般性规定也可以发挥一定作用。当反垄断执法机关认为在特定条件下需要重点保护某种公共利益时，就可以将对于这种公共利益有较大影响的因素在认定专利权人是否具有"阻碍、影响其他经营者进入相关市场能力"时加以重点关注。比如，当因为特定疾病的治疗需要更多医药企业使用标准必要专利技术生产某种药品时，就可以将其他医药企业研发同类药品的能力及研发速度作为上述"影响"因素予以考虑，即便这种研发能力的强弱不会给整个相关市场的竞争带来较大的变化；再如，在特定产业中小企业发展面临巨大困难时，从促进中小企业发展的角度考虑，可以将中小企业支付专利许可费的能力作为重要的"影响"因素加以考虑。

（二）市场支配地位的推定标准与利益平衡

为了提高市场支配地位的认定效率，很多国家或者地区在反垄断立法或者实践中依据一般条款的精神将一些明显可以反映经营者具有突出市场地位的情形作为推定经营者具有市场支配地位的依据。在确定市场支配地位推定标准的考察因素时，市场份额受到了高度的认同。在实践中，各个案件涉及的相关市场差异较大，在分析时很难形成一定的共性，但其中有一种方法经常被使用，那就是先依据市场份额作出市场支配地位的推定，再要求被控垄断者提供反证确定其是否真正具有市场支配地位。❷ 在美国，市场支配力的存在通常也是依据经营者在市场上占有支配性的份额推定的。❸ 在欧盟，欧洲法院一般认为，占有40%~65%的市场份额就能很好地说明一个企业占有市场支

---

❶ 游钰. 欧共体宽恕政策的最新发展及其启示——兼论我国的反垄断宽恕政策 [J]. 经济法论丛，2008（2）.

❷ 刘贵祥. 滥用市场支配地位理论的司法考量 [J]. 中国法学，2016（5）.

❸ Eastman Kodak Co. v. Image Technical Services, Inc., 504 U.S. 451, 464, 112 S. Ct. 2072, 119L. Ed. 2d 265（1992）.

配地位;❶ 如果一个企业仅仅占有 10%~40% 的市场份额，就不能得出这样的结论。❷ 在日本，企业是否处于"垄断状态"，其判断的重要依据也是市场份额（市场占有率），依《日本禁止垄断法》的规定，在一年内一个企业的市场占有率超过 1/2 或者两个企业各自的市场占有率的总和超过 3/4 的，即为处于"垄断状态"。❸ 我国《反垄断法》明确将市场份额作为经营者具有市场支配地位的推定依据，规定了三种可以推定经营者具有市场支配地位的情况。❹ 境内外的立法和实践情况表明，虽然市场份额在认定经营者市场地位时是市场支配地位推定的重要依据，但不同国家或者地区为市场支配地位所设定的具体市场份额（比例）并不相同。

在适用市场份额推定标准时，就必然涉及市场份额的计算依据问题。在欧盟，就市场份额的计算依据来说，如果可以获得销售额数据，这里的市场份额一般依据销售额计算；如果不能获得销售额数据，则依照市场销售量等数据估算。❺ 对技术市场而言，确定经营者专利技术的市场影响力的主要指标有两个：一是许可使用费的比例；二是下游产品的市场销售额。❻ 欧盟采用了后一种，根据使用相关技术的产品在下游产品市场的销售额来作为技术市场份额计算的依据。❼

从各国或者地区有关市场份额标准的规定或者实施情况看，在认定经营者的市场地位时市场份额的作用并非绝对的。有时即便市场份额很高，也并

---

❶ T. Naecke. Abuse of Dominant Positions: Recent Developments, in the Proceedings of the Symposium on Competition Policy in a Global Economy [R]. Pacific Economic Cooperation Council, 1995-04: 59.

❷ I. Van Bael, J. F. Bellis. Competition Law of the EEC. 2nd edn. CCH, 1990: para. 248.

❸ 参见《日本禁止垄断法》第 2 条第 7 项之规定。

❹ 《反垄断法》第 24 条第 1 款规定，"有下列情形之一的，可以推定经营者具有市场支配地位：（一）一个经营者在相关市场的市场份额达到二分之一的；（二）两个经营者在相关市场的市场份额合计达到三分之二的；（三）三个经营者在相关市场的市场份额合计达到四分之三的"。

❺ 许光耀. 欧共体竞争立法 [M]. 武汉：武汉大学出版社，2006：207.

❻ 朱文慧. 标准必要专利权人滥用市场支配地位的判断——兼评华为诉美国交互数字公司上诉案 [J]. 电子知识产权，2014（9）.

❼ 参见欧盟《有关技术转移协议适用欧盟条约第 81 条指南》第 23 段。

第五章　基于利益平衡的反垄断法实体规范对标准必要专利滥用的适用

非可以不考虑其他因素而直接认定经营者具有市场支配地位。❶ 我国《反垄断法》对于虽然经营者具有较大市场份额但不能推定其具有市场支配地位的情形作出了明确规定。❷ 在欧盟，从一些反垄断案例情况看，企业的市场份额虽然是推定其市场地位的极其重要因素，但反垄断案件处理机构并未将该因素绝对化，也未将它作为唯一因素，其理由是，市场份额基本上是对企业过去竞争力的反映，不能准确地说明企业今后的市场地位。❸ 根据欧共体法律的规定，企业市场份额如果达到65%，则可推定其市场支配地位的存在，特别是当竞争者的力量都相当小时，更是这样。❹ 也就是说，如果竞争对手的力量很强大，一个市场份额达65%的企业仍有可能不被认定为具有市场支配地位。

市场支配地位的推定标准也被运用于标准必要专利滥用的反垄断规制过程中。在华为诉IDC公司垄断案中，法院对于IDC公司在3G标准中每一标准专利市场中的地位作了这样的推定。❺ 在高通垄断案中，国家发改委对高通公

---

❶ 正如有学者所说，即使一个企业在特定的市场上占有90%～100%的市场份额，拥有事实上的垄断地位，仍然有必要考察是否存在阻碍潜在竞争企业的"市场进入障碍"，即是否还可能有新的企业进入相关市场。参见：仲春．标准必要专利相关市场界定与市场支配地位认定研究［J］．知识产权，2017（7）．

❷ 我国《反垄断法》第24条明确规定，在涉及多个经营者时，如果"其中有的经营者市场份额不足十分之一的，不应当推定该经营者具有市场支配地位"。而且，"被推定具有市场支配地位的经营者，有证据证明不具有市场支配地位的，不应当认定其具有市场支配地位"。

❸ 王晓晔．欧共体竞争法［M］．北京：中国法制出版社，2001：233-234．

❹ 许光耀．欧共体竞争法通论［M］．武汉：武汉大学出版社，2006：378．

❺ 法院认为，IDC公司拥有全球（包括中国和美国）3G无线通信领域WCDMA、CDMA2000、TD-SCDMA标准中的必要专利，基于3G标准中每一个必要专利的唯一性和不可替代性，IDC公司在3G标准中的每一个必要专利许可市场均拥有完全的份额，其在相关市场内具有阻碍或影响其他经营者进入相关市场的能力。参见广东省高级人民法院（2013）粤高法民三终字第306号。

司在每项无线标准专利许可市场和基带芯片市场的地位也进行了这样的推定;❶ 正是因为高通公司在相关市场上的显著份额,国家发改委的认定结果很少遭受怀疑。❷ 一般来说,在相关产品市场或者相关技术市场上,当某一个标准专利权人的市场份额太高时,如果不将其作为具有市场支配地位的经营者处理,以便对其市场行为加以严格监管,往往显得不太合理,因为处于这种状态下的标准专利权人更有可能造成诸多消极影响;单一企业在特定技术市场上的过度垄断,既对消费者不利,也会对其他企业的发展造成障碍。尤其值得注意的是,从长远利益考虑,这种状态对于更多新技术的诞生也会造成阻碍,因为从新技术产生、应用和推广的需要来说,相对分散的产业结构显然要优于绝对集中的产业结构。❸

但是,反垄断案件处理机构应当恰当地适用市场份额推定标准,不能机械地将市场份额的影响绝对化,这也是很多国家反垄断立法和执法的基本态度。一方面,个人权利总是要面对其他同等价值的权利以及社会利益,❹ 但并非个人权利的行使就一定只会损害相关社会利益,有时反而会具有增进相关公共利益的作用。知识产权也是这样,整个社会可能会因为这种独占权而获得一部分本来难以获得的福利,知识产权所造成的这种代价被称为"静态效

---

❶ 国家发改委认定美国高通公司具有市场支配地位,也是基于其突出的市场份额,发改委认为在当事人持有的每一项无线标准必要专利许可独立构成的相关产品市场,当事人均占有100%的市场份额,可以推定当事人在无线标准必要专利许可市场具有市场支配地位;根据Strategy Analytics发布的报告,在2013年第三季度全球基带芯片领域,高通公司市场占比提升到66%,而在2013年10月中国移动TD-LTE终端招标中,高通公司大获全胜,获得超过60%的份额,这是发改委认定其在基带芯片市场具有支配地位的依据。参见《中华人民共和国国家发展和改革委员会行政处罚决定书》(发改办价监处罚〔2015〕1号)。

❷ 朱文慧. 标准必要专利权人滥用市场支配地位的判断——兼评华为诉美国交互数字公司上诉案 [J]. 电子知识产权,2014 (9).

❸ 王新华,梁伟栋. 知识产权法律保护的经济学分析——以利益平衡观为视角 [J]. 江西社会科学,2011,31 (6).

❹ Ch. Geiger. Intérêt général, droit d'accès à l'information et droit de propriété, La propriété intellectuelle analysée à la lumière des droits fondamentaux [M] //M. Buydens, S. Dusollier. L'intérêt général et l'accès à l'information en propriété intellectuelle. Brussels, Bruylant, 2008: 177.

第五章　基于利益平衡的反垄断法实体规范对标准必要专利滥用的适用

率损失"。另一方面，在静态效率损失之外却能够产生相应的"动态效率收益"，即知识产权在产生垄断租金的同时却能够激励更多的创新在未来诞生。❶ 在有利益平衡需要时，反垄断案件处理机构更应当注重对于有抵消市场份额影响的因素或者有利于需要重点保护之公共利益的因素的考察。

标准必要专利权人虽然具有较高的市场份额，但如果其专利许可行为能够在没有明显损害竞争的前提下促进一些公共利益的实现，特别是能够增进国家和社会特别关注的公共利益，则这种专利权的行使就具有较强的正当性。社会功能是任何法律规则所固有的；在知识产权面临严重合法性危机的时代，社会功能的恢复使普遍的伦理规则成为争论的中心，这关系到知识产权是否能够重新获得社会长久的认同。❷ 由于技术标准本身具有一定的社会功能，标准必要专利许可行为在事实上协调了个体利益与公共利益，理应受到反垄断案件处理机构的宽容，在对于占据较大市场份额的标准必要专利权人的市场地位判定时体现出更大的灵活性。这种灵活处理的方式主要是从两个方面寻求否定以较大市场份额推定标准必要专利权人市场支配地位的依据：一是存在能够严重削弱标准必要专利权人影响的因素，包括对市场份额的影响因素和对其相关市场地位的影响因素；二是标准必要专利权人较高的市场份额有助于体现竞争效果的相关公共利益的实现。

（1）是否存在可以明显削弱标准必要专利权人市场份额及其影响的外在竞争或者对抗因素。在我国，如果明显存在这些因素，就可以适用《反垄断法》第19条所规定的"被推定具有市场支配地位的经营者，有证据证明不具有市场支配地位的，不应当认定其具有市场支配地位"。就标准必要专利权人而言，对抗因素主要来自被许可人的对抗；如果标准必要专利权人面对的是若干有专利技术需求但实力强大的被许可人，其较大市场份额所造就的市场

---

❶ 王新华，梁伟栋. 知识产权法律保护的经济学分析——以利益平衡观为视角 [J]. 江西社会科学，2011，31（6）.

❷ Christophe Geiger. The Social Function of Intellectual Property Rights, Or how Ethics can Influence the Shape and Use of IP law [EB/OL]. [2022-08-05]. Max Planck Institute for Intellectual Property and Competition Law Research Paper No. 13-06. http：//ssrn.com/abstract=2228067.

地位很难在许可谈判中显现出来,这种表面上优越的市场地位实际上并不能产生一般的市场支配地位所具有的效果。被许可人的对抗能力还有多种体现,比如被许可人转向其他技术标准的能力,在考察这种转换能力时反垄断案件处理机构应当对于新办企业与旧企业、被锁定企业与未被锁定企业作适当区分。如果标准必要专利权人面临较大的外在竞争压力,其巨大市场份额及其所带来的市场地位也是比较脆弱的,甚至是暂时的、随时可能发生较大变化的。标准必要专利权人的市场份额及相应的市场地位通常是技术标准造就的,威胁也来自技术标准内外。即便拥有较高市场份额,并非任何标准必要专利权利人都必然会占据市场支配地位,因为来自标准内外两方面的竞争会对标准必要专利许可形成较大的约束。❶

在标准内部存在多样化的竞争。一种竞争发生在同一技术标准的不同专利权人之间。因为各自的标准必要专利相互制约,每个专利权人在设定专利许可费率时通常要了解和分析其他专利权人的定价情况,否则,在各自盲目定价的状态下很容易导致技术标准的专利许可费总额过高,从而损害该技术标准的普及,作为标准成员之一的专利权人,其自身利益自然会遭受严重损失。❷ 而且,在同一技术标准中,不同经营者之间还存在将自身专利纳入标准或者增加自身专利在标准中比重的竞争,这种竞争一般会直接影响现有标准必要专利权人的市场份额及相应的市场地位。另一种竞争发生在不同技术标准之间。在相关技术市场上一般不会只有一个标准,而是同时存在多个具有可替代性的标准,它们之间具有较强的竞争关系,不同标准所包含的必要专利不完全相同,甚至在很多情况下是完全不同的,❸ 但因处于同一技术领域,一旦某一技术标准在与其他技术标准竞争中取得优势,获得优势的技术标准的专利权人就很有可能侵蚀处于劣势的技术标准的专利权人已经取得的市

---

❶ 朱理. 标准必要专利的法律问题:专利法、合同法、竞争法的交错 [J]. 竞争政策研究, 2016 (2).

❷ 韩伟, 尹锋林. 标准必要专利持有人的市场地位认定 [J]. 电子知识产权, 2014 (3).

❸ 朱理. 标准必要专利的法律问题:专利法、合同法、竞争法的交错 [J]. 竞争政策研究, 2016 (2).

第五章　基于利益平衡的反垄断法实体规范对标准必要专利滥用的适用

份额。正如有学者所说,标准之间存在竞争,这种竞争至少可以概括为两个方面:一是在上游技术许可市场的竞争;二是与不同标准兼容的替代性产品之间在下游产品市场的竞争;无论竞争性约束源自上游市场还是下游市场,无疑都会对标准专利持有人在技术许可市场上的地位产生实质性影响。❶还有一种标准内的竞争是技术标准的发展和升级,也就是技术标准的代际竞争。任何一个标准必要专利权人所取得的市场份额及相应的市场地位都会因为新一代技术标准的采用而受到很大影响,甚至在新一代技术标准实施后在短时间内丧失殆尽。

至于标准之外的竞争压力,主要指非标准技术对于同一领域技术市场份额的觊觎,还包括标准产品与非标准产品的竞争。❷ 这种来自非标准技术或者产品的竞争压力有时甚至是非常巨大的,特别是在那些不属于国家强制性标准推行范围的领域,非标准技术可能因为消费者的喜爱而得到较多企业的运用,从而在事实上严重威胁标准必要专利权人所控制的市场,那些采取苛刻许可政策的标准必要专利权人遭受此种挑战的可能更加巨大。以 ICT 领域为例,非标准专利是专利市场的主力军,且其占据的份额将进一步扩大;标准专利所发挥的作用仅仅是支持产品达到相应的技术指标,不仅数量较少,而且进一步延伸的空间有限,市场竞争主体越来越转向利用非标准专利进行对抗。❸

(2) 标准必要专利权人较高的市场份额是否有助于某种或者多种公共利益的实现,从而在事实上实现竞争所追求的部分效果。我国《反垄断法》出于对于中小企业利益的保护,在涉及市场份额不足 10% 的经营者的参与时,

---

❶ 韩伟,尹锋林. 标准必要专利持有人的市场地位认定 [J]. 电子知识产权, 2014 (3).

❷ 朱理. 标准必要专利的法律问题:专利法、合同法、竞争法的交错 [J]. 竞争政策研究, 2016 (2).

❸ 周奇. 标准专利的限制与平衡——从国内创新保护的角度 [J]. 电子知识产权, 2013 (12).

对经营者的市场支配地位的认定就不再适用市场份额推定标准。❶ 这实际上是在立法上表明出于某种公共利益或者公共政策的考量，是可以否定市场份额对于经营者市场支配地位的推定结论的。以此为依据否定较大市场份额对于市场支配地位的推定兼顾了标准必要专利权人个体利益保护和竞争机制运行两方面的需要，原因在于：在这些情况下，对于市场份额较高的标准必要专利权人不视作具有市场支配地位的经营者，既体现了对专利权人努力创新和市场开拓所取得成果的尊重，也考虑了市场竞争机制的实际运行需要，在客观上实现了专利权人个体利益与核心公共利益之间的协调。而且，这种处理也在一定程度上协调了对自由竞争的维护与其他公共利益的促进。当然，如果具有较大市场份额的标准必要专利权人的专利许可行为虽然有增进一些公共利益的可能，但具有排除或者严重限制竞争的倾向，考虑到反垄断法在实现维护公共利益的使命时应当以自由竞争的促进为首要任务的法律属性，一般不宜因考虑其在其他方面的积极影响而否定标准必要专利权人市场支配地位的存在，这是反垄断案件处理机构在面临不同公共利益冲突时的应有态度。

（三）市场支配地位认定的考量因素与利益平衡

反垄断法对于市场支配地位认定标准规定了一般条款或者类似条款，这些规定具有较强的抽象性和概括性，这为反垄断案件处理机构在认定市场支配地位时考察多方面的因素创造了条件。正因如此，对于标准必要专利持有人市场地位的判断，也应当尽可能考察多方面的因素，而不应囿于标准必要专利的特殊性。从反垄断实践和理论研究情况看，这一思路也得到了一定的认同。德国法院的态度一直较为极端，将标准必要专利权人一律视为具有市场支配地位的经营者，这种态度显然并不严谨，因为往往有反例的存在；在华为诉中兴案中，佐审官瓦莱特（Wahelet）就明确指出，一个拥有标准必要专利的公司并不总是在相关市场上占据支配地位，各国法院还是应当基于具

---

❶ 根据《反垄断法》第 24 条的规定，在多个经营者市场份额的总和达到可以推定市场支配地位的情况下，如果"其中有的经营者市场份额不足十分之一的，不应当推定该经营者具有市场支配地位"。

第五章 基于利益平衡的反垄断法实体规范对标准必要专利滥用的适用

体的事实就个案作出判断。❶ 从理论上说，专利的标准化应当是对专利权人是否具有市场支配地位进行判断的一个重要因素，标准必要专利本身并不必然能够得出市场支配地位存在的结论；即使是对标准必要专利权利人，也应当综合考虑多方面的因素来确认其是否具有市场支配地位。❷ 将标准必要专利持有人一律认定为市场支配地位拥有者的做法显然不恰当，因为它忽视了这类经营者所要遭受的各种横向竞争、纵向竞争和动态竞争的压力，这些竞争压力便排除了标准必要专利权人必然的市场支配地位。❸

为了更好地从多个方面全面考察和认定经营者的市场地位，我国《反垄断法》及相关政策文件在市场份额以及相关市场的竞争状况之外还就相关的考量因素做出了具体规定。这些因素主要涉及经营者自身的市场控制能力和实力，其他经营者的依赖性和市场进入难度等，❹ 涉及标准必要专利权人的，还要结合知识产权特点，并考虑对方的转向成本与对抗能力、下游市场的依赖性、特定技术标准的重要性、替代性技术标准及替代性技术情况、技术标

---

❶ 魏立舟. 标准必要专利情形下禁令救济的反垄断法规制——从"橘皮书标准"到"华为诉中兴" [J]. 环球法律评论, 2015, 37 (6).

❷ 焦海涛, 戴欣欣. 标准必要专利不公平许可费的认定 [J]. 竞争政策研究, 2016 (1).

❸ Damien Geradin. Pricing abuses by essential patent holders in a standard-setting context: A view from Europe [C]. Paper prepared for the "The Remedies for Dominant Firm Misconduct" Conference, University of Virginia, 2008-06-04/05.

❹ 我国《反垄断法》第 23 条规定，认定经营者具有市场支配地位，除依据该经营者在相关市场的市场份额以及相关市场的竞争状况外；还应当依据下列因素：一是该经营者控制销售市场或者原材料采购市场的能力；二是该经营者的财力和技术条件；三是其他经营者对该经营者在交易上的依赖程度；四是其他经营者进入相关市场的难易程度；五是与认定该经营者市场支配地位有关的其他因素。

准的发展性等因素。❶

对于我国反垄断法及相关政策文件规定的上述具体的考量因素，反垄断案件处理机构在对标准专利权人的市场支配地位进行认定时可以基于案件的具体情况加以灵活运用，以满足利益平衡的需要。对此，我们可以试着从以下五个方面展开说明。

其一，标准必要专利权人的购销控制能力与利益平衡。涉嫌纵向垄断行为时，双方当事人肯定不属于同一相关市场，而是分别处于上下游的不同市场，比如在华为诉 IDC 一案中，华为处在手机等移动设备产品市场，而 IDC 公司则处于特定的 3G 无线通信技术标准必要专利许可市场。❷ 标准必要专利滥用行为从性质上说属于纵向垄断，这就要求在判断标准必要专利权人是否具有市场支配地位时，应当考察其对于上下游市场的控制能力。由于标准必要专利权人提供的商品是专利技术，通常不涉及上游市场（原材料采购市场）的控制问题，仅涉及下游市场（运用专利技术生产的产品销售市场）的控制问题。从利益平衡的角度考虑，反垄断案件处理机构对于标准必要专利权人控制下游市场的能力可以基于下游商品的属性及其与公共利益的关联程度而作宽严不同的认定。就其本质而言，反垄断法中的市场支配地位，是指经营者决定或者控制市场，限制竞争的经济权力；反垄断法正是对这种经济权力加以规制，以达到维护市场公平竞争秩序，提高经济运行效率，增进消费者福利和其他社会公共利益的目的。❸ 基于此，当下游商品与公共利益有较

---

❶ 根据国务院反垄断委员会于 2019 年发布的《关于知识产权领域的反垄断指南》第 14 条和第 27 条规定，经营者拥有知识产权，并不意味着其必然具有市场支配地位，认定拥有知识产权的经营者在相关市场上是否具有支配地位，应依据《反垄断法》规定的认定或者推定市场支配地位的因素和情形进行分析，结合知识产权的特点，还可具体考虑以下因素：（一）交易相对人转向具有替代关系的技术或者商品等的可能性及转换成本；（二）下游市场对利用知识产权所提供的商品的依赖程度；（三）交易相对人对经营者的制衡能力。认定拥有标准必要专利的经营者是否具有市场支配地位，还需考虑以下因素：（一）标准的市场价值、应用范围和程度；（二）是否存在具有替代关系的标准，包括使用具有替代关系标准的可能性和转换成本；（三）行业对相关标准的依赖程度；（四）相关标准的演进情况与兼容性；（五）纳入标准的相关技术被替换的可能性。

❷ 刘贵祥. 滥用市场支配地位理论的司法考量 [J]. 中国法学，2016 (5).

❸ 杨基月. 论市场支配地位的本质 [J]. 经济问题探索，2015 (1).

强的联系时，比如，该商品属于传染病控制急需药品，或者该商品属于在国防领域运用较多的产品，或者该商品的供应关系我国重要产业的培育或者发展，或者该商品的供应关系大量中小企业的生存或者发展等，如果标准必要专利权人的有能力控制下游市场商品的销售，就很容易危及这些商品所关联的公共利益，反垄断案件处理机构在考察标准必要专利权人对于下游市场的控制能力时应当从严把握。相反，如果下游市场仅仅涉及少量的几个大企业，该类商品的销售仅仅关系各相关企业的个体利益，不会明显地影响公共利益，反垄断案件处理机构在考察标准必要专利权人对于下游市场的控制能力时应当从宽把握；也就是说，即使其决定或者行动对于下游市场商品的销售有较大的影响，也未必能得出标准必要专利权人对于下游市场具有较强控制力的结论。

其二，标准必要专利权人的物质技术条件与利益平衡。如果标准必要专利权人是一个财力雄厚和技术能力很强的经营者，他所取得的市场地位就可能维系较长时间，甚至不断增强，对于自由竞争造成损害的威胁也会更大。特别是在高新技术领域，技术优势的维持需要有很强的技术条件和能力作为后盾。比如，在即时通信领域，由于激烈而明显的创新竞争，经营者就必须做到持续创新，产品创新的周期通常也比较短，创新稍有迟疑，已有商品恐怕就难以立足。[1]

从公共利益保护和利益协调的角度考虑，反垄断案件处理机构对于标准必要专利权人的物质技术条件的考量应当有所区分。如果专利权人通过传统的经济实力（如资金优势、固定资产优势、原材料优势、网点优势等）去维系或者增强其利用标准专利获得的市场地位，这不利于产业转型升级和经济发展方式转变，与我国当下经济发展的整体要求是不相适应的，对于其他经营者的市场参与和技术竞争也会造成一定的阻碍。对于此种物质条件的优势，反垄断案件处理机构应当将它们作为能够维持或者增强标准必要专利权人市场地位的重要依据予以看待。如果专利权人通过较强的技术创新能力去维系或者增强其利用标准专利获得的市场地位，由于无论是知识产权法还是反垄

---

[1] 刘贵祥. 滥用市场支配地位理论的司法考量[J]. 中国法学, 2016（5）.

断法都具有鼓励创新的精神，反垄断案件处理机构在评估这种技术条件对于专利权人市场地位的影响时应当抱有较为宽容的态度，至少不将它们作为核心影响因素。

在对待标准必要专利权人的技术条件时，反垄断案件处理机构还有必要考虑到我国技术进步的需要以及本土企业技术创新的需要。在发达国家，长期以来，能否最大限度地提高经济效率和实现社会公平，并维护社会公众利益和本国民族利益，这是政府是否和如何干预市场竞争、市场活动的前提与出发点。❶ 我国反垄断案件处理机构在处理标准必要专利滥用案件时也应当具有这种观念。提高我国企业的创新能力，既是推动我国整体技术进步的需要，也是在相关领域提升我国企业竞争能力、提高国内国际市场竞争强度的需要。如果在某一领域，我国企业普遍的技术创新能力较低，技术市场的竞争强度较弱（特别是对于跨国公司与本土企业之间的竞争能力悬殊较大），为了保护个别技术创新能力强的本土企业在增强本土企业竞争能力、振奋本土企业创新热情、引领本土企业创新发展等方面的作用，反垄断案件处理机构在对这些企业的市场支配地位进行认定时，对于其技术条件的考察应当持宽松态度，淡化其技术条件对于其市场地位的影响力。相反，如果拥有标准必要专利的跨国公司在我国相关技术市场具有明显优势，本土企业很难对于其技术地位形成挑战，反垄断案件处理机构在认定此类跨国公司的市场支配地位时应当重点关注其技术条件，将其技术条件作为能否维持乃至增强其以标准必要专利取得的市场地位的重要依据。有学者指出，在经济全球化时代，政府竞争政策的出台，应当有效协调富有效率的竞争与民族产业利益保护的关系，兼顾国内发展与改革开放两个方面的要求；反垄断案件处理机构应当重视对那些损害本土企业技术创新和品牌能力的垄断行为的防范，而对于那些竞争较为活跃的行业，可以采取放松管制的态度，以便创造更为开放的竞争环境，有效提高我国企业的国际竞争能力。❷ 这一论述不无道理，对于反垄断案件处

---

❶ 杨兰品，张秀生．试论发达国家的行政垄断及其启示［J］．当代经济研究，2005（11）．

❷ 李晓蓉．全球化视角中的竞争政策与民族产业利益——从苏泊尔并购案谈起［J］．经济问题探索，2008（9）．

理机构在考察标准必要专利权人的技术条件时如何进行灵活处理具有一定的指导意义。

其三，其他经营者对标准必要专利权人的依赖程度与利益平衡。经营者是否具有市场支配地位的一个重要考量因素是其他竞争者对该经营者的依赖程度相对方的对抗力量;❶ 严重依赖特定经营者的企业是很难被竞争对手争取的。其他经营者对标准必要专利权人在技术上的依赖程度通常是标准必要专利权人市场地位和影响力的突出体现，因为一个其他经营者无法摆脱的经营者的市场力量无疑是很强大的。就标准必要专利权人而言，其他经营者对其依赖程度主要指的是他们对于其持有的标准必要专利技术的依赖情况。结合相关法律规定和实践情况，判断这种依赖程度所依据的主要因素包括：替代性标准的存在情况，包括执行替代性标准的可能性以及转向此种替代性标准的成本;❷ 下游市场对特定标准必要专利产品的依赖程度;❸ 交易相对人转向替代性技术或者相关商品的可能性及实现此种转换所要承担的成本。❹

但是，何为"依赖"？依赖程度怎么样？其解释和判断具有较大的弹性，反垄断案件处理机构在进行解释和判断时完全可以将利益平衡的需要考虑进去，特别是将相关公共利益保护的需要考虑进去。比如，如果专利权人依靠一个事实标准取得了较强的市场地位，而在同一技术领域存在我国国家标准或者行业标准，为了提高我国国家标准或者行业标准的影响力及我国在标准体系中的话语权，反垄断案件处理机构就可以认为其他经营者转向其他技术

---

❶ 刘佳. 云计算产业中市场支配地位的认定［J］. 山东理工大学学报（社会科学版），2016，32（2）.

❷ 如果存在具有替代关系的标准，则其他经营者就可能在对标准必要专利权人的交易要求不满意的情况下转向其他技术标准，但前提是其他经营者未被现有技术标准及标准必要专利权人锁定，且其转向其他技术标准的代价要小于接受现有标准必要专利权人苛刻条件的代价。

❸ 对于标准必要专利权人的交易相对人来说，如果其下游市场交易相对人严重依赖利用现有标准必要专利技术生产的商品，交易相对人一般很难转向其他技术标准，因为执行其他技术标准的产品很可能不受其下游市场购买者的欢迎。

❹ 具有替代关系的技术主要指的是未纳入标准而能够与标准技术相兼容的技术。

标准的可能性较大，❶ 也就是说其他经营者对于现有事实标准没有信赖或者信赖程度较低，从而刺激标准必要专利权人的交易相对人尽可能去执行我国的国家标准或者行业标准，借此达到推广我国国家标准或者行业标准的目标。再如，如果现有技术标准为一项涉及众多患者疾病治疗的药品生产标准，而依该标准生产的药品已经得到广大患者的认可，即使市场上还存在可以与现有技术标准兼容的非标准技术，从公众健康的角度考虑，反垄断案件处理机构可以认为交易相对人对于标准必要专利权人已经形成严重的依赖，从而使标准必要专利权人更有可能被认定具有市场支配地位，减少其在专利许可时可能出现的不利于公众健康需求的行为。又如，业态创新和模式创新已经成为当今经济发展的重要主题，对于一个国家整体经济发展水平的提升具有重要价值；它们能把一个新产业从无到有创造出来，向未知世界开疆拓土。新技术与传统产业的融合，能够让传统产业实现"老树新芽"的增量变革，让传统产业"新"起来。❷ 同时，围绕新业态、新模式的竞争也是一种高质量、高层次竞争。从刺激新业态涌现和经营模式创新的角度考虑，如果现有技术标准涉及某种业态或者经营模式，而同时存在其他涉及同种或者类似业态或者经营模式的技术标准，反垄断案件处理机构在这种情况下以认定交易相对人对于现有技术标准的依赖程度不大为宜。

其四，其他经营者进入相关市场的难度与利益平衡。现有的市场成就并不能当然地推定经营者具有强大的市场力量，只要其他经营者比较容易进入相关市场，经营者在该市场的领地也会被逐步侵蚀。考察当前取得成功的经营者是否具有市场支配地位，一个重要的考量因素是其维持其既得利益的能力。在美国诉苏菲（Syufy）公司垄断案中，法院认为："苏菲公司拥有很大的市场份额，但是对构成垄断没有重要意义。在判断垄断力量的时候，不是看市场份额，而是要看经营者是否具有维持巨大市场份额的能力。"❸ 这种司法态度在中外的反垄断实践中较有代表性。经营者能够维持其既有市场力量

---

❶ 如果国家标准或者行业标准属于强制性标准，则交易相对人不得不执行新推出的国家标准或者行业标准，对于原有事实标准也就没有办法信赖了。

❷ 陈凌. 新业态，向未来开疆拓土 [N]. 人民日报，2019-05-23（5）.

❸ United States v. Syufy Enterprises, 903 F. 2d 659（9thCir. 1990）.

第五章　基于利益平衡的反垄断法实体规范对标准必要专利滥用的适用

的情况不外乎两种：一是经营者通过自身的努力保持或者增加其市场份额；二是其他经营者在进入相关市场时存在较大的难度。存在高进入壁垒是市场力量存在的必要条件，这被称为现代反垄断的核心前提。❶ 就标准必要专利权人而言，其他经营者的市场进入壁垒涉及两个方面：一是进入相关技术市场的困难；二是进入运用标准必要专利技术的产品市场的困难。这两方面的市场进入壁垒从原因上看也可以分为两种：其一，传统的市场进入障碍，常见的有生产经营启动条件难以满足、配套条件不具备、交易费用过高、政府的交易管制、难以达到相关市场所需的经济规模等。其二，与技术标准密切关联的进入障碍，较为常见的有纳入标准的相关技术在短期内被替换的可能性较少，从技术标准的市场价值、应用范围和程度看相关行业对相关技术标准的依赖程度较大，相关技术标准与其他技术标准或者非标准技术的兼容性较差，在相关技术领域技术标准的演进速度较为缓慢等。

由于其他经营者进入相关市场难度的判定具有一定的主观性，❷ 也存在较大的自由裁量空间，反垄断案件处理机构在考量时完全可以考虑到利益平衡的需要。比如，从促进中小企业发展的角度考虑，如果运用标准必要专利技术从事相关产品的生产需要巨大的先期投入，而这种投入对于绝大多数中小企业来说是无法实现的，这种情况就可以看作存在市场进入障碍的重要因素；如果从相关标准必要专利技术的运用情况看，中小企业是主要的标准必要技术需求者，而大型企业则可以在许可条件不满意时通过自身的努力获得相关技术，这种情况也可以看作存在市场进入障碍的重要因素。再如，从促进我国民族经济发展的角度考虑，尽管相关技术标准与其他技术标准或者非标准技术的兼容性较强，但这些能够兼容的其他技术标准或者非标准技术均为跨国公司所掌握，我国本土企业利用兼容性技术的难度同样很大，这种情况就不宜被当成否定市场进入障碍的重要因素。又如，纵观各国反垄断历史，最大限度地满足和促进消费者权益曾经是反垄断法的首要政策目标，直到今天，

---

❶ Daniel A. Crane，张江莉．越过市场界定：市场力量的直接证明（下）[J]．竞争政策研究，2016（3）．

❷ 对于相同的事实，不同的人对于困难的程度很可能有不同的认知。

也没有任何一个国家在反垄断实践中忽视这一政策目标;[1] 从消费者利益保护的角度考虑,虽然市场上具有替代性技术标准或者替代性非标准技术,但这些替代性技术的使用将增加消费者的负担,这种替代性技术存在的情况也不宜作为否定市场进入障碍的重要因素。又再如,在反垄断法与其他社会政策发生冲突时,对经济安全的确保应当居于基础性地位,[2] 从保护我国经济安全的角度考虑,虽然市场上存在替代性技术(包括可替代的技术标准中的技术和非标准技术),但这些替代性技术由境外跨国公司掌握,一旦这些替代性技术广泛运用于关系我国经济安全的行业,很容易危及我国经济安全,[3] 在这种情况下反垄断案件处理机构也不宜以替代性技术的存在而否定市场进入的障碍。

就标准必要专利权人市场支配地位的认定而言,市场进入难易的重要考量因素是标准必要专利技术的可替代性,这种替代可能性包括:在同一技术标准中专利权人的专利技术因标准的修改而被他人的技术所替代;在市场上存在具有替代性的竞争性技术标准,其他经营者可以通过执行竞争性技术标准而进入市场;现有技术标准能够在短期内升级换代,其他经营者可以通过执行新一代技术标准而进入相关市场;市场上存在与标准必要专利技术相兼容的非标准技术,其他经营者可以利用该非标准技术进入相关市场。在市场上存在多个替代性较强的技术标准的情况下,如果其中有些标准并不包含诉争的标准必要专利,那么在相关技术标准相互转换具有较强的经济可行性的情况下,诉争技术标准的实施者就很可能转向其他技术标准以避开诉争的标准必要专利,此时诉争的标准必要专利也就实质上被新标准中的必要专利所替代。[4] 替代标准必要专利的技术存在的可能性也可以从反垄断案件处理机构

---

[1] 刘宁元. 反垄断法政策目标的多元化 [J]. 法学, 2009 (10).

[2] 李剑. 经济体特性与反垄断法的界限——以澳门博彩业为视角 [J]. 法学, 2015 (2).

[3] 近年来,西方一些发达国家因担心华为公司 5G 技术的使用会危及其国家安全而拒绝使用华为的 5G 技术,虽然有其他目的的存在,但这种维护本国公共利益的方式完全可以被我国的反垄断执法机构所借鉴。

[4] 袁波. 标准必要专利权人市场支配地位的认定——兼议"推定说"和"认定说"之争 [J]. 法学, 2017 (3).

的一些决定中推断出。在一个涉及摩托罗拉的标准必要专利垄断案中，欧盟委员会认为，在覆盖范围、用户基数、通信质量等方面，不同的无线通信技术标准存在较大的差异，在欧洲经济区内并没有能够替代 GPRS（2G）的技术标准，它明显具有不可替代性。❶ 也就是说，如果在欧洲经济区内存在具有可替代性的标准，涉案标准必要专利技术就不是不可替代的。从理论上说，只要存在标准必要专利的替代技术，其他经营者在不依靠标准必要专利的条件下进入相关市场的障碍就比较小。

但是，反垄断案件处理机构能否以这种标准必要专利技术的可替代性的存在作为标准必要专利权人不具有市场支配地位的重要依据，还要基于相关公共利益的保护作一定的区分：在各国反垄断的历史进程中，都不同程度地宣称，保护中小企业也是反垄断法的政策目标，❷ 因此，如果有能力或者条件转向其他技术标准的企业只是大型企业，而中小企业仍然被原有技术标准锁定，从促进中小企业发展的角度考虑，就不应当将此种替代性可能的存在作为否定标准必要专利权人市场支配地位的重要依据。反垄断案件处理机构的国家安全审查对象，应当包括"获取涉及我国国家安全的技术控制权"；❸ 虽然存在替代性技术，但因替代性技术主要应用于国家安全领域而限制在其他领域的运用，从保障国家安全的角度考虑，这种表面上的替代可能性也不能作为否定相关市场进入障碍的重要依据。替代性技术的采用除具备标准必要专利技术所能实现的功能外，还能在生态环境保护方面发挥较大的作用，从保护生态环境的需要考虑，可以将这种替代性技术的存在作为市场进入障碍较小的重要依据，因为这样的处理可以刺激更多的其他经营者转向该替代性技术。在当代市场经济条件下，特别在我国，产业政策也包含、包容着竞争政策，促进特定产业的发展与维护自由竞争并不矛盾，而产业发展水平直接

---

❶ EU Commission. Case AT. 39985-Motorola-Enforcement of GPRS Standard Essential Patents［EB/OL］.［2022-08-05］. http：//ec. europa. .eu/competition/antitrust/cases/dec_docs/39985/39985_928_16.pdf.

❷ 刘宁元. 反垄断法政策目标的多元化［J］. 法学，2009（10）.

❸ 朱一飞. 国家安全审查与反垄断法的区别与协调——以产业安全保障为视角［J］. 河北法学，2009，27（5）.

决定了基本消费水平、国家经济整体实力与经济安全,[1]也属于一种重要的公共利益;对于一个在特定的产业具有广泛影响的标准必要专利技术,虽然市场上存在一个甚至多个替代性技术,反垄断案件处理机构也不宜得出相关市场进入障碍较小的结论,因为这可能影响标准必要专利技术在该产业的运用,从而影响该产业正常的发展。

其五,其他相关因素与利益平衡。这是反垄断法对于市场支配地位认定的考量因素所作的兜底性规定,它给了反垄断案件处理机构很大的想象空间和高度的自由裁量权,也为反垄断案件处理机构在认定标准必要专利权人是否具有市场支配地位时进行利益平衡创造了较好的条件。

从理论上说,"其他相关因素"涉及面很广,除了前述因素外,任何能够对于经营者市场地位产生较大影响的情况都在其中。结合标准必要专利权人的状况,有一些较为典型的"其他相关因素":(1)标准必要专利技术自身的价值。经营者的市场地位从根本上说取决于其提供的商品自身的价值和影响力,而在标准力量支撑下标准必要专利权人的市场地位的第一决定因素是其专利的价值和影响力,这是同一标准体系中不同标准必要专利权人市场地位差别的主要原因。标准必要专利技术本身价值的高低取决于多方面的因素。有学者认为,专利技术只有通过上述技术、法律和经济三位一体的全方位评估,才能准确判断专利技术在经济生活中的价值,进而定位其背后的企业在相关市场中所处的位置,判断其是否处于市场支配地位。[2]这较为恰当地指明了标准必要专利技术的价值影响因素及其对于经营者市场地位的作用。综合价值较高的标准必要专利技术很容易受到相关市场经营者青睐并赢得较多的市场,而且较高的综合价值也会使得标准必要专利权人借此所取得的市场地位更具有持久性,因为这样的专利技术会给其他经营者在同一标准中替代该专利技术的举动以及技术标准的更替造成较大的困难。(2)其他经营者的对抗力量。在任何一个没有对抗力量的相关市场,作为强者的经营者就会轻易

---

[1] 史际春,徐瑞阳. 产业政策视野下的垄断与竞争问题——以银行卡清算产业的法律规制为例 [J]. 政治与法律,2016 (4).

[2] 李丹. 专利领域市场支配地位的认定——基于专利价值评估的角度 [J]. 电子知识产权,2018 (5).

获得市场支配地位，并能够在较长时间维持其市场地位。能够影响标准必要专利权人市场地位的对抗力量主要有两种：交易相对人的对抗力量和相关市场经营者的对抗力量。对抗衡力量因素的考虑不仅将理论视角从卖方转换到了买方，而且关注到上下游企业相互之间的利益依赖以及相互制约，因而能够更为全面地分析和认定市场支配地位。❶ 标准必要专利技术的实施者（或者需求者）如果具有雄厚的实力、较强的谈判能力以及较好的转向替代性技术的条件，就会在很大程度上增加标准必要专利权人在专利许可市场获取市场支配力的难度。相关技术市场的经营者往往会在技术标准体系内通过一定的方式与标准必要专利权人相抗衡。标准深化动态竞争约束，标准组织成员之间的竞争在标准实施之前和实施之后都可能存在，其实质就是经营者为了将各自技术纳入新的标准而竞争；如果某个专利权人曾经实施了滥用标准专利的行为，在标准的演进过程中标准组织的其他成员往往会排斥或者抑制那些有滥用经历的企业的专利进入新的技术标准。❷ 这种可能的来自标准体系内的排斥力量自然会使标准必要专利权人在构建或者扩张自己的市场力量时有所顾忌。（3）标准化组织的制约能力。标准化组织对于标准参与人的垄断行为往往具有较大的影响。如果标准化组织的制约能力比较差，就很容易引发垄断与反垄断问题，标准化组织本身的性质也可能异化为垄断组织，作为技术标准成员的企业往往会滥用私有知识产权，实施垄断性行为。❸ 如果标准化组织能够制定合理的知识产权政策并加以严格执行，对于标准必要专利权人市场支配地位的形成及其滥用就能形成有效的制约。

反垄断案件处理机构在考量这些典型"其他相关因素"时可以根据利益平衡的需要进行灵活处置。比如，在考察标准必要专利技术的价值时有所侧重。专利权人的专利价值一般涉及技术、法律和经济三个维度，专利价值评估的技术维度包括专利的创新性、独立性、垄断性、成熟性等要素，专利价

---

❶ 李剑. 市场支配地位认定、标准必要专利与抗衡力量[J]. 法学评论，2018，36（2）.

❷ 韩伟，尹锋林. 标准必要专利持有人的市场地位认定[J]. 电子知识产权，2014（3）.

❸ 马健. 兼容性、标准设定组织与协同效率[J]. 产经评论，2018，9（6）.

值评估的法律维度包括专利的法律状态、类型、保护范围、异议和诉讼状况等要素,专利价值评估的经济维度包括专利的经济寿命、宏观经济因素和市场因素等。❶ 假如标准必要专利技术涉及公众健康,应当关注其法律状态(有效期限)、保护范围和异议状况,对于剩余有效期限较短、保护范围较小或者异议较少的专利技术在市场地位认定时采取更为宽容的态度;假如标准必要专利技术涉及我国的产业安全,则应当关注专利的经济寿命、宏观经济因素、垄断性等因素,对于垄断性较强且可能长期对我国相关产业发挥较大影响的跨国企业的专利技术在市场地位认定时采取较为严格的态度。再如,在考察其他经营者的对抗力量时有所区分,为了促进中小企业的发展,应当将作为标准必要专利许可的相对人或者潜在相对人的中小企业的对抗能力作为重点考察对象;从促进民族经济发展的角度考虑,在涉及跨国公司标准必要专利许可的案件中,应当将我国本土企业的对抗能力作为重点考察对象。又如,在考察标准化组织的制约能力时应当关注相关标准化组织的自治理念、影响范围、管理能力,对标准专利权人利益和社会公共利益进行考量,平衡二者的冲突应当成为标准制定和实施的指导原则,❷ 如果标准化组织的运行宗旨体现了这样的指导原则,则可理解为标准化组织对于标准必要专利权人市场支配地位的形成或者增强能够具有一定的制约作用;但是,标准化组织对于标准必要专利权人市场地位的制约作用究竟有多大,还要看其影响范围是否足够大、自治管理能力是否足够强。

以上就市场支配地位认定规则适用时反垄断案件处理机构对于利益平衡的考量要点或者方式进行了探析,特别是阐述了特定时期在不损害标准必要专利权人利益的前提下关注和保护相关公共利益的思路。需要强调的是,在按照前述思路处理标准必要专利滥用案件时,如果涉及多方面的公共利益而它们的保护需求不能同时得到满足时,反垄断案件处理机构应当在不损害自由竞争的前提下选择能够兼顾更多公共利益保护需求的思路、措施或者方法,

---

❶ 李丹. 专利领域市场支配地位的认定——基于专利价值评估的角度 [J]. 电子知识产权,2018 (5).

❷ 刘淑华. 试论技术标准中的利益平衡 [J]. 科技与法律,2005 (4).

尤其是着重考虑与自由竞争的兼容性较强，甚至与自由竞争能够相互促进的公共利益的保护。

第二节　在标准必要专利权人具体滥用行为认定中的利益平衡

一、利益平衡与拒绝许可的认定

（一）利益平衡视角下标准必要专利权人拒绝许可的处理原则

近年来，从我国的司法实践情况看，标准必要专利权人的垄断行为日益暴露并不断增加，拒绝许可则是最常见的形式之一。2013年的高通垄断案和华为诉IDC垄断案是广受关注的案件，两者都涉及标准专利权人的拒绝许可。如何处理标准必要专利权人拒绝许可的行为也成了反垄断法理论与实践中一个较为常见的议题。

从国外情况看，限制标准必要专利权人拒绝许可行为的理论是关键设施理论（Essential Facilities Doctrine），美国1912年的US v. Terminal Railroad Association一案可以视为该理论的发端，后来在美国、欧盟的司法实践中该理论的运用得到不断发展。[1] 而美国适用关键设施原则的标志性案件是MCI Communications v. AT&T案，在该案中美国联邦上诉法院阐明了该原则的要件。[2] 在欧盟，根据判例法，拒绝给予知识产权许可仅仅在可能阻碍一个二级市场发展的例外情况下才会被作为滥用行为，属于这种例外情况的拒绝许可应当具备四个条件：（1）涉及对于特定业务来说必不可少的产品或者服务；（2）阻碍能够满足潜在消费需求的新产品的出现；（3）不具有合理性；

---

[1] 郑伦幸．对标准必要专利权人拒绝许可行为的反垄断规制［J］．知识产权，2016（7）．

[2] 美国联邦上诉法院在1983年针对该案的判决中提出了关键设施原则构成的四要件：(1) 由独占企业控制关键设施；(2) 竞争者没有能力或者没有合理方式重新复制关键设施；(3) 拒绝竞争者使用关键设施；(4) 具有提供该设施的可行性。MCI Comm. Corp. v. AT&T, 708 F.2d 1081 (7th Cir 1983).

(4) 排除二级市场上的竞争从而为自己未来进入该市场作准备。❶ 可见，对于拒绝专利许可行为，欧盟并未采取核心设施原则，而是采取较为宽松的例外情形原则，并在一系列案件中经历了由宽松向扩张适用的转变过程；但在标准必要专利情形下，欧盟认为权利人所承担的 FRAND 许可义务本身即构成一种例外情形，因此从原则上说拒绝许可往往被纳入滥用市场支配地位的行为。❷ 在 2004 年 Spundfass 一案中，德国联邦最高法院的判决涉及德国化工行业的一个事实标准，该判决涉及知识产权的强制许可；依照该判决，如果一项知识产权因为限制竞争而需要强制许可，应当符合两个前提条件，即该知识产权是市场进入的必备条件，权利人的拒绝许可没有明显的合理性。❸

在我国，《反垄断法》和相关部门规章及指导文件都对拒绝交易或者使用必需设施行为作出了规定，虽然语言表述有差异，但主要意旨是相同的。❹ 根据这些规定，如果具有市场支配地位的标准必要专利权人拒绝对标准实施者作出专利许可，通常会被认定为违反反垄断法的行为，反垄断案件处理机构在处理涉及标准必要专利的垄断案件时基本上也是这么做的。

可见，无论是从欧美的理论与实践经验看，还是基于我国反垄断相关法律法规文件的规定，具有市场支配地位的标准必要专利权人的拒绝许可行为，

---

❶ Nicolas PETIT. Inunctions for Frand-Pledged SEPs: The Quest for An Appropriate Test of Abuse Under Article 102 TFEU. P7. [EB/OL]. [2022-08-05]. http://ssrn.com/abstract=2371192.

❷ 杨莉萍. 拒绝专利许可行为的欧盟竞争法规制及其启示 [J]. 电子知识产权，2018 (11).

❸ 王晓晔. 与技术标准相关的知识产权强制许可 [J]. 当代法学，2008 (5).

❹ 《反垄断法》第 22 条第 1 款规定："禁止具有市场支配地位的经营者从事下列滥用市场支配地位的行为：……（三）没有正当理由，拒绝与交易相对人进行交易；……"原国家工商行政管理总局于 2010 年颁布的《工商行政管理机关禁止滥用市场支配地位行为的规定》第四条规定，"禁止具有市场支配地位的经营者没有正当理由，通过下列方式拒绝与交易相对人进行交易：……（五）拒绝交易相对人在生产经营活动中以合理条件使用其必需设施"。国务院反垄断委员会于 2019 年颁发的《关于知识产权领域的反垄断指南》第十五条对于拒绝许可知识产权作出了规定，"拒绝许可是经营者行使知识产权的一种表现形式。但是，具有市场支配地位的经营者，尤其是其知识产权构成生产经营活动的必需设施时，其没有正当理由拒绝许可知识产权，可能构成滥用市场支配地位，排除、限制竞争"。

原则上应当属于禁止之列，从标准必要专利的特点和利益平衡的需要角度考虑，这种处理原则也是成立的。

标准必要专利权的广泛实施首先体现了专利权人个体利益的要求，因为它不仅使得专利权人的技术获得了广泛的市场，扩大了专利权人及其技术的市场影响，而且能够使专利权人从众多的专利技术实施者那里获得更多的经济收益。❶ 标准推广的范围越大，实施标准必要专利的经营者越多，有关许可策略、许可费叠加等所产生的影响便会明显增加，甚至可能从个人或单个企业扩张到整个产业。❷ 同时，从社会公共利益保护的角度看，也需要标准必要专利能够得到广泛实施。因为标准必要专利作为技术标准与专利相结合的产物，与一般专利相比有其明显的特点，其中一个重要表现就是标准必要专利与社会公共利益有着更紧密的联系。❸

对于技术标准及标准必要专利与公共利益的密切关系，学者们多有阐述。标准，尤其是法定标准具有明显的公共产品属性，本质上属于社会公共资源，强调技术的统一、开放和普遍适用。❹ 从标准的制定逻辑出发，技术标准应兼有经济理性、政治理性、社会理性，承载着公共利益和社会整体福利，致力于推动科技创新与产业发展。❺ 标准必要专利在本质上属于社会公共资源，具有公共产品的属性，因为技术标准具有维护社会公共安全、增强社会整体效益的作用，被纳入技术标准的专利也自然拥有了公共性的特点。❻ 正如王晓晔教授所说，随着标准化作用的逐步显现和标准化进程的不断推进，在标准化

---

❶ 从现实情况看，这种经济收益往往要比专利权人自行实施的收益及在非标准模式下的许可费收入要大，甚至大得多。

❷ 秦天雄．标准必要专利规制问题的法理思考及建议——兼评《专利法修订草案（送审稿）》第 85 条 [J]．北京化工大学学报（社会科学版），2016（3）．

❸ 王晓晔，丁亚琦．标准必要专利卷入反垄断案件的原因 [J]．法学杂志，2017，38（6）．

❹ [英] 桑德斯．标准化的目的与原理 [M]．中国科学技术情报研究所，编译．北京：科学技术文献出版社，1974：7．

❺ 刘珊．专利标准化危机及其应对之策——以中国标准专利第一案为例 [J]．湖南工业大学学报（社会科学版），2017，22（6）．

❻ 丁亚琦．论我国标准必要专利禁令救济反垄断的法律规制 [J]．政治与法律，2017（2）．

程度高的行业中，标准必要专利往往涉及众多经营者的利益乃至整个社会公共利益。❶

因此，标准必要专利权的广泛许可和普遍实施是专利权人个体利益和公共利益的共同需要所在，拒绝许可一般不应得到保护。正是基于此，有学者认为，专利被纳入技术标准可视为对专利实施的默示许可，专利权人丧失拒绝许可的权利。❷ 在法律已经通过专利许可的方式给予标准必要专利权人个体利益较多保护的情况下，专利权人拒绝许可实际上是自愿放弃了广泛许可给其所带来的个体利益，此时法律的焦点将转向对公共利益的保护，这种处理实质上同时兼顾了个体利益和公共利益的要求。由于标准必要专利的特殊性，一般说来拒绝许可会对公共利益造成损害，反垄断法对于此类拒绝许可在原则上予以禁止是一种合理的选择。

（二）利益平衡与"正当理由"的认定

从前述欧美和我国的反垄断法相关规定或者司法实践情况看，对于标准必要专利权人的拒绝许可行为并非绝对禁止，如果有正当合理的依据，也是容许的。如依美国联邦上诉法院判决，如果给予许可不具有"可行性"，则拒绝许可应当是容许的；欧盟禁止拒绝许可的条件之一是"不具有合理性"，也就是说具有合理性的拒绝许可行为是被容许的；我国《反垄断法》和相关规范性文件或者指导性文件也都强调对"没有正当理由"的拒绝许可行为的禁止。因此，标准必要专利权人拒绝许可行为是否具有正当性是决定其应当被禁止的关键。但是，对于"可行性""合理性""正当理由"，欧美的反垄断案件处理机构和我国的《反垄断法》并无具体解释。我国的反垄断机构对于拒绝许可正当性的考量因素作了一些规定，如拒绝许可的必要性及其能够产生的积极效应和不良影响、对方当事人对该专利的依赖性及其为许可所作的

---

❶ 王晓晔，丁亚琦. 标准必要专利卷入反垄断案件的原因 [J]. 法学杂志，2017，38（6）.

❷ 李丹. 滥用标准必要专利的反垄断法规制 [J]. 价格理论与实践，2015（10）.

第五章 基于利益平衡的反垄断法实体规范对标准必要专利滥用的适用

努力等。❶

在滥用行为认定时,"没有正当理由"的立法规定要求权衡滥用行为所带来的正、反两方面的经济效果。❷ 反垄断案件处理机构在"正当理由"的认定上具有较大的自由裁量空间,也需要借此发挥应有的作用。"正当理由"的具体内容或者形式并不固定,应当具有多样性,这从上文我国反垄断案件处理机构发布的规定性文件或者指导性文件的相关内容可以看出。但是,无论如何,对于公共利益的保护或者促进应当是重要的"正当理由",这也为反垄断法协调标准必要专利权人个体利益与公共利益提供了较好的路径,因为基于公共利益的保护这一正当理由而允许拒绝许可标准必要专利的行为,既满足了保护公共利益的需求,也尊重了标准必要专利权人自主性和其特殊需求。

从公共利益保护的角度获得拒绝许可的正当性,其具体理由及表现形式可以是多种多样的。消费者利益保护毫无疑问是其中重要的一种。虽然可能产生限制竞争的效果,但企业的行为可以增加消费者的长期福利,则企业的行为具有正当理由。❸ 比如,如果有些专利技术需求者因配套条件的欠缺致使其运用标准必要专利技术生产的产品可能在质量上根本无法满足公众的需求,并进而影响消费者对于标准必要专利技术评价的,专利权人就可以拒绝颁发许可。中小企业发展的促进也是一种重要的正当理由。当前,面对跨国公司的巨大市场优势,我国的中小企业很容易遭受侵害,因此,相对于其他政策

---

❶ 原国家工商行政管理总局于 2010 年颁布的《工商行政管理机关禁止滥用市场支配地位行为的规定》第 8 条规定了"正当理由"的两个考量因素:一是有关行为是否为经营者基于自身正常经营活动及正常效益而采取;二是有关行为对经济运行效率、社会公共利益及经济发展的影响;2019 年颁发的《国务院反垄断委员会关于知识产权领域的反垄断指南》第 16 条要求考虑"经营者对该知识产权许可做出的承诺""其他经营者进入相关市场是否必须获得该知识产权的许可""拒绝许可相关知识产权对市场竞争和经营者进行创新的影响及程度""被拒绝方是否缺乏支付合理许可费的意愿和能力等""经营者是否曾对被拒绝方提出过合理要约""拒绝许可相关知识产权是否会损害消费者利益或者社会公共利益"等因素。

❷ 孟雁北. 论禁止滥用市场支配地位行为的分析框架——以利乐反垄断案为例 [J]. 竞争政策研究,2017(3).

❸ 侯珊珊. 滥用市场支配地位"正当理由"的参考因素研究?[J]. 兰州财经大学学报,2017,33(3).

目标，中小企业保护应当成为我国反垄断政策在一定时期内的重点任务；就标准必要专利权人拒绝许可这一具体行为的规制而言，欧盟一些执法经验值得我国借鉴，其核心是适当放宽适用关键设施理论的门槛，加强对标准必要专利权人滥用其支配性专利权的规制，强调对主营标准产品制造业务的中小企业利益的保护。❶ 在中小企业受到大型企业严重挤压的行业或者环境下，如果标准必要专利权人因为中小企业创造良好的市场进入机会而拒绝对于众多大企业颁发许可，反垄断案件处理机构可以将这些拒绝许可当成正当的行为；反之，除非因重大的特别事项，否则任何对于中小企业拒绝许可的行为都应被作为滥用行为处理。在一些特殊的环境下，如果我国的标准必要专利权人对特定的经营者作出专利实施许可很可能会威胁到我国的国家安全时，此时的拒绝许可行为就应当被反垄断案件处理机构认定为正当行为。

将公共利益的保护作为正当理由也会遭遇困惑，那就是有时同一拒绝许可行为可能有利于某些公共利益但对于另一些公共利益产生不利影响，这时反垄断案件处理机构究竟应当如何评价拒绝许可行为的正当性？基于标准必要专利的特殊性，这种专利许可的拒绝往往会损害相关市场的自由竞争，而基于其他公共利益的考量承认拒绝许可的正当性，就意味着自由竞争与其他公共利益的冲突。在面临这种冲突时，考虑到反垄断法的特殊属性，反垄断案件处理机构应当以自由竞争的保护为主要使命，因为这是反垄断法的基本目标所在，反垄断法对于其他公共利益的保护通常是建立在保证竞争机制顺利运行的基础上的。如果在特定时期需要加强某一重要公共利益的保护，反垄断案件处理机构也可以将这种需要的满足作为一种正当理由，但前提是对于拒绝许可的允许不至于对相关市场的整体竞争产生较大的损害，对于相关市场的局部竞争产生较小的影响是可以接受的。除自由竞争外，如果拒绝许可造成其他公共利益之间冲突的，反垄断案件处理机构宜按照以下顺序处理：原则上优先保护与自由竞争兼容性较强或者能够同时有效促进自由竞争的公

---

❶ 郑伦幸. 对标准必要专利权人拒绝许可行为的反垄断规制 [J]. 知识产权, 2016（7）.

共利益；优先保护涉及的利益成员较多的公共利益。❶

二、利益平衡与垄断高价的认定

（一）标准必要专利许可垄断高价问题的复杂性

近些年，关于标准必要专利滥用问题，在理论上和实践中都产生了很多争议。单从诉讼案件的情况看，许可费问题可能是针对标准必要专利所发生的最多的一种，学者们针对标准必要专利探讨最多的话题之一也是专利许可费问题。❷ 对于标准必要专利权人是否收取了过高的许可费用以及对于收取过高许可费的行为应当如何处理等问题，并无统一的观点或者做法。

在美国的反垄断案件处理机构看来，合法的垄断者完全可以出于其自身的意愿自由地制定垄断价格；这种做法能够激励创新，使创新者从诸多竞争对手或者因巨大利益吸引而新进入市场的经营者中胜出。❸ 也许正是由于秉承这种观念，美国反垄断案件处理机构对于包括收取高额许可费的标准必要专

---

❶ 比如，当拒绝许可有利于广大消费者而不利于某一产业的整体发展需要时，可以认为拒绝许可具有正当理由，因为消费者的数量一般要比特定的产业发展涉及的人数大得多；而当拒绝许可有利于中小企业发展而不利于国家安全时，就应当作为没有正当理由的情形处理，因为国家安全的涉及面显然要比中小企业发展的涉及面广泛得多。

❷ 代表性论文有：马一德．多边贸易、市场规则与技术标准定价［J］．中国社会科学，2019（6）；王佳佳．论标准必要专利许可定价行为的反垄断规制［J］．经济法论丛，2019（1）；郭禾，吕凌锐．确定标准必要专利许可费率的 Top-down 方法研究——以 TCL 案为例［J］．知识产权，2019（2）；徐家力．标准必要专利许可费之争——以"高通诉魅族"案为切入点［J］．江苏社会科学，2018（1）；李剑．标准必要专利许可费确认与事后之明偏见——反思华为诉 IDC 案［J］．中外法学，2017，29（1）；赵启杉．标准必要专利合理许可费的司法确定问题研究［J］．知识产权，2017（7）；陈永伟．FRAND 原则下许可费的含义及其计算：一个经济学角度的综述［J］．知识产权，2017（7）；马海生．标准必要专利许可费司法定之惑［J］．知识产权，2016（12）；焦海涛，戴欣欣．标准必要专利不公平许可费的认定［J］．竞争政策研究，2016（1）；孟雁北，柳洋．论我国规制标准必要专利定价行为的法律路径［J］．竞争政策研究，2015（9）；罗娇．论标准必要专利诉讼的"公平、合理、无歧视"许可——内涵、费率与适用［J］．法学家，2015（3）；等等。

❸ Bill Baer. Reflections on the Role of Competition Agencies When Patents Become Essential [N]. International Bar Association Competition Conference，2015-09-11.

利许可行为在内的各种高价许可行为一直持宽容态度。在美国，对于专利权滥用的调查从未针对高价许可行为，无论是国会的立法，还是相关的知识产权反托拉斯指南，在这些美国知识产权反垄断的"成文法"中基本上看不到规制高价专利许可行为的痕迹；同样，在美国有关知识产权反垄断的判例中，还没有一例因为经营者收取的专利许可费过高而被认定为垄断行为的民事案件。❶ 欧共体委员会在相关报告中表明，因为客观方法上的障碍认定收取垄断高价的滥用行为是很困难的。❷ 但从欧共体委员会的报告可以看出，欧盟并未像美国那样对于垄断高价持放任的态度，这类行为也属于其查处的滥用市场支配地位的案件，标准必要专利权人收取高额许可费的行为也应当没有例外，只不过从欧盟的反垄断实践情况看，这种滥用市场支配地位的行为因为相关价格确定上的障碍而存在较大的认定困难。从我国反垄断法立法和反垄断案件处理机构的规定情况看，如果标准必要专利权人被认定为具有市场支配地位的经营者，其实施收取高额许可费的行为也属于法律禁止的垄断行为。《反垄断法》明确规定了对"以不公平的高价销售商品"的行为的规制，❸ 这里的商品应当包括标准必要专利等技术。国务院反垄断委员会则明确关注了不公平的知识产权高价许可行为，其中自然也包括标准必要专利高价许可行为。❹

　　从中外涉及标准必要专利的反垄断实践和学者们的理论探讨看，对于标准必要专利垄断高价问题的处理都显得比较复杂，复杂性的突出所在就是什

---

❶ 丁茂中. 论专利高价许可的反垄断规制 [J]. 知识产权, 2016 (3).

❷ 欧共体委员会在其发表的《关于竞争政策的第五次年度报告》中写道："在查处垄断高价的滥用市场支配地位案件中，要认定一个案件因为滥用了支配地位而存在垄断高价是困难的，因为还没有一个可以准确认定应当包括成本加合理利润的价格的客观方法。"参见：王晓晔. 中华人民共和国反垄断法详解 [M]. 北京：知识产权出版社，2008：138.

❸ 《反垄断法》第22条第1款规定："禁止具有市场支配地位的经营者从事下列滥用市场支配地位的行为：（一）以不公平的高价销售商品或者以不公平的低价购买商品；……"

❹ 国务院反垄断委员会于2019年颁发的《关于知识产权领域的反垄断指南》第15条规定，"具有市场支配地位的经营者，可能滥用其市场支配地位，以不公平的高价许可知识产权，排除、限制竞争"。

第五章　基于利益平衡的反垄断法实体规范对标准必要专利滥用的适用

么样的价格属于高价格。这涉及标准必要专利许可费的计算方法，或者说，怎样计算标准必要专利许可费才是合理的？在什么样的情况下高额的许可费是不合理的？对于这些问题的回答或者处理，存在诸多不同的看法或者做法。

在华为诉IDC垄断案中，从案件调查情况看，IDC公司对被许可人的收费方式有固定许可费和按许可费率收费方法两种，而许可费率一般与商品销售额有关；在IDC公司不愿意提供相关资料的情况下，原审法院根据相关信息先对涉案专利的许可费率进行了推算，其推算的主要依据是IDC公司在年报所披露的相关信息、涉案专利的其他被许可人的销售收入以及其他相关的信息，然后又用推算出的专利许可费率与IDC公司准备向华为公司收取的费率进行比较，将两者的差距作为判断IDC公司是否存在过高定价的参考。二审法院赞同这种做法，肯定了其合理性和科学性。就IDC公司对华为公司收取过高的专利许可费缺乏正当性的问题，二审法院提及的理由包括：IDC公司的3G无线通信领域的相关必要专利，作为一种已被专利所固定下来的技术，其成本已经基本稳定；IDC公司在2009—2011年所收取的专利使用费逐年下降，且越来越多的价格下调压力导致其收到的专利发明许可费率下降；IDC公司对华为公司征收高价许可费的行为将导致华为公司要么放弃相关终端市场的竞争，要么直接制约其竞争能力。❶ 在中国发改委处理的高通公司垄断案中，发改委在认定许可费用的高低时，不仅计算直接的许可费用，还考虑到了非标准专利技术的免费反向许可、过期标准必要专利的付费等间接费用支出；发改委还强调专利组合中的专利数量并不必然反映其价值。在该案中，发改委认定高通公司的高额许可费是不合理的，其主要理由包括：专利权人没有向被许可人提供专利清单等必要的信息，被许可人也没有获得与专利权人进行公平协商的机会；在专利权人与被许可人所达成的长期甚至无固定期限协议中，不应当约定一直不变的专利许可费率。❷ 在国外反垄断案件处理机构处理的相关案件中也涉及专利许可费的计算方法。美国联邦最高法院

---

❶ 广东省高级人民法院（2013）粤高法民三终字第306号民事判决书。
❷ 《中华人民共和国国家发展和改革委员会行政处罚决定书》（发改办价监处罚〔2015〕1号）。

在其 1953 年的相关案件判决中要求在计算损害赔偿时应当考量诉争专利在整个机器价值或者其改良中所占的比重；这一做法在法院 1984 年所审理的 Garretson v. Clark 一案中被进一步确立，法官认为如果诉争专利在相关产品或者服务的价值中只占一部分，合理的专利许可费的计算就不能以侵权产品的总价为依据，而只能以专利所涉及的产品相关利益部分作为基本依据，这被称为"分配原则"。❶ 为了更好地计算合理的专利许可费，美国在其司法实践中通常运用"假想谈判"理论，该理论实际上是在专利许可费用的计算上采取的一种经济分析方法，它的运用受到多数经济学家的肯定。❷ 在许可费计算的具体操作方法上，美国地区法院在 Georgia-Pacific 公司案中考察了多方面的情况，并提出了 15 个影响专利许可费用的因素，❸ 这在其司法实践中被称为"Georgia-Pacific 因素"。❹ 域外的一些反垄断执法部门在判断许可费是否合理时，往往找一个可比性强的市场，而其判断可比性的角度包括产品、空间和时间等；此外，它们通常还要确定占市场支配地位的企业的产品或服务成本，并与其向交易对手索要的价格进行比较，❺ 借此来判断专利权人是否收取了高额许可费以及过高的专利许可费是否正当。

---

❶ 邓志松，戴健民. 简析滥用标准必要专利的行为类型：以高通案为视角 [J]. 中国价格监管与反垄断，2014 (8).

❷ Jerry A. Hausman, Gregory K. Leonard, J. Gregory Sidak. Patent Damages and Real Options: How Judicial Characterization of Non-infringing Alternatives Reduces Incentives to Innovate [J]. Berkeley Technology Law Journal, 2007 (22): 825, 831-833.

❸ 这 15 个因素分别为：专利权人对涉案专利曾收取的专利许可费；被许可人为使用与涉案专利类似的其他专利所支付的许可费；许可的性质和范围；许可者维持其专利垄断权的既定政策和市场计划；许可者与被许可者之间的商业关系；被许可人销售专利产品对促进其自身其他产品销售的影响；该发明对于带动许可人的非专利产品销售的既有价值；专利有效期和许可期限；专利产品的既存获利能力；在标准被采纳之前较之替代专利的比较价值；专利发明对标准的技术层面的贡献以及对实施者及其产品的技术贡献；侵权者对该发明已经使用的程度；涉及 FRAND 许可的商业实践中类似标准必要专利许可费占利润或售价的比例；在可实现利润中应该归因于该发明的部分；具有资格的专家的证词；促进标准的广泛使用。

❹ Georgia-Pacific Corp. v. U. S. Plywood Corp., 318F. Supp. 1116, 1120 (S. D. N. Y. 1970), modified by 446F. 2d 295 (2d Cir. 1971).

❺ 王晓晔. 反垄断法 [M]. 北京：法律出版社，2011：204.

第五章　基于利益平衡的反垄断法实体规范对标准必要专利滥用的适用

　　学者们在论及标准必要专利许可费的计算标准或者方法以及高额专利许可费是否合理问题时也有很多不同的观点。有学者认为，在判断标准必要专利许可费用是否合理时，反垄断机构应当考虑标准必要专利的价值（对于这一价值的判断一般需要考虑该专利对于标准的重要性、在同一标准中其他专利所具有的价值、标准实施者对该专利依赖程度等）、可供参考的专利所收取的许可费用、专利权人与被许可人之间的竞争状况三个方面。❶ 有学者针对传统专利许可费计算方法的缺陷，提出了自己的改进方案：在计算时区分技术标准的类型；对于强制性技术标准专利的许可费用在计算时应当实行专利许可费总量的控制，并实行专利许可费的模块计算方式。❷ 有学者建议法院在对FRAND许可费率进行判决时应重点关注四个因素：一是不能使专利权人丧失继续参与标准制定的兴趣；二是确保标准实施者不会在实施标准上存在较大障碍；三是标准实施者的产品使用标准专利所取得的利润能够支撑持续支付的许可费；四是对条件差不多的专利实施者所采取的许可费率大致相同。❸ 还有学者认为，对于分析标准必要专利权人是否索取不公平许可费提出要综合参照诸多因素：被许可标准必要专利固有的技术价值；符合相关标准的产品所承担的整体许可费情况；相关标准必要专利在以往颁发许可的情况或者以往的许可所执行的费率；专利权人在标准必要专利许可方面曾经作出的承诺；标准必要专利许可费计算的业务基础（比如该专利所属技术标准适用的产品范围或者地域范围）；涉及许可费的禁令救济是否具有合理性；在相关协议中是否包含不公平的条件从而导致许可费在实质上显得过高。❹ 一些产业的代理也努力提出自己的主张，如有实务专家指出，确立以最小可销售单位为计算基数是保证许可费"公平、合理、无歧视"的重要规则，在一定程度上，它

---

❶ 韩伟．标准必要专利许可费的反垄断法规制——原则、方法与要素［J］．中国社会科学院研究生院学报，2015（3）．

❷ 朱战威．垄断语境下标准必要专利许可费之厘定——兼评"高通案"专利许可费的裁决［J］．价格理论与实践，2015（11）．

❸ 罗娇．论标准必要专利诉讼的"公平、合理、无歧视"许可——内涵、费率与适用［J］．法学家，2015（3）．

❹ 焦海涛，戴欣欣．标准必要专利不公平许可费的认定［J］．竞争政策研究，2016（1）．

219

可以保护我国手机厂商本已狭窄的利润空间，也为避免专利劫持和许可费堆叠的目标提供了一条合理路径。❶

上述情况表明，无论是在反垄断实践中，还是理论上，对于标准必要专利许可费用的计算以及不合理的高额许可费的认定，并无能够被大家广泛接受的标准。即使美国法院在司法裁判中提出的 Georgia-Pacific 因素，虽然受到了较多的关注和研究，并在实践中被一些反垄断案件处理机构尝试用于解释和分析标准必要专利的许可费用，但它并未获得广泛采用的影响力，而且其合理性也受到一些反垄断执法人员或者研究人员的质疑。寻找令人信服的解决办法，一直是反垄断案件处理机构在处理标准必要专利滥用案件时努力的一个目标。为此，一些反垄断案件处理机构期望从经济学中找出较可靠的答案，但是，有学者对有关 FRAND 原则理解的经济学文献进行了综述，并介绍了四种用以计算 FRAND 许可费的理论，结果发现，这些理论对于 FRAND 原则的理解还存在很大的争议。❷ 出现如此局面，基本的原因在于知识产权价值评估本身具有很大的难度。知识产权价值评估由于知识产权客体无形性、市场因素复杂性等因素导致评估值的准确性、公允性往往存在较多问题。❸ 标准必要专利的价值计算所涉及的因素更加复杂，除了具有普通专利的价值确定面临的问题外，专利标准化后，还会给标准必要专利价值的认定带来额外的问题，如何计算标准带给专利的价值增值、专利费累积（Royalty Stacking）问题等。❹

（二）在垄断高价认定中的利益平衡

毫无疑问，对于标准必要专利许可费是否过高以及过高的许可费是否合理等问题解决目前还没有令人普遍信服的具体标准，也没有让人一体遵行的法律规定和司法判决。但是，从既有的反垄断实践和理论研究的结论看，在

---

❶ 孔繁文，彭晓明. 标准必要专利许可费计算基数之初步法律研究 [J]. 中国发明与专利，2017，14（3）.

❷ 陈永伟. FRAND 原则下许可费的含义及其计算：一个经济学角度的综述 [J]. 知识产权，2017（7）.

❸ 陈瑜. 知识产权价值评估的困境及对策 [J]. 知识经济，2012（18）.

❹ 马海生. 标准必要专利许可费司法定价之惑 [J]. 知识产权，2016（12）.

第五章　基于利益平衡的反垄断法实体规范对标准必要专利滥用的适用

认定标准必要专利权人是否收取了不合理的垄断高价时有几个原则是应当可以成立的：一是专利权人获得的许可费收入基准应当是不低于其专利纳入技术标准之前的水平；二是被许可人支付的许可费应当不高于其获得同一技术领域相当水平专利或者非专利技术使用权的支出；三是专利许可费数额可以在前述基准上根据多方面的因素进行适当增减；四是反垄断案件处理机构在对案件相关情况有充分认识的基础上有对专利许可费是否合理进行裁量的充分自主权。比如，就增减因素而言，需要考虑技术标准所导致的差异。正如学者所说，我们不能机械地理解 FRAND 原则，从而将 SEP 权利人所能够收取的专利许可费限定在其专利纳入标准之前的市场价格；标准化所创造的价值也应当让所有相关主体都能够感受到、享受到，更不能刻意地排斥特定主体；合理的"溢价"本身是符合 FRAND 原则的，只要其在合理的范围之内，就不能被"一刀切"地砍掉。❶

反垄断案件处理机构对于标准必要专利许可费是否过高或者高额许可费是否合理应当具有高度的自由裁量权，其基本依据在于反垄断案件处理机构的地位。一个公平的、合理的、无歧视的标准必要专利许可费（率）谁说了算？一句戏谑的话也许就是真理：谁权力大谁说了算。❷ 既然对于合理的标准必要专利许可费的计算问题存在莫衷一是、众说纷纭的局面，由较为权威的反垄断案件处理机构根据案件的具体情况和自己的理解去作出计算或者认定，其结论也就更容易得到当事人或者社会公众的接受。

反垄断案件处理机构在专利许可费计算上的自由裁量空间，也为其进行利益平衡提供了合适的路径。反垄断案件处理机构的自由裁量不能是随意的，而是要遵循一些基本的规则，或者要考虑一些基本的因素。至于有哪些因素需要考量，我们无法给出具体的答案，但有一点是明确的：公共利益的保护是一个非常重要的因素。一是因为反垄断执法始终离不开公共利益保护的话题；二是因为在个体利益与公共利益的相互关系中，标准必要专利权人在专利许可中一般处于明显的强势地位，他们自身的个体利益在其许可方案中都

---

❶ 谭袁. 标准必要专利价值增值的审视及制度建构［J］. 竞争政策研究，2016（3）.
❷ 马海生. 标准必要专利许可费司法定价之惑［J］. 知识产权，2016（12）.

会有充分的考虑，而他们考虑不周的往往是公共利益的保护。美国著名反垄断法专家博克法官认为，"只有在对'法律的出发点是什么'，即对'何为反垄断法的目标'的问题作出肯定回答之后，反垄断政策才会变得合理"。❶ 我国有学者认为，对于我国反垄断案件处理机构来说，对包括专利高价许可在内的所有超高定价纠纷的解决都应当最终回到反垄断法的立法宗旨上来。❷ 他们所说的"反垄断法的目标"和"反垄断法的立法宗旨"实际上都聚焦于各种公共利益。反垄断案件处理机构的利益平衡未必是抽象的，可以体现在各种计算方法的运用过程中，比如"Georgia-Pacific 因素"这种复杂方法的运用。正如有学者所说，对法院来说，对传统引用较多的方法——"Georgia-Pacific"因素法作进一步简化，在进行司法判决时加以运用，有利于做出公正的判决，平衡个体利益与公共利益。❸ 评估标准必要专利授权价格尚未形成统一的方法，需要结合案件的具体情况，选择合适的方法，❹ 但每种方法的适用都会有利益平衡的余地。

对于个体利益与公共利益进行协调，特别是考量相关公共利益的保护，实际上在我国反垄断执法部门的行动中已有明显的体现。国务院反垄断委员会要求考虑产业发展的需要，❺ 这实际上是将特定产业的发展这样一种公共利益需求作为评价标准必要专利许可费的考量因素。在高通公司垄断案中，发改委认为，高通公司不合理的许可费收取办法，会阻碍无线通信技术的创新和发展，限制该技术市场的竞争，还容易削弱其他基带芯片生产商的竞争力，

---

❶ Robert H. Bork. The Antitrust Paradox: Policy at War with Itself [M]. Basic Books, 1978: 50.
❷ 丁茂中. 论专利高价许可的反垄断规制 [J]. 知识产权, 2016 (3).
❸ 张俊艳, 靳鹏霄, 杨祖国, 等. 标准必要专利的 FRAND 许可定价——基于判决书的多案例研究 [J]. 管理案例研究与评论, 2016, 9 (5).
❹ 李剑. 论反垄断法对标准必要专利垄断的规制 [J]. 法商研究, 2018 (1).
❺ 依国务院反垄断委员会颁发的《关于知识产权领域的反垄断指南》（征求意见稿）第 15 条第 2 款之规定，在分析经营者是否以不公平的高价许可标准必要专利时可以考虑其对相关产业正常发展的影响。

第五章 基于利益平衡的反垄断法实体规范对标准必要专利滥用的适用

并会最终损害消费者的利益。❶ 发改委在这里实际上考虑了行业的技术进步、特定市场的自由竞争以及消费者的利益等多方面的公共利益。美国法院推出的"Georgia-Pacific 因素"法虽然没有明确提及哪种具体的公共利益,但其中有一个考量因素为"促进标准的广泛使用",实际上是考虑到了高水平的标准化对于公共利益促进的需要。

基于反垄断法保护自由竞争的核心目标,反垄断案件处理机构在处理标准必要专利许可费是否属于不合理的垄断高价问题时首先要考量相关技术市场及下游市场的竞争是否受到了实质性损害,以促进自由竞争的情况作为标准必要专利许可费是否应当增加或者减少的基本考量因素。有学者在论及标准必要专利许可费的反垄断规制原则时提出要确保基础竞争要素的有效开放,❷ 正是顺应了这种要求。在不与相关市场的自由竞争要求相冲突、至少不会明显损害相关市场竞争的前提下,反垄断案件处理机构对于标准必要专利许可费是否合理问题的判断和处理应当有利于促进与案件相关的某一种或者多种公共利益。一般来说,消费者利益在标准必要专利滥用案件中是无法回避的。如果有足够接近的替代产品,作为对价格上涨的回应,消费者便会转向该产品,对于标准必要专利权人而言这使得其最初专利许可费的提高变得无利可图;❸ 在没有替代产品的条件下,同样水平的标准必要专利许可费就可能显得不够合理,因为消费者因无法转向其他产品而只能被动接受可能对于自己不利的价格,反垄断案件处理机构应当对有害于消费者利益的专利许可费的计算持否定态度。当标准必要专利的实施者或者潜在需求者包括众多中小企业时,反垄断案件处理机构在评价标准必要专利许可费的合理性问题时就不能不考虑费用计算方法对于相关产业中小企业的发展是否会有较大的阻

---

❶ 《中华人民共和国国家发展和改革委员会行政处罚决定书》(发改办价监处罚〔2015〕1号)。

❷ 韩伟. 标准必要专利许可费的反垄断法规制——原则、方法与要素[J]. 中国社会科学院研究生院学报,2015(3)。

❸ Damien Geradin. Pricing abuses by essential patent holders in a standard-setting context: A view from Europe [C]. Paper prepared for the "The Remedies for Dominant Firm Misconduct" Conference, University of Virginia, 2008-06-04/05.

碍。通常情况下，如果专利权人面向中小企业收取的专利许可费用高于同等条件下的普通许可费水平，这是不能接受的。在当今世界，技术的运用与国家安全的结合程度越来越高，而一些标准必要专利权人采用要求被许可人免费反向许可其非标准专利技术的方式变相提高许可费标准，反垄断案件处理机构对于这种交易不能仅仅从经济价值上进行评判，还要看其对于国家安全是否有一定的影响；如果免费反向许可的非标准必要专利技术中包含影响我国经济安全甚至国家安全的技术成果，反垄断案件处理机构一般应当将专利权人的许可行为认定为不合理的高价许可行为。

何种许可费的计算标准或者方法能够使更多的公共利益受到保护或者促进，这是反垄断案件处理机构在处理标准必要专利垄断高价案件的过程中需要努力辨析和决断的。如果没有任何一种计算方法能够在自由竞争之外同时促进两种以上公共利益，而是分别有所偏向，反垄断案件处理机构应当优先考虑与自由竞争兼容度较高的公共利益或者在特定时期迫切需要加强保护的公共利益。

三、利益平衡与搭售的认定

在标准必要专利涉及的垄断案件中，搭售所引起的关注程度远远不及其他涉嫌滥用市场支配地位的行为，这主要是因为这种行为通常与不合理的专利许可费的收取混合在一起，被看成一种间接增加专利许可费的方式。事实上，这种行为在标准必要专利许可过程中还是经常发生的，在反垄断立法和执法中也被作为一种独立的滥用市场地位的行为。

我国《反垄断法》规定的滥用行为包括没有正当理由的商品搭售行为，❶这里的商品包括技术和其他商品，标准必要专利权人在进行专利许可时捆绑销售其他标准专利、非标准专利或者非专利技术的行为就属于该规定的"搭售商品"。市场监管主管部门在其部门规章中也作了相应的规定，并特别关注

---

❶ 《反垄断法》第 22 条第 1 款规定："禁止具有市场支配地位的经营者从事下列滥用市场支配地位的行为：……（五）没有正当理由搭售商品，或者在交易时附加其他不合理的交易条件……"

第五章　基于利益平衡的反垄断法实体规范对标准必要专利滥用的适用

了将不同商品强制捆绑或者组织销售的行为，❶ 而不同技术的捆绑销售或者组合销售则是标准必要专利许可中经常出现的情况。国务院反垄断委员会在其指导性文件中专门就涉及知识产权的搭售及其形式作了阐释。❷

在一些涉及标准必要专利权滥用的案件中，反垄断案件处理机构也专门分析了涉案的搭售行为。在华为诉IDC垄断案中，法院认为IDC公司将标准必要专利和非必要专利技术捆绑销售，将导致标准必要专利权利人在标准必要专利许可市场上的市场力量延伸到被捆绑技术的市场，从而将阻碍或者限制该相关技术市场的竞争，因而认定IDC公司构成搭售行为；法院同时认为，IDC公司对同一技术领域范围内的多个必要专利进行打包许可符合效率原则，特别是对跨国公司而言有利于降低成本进而提高消费者福利，不宜认定该行为是限制竞争、违反反垄断法的。❸ 在中国发改委处理的高通公司垄断案中，发改委针对被告的辩解，从标准专利技术与非标准专利技术是否可以分开、被许可人是否可以自主选择（包括是否提供清单并进行商谈）、是否会限制非标准专利技术相关市场的竞争等角度对于被告的行为是否合理进行了阐述，认定高通公司在进行标准必要专利许可时搭售非标准专利技术，严重排除、限制了相关非无线标准必要专利许可市场的竞争，阻碍、抑制了技术创新，最终损害了消费者的利益，违反了《反垄断法》规定的禁止具有市场支配地位的经营者没有正当理由搭售商品的规定。❹

在进行标准必要专利许可时专利权人同时要求被许可人接受其他技术

---

❶ 原国家工商行政管理总局颁布的《工商行政管理机关禁止滥用市场支配地位行为的规定》第6条明确规定，"禁止具有市场支配地位的经营者没有正当理由搭售商品"，并特别指出不能"违背交易惯例、消费习惯等或者无视商品的功能，将不同商品强制捆绑销售或者组合销售"。

❷ 国务院反垄断委员会于2019年颁发的《关于知识产权领域的反垄断指南》第17条规定："涉及知识产权的搭售，是指知识产权的许可、转让，以经营者接受其他知识产权的许可、转让，或者接受其他商品为条件。知识产权的一揽子许可也可能是搭售的一种形式。具有市场支配地位的经营者，没有正当理由，可能通过上述搭售行为，排除、限制竞争。"

❸ 广东省高级人民法院（2013）粤高法民三终字第306号民事判决书。

❹ 《中华人民共和国国家发展和改革委员会行政处罚决定书》（发改办价监处罚〔2015〕1号）。

225

（如其他标准必要专利、非标准必要专利或者非专利技术）或者商品，并不一定构成滥用市场支配地位的行为，该行为的性质取决于行为人是否有"正当理由"。这种基于不同因素的考量而区别对待的做法突出地体现在前述我国法院对于华为诉IDC垄断案的处理上，在该案中被告IDC公司搭售了两类技术：一是其他标准必要专利；二是非标准必要专利技术。法院在考量多种因素后认定前者是正当的，不构成垄断行为；而后者则不具有正当性，构成滥用市场支配地位的行为。从美国反托拉斯法、欧盟竞争法和日本的有关国际许可协议准则等法律规定或者实践情况看，当今世界各国都倾向于对知识产权滥用问题的处理适用合理原则，TRPIS协议对知识产权滥用的垄断性质的判断也主要采取合理原则，规定在处理限制垄断行为时要综合考量各个不利因素和不利影响。❶ 对于搭售行为性质的认定及处理，各国或者地区一般都奉行这种合理原则，要基于多方面的情况而考察其是否具有合理性。

标准必要专利权人的搭售行为是否是"正当"的或者"合理"的，也属于反垄断案件处理机构自由裁量的范围。尽管反垄断案件处理机构在判断行为的正当性时需要考虑的因素很多，但利益平衡是其必须注意的一个重要内容。因为权利滥用在本质上是权利人在某种主观恶性支配下实施了超出权利正当界限的行为，该行为造成其他合法权益（公共利益或者其他私人利益）受到侵害，是对利益平衡的破坏。❷ 只有从利益平衡的视角去分析与标准必要专利权人搭售或者捆绑销售相关的多方面情况，才能就其是否存在权利滥用得出一个更为恰当的结论。原国家工商行政管理总局颁布的《工商行政管理机关禁止滥用市场支配地位行为的规定》就搭售是否具有"正当理由"规定了两个考量因素：一是有关行为是否为经营者基于自身正常经营活动及正常效益而采取；二是有关行为对经济运行效率、社会公共利益及经济发展的影响。❸ 这两个方面的考量因素实质上就是希望反垄断案件处理机构兼顾标准必要专利权人的个体利益与公共利益两个方面，是在"正当理由"判断上

---

❶ 张炳生，蒋敏. 技术标准中专利权垄断行为的理论分析及其法律规制 [J]. 法律科学，2012，30 (5).
❷ 叶明，吴太轩. 技术标准化的反垄断法规制研究 [J]. 法学评论，2013，31 (3).
❸ 参见《工商行政管理机关禁止滥用市场支配地位行为的规定》第8条之规定。

第五章 基于利益平衡的反垄断法实体规范对标准必要专利滥用的适用

的利益平衡。

就如前文所阐述的一样,标准必要专利权人一般会充分利用其所具有的市场优势及法律给予的空间对其个体利益的保护作出较为周到的安排,他们重视不够或者漠视的利益恰恰是公共利益,因此,反垄断案件处理机构在进行利益平衡的时候应当注重公共利益的保护,更多地从公共利益需求的角度去分析标准必要专利权人的搭售行为是否正当,是否构成滥用市场支配地位的行为。我国《反垄断法》规定经营者能够证明其行为具备某些特定情形的,就不构成垄断行为,其所列举的情形就包括"提高产品质量""增强中小经营者竞争力""节约能源、保护环境"等公共利益需求;虽然这些规定是直接针对垄断协议的,但反垄断法这种重视经营者行为对公共利益影响审查的精神同样应当适用于对包括搭售在内的滥用市场支配地位行为的处理。正如有学者所说,标准必要专利的权利人本位观凸显出专利权人与社会整体利益的矛盾与冲突,传统专利权理论对权利人的过度保护是标准必要专利垄断案频发的一个重要原因;社会分工不断深化是市场经济向前发展的必然结果,技术标准化在社会分工背景下具有强烈的社会意蕴,应当在制度中体现对公共利益的维护和整体效率的提升。[1] 吴汉东教授曾就知识产权保护程度问题指出,是否保护知识产权,以何种水平保护知识产权,是一个国家或地区根据现实发展状况和未来发展需要而作出的公共政策选择和安排。[2] 对于一般知识产权的保护尚且要考虑公共政策的意向,对于具有较强公共性的标准必要专利权的保护或者限制问题的处理就更应当考虑到增进公共利益的需求。

在从公共利益保护的角度判断标准必要专利权人的搭售行为是否具有正当性的时候,反垄断案件处理机构需要做的一个基础工作就是结合相关技术标准的特点、标准必要专利权人的情况、被搭售技术的属性及其市场情况、标准必要专利所涉及的相关市场及下游市场情况等,厘清搭售行为相关的公共利益。如果搭售只涉及自由竞争这一种公共利益,则根据该行为对于各相

---

[1] 朱战威. 垄断语境下标准必要专利许可费之厘定——兼评"高通案"专利许可费的裁决 [J]. 价格理论与实践,2015 (11).
[2] 吴汉东. 利弊之间:知识产权制度的政策科学分析 [J]. 法商研究,2006 (5).

关技术市场或者产品市场自由竞争影响的总体情况确定搭售是否具有正当性。一般来说，如果搭售对于其中某一相关市场的竞争产生严重损害或者对于各相关市场的竞争在总体上具有消极影响，就应当被禁止。如果搭售除涉及自由竞争外，还涉及其他公共利益，则在其对自由竞争没有明显损害且有助于促进其他公共利益的情况下，❶ 搭售具有正当性；虽然没有损害自由竞争，但对于其他公共利益造成损害的，搭售就不具有正当性。

比如，如果标准必要专利实施者或者潜在需求者是众多的中小企业，或者与被搭售的配套技术具有竞争关系的技术大多是由中小企业提供的，此时搭售无疑就与中小企业发展有较大关系。当前，中小企业是国民经济的生力军，促进中小企业发展是稳增长、稳就业乃至稳定社会发展大局的关键。❷ 欧盟、日本等在中小企业保护方面走在世界前沿，与发达国家的相关立法比较，我国对中小企业的法律保护，仍然存在诸多问题。❸ 虽然促进中小企业发展的法律路径是多方面的，但反垄断法具有重要的作用。甚至可以说，促进中小企业的发展从根本上在于依靠反垄断法建立有利于中小企业参与的良好竞争机制。❹ 有鉴于此，如果中小企业与标准必要专利权人在被搭售的配套技术相关市场上存在竞争关系，或者中小企业作为标准专利实施者为所搭售的技术所付出的代价要比它们从其他途径获得替代性技术的代价大，这种搭售就应当被认定为滥用市场支配地位的行为；反之，如果搭售既使作为被许可人的中小企业迅速获得了配套技术，又使它们免受了拥有竞争性配套技术的其他大企业的盘剥，则这种搭售就应受到反垄断案件处理机构的鼓励。

再如，如果搭售是为了保障利用标准必要专利技术生产的产品质量，特别是在市场上其他配套技术在水平和安全性与所搭售的技术存在明显差距的

---

❶ 在考察标准必要专利的搭售行为对于市场竞争的影响时要注意对于标准类型的区分。有的时候，技术标准仅仅是一个事实标准或者地方标准，而所搭售的配套技术的运用范围可能远超出该事实标准或者地方标准的影响范围，此时的搭售对于配套技术所涉及的相关技术市场和下游相关产品市场的竞争所产生的影响往往是非常有限的。

❷ 王静文. 多措并举全力促进中小企业健康发展 [N]. 经济参考报，2019–07–30 (1).

❸ 贾平. 论我国中小企业的法律保护 [J]. 河北法学，2008 (10).

❹ 骆小春，董新凯. 中小企业促进与反垄断法 [J]. 现代法学，2003 (6).

情况下，此种搭售明显有利于消费者利益的保护，可以认为是正当的。但是，鉴于反垄断法以保护自由竞争为基本使命，对于此种搭售如何处理，还要看此种搭售是否与自由竞争的要求存在较大的冲突。如果由于所搭售的技术与其他经营者所提供的配套技术相比存在明显优势，即使在配套技术市场上被搭售的技术也会具有较强的竞争力，或者说，被许可人仅在配套技术需求者占很小的市场份额，那么就可以说此种搭售既未在实质上损害自由竞争，还能有效保护消费者的利益，就应当说是正当的。

在每一种公共利益与自由竞争并不冲突的前提下，也不排除搭售所涉及的两种以上其他公共利益之间存在冲突。此时反垄断案件处理机构就要在这两种相互冲突的公共利益之间进行协调或者选择。比如，作为本土企业的标准必要专利权人搭售其拥有的技术有助于扩大本土企业技术的影响，带动民族经济的发展，作为被许可人的中小企业却可能因此无法获得跨国公司提供的更先进的技术或者更廉价的技术，民族经济的发展和中小企业发展之间就产生了冲突，此时反垄断案件处理机构的利益保护倾向应当放在对于我国经济发展的整体影响更大的公共利益或者在特定的环境下有更迫切保护需要的公共利益上。再如，使用标准必要专利权人搭售的配套技术可以提高产品质量而促进消费者的利益，但可能因此排除了可以提供竞争性技术的中小企业的竞争，消费者利益与中小企业发展之间便产生了冲突，考虑到消费者利益的涉及面更加广泛，而且，反垄断法的终极目标和中小企业发展的重要目标都是为消费者谋求的利益，中小企业需要承担包括消费者保护在内的社会责任，❶反垄断案件处理机构此时应当将消费者利益所受的影响作为衡量搭售是否正当的重要依据。

四、利益平衡与差别待遇的认定

在专利许可费的收取方面实行差异待遇，是标准必要专利许可过程中经常发生的情形，也是容易引起当事人争议的话题，并且很多时候成为被许可

---

❶ 王妹，王译萱. 利益相关者视角下中小企业社会责任评价研究［J］. 经济研究导刊，2018（29）.

人控告标准必要专利权人的重要事由。我国企业一般是国际标准的被动执行者，大多在实施标准必要专利的过程中不得不接受一些苛刻的条件。近年来，国际标准必要专利垄断企业对中国本土企业歧视性专利许可收费成为影响中国企业创新能力提升的重要障碍，因而成为中国反垄断关注的重点领域。❶ 我国法院审理的华为诉IDC公司垄断案虽然未专门单独就IDC公司是否存在滥用市场支配地位的差别待遇行为，但法院查明的案件事实显示，从IDC公司对华为公司就涉案必要专利许可费问题前后多次报价来看，均明显高于IDC公司对其他公司的专利许可费；被告IDC公司给予苹果公司、三星公司、加拿大RIM公司和宏达电子公司的专利许可费占各公司销售额的比重均未超过0.29%，其中苹果公司的相应比重甚至不足该数字的1/10，IDC公司对华为公司的许可费则远远高于苹果公司和三星公司的许可使用价格，价格区别对待的痕迹明显。❷ 这实际上只是掌握重要标准必要专利的跨国公司对我国企业实行差别待遇的一个缩影。

对于标准必要专利权人利用其市场支配地位实施差别待遇的行为，标准化组织一般会有意识地进行约束，作为其知识产权政策核心的FRAND原则特别强调"无歧视"这一基本要求。因此，反垄断案件处理机构在认定标准必要专利权人实施的差别待遇行为是否合理时，都要考察专利权人是否遵守了FRAND原则。对标准必要专利权人的合理限制作为FRAND原则的核心，在各国法院适用FRAND原则对标准必要专利权人与标准实施人的权利义务进行解读和对标准必要专利权使用费确定的具体计算方法进行设计的过程中都起着重要的指引作用。❸ 是否违反标准化组织的"无歧视"要求，自然是反垄断案件处理机构判断标准必要专利权人是否存在滥用市场支配地位行为的重

---

❶ 唐要家，尹温杰．标准必要专利歧视性许可的反竞争效应与反垄断政策［J］．中国工业经济，2015（8）．

❷ 朱文慧．标准必要专利权人滥用市场支配地位的判断——兼评华为诉美国交互数字公司上诉案［J］．电子知识产权，2014（9）．

❸ 胡洪．司法视野下的FRAND原则——兼评华为诉IDC案［J］．科技与法律，2014（5）．

第五章　基于利益平衡的反垄断法实体规范对标准必要专利滥用的适用

要依据。在衡水子牙河建筑工程有限公司与张某某等侵犯发明专利权纠纷一案中，❶ 最高人民法院采取了对标准必要专利权人进行"合理限制"的立场，这也为我国法院此后审理同类案件提供了明确的导向，在华为诉IDC垄断案中法院对FRAND原则的本质也做出了符合"合理限制"立场的解释。但是，对于FRAND原则的遵循情况绝对不应成为反垄断案件处理机构认定标准必要权人的差别待遇行为是否合理的唯一依据，甚至在很多案件中不应当成为主要依据。原因在于，FRAND原则本身是有缺陷的：首先，含义不确定。FRAND政策的核心要求往往不够明确具体，引起不少麻烦。有学者指出，FRAND许可虽然为防止标准必要专利许可过程中所可能发生的专利劫持设定了一道红线，但由于该定义的模糊性，导致关于标准必要专利许可的纠纷层出不穷，增大了该类交易的不确定性。❷ 对其中"无歧视"原则的具体内涵在学界亦未形成一致意见；国外的马里奥·马里涅洛（Mario Mariniello）、理查德·J.吉尔伯特（Richard J. Gilbert）、丹尼尔·斯旺森（Daniel Swanson）等都有不同的主张。❸ 其次，法律性质不明确。对于其法律性质有很多不同的解释，有的国际法律将FRAND声明解读为"要约邀请"，美国将其解释为"第三方受益合同"，而深圳市中级人民法院则在华为诉IDC案中将它解读为"强制缔约义务"。❹ 再次，FRAND原则的适用操作存在较大难度，如果许可对象不透明、许可费率不公开，被许可人就没有比较的基础和参照

---

❶ 最高人民法院民事判决书（2012）民提字第125号。

❷ 任天一，石巍. FRAND许可的经济分析及争端解决机制探究[J]. 科技与法律，2017（1）.

❸ Mario Mariniello. Fair, Reasonable and Non-discriminatory (FRAND) Terms: A Challenge for Competition Authorities [J]. Journal of Competition Law & Economics, 2011 (7): 523, 525, 532; Richard J. Gilbert. Deal or No Deal? Licensing Negotiations in Standard-setting Organizations [J]. Antitrust Law Journal, 2011 (77): 855; Daniel Swanson, William Baumol. Reasonable and Non-discriminatory (RAND) Royalties, Standards Selection, and Control of Market Power [J]. Antitrust Law Journal, 2005 (73): 1, 26-27.

❹ 连冠. 比较法视野下FRAND承诺的反垄断责任[J]. 北京化工大学学报（社会科学版），2017（3）.

的标准，也就无法确定是否符合 FRAND 原则。❶ 最后，有些标准化组织对于以 FRAND 为核心的知识产权政策的态度并不严谨。为吸引更多的专利权人自动申请将其先进专利技术放入标准之中，标准组织制定的专利许可政策往往比较宽松。❷ 因此，对于 FRAND 原则中的"公平""合理""无歧视"的解释更需要权威性较强的反垄断案件处理机构的介入。

无论是从法律制度的设计情况看，还是从反垄断执法的实践情况看，对于标准必要专利权人差别待遇是否合理问题的判断，还是要借助利益衡量的方法。即使对于 FRAND 原则遵守情况的判断，也应当从利益平衡的角度进行考量，因为该原则的产生本身就具有利益平衡的使命；为平衡标准必要专利权人、专利实施人与社会公共利益，许多标准化组织制定了 FRAND 原则。❸ 我国《反垄断法》第22条第1款规定："禁止具有市场支配地位的经营者从事下列滥用市场支配地位的行为：……（六）没有正当理由，对条件相同的交易相对人在交易价格等交易条件上实行差别待遇……"，将有没有"正当理由"作为认定差别待遇是否合法的重要依据，"正当理由"也为反垄断案件处理机构的利益平衡提供了基本依据。原国家工商行政管理总局于2010年颁布的《工商行政管理机关禁止滥用市场支配地位行为的规定》规定"禁止具有市场支配地位的经营者没有正当理由，对条件相同的交易相对人在交易条件上实行下列差别待遇：……"，而在差别待遇"正当理由"的认定上，明确规定了两个考量因素：一是有关行为是否为经营者基于自身正常经营活动及正常效益而采取；二是有关行为对经济运行效率、社会公共利益及经济发展的影响。❹ 国务院反垄断委员会于2019年颁发的《关于知识产权领域的反垄断指南》也明确规定，"分析经营者实行的差别待遇是否构成滥用市场支配地

---

❶ 赵军，张建肖. 通信行业 FRAND 原则实现困境及其解决 [J]. 中国发明与专利，2017, 14 (10).

❷ 刘珊. 专利标准化危机及其应对之策——以中国标准专利第一案为例 [J]. 湖南工业大学学报（社会科学版），2017, 22 (6).

❸ 赵军，张建肖. 通信行业 FRAND 原则实现困境及其解决 [J]. 中国发明与专利，2017, 14 (10).

❹ 原国家工商行政管理总局2010年颁布的《工商行政管理机关禁止滥用市场支配地位行为的规定》第7条和第8条。

第五章 基于利益平衡的反垄断法实体规范对标准必要专利滥用的适用

位,可以考虑以下因素:(一)交易相对人的条件是否实质相同,……(二)许可条件是否实质不同,……;(三)该差别待遇是否对被许可人参与相关市场竞争产生显著不利影响"。❶ 可见,我国反垄断法对于差别待遇正当与否认定的一个基本态度就是要进行利益考量和平衡,既要考虑标准必要专利权人和交易相对人的个体利益,更要考虑多方面的公共利益。

在认定标准必要专利权人差别待遇行为正当性时所进行的利益平衡,首先是考虑个体利益与公共利益的协调问题。对于个体利益的考量主要是看标准必要专利权人实施差别待遇是否是基于其正常利益保障的需要。一般而言,标准必要专利权人在任何专利许可中都不会做出损害其正常利益需要的行为,假如一个跨国公司对中国企业的专利许可费高于其对外国公司的专利许可费用,可以认为其对外国公司所收取的许可费已经满足了其正常利益需求,那么认定其对中国企业的差别待遇就是不正当的,这样的处理就不会损害专利权人的正常个体利益。如果专利权人能够证明差别费率确实是实现其正常利益所必需的,比如,因其与外国公司之间存在交叉许可而相互给予了优惠待遇,或者因其前期在中国打开销售渠道所付出的成本比较高,那么这种差别待遇也可以得到反垄断案件处理机构的认可,但前提是这一行为未对相关公共利益造成较大损害。

在对标准必要专利权人的差别待遇行为作出否定性评价不会损害其正常的个体利益的情况下,反垄断案件处理机构对于差别待遇正当与否的评价主要应当考察其对公共利益的影响情况。也就是说,反垄断案件处理机构认定差别待遇是否正当的基本思路是:在没有损害标准必要专利权人正常个体利益的情况下,差别待遇没有损害公共利益是其获得正当性的基本前提;如果能够促进公共利益,则可以彰显其正当性。

第一,如果差别待遇的实施对于公共利益的保护具有明显的作用,则可以认为它具有正当理由。比如,差别待遇是否能够促进中小企业的发展。除了在经营者与消费者之间适度作倾斜性照顾的制度安排以外,几乎所有国家

---

❶ 参见国务院反垄断委员会于 2019 年颁发的《关于知识产权领域的反垄断指南》第 19 条之规定。

和地区都还在经营者与经营者之间适度作了倾斜性照顾的制度安排，这突出表现为当前全球非常普遍存在的各式各样的中小企业特别保护制度。❶ 促进中小企业的发展也是我国当下推动民营经济发展的重要举措，如果标准必要专利权人在大型企业与中小企业之间实行差别待遇，给予中小企业以优惠费率，那么这种差别待遇显然是有利于中小企业发展的，应当得到鼓励。在当前复杂的国际贸易环境下，促进民族经济和国内重要产业的发展也是一种重要的公共利益所在。总体来说，当前我国企业具有竞争力的自主知识产权相对较少，主要是引进和输入知识产权，包括掌握在跨国公司手中的标准必要专利技术，基于此，为了更好地保护我国的民族产业和消费者利益，我们一般应该对标准必要专利权滥用的认定采取较为严厉的态度。但是，如果标准必要专利技术的拥有者是我国企业，出于振兴民族经济和促进国内重要产业发展的考虑而在专利许可中对中外企业实行差别待遇，对于中国企业实行优惠费率，反垄断案件处理机构就应当将这种考虑作为重要的正当理由。

第二，如果差别待遇的实施对于公共利益产生明显的损害，则可以认为其是不正当的。在向部分企业执行较低费率已经能够保障标准必要专利权人正常个体利益需求的情况下，向另一部分企业执行较高的费率本身就令人怀疑，如果此种差别待遇再明显损害公共利益，则理应被认定为无"正当理由"的行为。反垄断案件处理机构首先要考察的是差别待遇是否损害了反垄断法的根本目标自由竞争。无论经营者对条件相同的经营者是在交易价格上还是在交易数量上或在交易品级、优惠条件、付款条件、交付方式、售后服务等上实行差别待遇，这都会不同程度地影响后者在相关市场上的公平竞争。❷ 标准必要专利企业的歧视性专利许可费，不仅会伤害下游市场的产品竞争，而且会阻碍下游企业的创新竞争，因此是伤害社会福利的反竞争行为，应该受

---

❶ 丁茂中. 论差别待遇的合理性分析标准 [J]. 上海对外经贸大学学报，2018，25（5）.

❷ 丁茂中. 论差别待遇的合理性分析标准 [J]. 上海对外经贸大学学报，2018，25（5）.

第五章　基于利益平衡的反垄断法实体规范对标准必要专利滥用的适用

到反垄断法的禁止。❶ 因此，差别待遇通常会受到反垄断案件处理机构的否定评价，除非专利权人能够证明该行为能够在其他方面促进相关市场竞争，或者至少其对自由竞争的损害程度比较小。反垄断案件处理机构还应当考察差别待遇是否损害了其他重要的公共利益。有国外学者研究表明，在价格歧视下，下游大企业通常比小企业获得更低的批发价格，这有利于高效率大企业的成长。❷ 我国学者也指出，价格歧视使得提供或接受相同产品或服务的企业的交易机会不同，尤其不利于中小企业获得公平竞争的机会。❸ 基于此，反垄断案件处理机构就要考察差别待遇对中小企业发展的影响，因为差别待遇给大企业带来的发展福利往往会使相关市场的中小企业面临更不利的发展局面和困难，对于明显增加中小企业发展劣势的差别待遇应当给予否定性评价。另外，跨国公司的差别待遇往往会伤及我国民族经济的发展。2002年在我国发生的DVD专利池收费风波即是明证，当时，DVD3C、6C、1C等数家专利池或者专利权人纷纷开始向我国企业收取专利费，每台DVD碟机需要缴纳的专利费累计高达23.70美元，超过生产成本的一半，结果直接导致我国DVD企业大批倒闭或者转产。❹ 对于跨国公司针对我国企业实施的差别待遇行为，特别是对于正处于成长关键期的相关产业的本土企业收取较外国公司更高许可费的行为，很容易阻碍或者严重损害我国民族经济的发展，一般应当被认定为没有"正当理由"。此外，标准必要专利权人的差别待遇也很容易牺牲我国消费者的利益。在早些年，微软在中国进行知识产权许可时就存在严重的价格歧视行为：视窗98在中国大陆市场零售价为1980元，在美国为90多美元，在日本为600~1200元人民币，……微软给中国大厂商的视窗98预装许可费为300元左右，中小品牌厂商则达690元，而给IBM则不到100元。据

---

❶ 唐要家，尹温杰. 标准必要专利歧视性许可的反竞争效应与反垄断政策 [J]. 中国工业经济，2015（8）.

❷ R. Inderst, G. Shaffer. Market Power, Price Discrimination, and Allocative Efficiency in Intermediate-good Markets [J]. Rand Journal of Economics, 2009 (40): 658-672.

❸ 王先林. 在华跨国公司知识产权滥用的反垄断法分析 [J]. 知识产权，2005（6）.

❹ 詹映. 美国专利池反垄断政策的新发展及其对我国的影响 [J]. 科研管理，2011，32（11）.

保守估计,当时中国消费者因为微软公司的差别价格一年就要多支出 10 亿元。❶ 当标准必要专利许可费的差别待遇成为特定商品国内外差价的主要原因时,如果我国消费者获得同样功能的商品所支付的价格远高于国外商品的销售价格,则差别待遇便存在明显损害我国消费者利益的问题,应当被判定为没有"正当理由"的行为。

应当承认,差别待遇对于公共利益的影响情况是复杂的,它既可能在多种不同的公共利益中有所促进而同时又有所损害,也可能对于同一种公共利益既有积极影响又有消极影响。对于多种公共利益的冲突,反垄断案件处理机构应当主要考察自由竞争是否受到明显促进或者严重损害,并以此为基本依据对差别待遇的正当性进行定调,我国反垄断法的法益目标,应该是通过具体的反垄断实践,创制一个良好、有序的竞争格局和竞争环境。❷ 在自由竞争没有因差别待遇而明显受到促进或者损害时,则以其他公共利益受到损害或者促进的情况确定差别待遇是否正当。在涉及多种其他公共利益时,如果其中部分公共利益因差别待遇受到促进,而另一部分公共利益则因差别待遇而受到损害,则对差别待遇所促进的公共利益数量和所损害的公共利益数量进行比较,只有前一数量超过后一数量,差别待遇才能被视为具有"正当理由",但前提是后一部分公共利益未受到重大损害。也有可能差别待遇只影响两种其他公共利益,但分别产生积极影响和消极影响,这时反垄断案件处理机构应当着重考察哪一种公共利益是在特定时期更受关注的或者涉及面更广泛,并以此为主要标准确定差别待遇是否正当,同时也应当以另一种公共利益未受到重大损害为前提。

五、利益平衡与其他滥用行为的认定

具有市场支配地位的经营者滥用市场支配地位的形式是多种多样的,除了前述四种常见形式外,还有其他一些形式。如我国《反垄断法》和原国家

---

❶ 王先林. 在华跨国公司知识产权滥用的反垄断法分析 [J]. 知识产权, 2005 (6).
❷ 吴宏伟. 法益目标:我国《反垄断法》实施之灵魂 [J]. 江西社会科学, 2008 (7).

第五章　基于利益平衡的反垄断法实体规范对标准必要专利滥用的适用

工商行政管理总局颁布的《工商行政管理机关禁止滥用市场支配地位行为的规定》所规定的附加不合理的条件（交易限制）和国务院反垄断案件处理机构认定的其他滥用行为。❶

附加不合理的条件是标准必要专利权人经常实施的一种涉嫌滥用市场地位的行为，在中国发改委处理的高通公司垄断案中，发改委认为当事人将签订和不挑战专利许可协议作为被许可人获得当事人基带芯片的条件，并以不供应基带芯片对违反此条件的被许可人相要挟，该行为不具有合理性。❷ 国务院反垄断委员会的《关于知识产权领域的反垄断指南》对于这类可能的附加不合理条件的行为进行了较为详细的列举，主要包括"要求交易相对人进行独占性回授""禁止交易相对人对其知识产权的有效性提出质疑""限制交易相对人利用具有竞争关系的技术或者商品""对期限届满或者被宣告无效的知识产权主张权利""在不提供合理对价的情况下要求交易相对人交叉许可""迫使或者禁止交易相对人与第三方进行交易，或者限制交易相对人与第三方进行交易的条件"等。❸

标准必要专利权人附加不合理条件的行为与前述违法搭售行为在本质上是一致的，因此，我们阐述的反垄断案件处理机构处理违法搭售行为的思路也同样适用于对附加不合理条件的行为。如果利用市场支配地位的行为能够在实现自身利益的同时兼顾相关方的利益，也应当成为不构成滥用市场支配地位的正当理由。❹ 这种利益平衡的要求同样适用于反垄断案件处理机构对于附加交易条件的行为是否正当问题的解决上。早在1942年美国联邦最高法院处理涉及附加不合理条件的Morton Salt案时，便同时从专利权人私人利益和公共利益两个方面进行了思考；在该案中，美国联邦最高法院明确指出，"无

---

❶ 参见我国《反垄断法》第22条第1款之规定和原国家工商行政管理总局于2010年颁布的《工商行政管理机关禁止滥用市场支配地位行为的规定》第7条之规定。

❷ 《中华人民共和国国家发展和改革委员会行政处罚决定书》（发改办价监处罚〔2015〕1号）。

❸ 参见国务院反垄断委员会于2019年颁发的《关于知识产权领域的反垄断指南》第18条规定。

❹ 肖江平. 滥用市场支配地位行为认定中的"正当理由"[J]. 法商研究，2009，26（5）.

论本案中特定的被告是否因权利滥用行为而受到损害,原告都会因胜诉而给公共利益带来的不利影响以及其行为方式的不正当性,而丧失继续诉讼的资格。"❶ 至于利益平衡的思路和具体操作方法,与前文"搭售"部分的主张也不应存在多大差异。

标准必要专利权人在当前广受关注的其他涉嫌滥用市场支配地位的行为是禁令救济,这属于我国反垄断法规定的国务院反垄断案件处理机构认定的其他滥用行为。这种行为在境外一般也被解释在滥用行为的范围之内,比如在《欧盟竞争法》中,滥用的概念是开放的;用判例法话说,《欧盟运行条例》第 102 条涵盖了任何损害竞争的行为,包括向法院谋求救济的行动。❷ 标准必要专利权人请求法院禁止他人实施其标准必要专利的行为,一方面,可能是他人存在侵权行为,禁止侵权行为是维护标准必要专利权人知识产权和个体利益的需要;另一方面,可能会导致有合理需求的企业因不能实施标准必要专利技术而无法进入相关市场,从而损害竞争和其他公共利益。因此,禁令救济及其处理纠结着私人利益与公共利益的矛盾,反垄断案件处理机构对于谋求禁令救济行为的处理无法回避私人利益与公共利益的平衡协调以及不同公共利益之间的协调。

在处理禁令救济问题时,反垄断案件处理机构通常以 FRAND 原则及其执行情况作为重要依据或者考量因素。在 2014 年苹果诉摩托罗拉一案中,美国联邦巡回法院认为专利权人无权因智能手机相关专利侵权行为要求禁令救济;很显然,被控侵权的拒绝接受一个许可要约并不意味着禁令的签发是正当的,比如,该要约可能没有建立在 FRAND 条款的基础上。❸ 在审理无线星球诉华为案时,英国高等法院比尔斯(Birss)法官认定,作为权利人的无线星球公司给出的全球许可要约和被诉侵权人华为公司给出的英国许可反要约都不是符合 FRAND 的许可要约,但比尔斯法官并未据此认为无线星球的行为就违反

---

❶ 314 U.S. 488, 494 (1942).

❷ Case C-85/76 Hoffmann-La Roche & Co. AG v Commission [1979] 461; Case C-322/81 Michelin v Commission [1983] 3461 and Case C-62/86 AKZO Chemie BV v Commission [1991] I-3359.

❸ Apple Inc. v. Motorola, Inc. Cite as 757 F. 3d 1286 (Fed. Cir. 2014).

了反垄断法，因为"一个费率可能高于FRAND费率，但不违反竞争法"。❶欧盟委员会发布的对三星案和摩托罗拉反垄断案件调查的备忘中明确指出："下述情况寻求标准必要专利禁令是反竞争的：标准必要专利持有人承诺FRAND授权条款，且被许可人愿意遵循上述条款。此时寻求禁令会扭曲专利许可谈判，并导致许可条款对消费者选择和价格产生负面影响。"❷ 这也是欧盟委员会重申的"安全港原则"，为所有寻求标准必要专利授权的使用人创设了一个安全港湾。❸ 我国最高人民法院规定："推荐性国家、行业或者地方标准明示所涉必要专利的信息，专利权人、被诉侵权人协商该专利的实施许可条件时，专利权人故意违反其在标准制定中承诺的公平、合理、无歧视的许可义务，导致无法达成专利实施许可合同，且被诉侵权人在协商中无明显过错的，对于权利人请求停止标准实施行为的主张，人民法院一般不予支持。"❹

个体利益与公共利益的平衡协调在反垄断案件处理机构处理禁令救济案件时是无法回避的。设置禁令救济规则，应从实体和程序两个方面来解决利益平衡问题。其中，在实体方面，双重考察标准必要专利权利人和标准实施者双方的"善意状态"，并具体明确"善意"的判断标准，以期既能体现公平原则，又能同时保护竞争与创新等公共利益。❺

从利益协调的角度考虑，反垄断案件处理机构重视FRAND规则在禁令救济处理过程中的作用并无不妥。FRADN规则的设计及其执行体现着公私利益

---

❶ Unwired Planet International Ltd. V. Huawei Technologies Co. Ltd，Royal Courts of JHP，Case No：HP-2014-0000005，04/05/2017.

❷ European Commission Memo. Antitrust decisions on standard essential patents（SEPs）-Motorola Mobility and Samsung Electronics-Frequently asked questions［R］. Brussels，2014-04-29.

❸ 仲春. 标准必要专利禁令滥用的规制——安全港原则及其他［J］. 电子知识产权，2014（9）.

❹ 最高人民法院《关于审理侵犯专利权纠纷案件应用法律若干问题的解释（二）》第24条.

❺ 叶高芬，张洁. 也谈标准必要专利的禁令救济规则——以利益平衡为核心［J］. 竞争政策研究，2016（5）.

平衡的要求。一方面，标准化组织制定 FRAND 规则主要是防止标准必要专利权人滥用其专利权而损害公共利益，特别是防范标准专利劫持的危害。标准制定组织的规则有助于缓解专利劫持，德国甘梅尔（Ganglmair）等学者认为，虽然标准必要专利许可会涉及劫持问题，但绝大多数标准制定组织都有避免专利劫持的规则。❶ 另一方面，在权利人的专利纳入技术标准之前，标准化组织一般都会要求专利权人做出遵守 FRAND 原则的承诺，如果专利权人不愿意给予这种承诺，标准化组织一般就会考虑技术标准绕过其专利技术。一旦专利权人愿意做出此种承诺，说明专利权人自身已经通过评估确定 FRAND 原则的遵守不会损害其私人利益。也就是说，FRAND 规则是在尊重专利权人私人利益基础上对于公共利益保护的一种设计，它兼顾了公共利益与专利权人个体利益的保护需求。

在专利权人作出不会损害自身利益的评估而承诺遵循 FRAND 规则后，反垄断案件处理机构在处理禁令救济案件时对 FRAND 规则适用情况的考察重点应当是其对于公共利益损害的可能性。美国相关政府机构和组织在标准必要专利涉及垄断和限制竞争问题上便持以下基本立场：在 FRAND 原则项下，严格限制对标准必要专利权人授予禁令救济的情形；当禁令救济可能会损害公共利益时，禁令的授予还需考虑公共健康和福利、经济竞争环境和消费者影响等因素。❷ 2013 年美国司法部和专利商标局联合发布的《基于 FRAND 承诺救济标准必要专利的政策声明》中指出："美国国际贸易委员会（ITC）对作出 FRAND 承诺的标准必要专利权人的排他性救济可能引发专利劫持，产生竞争损害，这样的救济与社会公共利益不相符。"❸ 德国法院的司法实践形成了这样的逻辑推论：如果标准必要专利权人发出的要约报价不合理，就可能违

---

❶ Bernhard Ganglmair, Luke Froeb, Gregory Werden. Patent Holu-up and Antitrust: How A Well-Intentioned Rule Could Retard Innovation [J]. The Journal of Industrial Economics, 2012, 60: 249-251.

❷ 王丽慧. 公私权博弈还是融合：标准必要专利与反垄断法的互动 [J]. 电子知识产权, 2014 (9).

❸ United States Department of Justice, United States Patent &Trademark Office. Policy Statement on Remedies for Standards-essential Patents Subject to Voluntary F/RAND Commitments [Z]. 2013-01-08.

反竞争法从而不能在专利侵权之诉中获得禁令救济。❶ 我国学者也认为，在中国现有的法律体制下，对于标准专利禁令适用的限制，要避免权利人滥用专利权以获取过高的许可费，从而大规模影响标准的实施，最终损害公共利益。❷ 毫无疑问，在标准必要专利权人已作出 FRAND 承诺的前提下，在协调个体利益与公共利益时侧重对公共利益所受影响的考察已成主流。有时，即使专利实施者的行为侵害了专利权人利益，但如果禁令救济可能对公共利益造成较大损害，也不能实施禁令救济，而是采取支付合理许可费的方式弥补专利权人私人利益的损害。我国最高人民法院关于专利侵权的司法解释规定，"被告构成对专利权的侵犯，权利人请求判令其停止侵权行为的，人民法院应予支持，但基于国家利益、公共利益的考量，人民法院可以不判令被告停止被诉行为，而判令其支付相应的合理费用"，❸ 也正是基于这样的理念。

在禁令救济反垄断规制中的利益平衡不能局限于 FRAND 规则的适用，需要有更开阔的思路，因为 FRAND 规则对于利益平衡来说也存在不少缺陷。有时 FRAND 承诺的作用并不可靠：标准化组织的知识产权政策对 FRAND 的具体内涵规定太笼统、解释较为模糊，缺乏可操作性；从合同法的角度来看，如果法院将 FRAND 作为要约或者要约邀请，合同法上的责任对标准必要专利权人的约束作用就是非常有限的；FRAND 承诺仅能约束标准制定组织的法定标准，不能约束事实标准。因此，标准必要专利权人作出的 FRAND 承诺并不能有效规制其对禁令救济的利用。❹ 在 FRAND 规则的含义和内容很模糊的情况下，反垄断案件处理机构无法根据该规则的内容判断公共利益和专利权人的个体利益是否存在平衡；即使专利权人能够证明自己遵守了 FRAND 规则，也不能就说其行为是符合公共利益要求的。至于在事实标准等 FRAND 规则适

---

❶ 赵启杉. 标准必要专利合理许可费的司法确定问题研究 [J]. 知识产权，2017（7）.

❷ 周奇. 标准专利的限制与平衡——从国内创新保护的角度 [J]. 电子知识产权，2013（12）.

❸ 参见 2016 年最高人民法院《关于审理侵犯专利权纠纷案件应用法律若干问题的解释（二）》第 26 条之规定.

❹ 丁亚琦. 论我国标准必要专利禁令救济反垄断的法律规制 [J]. 政治与法律，2017（2）.

用的空白地带，该规则谋求的个体利益与公共利益的平衡情况更是无法借助 FRAND 规则的适用加以判断。而且，FRAND 规则在利益平衡问题上聚焦于个体利益与公共利益的平衡，至于禁令救济可能涉及的不同公共利益之间的协调问题，往往不在 FRAND 规则的设计范围内。

因此，对于禁令救济是否属于滥用市场支配地位行为的判断，除了参考 FRAND 规则的内容及其遵守情况外，还要综合考察多方面的情况。有学者认为，基于专利授权谈判的动态过程，需要综合考虑专利权人和标准实施者的行为，以界定专利权人滥用禁令救济的条件。❶ 无论考察哪些行为或者因素，核心要点在于禁令救济的实施是否是维系个体利益与公共利益之平衡所必需的，或者说禁令救济的实施是否会因明显损害某一种利益而损害个体利益与公共利益之平衡。第一，反垄断案件处理机构要分析禁令救济是否为保护专利权人正常利益所必需的，也就是说，在禁令救济之外已经没有其他手段可以实现专利权人的正常利益需要。只要存在效果相当的权益保护手段，禁令救济的实施就是不正当的，因为该行为毕竟会产生多方面的消极影响。第二，在禁令救济的实施存在损害公共利益的可能时，禁令救济的实施便显得不够合理，需要通过其他替代措施来满足标准必要专利权人的个体利益需求。欧盟委员会在驳回摩托罗拉禁售苹果手机请求时表示，在当前阶段，占统治地位的"标准核心专利"拥有者不应该寻求禁售，因为这样会扭曲专利授权的谈判，还有可能伤害消费者。❷ 我国最高人民法院规定："被告构成对专利权的侵犯，权利人请求判令其停止侵权行为的，人民法院应予支持，但基于国家利益、公共利益的考量，人民法院可以不判令被告停止被诉行为，而判令其支付相应的合理费用。"❸ 这一规定就是要求用使用许可费的支付来替代禁令救济，既在一定程度上保护了专利权人的经济利益，又能保证公共利益免受损害。

在处理禁令救济案件过程中进行利益协调时，反垄断案件处理机构基于

---

❶ 李剑．论反垄断法对标准必要专利垄断的规制 [J]．法商研究，2018（1）．

❷ 廖冰清．欧盟驳回摩托罗拉禁售苹果手机请求 [N]．经济参考报，2013-05-08（4）．

❸ 《关于审理侵犯专利权纠纷案件应用法律若干问题的解释（二）》第 26 条。

反垄断法保护公共利益的基本宗旨,应当重点从公共利益保障的需求对于禁令救济的实施是否正当进行评判。一方面,如果公共利益受到了较大损害,即使禁令救济对于标准必要专利权人个体利益的保护而言没有功效相当的替代措施,反垄断案件处理机构也不能认定该禁令救济具有"正当理由",对于标准必要专利权人私人利益的损害采取赔偿损失的方式解决。另一方面,禁令救济的实施如果能够对公共利益有重大促进,自然就能增强其正当性,就不能被作为滥用行为处理。在就禁令救济的实施对公共利益的影响进行考察时,应当着重考虑哪些公共利益?在涉及多种公共利益而存在不同影响的情况下应当如何衡量和处理?对于这两个问题的解决思路基本上可以适用前文关于拒绝许可的相关论述。禁令救济与拒绝许可在本质上是相同的,都是不让其他企业使用标准必要专利技术,只不过两者的表现形式不同,拒绝许可是在其他企业有标准必要专利实施需求时专利权人拒绝给予使用许可,而禁令救济是在他人未经专利权人许可而实施标准必要专利技术时专利权人请求法院禁止他人的使用行为。

第三节 在对标准必要专利权人追究滥用行为责任时的利益平衡

一、在法律责任适用中的利益平衡

(一) 从利益平衡看适用于垄断行为的法律责任类型

从国内外反垄断立法与实践情况看,滥用市场支配地位行为涉及的法律责任包括行政责任、民事责任和刑事责任。行政责任是各个国家或者地区的反垄断法普遍规定的法律责任,具体形式包括制止违法行为、没收违法所得和行政罚款。[1] 对于其中的行政罚款,一般国家或者地区的反垄断法都规定了一个罚款的幅度,由执法机关根据滥用市场支配地位行为的具体情况进行裁

---

[1] 如我国《反垄断法》第59条之规定,《欧共体理事会第1/2003号条例》第7条和23条之规定,《美国谢尔曼法》第2条之规定等。

量。对于民事责任,有的国家法律直接作出了有关损害赔偿的规定,❶ 有些国家或者地区虽然没有在反垄断法中明确规定损害赔偿等民事责任,但由于法律将滥用市场支配地位行为通常会损害其他经营者或者消费者的权益,受害人可以依据民事法律制度要求赔偿。美国还规定了 3 倍的惩罚性赔偿,但惩罚性赔偿并未被其他国家的反垄断法所规定。刑事责任只是在少数国家的反垄断法有所体现,美国很早便在《谢尔曼法》中规定了罚金和监禁两种刑罚,而且刑罚在适用过程中有趋于严厉的态势。在欧盟成员中有 6 个国家引入了刑事制裁,❷《日本禁止垄断法》也规定了刑事制裁,但在实践中对于滥用市场支配地位的行为适用较少,❸ 2004 年修订后的《韩国规制垄断与公平交易法》对滥用市场支配地位行为也规定了监禁和罚金等刑罚。❹ 从我国《反垄断法》和刑事法律制度的情况看,目前还没有对滥用市场支配地位行为进行刑事制裁的依据和迹象。

从利益平衡的角度考虑,首先涉及的是应予追究的法律责任类型的问题。在几种主要的垄断行为中,不同于垄断协议(尤其是横向垄断协议),涉嫌滥用市场支配地位的行为往往交织着积极影响和消极影响。这种行为作为行为人个体利益保护的手段,既可能是不正当的,也可能具有正当性;而且,它还有可能对于某种或者某些公共利益具有促进作用。正因如此,我国《反垄断法》在认定垄断协议是否违法时并未以行为不公平或者没有正当理由为前提,而对于滥用市场支配地位的每一种行为都以不公平或者没有正当理由作为必要条件。❺ 对于这样一种涉及多重因素、存在多方面作用且有时候正负影响难以分清的行为,设置或者追究刑事责任显然不够合理,因为用刑罚这种最严厉的法律责任对待个体利益和公共利益均可能涉及的行为,很可能走向

---

❶ 我国《反垄断法》第 60 条明确规定了垄断实施者对于造成他人损失的民事责任。

❷ M. Bloom. The Great Reformer: Mario Monti's Legacy in Article 81 and Cartel Policy [J]. Forthcoming in Competition Policy International, 2005, 1 (1).

❸ [日] 芝原邦尔. 经济刑法 [M]. 金光旭, 译. 北京: 法律出版社, 2002: 80.

❹ Ohseung Kwon. Retrospect and Prospect on Korean Antitrust Law [J]. Journal of Korean Law, 2005, 4 (2): 10.

❺ 参见我国《反垄断法》第 17 条、第 18 条和第 22 条之规定。

单纯保护某一种利益的极端,利益平衡或者协调的可能性变得极其微弱。单从利益平衡来看,我国和大多数国家的反垄断法未对滥用市场支配地位的行为规定刑事责任是合理的。反垄断法规定有刑事责任的国家在反垄断执法时对于滥用市场支配地位行为,尤其是更为复杂的标准必要专利滥用行为,应当尽可能控制刑事责任的适用。

(二) 从利益平衡看行政责任和民事责任的追究

反垄断法是预防和制止垄断、保护竞争的基础性法律,亦是市场主体之间利益的平衡器,对个体利益、国家利益、社会整体利益等不同的"利益体"予以协调和保护。❶ 这种利益协调应当是全方位、全过程的,在确定标准必要专利权人构成滥用市场支配地位行为后,对于其法律责任的追究也要尽可能体现利益平衡的精神。

1. 利益平衡与行政责任的追究

对于滥用市场支配地位行为的行政责任,各国通常规定了制止违法行为、没收违法所得和行政罚款等处罚,而且,这些处罚一般是并用的。基于多种行政处罚形式的并用,反垄断案件处理机构无法通过行政处罚形式的灵活选择实现利益平衡的目标,而只能通过某一种行政处罚形式的灵活运用平衡相关利益关系。在制止违法行为、没收违法所得和行政处罚三种责任形式中,前两种责任的内容是绝对的,没有灵活把握的空间,只有行政罚款的适用可以根据案件或者违法行为的具体情况进行灵活的调节,因为法律对于行政罚款一般都规定了一个幅度,执法机关在确定罚款数额时具有较大的自由裁量权。

在欧盟竞争法的实践中,如果当事人的违法是出于无知或者出于言之成理的错误,委员会一般会酌情减少当事人的罚金。❷ 这里的"言之成理"实质上就包括利益平衡的需要,酌减罚金也就是从利益平衡的角度考虑对于罚金的灵活运用。假如为了维护重要的公共利益而有必要禁止标准必要专利权

---

❶ 吴宏伟. 法益目标:我国《反垄断法》实施之灵魂 [J]. 江西社会科学,2008 (7).

❷ 王晓晔. 反垄断法 [M]. 北京:法律出版社,2011:364.

人实施垄断高价、拒绝许可、搭售、歧视待遇或者禁令救济等行为，但专利权人实施这些行为对于其正常利益需求的保护又有一定的必要性，这时候反垄断案件处理机构可以认定滥用市场支配地位行为成立而处以罚款，但在决定罚款数额时应当从轻，这样做一方面维护了公共利益，另一方面又使专利权人不至于因行为违法而在个体利益上遭受过高损失。

反垄断法行政法律责任的追究要奉行行为责任相称原则，行政法律责任的种类、幅度都要与行为人违法性程度相匹配。❶ 这里的违法性程度自然应当包括行为对于相关利益影响（积极影响和消极影响两个方面）的情况。从自由竞争与其他公共利益平衡协调的角度考虑，虽然标准必要专利权人在专利许可过程中的行为因严重限制了自由竞争而应当被禁止，但如果该行为对于中小企业发展、民族经济发展、产业整体发展、整体技术进步、国家经济安全、消费者利益或者其他公共利益具有一定的促进作用，那么在确定行政罚款的数额时应当从轻处理。相反，如果标准必要专利权人滥用市场支配地位的行为除了严重限制竞争外，还对其他公共利益造成比较大的损害，反垄断案件处理机构在确定行政罚款数额时应当考虑从重处罚。垄断损失是垄断行为对社会总福利的净损失，如对市场竞争环境的破坏、消费者选择权的减少、新企业的进入限制、企业创新动力的减弱等，这部分损失总额巨大但无法准确计算、受害者广泛但不明确，因此只能通过罚款等惩罚性的方式进行模糊性威慑。❷ 因此，如果标准必要专利权人通过滥用行为获得巨额利益而同时造成某一方面或者多方面公共利益严重损害的，反垄断案件处理机构应当在确定罚款数额时体现严厉制裁的精神，以便在一定程度上修补遭受严重损害的个体利益与公共利益之间的平衡。

我国《反垄断法》对滥用市场支配地位行为的行政罚款规定了一个比例幅度，至于如何确定罚款的具体比例或者具体的数额，通常有两种模式：一是比例自由裁量模式；二是损害赔偿折算模式。比例自由裁量模式赋予反垄

---

❶ 石英，蒋亚男，吴默琳.试论反垄断行政法律责任的基本原则 [J].辽宁大学学报（哲学社会科学版），2016，44（3）.

❷ 冯博.没收违法所得与罚款在反垄断执法中的组合适用 [J].法商研究，2018，35（3）.

断案件处理机构在利益平衡方面更大的自由权,可以根据案件的具体情况作出灵活处理。损害赔偿折算模式有的时候则可以提高个体利益与公共利益平衡的精确性。损害赔偿折算模式是反垄断案件处理机构根据计算出来的垄断行为给市场造成的损失来确定违规企业应当向反垄断案件处理机构所代表的抽象市场必须进行赔偿的数额,以此作为化身行政罚款的基本数值并结合罚款基数的调整因子,最终确定罚款数额,但是绝对值与上一年度营业额的比值不得超过的10%。❶欧盟是适用损害赔偿折算模式的典型,其2006年发布的《关于依照第1/2003号条例第23(2)(a)条规定设定罚款方法的指南》规定了一种"两步走"的计算罚款额的方法,❷为这种模式的适用提供了明确的指导。适用损害赔偿折算模式,可以根据标准必要专利权人的滥用行为所造成的实际损害(往往也是专利权人私人获得的利益)确定罚款数额,通过罚款的上缴和国家以后对罚款的合理使用间接弥补公共利益的损失,这事实上将标准必要专利权人私人利益的增加与公共利益的弥补结合起来,能够在一定程度上体现个体利益与公共利益平衡的效果。

2. 利益平衡与民事责任的追究

对于限制竞争行为的民事责任的形式,各国或地区反垄断法的规定有一定的差异:在美国,其《谢尔曼法》第7条A和《克莱顿法》第4条都规定,"任何因反托拉斯法所禁止的事项而遭受财产或营业损失的人……不论损害大小,一律给予其损害额的三倍赔偿及诉讼费和合理的律师费",依《克莱顿法》第15条的规定,受非法限制竞争行为损害的人还可以要求行为人停止侵害,依《美国联邦贸易委员会法》第19条的规定,受限制竞争行为损害的人可以通过要求行为人返还财产、金钱赔偿、公开说明违法行为或通过变更、解除协议的方式获得救济;在日本,《禁止私人垄断与确保公正交易的法律》第25条规定了违法行为人的损害赔偿责任;在澳大利亚,其《贸易行为法》第82条也只是规定了损害赔偿责任;在我国台湾地区,"公平交易法"第五

---

❶ 丁茂中.垄断行为法律责任条款实施困境的消解[J].法学,2017(9).
❷ 王健.追寻反垄断罚款的确定性——基于我国反垄断典型罚款案例的分析[J].法学,2016(12).

章专门规定了民事责任，主要有停止侵害、消除危险和赔偿损害等形式，对于损害赔偿责任，其第 32 条规定，"法院因前条被害人之请求，如为事业之故意行为，得依侵害情节，酌定损害额以上之赔偿，但不得超过已证明损害之三倍"。❶ 可见，对于包括滥用市场支配地位行为在内的垄断行为所追究的民事责任，其形式包括停止侵害、消除危险、返还财产、解除合同、损害赔偿等多种，损害赔偿又有赔偿损失和惩罚性赔偿两种。我国《反垄断法》没有直接规定垄断行为的民事责任形式，而只是在第 60 条规定"依法承担民事责任"，至于具体的民事责任形式，应当适用《民法典·总则》等民事法律制度。在《民法典·总则》规定的 11 种承担民事责任的方式中，适于标准必要专利权人滥用市场支配地位行为的责任主要有停止侵害、继续履行、赔偿损失等；其中，对于损害赔偿，在我国法律体系中尚未找到可以适用于标准必要专利权人滥用专利权的惩罚性赔偿。

从我国反垄断法的实践情况看，原告针对标准必要专利权人滥用专利权的行为通常会提出停止侵害和赔偿两种诉讼请求，这实际上也是在世界范围内法院追究标准必要专利权人滥用行为民事责任的主要形式。在原告是某个特定的交易相对人或者消费者的情况下，以损害赔偿为主要形式的民事责任完全是解决原告与被告两个个体之间争议的方式，是私人利益冲突化解的方式，虽然它也涉及利益协调，但不属于反垄断法应当着力解决的利益冲突，也不是这里要探讨的对象。正如美国联邦最高法院在布朗鞋业案中指出的那样，《克莱顿法》第 7 条的立法目的在于"保护竞争而非竞争者"。❷ 只要不存在反竞争的活动，对某个竞争者造成损害并非反垄断法的关切对象。❸

针对垄断行为追究的损害赔偿责任在什么情况下才能发挥利益平衡的作用呢？这种情况主要存在于需要对公共利益的损害进行赔偿的时候，而需要赔偿的公共利益损害主要是消费者利益。在一些标准必要专利权人因滥用专

---

❶ 以上关于各国各地区规定的限制竞争行为的民事责任的阐述参见：董新凯. 论反垄断法中的民事责任 [J]. 安徽大学学报（哲学社会科学版），2009 (6).

❷ 370 U.S. at 320.

❸ [美] 菲利普·阿瑞达. 不判处损害赔偿的垄断违法行为 [J]. 兰磊，译. 竞争政策研究，2018 (1).

第五章　基于利益平衡的反垄断法实体规范对标准必要专利滥用的适用

利权而长期谋取巨额私人利益的案件中，有时交易相对人未必受到巨大损害，因为他们很可能通过一定的方式将其损害转嫁给消费者或者其他主体，导致消费者利益或者其他公共利益的损害。在这种情况下滥用行为直接针对的交易相对人或者被许可人的私人利益在实质上并未受到损害，他们往往也没有提起损害赔偿诉讼的动力，这就可能造成这样一种局面：一方面，标准必要专利权人通过滥用行为获得了大量不正当的私人利益；另一方面，消费者利益这一公共利益的损害没有得到相应的补偿。也就是说，在一般的损害赔偿机制下，受到破坏的私人利益与消费者利益之间的平衡很难得以纠正。从利益平衡协调的角度考虑，此时需要通过公益诉讼去实现对消费者利益损害的补偿，由检察机关或者消费者团体作为代表去主张公共利益损害的赔偿。

为了更好地实现利益平衡，将标准必要专利权人通过滥用行为所不当获得的额外利益拿出来弥补受到损害的广大消费者，在追究此种民事赔偿责任时不能像普通民事赔偿案件那样对于损害的证据予以苛求。原因在于，限制性竞争行为与消费者利益及其损害之间的直接联系往往是比较弱的。[1] 而且，消费者不会像交易相对人或者被许可人那样时刻关注标准必要专利权人的行为及其对自身的影响，更不会像他们那样在平时收集自身受到损害的证据。反垄断执行机构在考虑消费者受损害的事实时，不应要求存在直接的、现实的损害；这一点与民事损害赔偿所要求的存在直接的、实质的损害不同。[2] 正如人们广泛认识的那样，为了不牺牲私人损害赔偿之诉的公共功能，法院不能对原告提出的损害赔偿数额施加过于苛刻的证明标准，因为市场通常并不会提供若无被告垄断违法行为原告原本之处境的确切指示。[3] 如果反垄断案件处理机构要求广大消费者依照普通民事诉讼证明标准提供证据材料，很可能的结局是消费者所实际遭受的大量损害得不到赔偿，相应的标准必要专利权

---

[1] Philip Marsden, Peter Whelan. Consumer detriment and its application in UK and EC competition law [J]. The European Competition Law Review, 2006: 569-585.

[2] 阮赞林. 论反垄断法的消费者利益保护 [J]. 中南大学学报（社会科学版），2011, 17 (1).

[3] Zenith Radio Corp. v. Hazeltine Research, Inc., 395 U.S. 100, 123-124 (1969); Bigelow v. RKO Radio Pictures, Inc., 327 U.S. 251, 264-265 (1946).

人也不会付出与其获得的不当利益相应的代价，私人利益与公共利益的失衡现象就没有得到有效解决。

我国当前的反垄断法律制度尚不允许惩罚性赔偿，但从个体利益与公共利益平衡协调的需要考虑，针对公共利益的损害规定惩罚性赔偿实际上是必要的。有学者明确主张，我国在反垄断民事公益诉讼中应该采取惩罚性的赔偿原则，具体标准为三倍损害赔偿加判决前利息。❶ 因为惩罚性赔偿制度从社会的角度出发，不仅关注对受害人的赔偿，更强调对社会整体利益的维护。❷ 特别是在一些较为复杂的反垄断赔偿诉讼中，作为公共利益代表的原告所能证明的损失很可能比真正发生的损失或者标准必要专利权人事实上获得的额外利益小得多，这时要求标准必要专利权人承担相当于已证明损失若干倍的惩罚性赔偿，有助于破解大家心知肚明但苦于无法证明的损失补偿问题，能够在实质上更好地平衡私人利益的得失与公共利益的得失。

二、在责任豁免适用中的利益平衡

(一) 豁免制度的利益平衡价值

豁免 (immunity or exemption) 是反垄断法的一项重要制度，在中外反垄断法立法与实践中经常涉及。在反垄断法法律文件、裁判文书以及理论文献中还经常出现另外一个概念，即除外或者例外 (exclusion or exception)。对于豁免和适用除外的关系，存在不同的看法，也一直没有明确的定论。本书的观点是，在反垄断法中豁免与除外是有区别的，除外适用的行为虽然涉及反垄断法保护的利益，但出于一些特殊价值或者特殊需要的考虑，这些行为不适用反垄断法，而是通过专门法律进行规范；豁免的行为属于反垄断法的适用范围，甚至是反垄断法禁止的行为，但考虑到这些行为具有某些方面的重

---

❶ 陈云良. 反垄断民事公益诉讼：消费者遭受垄断损害的救济之路 [J]. 现代法学，2018，40 (5).

❷ 李建华，管洪博. 大规模侵权惩罚性赔偿制度的适用 [J]. 法学杂志，2013，34 (3).

第五章　基于利益平衡的反垄断法实体规范对标准必要专利滥用的适用

要积极作用，而免除其在一般情况下应当承担的法律责任。❶ 豁免应当是对违反反垄断法行为的责任免除，许光耀教授认为，豁免有"网开一面"的意思，即对于违反反垄断法的行为，由于其符合反垄断法本身规定的免责条件，因而反垄断法对其不予禁止。❷ 孔祥俊教授认为，对于在形式上符合反垄断法禁止规定的行为，因其符合免除责任的规定而从反垄断法规定的适用中排除出去；豁免的法律后果是符合豁免条件的限制竞争行为不发生反垄断法上的法律责任。❸

豁免的根本价值就是利益平衡与协调，这是面对多种价值需求时反垄断法解决利益冲突的重要手段。虽然反垄断法的根本价值目标在于维护自由竞争的市场机制，但其关联的利益需求是多方面的，尤其是与自由竞争直接相关或者有间接联系的各种公共利益。反垄断法应当追求多元化的价值目标，并且要对其所关注的不同价值目标适时进行必要的协调，这就好比天平之两端或者鸟之两翼，如果法律过度偏向某一方面的价值需求，必将会导致反垄断法的应有作用难以得到切实发挥。❹ 对于同属于反垄断法价值目标的不同利益需求进行平衡协调是反垄断法律制度进行自我完善的必然要求，这种自我完善的内在机制有很多种，前文相关市场的界定、市场支配地位的认定、滥用行为的判定、法律责任的追究等机制都包含这种自我完善的工具或者渠道。除此之外，豁免和适用除外也是反垄断法实现利益平衡的重要工具，而且是专门服务于利益平衡的制度。正如有学者所说，国家通常立足社会整体，依据本国经济和社会实际状况对诸种利害关系进行平衡协调，这反映到法律制度层面上来说，便是反垄断法的适用除外制度；❺ 价值目标的多元化体现在《反垄断法》的豁免条款中，反垄断法的豁免制度是反垄断法的重要内容之

---

❶ 对于豁免与除外的关系及界定的详细论述，参见：董新凯. 独家交易协议的反垄断法规制研究 [M]. 南京：江苏人民出版社，2008：120-122.
❷ 许光耀. 欧共体竞争法通论 [M]. 武汉：武汉大学出版社，2006：163-164.
❸ 孔祥俊. 反垄断法原理 [M]. 北京：中国法制出版社，2001：658-659.
❹ 王翀. 论反垄断法的价值目标冲突及协调 [J]. 政法论丛，2015（3）.
❺ 吴宏伟，金善明. 论反垄断法适用除外制度的价值目标 [J]. 政治与法律，2008（3）.

一，豁免是利益衡量的结果。[1] 不少学者在论及反垄断豁免时并未与反垄断法的适用除外加以严格区分，该制度被认为在本质上是反垄断法的目标与其他经济、社会目标协调的结果。[2] 正是由于两者都以利益平衡为基本使命，在国内外的一些反垄断法立法和执法上才未将两者作必要的区分。豁免与适用除外制度一样，其适用对象的主要方面是那些对市场竞争关系影响不大但对整体利益有利的垄断状态与垄断行为。[3] 也就是说，作为利益平衡的工具，豁免制度的重要使命在于协调自由竞争与其他公共利益的关系。

豁免制度发挥利益平衡作用的机理在于：经营者的行为因为限制竞争而被反垄断案件处理机构认定为违法行为，并且受到禁止，从而使得自由竞争不至于被继续损害，体现了保护自由竞争的要求；经营者的行为因为促进了其他公共利益而被反垄断案件处理机构认为情有可原，并且被免除法律责任，从而能够激励经营者大胆实施有益于其他公共利益的行为。这样一来，违法行为的认定和法律责任的豁免两个环节，兼顾了促进自由竞争的需要和保护其他公共利益的需要。而且，经营者实施的限制竞争行为在客观上促进了其他相关公共利益的实现，而其自身因法律责任的免除而并未受到损害，这实质上兼顾了相关公共利益的保护和经营者个体利益的保护。

既然豁免制度在利益平衡方面能够发挥重要的作用，也就因此受到反垄断立法和执法的高度重视。为了更好地发挥豁免的利益平衡作用，以欧盟为代表，一些国家或者地区的反垄断法还将豁免分为集体豁免和个体豁免两种形式，有些学者则将反垄断立法和执法中的豁免概括为法定豁免和酌定豁免两种。[4] 欧盟竞争法对垄断豁免的规定经历了一个由繁到简、由"双轨制"向"直接适用制"转变的过程，[5] 这种转变实际上是重视和尽可能发挥豁免

---

[1] 王翀. 论反垄断法的价值目标冲突及协调 [J]. 政法论丛，2015 (3).
[2] 吴汉洪. 关于中国反垄断法的适用除外 [J]. 中国改革，1999 (1).
[3] 刘桂清. 适用除外的基本特征及对我国立法的启示 [J]. 山东法学，1999 (6).
[4] 钟刚. 我国反垄断法豁免的程序控制模式研究——事先控制，抑或事后控制？[J]. 经济法论丛，2010，18 (1).
[5] 时建中，郭少毅. 反垄断法豁免"直接适用制"与"事先审查制"再讨论 [J]. 价格理论与实践，2014 (12).

制度利益平衡作用的行动。

(二) 从标准必要专利滥用规制看我国对豁免制度的态度

我国的《反垄断法》也有豁免的内容，其中有关反垄断豁免的规定借鉴了欧盟竞争法的相关规定；首先对限制竞争协议作出原则性禁止，然后列举了可以被排除在禁止范围之外的积极要件和消极要件，如这些要件得以满足，则可以不适用前款规定的禁止性规定。❶ 但是，我国目前的豁免制度只适用于垄断协议（横向协议和纵向协议）和经营者集中，❷《反垄断法》对于滥用市场支配地位的行为则没有作出豁免规定。我国反垄断法的这种制度设计应当是考虑到了反垄断法对于滥用行为的认定设定了"不公平""没有正当理由"等条件，❸ 而这些条件可以在一定程度上发挥豁免所具有的作用。

笔者认为，我国的反垄断法对于滥用市场支配地位的行为也应当适用豁免制度。首先，大量滥用市场支配地位的行为在客观上表现为经营者与交易相对人之间的合同行为，除拒绝许可外标准必要专利权的滥用就是一种合同行为，它们与纵向垄断协议在形式上并无太大的差异，尤其是那些主要影响下游市场竞争而对交易相对人本身没有实质性损害的滥用行为更是与纵向垄断协议没有太大区别，适用于垄断协议的豁免制度对于滥用市场支配地位行为同样适宜。其次，如前文所述，标准必要专利许可涉及多方面的利益关系，裹缠其中的各种利益并非总是沿着同一方向发展，利益冲突难免发展，利益协调的需要始终存在，而豁免制度恰恰是利益平衡的重要工具。最后，以"没有正当理由"作为滥用行为的构成条件，虽然也能够发挥一定的利益平衡作用，但这一利益平衡机制存在一定的局限性。虽然"正当理由"的抽象性给予反垄断案件处理机构在利益平衡方面较大的裁量空间，具有很强的灵活性，但过度的自由有可能使这一利益平衡机制产生较多的负作用；笼统的"正当理由"没有明确利益平衡的重点方向，特别是没有明确反垄断案件处理机构通过利益平衡所要重点保护的公共利益。我国《反垄断法》的豁免制度

---

❶ 黄勇. 中国《反垄断法》中的豁免与适用除外 [J]. 华东政法大学学报，2008 (2).

❷ 参见我国《反垄断法》第 20 条和第 34 条之规定。

❸ 参见我国《反垄断法》第 22 条之规定。

则弥补了"正当理由"工具的不足,明确将技术进步、消费者利益、中小企业发展、生态环境、经济的整体发展等公共利益作为豁免的重要依据,也使得反垄断案件处理机构在自由竞争与这些公共利益的平衡方面承担了重要使命。总之,产业组织理论和反垄断法学理论的发展以及立法演进,越来越重视对能较好兼顾相关主体利益的滥用市场支配地位行为的豁免。[1]

标准必要专利许可行为牵涉复杂的利益关系,看似滥用专利权限制竞争的行为,却有可能对于其他公共利益产生较大的促进作用。在对竞争的限制不是很严重的情况下,一方面否定专利权人行为的合法性而彰显对于自由竞争的维护,另一方面免除专利权人的法律责任而承认专利权人行为对于其他公共利益的促进作用。这种兼顾自由竞争与其他公共利益的做法正是豁免的作用所在,也是反垄断案件处理机构在规制标准必要专利滥用行为过程中所需要的。在我国《反垄断法》尚未对于滥用市场支配地位行为规定豁免的情况下,可以在现有制度框架下通过一种变通的方式在实质上实现豁免的利益平衡功能:一方面,对于限制竞争的标准必要专利许可行为,反垄断案件处理机构可以认定其为滥用市场支配地位的行为;另一方面,对于在客观上促进了其他公共利益的滥用标准必要专利权行为,反垄断案件处理机构在追究法律责任时尽可能提高从轻的幅度。

反垄断案件处理机构应当注意发挥垄断豁免程序的示范效应,引导企业进行合理的战略选择,起到维护国家利益和社会公共利益的作用。[2] 为消弭多元利益冲突,公平竞争审查责任机关需要依据公共利益豁免标准对相关多项利益进行理性的区分、比较与权衡。[3] 从平衡自由竞争与其他公共利益的角度考虑,反垄断案件处理机构在现有制度框架下采取变通方式实施实质上的豁免时着重应当关注两个方面的情况:一是标准必要专利权人的行为对于其他

---

[1] 肖江平. 滥用市场支配地位行为认定中的"正当理由"[J]. 法商研究,2009,26(5).

[2] 时建中,郭少毅. 反垄断法豁免"直接适用制"与"事先审查制"再讨论[J]. 价格理论与实践,2014(12).

[3] 翟巍. 公共利益豁免标准的解释与重构——以公平竞争审查为视角[J]. 法律方法,2018,24(2).

第五章 基于利益平衡的反垄断法实体规范对标准必要专利滥用的适用

公共利益的促进情况；二是标准必要专利权人的行为对于竞争的限制是否达到了不能容忍的程度。

需要纳入反垄断案件处理机构视野的其他公共利益是多方面的，从各国各地区反垄断法的规定或者实践情况看，主要有生态环境、重要产业的发展、消费者利益、国家安全、中小企业发展、经济或者技术的整体进步等。标准必要专利是一种重要的技术，而生态环境的保护往往与先进技术相关，对于标准必要专利许可行为是否给予豁免自然要关注其对生态环境的影响。《欧盟运行条约》第11条规定了环境整合原则，即为了促进可持续发展，环境保护的要求必须整合到欧盟其他政策的制定和实施以及个体活动中。在 Greece 案中，欧盟法院裁决，所有共同体的政策必须满足环境保护的要求。❶ 在竞争法实施中，欧盟委员会主要运用豁免规定来解决环境保护问题；将豁免规则运用于环境保护等社会政策目标的审查，则是理论上一致认可的路径，也是实践中的普遍做法。❷ 欧盟豁免制度的实施自然也不能避开对生态环境的考量。我国《反垄断法》规定，"如果企业间达成的有助于节约能源、保护环境的协议……则不予禁止"；❸ 国务院颁布的《关于在市场体系建设中建立公平竞争审查制度的意见》第三部分第（四）节规定了豁免的情形，其中有一种情形为"为实现节约能源资源、保护生态环境等公共利益的"。可见，在我国，生态环境也是反垄断法确定是否给予豁免待遇所要重点关注的公共利益，标准必要专利滥用行为的处理当然不能例外。消费者利益向来是各国反垄断法重点保护的公共利益之一，出于利益平衡的豁免的适用当然要考察消费者利益受到影响的情况。如果一个垄断行为使消费者承受不利，则立法坚决予以禁止，如果一个垄断行为使消费者受益，则立法予以豁免或者豁免考虑。❹ 我国《反垄断法》明确规定垄断协议的豁免以"能够使消费者分享由此产生的利

---

❶ Case C-62/88, Greece v. Council, [1990] ECR I-01527, para. 20.
❷ 焦海涛. 环境保护与反垄断法绿色豁免制度 [J]. 法律科学, 2019, 37 (3).
❸ 参见我国《反垄断法》第 20 条之规定。
❹ 王淑珍. 论我国反垄断法对消费者权益的保护 [J]. 长春大学学报, 2013, 23 (1).

益"为前提条件,❶ 这也值得反垄断案件处理机构在对滥用市场支配地位行为确定是否采用变通方式予以豁免时加以借鉴。当标准必要专利技术对于一些重要产业的整体发展具有较大影响时,标准必要专利的运用就可能涉及以产业安全为重要内容的国家经济安全,如果标准必要专利被境外经营者掌握,就必须将标准必要专利许可行为对产业安全和国家经济安全可能产生的影响作为是否给予豁免的重要依据。比如,针对在华跨国公司垄断农业生物技术的危害,有学者认识到,农业生物技术公司通过现代基因技术所实施的农业产业源头垄断,不仅损害农业技术市场的竞争,而且会将这种垄断传导至下游的种业市场、农产品市场等,所产生危害的严重性远非传统农业领域中特定垄断行为所能比,必须予以有效的控制,不应给予同等豁免。❷ 另外,标准必要专利本身属于技术领域,在确定是否给予标准必要专利许可行为豁免待遇时,反垄断案件处理机构利益平衡的内容自然应当包括标准必要专利权人的行为对于经济技术整体进步的影响,特别是关注经济技术的整体进步是否比较明显。

自由竞争永远是反垄断法的主题,标准必要专利权人的专利许可行为虽然对于其他公共利益具有较大的促进,但不能严重限制竞争,这是反垄断案件处理机构在适用豁免制度时对于自由竞争与其他公共利益进行平衡的基本精神。由于竞争关系的广泛性、多样性和复杂性,标准必要专利许可行为总会对于市场竞争产生影响,只不过影响的程度有大小之分。从利益平衡的角度考虑,反垄断法只禁止严重限制竞争的行为,而不是禁止所有对于自由竞争产生消极影响的行为,因为如果是后者的话,自由竞争与其他公共利益之间的平衡协调便不存在任何空间,利益平衡根本无法进行。正因如此,《欧盟纵向限制集体豁免条例》明确规定,如果纵向协议中包含核心限制条款,应排除豁免条例的适用。❸ 如果技术转让协议含有对竞争的核心限制,整个协议

---

❶ 参见我国《反垄断法》第 20 条之规定。
❷ 吕明瑜,王珏.在华跨国农业生物技术公司垄断风险之防控:从豁免走向限制性豁免[J].河南师范大学学报(哲学社会科学版),2018,45(6).
❸ 《欧盟纵向限制集体豁免条例》第 3 条、第 4 条。

第五章　基于利益平衡的反垄断法实体规范对标准必要专利滥用的适用

都不能被豁免。❶ 欧盟在分析纵向垄断行为时区分核心限制和非核心限制，核心限制实际上推定禁止；对一项非核心限制要进行效果分析，一般认为，只有当纵向行为对实际或者潜在竞争的影响达到显著程度，即对相关市场上商品或者服务的价格、产量、创新、品种或者质量等造成相当程度的不合理限制时，才能认为这种限制具有不合理性。❷ 有鉴于此，基于利益平衡的需要，如果标准必要专利权人的行为明显促进了其他公共利益，但只对自由竞争的限制并不足够大，反垄断案件处理机构应当考虑给予豁免待遇。比如，在欧盟，专利权人要求被许可人不得向为专利权保留的专有地域或者专有消费群体进行主动或者被动销售，或者要求被许可人只能为其自己使用而生产结合了被许可专利技术的产品，不属于核心限制，可以给予豁免。❸ 相反，标准必要专利权人的行为虽然对于其他公共利益具有较大的促进作用，但对自由竞争造成巨大限制，❹ 特别是基本上排除了相关市场的竞争的，则反垄断案件处理机构不宜给予豁免待遇。

本章小结

前几章就在标准必要专利滥用的反垄断法规制过程中利益平衡的基本理论进行了探讨，而本章则是在此基础上就如何运用反垄断法具体的实体规则实现利益平衡的目标进行研究。

首先，在适用反垄断法市场支配地位认定规则时对标准必要专利许可涉及的相关利益进行平衡协调。在界定相关商品市场（技术市场或者产品市场）时要协调好私人利益和公共利益的关系，所界定的商品市场范围应当使

---

❶ 许光耀．欧共体竞争立法［M］．武汉：武汉大学出版社，2006：210．

❷ 焦海涛．纵向非价格垄断协议的反垄断法规制：困境与出路［J］．现代法学，2019（4）．

❸ 许光耀．欧共体竞争立法［M］．武汉：武汉大学出版社，2006：217-218．

❹ 比如，同样是在欧盟，如果专利权人在实施专利许可时对于被许可人施加不质疑条款，即要求被许可人不得质疑其专利权的有效性，则一般会被认为扭曲竞争，很难获得豁免。

257

公共利益得到优先保护；同时，相关商品市场的界定应当考虑不同公共利益之间的协调，要以维护自由竞争为基调，并有助于在一些特殊环境下对于某种其他特定公共利益的促进。在界定技术市场的地域范围时，为了保护特定的公共利益可以将某些因素作为重要的依据，只要这种界定的结果没有实质消除或者明显削弱相关市场的竞争。另外，产品市场和技术市场地域范围的界定可以根据公共利益保障的需要进行适当的调整。在对专利权人市场支配地位进行判定时，应当充分利用反垄断法关于市场支配地位认定的一般条款所具有的模糊性，用作对不同利益目标的冲突进行协调的工具；在认定经营者的控制能力时，可以根据利益平衡的需要作一些有倾向性的解释。在适用市场支配地位的推定标准时，如果有利益平衡的需要，反垄断案件处理机构应当注重对于有抵消市场份额影响的因素或者有利于需要重点保护之公共利益的因素的考察。

其次，在对标准必要专利权人具体的滥用行为作出认定时进行利益平衡。由于标准必要专利的特殊性，拒绝许可会对公共利益造成损害，反垄断法对此类拒绝许可原则上应予以禁止；在确定是否具有"正当理由"时，应当关注公共利益的保护或者促进情况。在认定专利许可费是否构成垄断高价时反垄断案件处理机构具有较大的自由裁量空间，这为其进行利益平衡提供了合适的路径；这种自由裁量不能是随意的，而是要遵循一些基本规则或者要考虑一些基本的因素，公共利益的保护就是一个非常重要的因素；何种许可费的计算标准或者方法能够使更多的公共利益受到保护或者促进，这是反垄断案件处理机构需要努力辨析和决断的。标准必要专利权人的搭售行为是否"正当"或者"合理"，也属于反垄断案件处理机构自由裁量的范围；标准必要专利权人一般会充分利用其市场优势及法律给予的空间对其个体利益的保护作出较为周到的安排，他们所重视不够或者漠视的利益恰恰是公共利益，因此，反垄断案件处理机构在进行利益平衡时应当更多地从公共利益需求的角度去分析标准必要专利权人的搭售行为是否正当。对于标准必要专利权人差别待遇是否合理问题的判断，要借助利益衡量的方法；反垄断案件处理机构认定差别待遇是否正当的基本思路是：在没有损害标准必要专利权人正常个体利益的情况下，差别待遇没有损害公共利益是其获得正当性的基本前提，如果能够促进公共利益，则可以彰显其正当性；在涉及多种公共利益冲突时，反垄断案件处理机构主要应当考察自由竞争是否受到明显促进或者严重损害，并以此为基本依据对差别待遇的正当性进行定调。在对标准必要专利权人是否构成附加不合理的条件、滥用禁令救济等行为进行认定时，应当重点从公共利益保障的需求出发，从利益平衡的角度去确定标准必要专利权人是否具有"正当理由"以及是否遵守了 FRAND 规则。

最后，在对标准必要专利权人追究滥用行为的责任时进行利益平衡。要从利益平衡角度考虑追究何种类型的责任，由于标准必要专利许可涉及多重因素、存在多方面作用且有时候正负影响难以分清，对标准必要专利滥用不宜设置或者追究刑事责任，因为这种最严厉的法律责任很可能导致单纯保护某一种利益的极端，利益平衡或者协调的可能性变得极其微弱。就行政责任而言，我国《反垄断法》对滥用市场支配地位行为的行政罚款规定了一个比例幅度，如果标准必要专利权人通过滥用行为获得巨额利益而同时造成某一方面或者多方面公共利益严重损害，反垄断案件处理机构应当在确定罚款数额时体现严厉制裁的精神，以便在一定程度上修补遭受严重损害的个体利益与公共利益之间的平衡。就民事责任而言，在一般的损害赔偿机制下，受到破坏的私人利益与消费者利益之间的平衡很难得以纠正，需要通过公益诉讼去实现对消费者利益损害的补偿；从个体利益与公共利益平衡协调的需要考虑，针对公共利益的损害规定惩罚性赔偿也是必要的。豁免的根本价值就是利益平衡与协调，我国目前的豁免制度只适用于垄断协议（横向协议和纵向协议）和经营者集中，有必要考虑在标准必要专利滥用这类滥用市场支配地位行为的规制中适用；在对竞争的限制不是很严重的情况下，一方面否定专利权人行为的合法性而彰显对于自由竞争的维护，另一方面免除专利权人的法律责任而承认专利权人行为对于其他公共利益的促进作用。

第六章 利益平衡思维下反垄断法规制标准必要专利滥用的程序构造

第一节 利益相关各方共同参与的程序机制

一、相关各方共同参与的利益平衡价值

(一) 利益相关方共同参与的主要依据

技术标准影响的广泛性和复杂性,决定了标准必要专利许可行为关系到多方面的利益,反垄断案件处理机构在处理标准必要专利滥用案件时广泛吸收各种利益相关者或者利益代表者参与规制程序,这种做法本身就是重视各种利益相关方意见表达的行动,本质上也是利益平衡措施。这种服务于反垄断法利益平衡的程序机制具有多方面的正当理由。

1. 程序正义的要求

合理的程序在法律目标实现的过程中发挥着重要作用,程序正义则是判断一切法律程序是否具有合理性的根本标准。程序正义以起点平等、规则公平来规范利益诉求,强调过程本身的建设,以过程为中心,在过程中去追求正义;在缺乏程序正义传统的中国,程序正义引导人们通过正常途径获得正当利益,引导社会形成和谐的秩序。[1]反垄断法实施中的利益平衡同样需要法律程序的保障,程序正义直接关系到利益平衡的效果。

---

[1] 王成元.和谐社会视域中的程序正义引领性作用新探 [J].河南大学学报(社会科学版),2009,49 (2).

第六章　利益平衡思维下反垄断法规制标准必要专利滥用的程序构造

程序正义的重要内容在于给予利益相关方意见表达的机会。政府在做出影响利益相关方利益的行政决策之前，行政决策利益相关方有权向政府表达意见、提出诉求，政府有义务听取其意见、回应其诉求；利益相关方参与行政决策是利益多元化社会格局的体现，其现实价值是协调利益冲突、增加决策理性。❶ 就意见表达而言，反垄断执法与政府决策有异曲同工之处。重视利益相关方的意见表达，在反垄断法律制度中也有突出的体现。欧共体理事会于 2002 年为执行《欧洲共同体条约》第 81 条和 82 条而颁布的《第 1/2003 号条例》是欧共体竞争法基本的程序规则，其中的一个精神是：所有企业应当有权得到委员会的听审，即口头表达意见的机会，利害关系人应当有机会提交其意见。❷ 我国《反垄断法》第 51 条也明确规定，被调查的经营者、利害关系人有权陈述意见；反垄断案件处理机构应当对被调查的经营者、利害关系人提出的事实、理由和证据进行核实。利益相关各方只有共同参与规制过程，才能各自获得意见表达的恰当机会。在反垄断案件处理机构规制标准必要专利滥用的过程中，利益相关方共同参与的机制或者渠道可以是多种多样的，但它们有一个共同的目标，那就是使每个利益相关者能够获得公平表达自己意愿和要求的机会，达到程序正义的基本要求。

2. 民主精神的体现

对于民主的含义，人们有多种多样的阐释。从广义上讲，民主是一种在社会生活各个领域的治理中，以尊重人们的平等权利和多数人的意志、利益为原则的制度和机制。❸ 民主一般是以多数决定、同时尊重个人与少数人的权利为原则，它重在保护人们组织和充分参与社会政治、经济和文化生活的机会。民主作为一种精神，应当在政治、法律、经济、社会、文化等生活中都能得到体现；反垄断执法既是国家政治体系的一个环节，在实质上也是一种经济法律活动，自然应当体现民主精神的要求。反垄断法作为市场经济国家的法律制度，它的产生和发展无不出于民众和企业要求反对垄断和实现经济

---

❶ 魏建新. 论利益相关方参与行政决策 [J]. 河北法学，2014，32 (6).
❷ 许光耀. 欧共体竞争法通论 [M]. 武汉：武汉大学出版社，2006：260.
❸ 郑知. 民主是什么？[EB/OL]. (2003 - 06 - 10) [2022 - 08 - 05]. http://www.people.com.cn/GB/guandian/8213/28144/28154/1904570.html.

民主的强烈愿望；而且，反垄断法的具体制度也无一不是出于反对垄断和推动经济民主的目的。❶ 建构公共协商机制，协调多元利益主体的价值偏好，使社会的多元利益群体通过各方平等、自由的对话、讨论、辩论和协商的过程，达致利益表达、利益协调与利益实现，应是当前我国法治建设进程中发展经济民主的首选价值。❷

从总体层面来说，我国反垄断法实施既需要向专家化的方向推进，亦需要构建平衡专家化的民主机制，真正达到为消费者福利服务的立法目的。❸ 民主精神要求标准必要专利滥用的利益相关各方能够以一定的方式平等参与反垄断规制过程，要求反垄断案件处理机构关注和尊重利益相关各方的意愿和要求。反垄断执法相对人通过了解信息、陈述意见、提出抗辩、参加协商等方式参与反垄断执法程序对于维护相对人利益、促进执法规范化和提高反垄断执法效果具有重要意义。❹ 虽然反垄断执法相对人是反垄断法规制的重要当事人，但他们不是反垄断法规制的全部利益相关者；反垄断执法相对人的参与仅仅是反垄断执法过程体现民主精神的一个方面，既然民主以尊重人们的平等权利和多数人的意志、利益为原则，其他利益相关人或者利益代表者也应当获得平等参与的机会，反垄断案件处理机构应当为他们的参与提供相应的程序或者机制。

3. 信息对称要求的落实

信息是决策和行动的基础，无论是国家机关还是社会组织和个人，如果不掌握足够和准确的信息，决策失误和行动失败就会在所难免。包括标准必要专利滥用规制在内的反垄断执法同样严重依赖以各种信息为内容的证据材料，证据材料掌握的状况对于反垄断案件处理机构的裁判质量具有决定性作用，注重证据和信息的收集与运用也是对于反垄断执法的基本要求之一。根据欧共体《第1/2003号条例》的规定，欧共体委员会为完成其职责，可以要

---

❶ 王晓晔. 反垄断法与构建和谐社会［J］. 中国价格监管与反垄断，2014（3）.
❷ 蒋岩波，张坚. 现代反垄断执法中的协商程序机制［J］. 国际贸易，2011（1）.
❸ 承上. 美国反垄断法实施过程中的专家化趋势及启示［J］. 西南政法大学学报，2016，18（1）.
❹ 游钰. 论反垄断执法相对人的程序参与［J］. 经济法论丛，2013，24（1）.

第六章　利益平衡思维下反垄断法规制标准必要专利滥用的程序构造

求企业及企业协会向其提供所有必要的信息。❶ 我国《反垄断法》为了保证反垄断案件处理机构能够获得作为执法依据的相应信息和证据，鼓励一切来源的违法举报，规定执法机构可以进行现场调查、询问相关机构和个人、查阅或者复制各种相关文件资料、查封扣押相关证据材料、查询经营者账户。❷

从国内外反垄断实践情况看，信息偏在是一个普遍而严重的问题，它对于反垄断执法效果具有很大的影响。证据是反垄断执法的核心问题，取证难、举证难又是困扰我国反垄断执法的最大难题；从信息经济学的角度看，反垄断证据的本质是信息，原告或者执法机构取证难、举证难是因为双方之间的证据信息不对称。❸ 正因如此，竞争法的执行，无论是通过公共管理机构，还是当事人、消费者或者法院，必须解决信息资源不对称的问题。❹ 公共执行和私人诉讼相互配合和协调运转，才可能实现反垄断法的最优实施效果；私人实施对公共执行的协助主要表现为私人主体收集和向有关公共机关提供垄断违法行为相关信息与证据的行为。❺ 为了解决信息不对称问题，克服证据障碍，反垄断案件处理机构必须充分调动多方面主体的积极性，尽可能扩展信息来源渠道，挖掘更多案件处理所需要的证据材料，特别是有效利用直接或者间接掌握相关信息的组织或者个人的力量。

社会公众是实施反垄断规制的重要力量，具体包括个人（自然人或个人消费者）、企业（公司）、行业联合协会、其他相关组织等一切能以自己名义行事并承担责任的主体；正所谓"春江水暖鸭先知"，作为直接利害关系人，社会公众对影响市场秩序的行为的反应是最敏感的，他们有可能是受害者，又有可能是受益者。❻ 反垄断案件处理机构吸收甚至发动利益相关方参与反垄断规制过程正是利用社会公众信息资源的重要举措，但反垄断执法过程的参

---

❶ 许光耀. 欧共体竞争法通论 [M]. 武汉：武汉大学出版社，2006：440.
❷ 参见我国现行《反垄断法》第46-47条之规定。
❸ 殷继国. 反垄断证据信息不对称的法律规制 [J]. 经济法论丛，2015，28（1）.
❹ Rainer Kulms. Competition law enforcement under informational asymmetry [J]. China-EU Law Journal，2017，5（3-4）：209-231.
❺ 丁国峰，毕金平. 论反垄断法之公共执行与私人实施的协调 [J]. 中南大学学报（社会科学版），2012，18（1）.
❻ 李剑. 论经济民主理念下反垄断法制度的完善 [J]. 决策与信息，2008（5）.

与者不能局限于直接利害关系人,因为反垄断案件处理机构所需要的裁判证据并非仅仅掌握于直接利害关系人,更何况直接利害关系人还存在不愿意提供相关信息的可能,因为有些信息材料可能不利于他们获得自己所需要的裁判结果。反垄断案件处理机构还应当吸收具有间接利害关系的组织或者个人参与执法过程,如在绝大多数市场支配地位滥用案件中借助消费者收集相关信息。另外,标准化组织、行业协会等社会组织虽然与反垄断执法所针对的市场行为没有利害关系,但由于他们与具有利害关系的组织或者个人之间存在自律或者管理关系,因而也会掌握一些重要的信息,他们通过一定方式参与反垄断执法过程也可能在一定程度上解决信息偏在问题。正如有学者所说,要解决信息不对称问题,有必要充分发挥通过"依法、自愿、互利"的基础上建立起的行业协会的作用。❶

4. 社会自治原则的贯彻

社会治理是一项庞大的系统工程,由于可支配资源的有限性以及本身能力的局限性,仅仅依靠公权力的运用,特别是仅仅运用司法机关和行政执法机关的力量,很难获得特别好的效果。高质量的社会治理需要充分发挥多种力量的作用,在优势互补和协调合作中追求治理成果的广泛认同。纠纷化解和违法行为的规制是社会治理的重要内容,标准必要专利滥用的规制也是如此,需要在法院和行政机关等反垄断案件处理机构的主导下有效利用多种社会力量,充分发挥社会组织和相关主体的自治作用。

在社会治理中国家机关的执法与社会自治的有机结合,得到了专家学者的深度认同。关保英教授认为,行政执法与社会自治的衔接就是要将行政执法与社会自治予以有机统一,使二者成为一个事物的两个方面,共同存在于社会治理的机制之中;它改变了我国传统的社会管理模式,使传统意义上的一元管理变成了现代意义上的二元管理乃至于多元管理。❷ 范愉教授认为,司法机关在纠纷解决过程中合理的选择应当是逐步实现传统诉讼文化与现代程序公正理念的兼容,通过国家司法权与社会自治的协调接近善治,积极提倡

---

❶ 潘祖和. 浅论"信息不对称"及其治理 [J]. 学术探索, 2003 (10).
❷ 关保英. 论行政执法与社会自治的衔接 [J]. 社会科学战线, 2016 (3).

第六章　利益平衡思维下反垄断法规制标准必要专利滥用的程序构造

将对抗转化为协商与合作。❶ 还有学者指出，在中国经济和社会转型的过程中，社会矛盾和社会冲突显示出加剧的趋势；利益表达的无序化更增加了社会管理的难度与风险；在这种情况下，应当注重培育社会自治力量，将其建设成为纠纷当事人乃至其他社会成员的利益协商机制和权益保障机制。❷

如何做到公权力与社会自治的有机结合？路径当然是多样的。有专家认为，要实现行政执法与社会自治的衔接，必须采取行政过程参与化等技术进路。❸ 司法与社会自治的衔接也需要借助这种过程参与。反垄断案件处理机构在规制标准必要专利滥用的过程中加强与社会自治的结合，一个重要举措就是让各利益相关方参与和配合规制行动，通过他们自身的力量，而且在一定程度上基于他们自己的意愿，推动案件的处理和争议的解决。

5. 协商合作机制的运行

以和谐的方式解决问题和消化矛盾，始终是优先选项。减少对抗，增加协商与合作，既可以减少纠纷解决的阻力，还能够提高相关各方对于案件处理结果的认同度，避免一些没有实际价值的纠缠和拖延。协商的过程往往也是寻求妥协和宽容的过程，而这是和谐解决纠纷的关键所在。原因在于，妥协是实现社会利益均衡、保持社会持续稳定发展的良性运作机制，宽容是化解社会矛盾、促进人们平衡互动、合理交往、走向和谐的最有效办法；妥协与宽容是保障利益平衡机制有效和良性运作的核心内容。❹ 妥协与宽容实质上是相关各方在利益上的让步，是在追求自身利益的同时兼顾他方利益需求，因此，妥协与宽容的实现只能建立在利益相关各方参与的基础上。

在执法过程中，执法机构应当努力推动各利益相关者的参与和协商，特别是推动执法相对人以外的利益相关者的参与，通过协商与合作求得妥协和宽容。执法不只涉及两方，而是多方当事人，即执法机关、涉嫌违法者，以及受违法行为损害的不特定的受害者（如反垄断法中的竞争者、消费者）；理

---

❶ 范愉. 诉讼社会与无讼社会的辨析和启示——纠纷解决机制中的国家与社会 [J]. 法学家，2013（1）.
❷ 李德恩. 社会管理创新视野下的"三调联动" [J]. 社会科学家，2014（1）.
❸ 关保英. 论行政执法与社会自治的衔接 [J]. 社会科学战线，2016（3）.
❹ 李海亮. 妥协与宽容是构建和谐社会的宪政要素 [J]. 科学社会主义，2006（1）.

想的秩序，涉及多方利益，因而，只有通过利益相关者参与协商，形成共识才是最合理的秩序。❶ 反垄断执法牵涉反垄断案件处理机构、相对人、利益相关者、社会公众等诸多利益主体，相关主体均应有权以适当方式在反垄断执法中参与协商，使执法能效兼顾各方利益。❷ 利益相关者参与反垄断法规制的过程，在很多情况下是一种既是协商的过程，也是博弈的过程，这种协商与博弈需要相应的程序机制加以保障。正如有学者所说，在社会多元利益冲突的语境下，法对利益的调整需要通过利益衡平的方式加以优化；基于制定法的滞后性、僵化性与抽象性，利益衡平法律制度的建构应当以利益博弈的程序机制为核心。❸ 在反垄断立法与执法中为利益相关者的参与设计科学的程序机制，也就显得尤为重要。

在很多情况下，由于强烈的利益冲突，利益相关者往往不容易通过协商而实现妥协和宽容，甚至就连直接协商也难以进行。此时，与利益相关者具有关联关系的行业组织或者利益集团能够发挥润滑作用，它们在必要时参与执法或者案件处理过程也具有重要意义。事实上，政府与行业协会在事中事后监管领域已具备协作的条件和机制，完全有必要也有能力进行协作，实现对市场的有效监管。❹ 在西方，利益集团在谋求实在"利益"的同时还积极发挥着政治协调与利益平衡功能、政治沟通与社会稳定等功能。❺ 标准必要专利的特殊性决定了其与行业协会存在密切的联系，涉及多种利益群体，行业协会与相关利益团队参与到标准必要专利滥用行为的规制过程中，对于反垄断案件处理机构与利益相关者的协商与合作以及不同利益相关者之间的妥协与宽容具有积极的促进作用。而且，协商不一定直接针对结果，还包括一些案件事实。比如，在垄断案件的处理过程中，利益相关者的参与、通过协商

---

❶ 刘水林. 规制视域下的反垄断协商执法研究［J］. 政法论丛，2017（4）.
❷ 刘水林. 规制视域下的反垄断协商执法研究［J］. 政法论丛，2017（4）.
❸ 王晶宇. 利益平衡法律机制研究［J］. 公民与法（法学版），2014（12）.
❹ 李利利. 事中事后监管中政府与行业协会协作机制分析［J］. 重庆工商大学学报（社会科学版），2018（3）.
❺ 宋玉波. 西方国家利益集团的政治功能分析［J］. 求实，2004（7）.

就某一行为对竞争的影响形成共识，就成为作出合理裁判的前提。[1] 利益相关者一般直接参与标准必要专利许可过程或者受其影响较大，对于相关案件事实了解较多，他们参与案件处理过程，有利于在案件事实的认定方面形成更多共识。

(二) 利益相关方的参与对利益平衡质量的促进

在反垄断案件处理机构规制标准必要专利滥用的过程中，利益相关方的参与对反垄断案件处理机构的利益平衡能够提供较多的帮助，特别是有助于提高利益平衡的质量或者效果。究其要者，利益相关方的参与对于利益平衡的促进作用体现在以下四个方面。

首先，帮助反垄断案件处理机构厘清主要的利益关系。在 SEPs 许可过程中，涉及多方利益，包括社会公共利益、SEPs 权利人利益以及标准实施者利益等。[2] 在一个具体的案件中，究竟标准必要专利许可涉及哪些私人利益和公共利益，这是反垄断案件处理机构在进行利益平衡时首先需要明确的事项。利益相关者对于标准必要专利许可与自身利益的关联情况比其他人都更清楚，一旦他们参与到标准必要专利滥用的规制过程中，他们便会以一定的形式反映和表达其利益需求，反垄断案件处理机构对于案件涉及的各种利益关系也就会有更加清晰的认识。否则，反垄断案件处理机构对于相关利益范围的认识只能停留在经验或者理论文献上，甚至建立在想象的基础上，利益平衡的效果自然会大打折扣。

其次，帮助反垄断案件处理机构查明标准必要专利许可对相关利益的影响情况。反垄断案件处理机构进行利益平衡的另一个基础工作是确定各相关利益受到标准必要专利许可影响的实际情况，包括损害情况和促进情况两个方面。一般而言，利益相关者或者相关利益的代表者对于相关利益所受到的积极影响或者消极影响往往有切实的感受，而且其对于相关利益所受的影响能够在第一时间知悉。因此，利益相关者或者相关利益的代表者参与到标准

---

[1] 刘水林. 反垄断私人诉讼的协商制模式选择 [J]. 法学, 2016 (6).
[2] 叶高芬, 张洁. 也谈标准必要专利的禁令救济规则——以利益平衡为核心 [J]. 竞争政策研究, 2016 (9).

必要专利滥用的规制中，对于反垄断案件处理机构更为准确地判断相关公共利益或者私人利益所受影响的情况能够发挥较大的作用。比如，消费者利益是标准必要专利滥用案件处理无法回避的一种利益。在司法实践中，消费者利益保护的重要性越来越得到体现，消费者利益是否受到损害成为判断有关行为合法性的直接标准。❶ 消费者协会作为消费者利益的代表者，其对执法过程的参与有助于反垄断案件处理机构更好地认定消费者利益受到损害的情况。原因在于，消费者协会在组织形式和管理方面，都已探索出一套保护消费者权益的机制，能更快得到关于对侵害消费者权益的垄断行为的举报；另外，消费者协会掌握一定的资源，拥有一定的专业法律人员，取证更加专业和方便。❷ 再如，随着人们对气候变化等环境问题的日益关注，绿色专利技术的作用日益凸显，各国纷纷将促进绿色技术创新、推广和应用作为重要的战略性任务予以推进。❸ 部分标准必要专利技术的推广与否可能对生态环境的保护有很大关系。反垄断法保护的公共利益包括生态环境，而生态环境是否受到损害，其判断更多的是一个技术性问题，反垄断案件处理机构本身不适宜对具体技术问题作出决定，应由有关权威机构负责具体的分析判断工作。❹ 如果环保组织等生态环境利益的代表者参与到相关标准必要专利滥用案件的处理过程中，就能够为反垄断案件处理机构判断生态环境利益受到影响的情况提供较多专业性的帮助。

再次，便于利益相关者进行妥协与合作。利益的差异本身意味着利益的冲突，利益的差异同时也意味着相互需要，以及在相互需要的基础上交换的可能性和达成一致性契约的可能性。❺ 如果妥协与合作的可能性转化为现实，这无疑是不同利益平衡协调的最佳结果，反垄断执法的效果也会得到更多的

---

❶ 陈广平．反垄断法视野中消费者利益保护问题的新思考［J］．河北法学，2008（10）．
❷ 陈云良．反垄断民事公益诉讼：消费者遭受垄断损害的救济之路［J］．现代法学，2018（5）．
❸ 王明远，汪安娜．绿色技术专利权社会化：缘起、表现、争议与出路［J］．政法论坛，2017，35（2）．
❹ 吴宏伟，金善明．《反垄断法》实施的预期效应探究［J］．政法论丛，2008（1）．
❺ 蒋岩波，张坚．现代反垄断执法中的协商程序机制［J］．国际贸易，2011（1）．

认同。即使不能达成妥协，反垄断案件处理机构也可以清晰地知悉各利益相关者的诉求及差距，从而在法律规定的框架内尽可能寻求一种与相关各方利益需求差距最小的解决办法。妥协与合作，只有在利益相关都参与其中，特别是相互能够进行直接接触时才有可能实现。同样，只有更多的利益相关者参与反垄断规制过程，反垄断案件处理机构才能更好地了解各利益相关者的利益诉求及其主要差异。

最后，有助于反垄断案件处理机构获得更多的利益平衡协调方案。反垄断法的有效实施需要借助多方面的力量，包括诸多私人力量。私人是实施反垄断法的重要力量，这里所谓私人包括广泛的内涵，个人、合伙人、公司、企业联合体、有关组织等。❶ 这里的企业联合体和有关组织实际上包括一些利益集团和一些利益代表组织。利益集团或者利益代表组织既关心和促进其成员或者被代表者的利益，同时它们相对于单纯的利益个体而言又具有一定的超脱性，在利益冲突的处理方面它们既会积极争取和保护其成员或者被代表者的利益，也会理性地考虑其他利益相关者的正当需求。因此，它们往往能够提出一些较有价值、可供反垄断案件处理机构参考的利益协调方案，而且，基于它们的特定地位，如果它们的方案全部或者部分被反垄断案件处理机构采纳或者吸收，案件处理结果更容易受到认同和执行。❷ 没有相关利益集团或者利益代表组织的参与，反垄断案件处理机构就可能失去较多获得合理的利益协调方案的机会。

二、利益相关各方共同参与的程序设计

（一）参与程序设计的基本依据

如果要实现利益相关各方在利益平衡方面的价值，就必须在反垄断法规制标准必要专利滥用的过程中提供相应的程序机制，使利益相关各方能够切实有效地参与到规制活动中去。从国内外反垄断实践情况看，这种直接服务

---

❶ 刘宁元．论反垄断法实施体制运作的推动力量［J］．时代法学，2006（2）．
❷ 各利益集团或者利益代表组织一般有能力说服其成员或者被代表者接受包含自身建议的案件处理方案。

于利益平衡价值的利益相关方参与程序在反垄断法中并没有明确的体现。当成文法规定的程序与正当程序原则的要求有差距时，应按正当程序原则的要求补充相关程序，这已是我国法律界的普遍看法。❶ 程序的补充通过立法本身去解决会是一个较为漫长的过程，这是立法高度的审慎性和严格的程序性所决定的。各国通常在反垄断法律中明确反垄断执法的基本程序，与此同时，反垄断案件处理机构往往根据各国法律的基本规定出台更具体的程序规则。❷ 就标准必要专利滥用规制的程序供给而言，较为可行的办法是司法机关和行政执法机关在处理标准必要专利滥用案件时在不违反法律强制性规定的前提下灵活设计和运用一些便于利益相关方参与规制过程的程序。

但是，反垄断案件处理机构对于程序机制的设计不应当是随意的，而是要有一定的理论依据和法律依据。从理论上说，反垄断执法程序的本质应属程序正义，程序制度应以程序正义与协商参与为基本要素。❸ 程序正义的首要因素是其公平性，反垄断案件处理机构设计或者采用的程序机制应当尽可能给更多的利益相关者提供公平参与规制过程的机会和便利，利益相关者在与自身相关事项的事实认定和处理决定上应当获得同等程度的意见陈述和诉求表达的机会，不应有厚此薄彼问题的存在。程序正义的另一个重要因素是其在实现协商参与目标中的真正作用。反垄断执法是重要的秩序维护机制，而秩序建构模式的制度构造是由多元利益主体（多方当事人）共同参与协商构成的；决定机构从形式上虽说最终只有执法机关，但涉嫌违法者的辩解、专家意见、相关利益团体的观点，对执法机关的裁定具有重要影响。❹ 正当程序应当能够在反垄断案件处理机构推动相关各方参与协商和采集各种观点方面发挥重要作用。从法律上说，基于反垄断法规制所应有的严格规范性，此类程序机制的设计应当建立在现有反垄断法规范的基础上，但在形式上可以根

---

❶ 杨登峰. 法无规定时正当程序原则之适用 [J]. 法律科学，2018，36（1）.

❷ 游钰. 论反垄断执法相对人的利益保护 [J]. 厦门大学学报（哲学社会科学版），2012（2）.

❸ 朱战威. 从效率到公正：价值转换下反垄断执法程序之嬗变 [J]. 安徽大学学报（哲学社会科学版），2015（6）.

❹ 刘水林. 规制视域下的反垄断协商执法研究 [J]. 政法论丛，2017（4）.

据利益平衡的实际需要进行一定的创新。就我国《反垄断法》的规定看，可以作为反垄断案件处理机构设计利益相关方参与程序依据的条款主要有以下几个：一是该法的第 46 条，该条第 2 款规定，对涉嫌垄断行为，任何单位和个人有权向反垄断案件处理机构举报；反垄断案件处理机构应当为举报人保密。二是该法的第 50 条，该条规定，被调查的经营者、利害关系人或者其他有关单位或者个人应当配合反垄断案件处理机构依法履行职责，不得拒绝、阻碍反垄断案件处理机构的调查。三是该法的第 51 条，该条规定，被调查的经营者、利害关系人有权陈述意见。反垄断案件处理机构应当对被调查的经营者、利害关系人提出的事实、理由和证据进行核实。

（二）以有效参与为导向的主要程序机制

基于以上理论和法律两个方面的考量，为了提高利益相关方参与标准必要专利滥用规制过程，提高利益平衡的质量，我国的反垄断案件处理机构可以基于现行法律关于鼓励公众举报违法行为、要求相关主体配合调查、保障相关主体意见陈述权等事项的规定，设计和采用以下三种程序机制。

其一，损害申报程序。损害申报程序是对我国反垄断法规定的举报程序的灵活运用。通过该程序的实施可以帮助反垄断案件处理机构更好地了解标准必要专利权人的行为对于相关利益的影响情况，特别是对于公共利益的损害情况。由于公共利益是一个模糊而不确定的概念，在反垄断执法中，如何界定与把握社会公共利益的边界，是反垄断法实施的重要难题；在美国，法院在确定是否符合公共利益时，一般都会以是否经过民意代表审查作为标准，而极力避免自己另做判断。❶ 通过公众的感受帮助反垄断案件处理机构判断公共利益所受的影响，无疑是一个可以借鉴的举措，也是损害申报程序的目的之一。从帮助反垄断案件处理机构更好地了解标准必要专利权人的行为对相关利益的影响状况考虑，损害申报程序应当包括以下主要内容：

（1）损害申报通知。反垄断案件处理机构应当向全社会发出通知，通知内容主要包括其所处理的标准必要专利案件及涉嫌垄断的行为、通知的主要目的、申报的范围、形式和期限等。通知应当采取公告的方式，这样可以尽

---

❶ 蒋岩波，张坚. 现代反垄断执法中的协商程序机制 [J]. 国际贸易，2011（1）.

可能在更大的范围内征集标准必要专利许可行为影响相关利益的情况。公告是行政主体为实现特定行政目标所普遍运用的行政手段，分为行政规范性文件公告、行政处理决定公告、其他行政信息公告，❶ 损害申报公告可以看作其他行政信息公告。公告同样也是法院在诉讼中常用的信息发布手段，在针对不特定的损害申报对象发布通知时法院应当采取公告形式。

（2）申报的范围。反垄断案件处理机构只有全面了解标准必要专利滥用行为所影响的各种利益，才能进行更好的利益平衡。基于此，损害申报范围不应受到较多的限制，应当包括各类受到标准必要专利许可行为影响的利益，包括直接受到影响的私人利益，还有直接或者间接受到影响的各种公共利益。就申报人范围而言，如果是私人利益受到损害，申报人仅限于本人；如果是公共利益受到损害，申报人既可以是该公共利益所关联的组织和个人，也可以是能够代表该公共利益的相关组织，还可以是知悉该公共利益受到损害的其他组织或者个人。

（3）申报的形式。从反垄断案件处理机构知情的实际效果考虑，对于申报的形式不宜作严格限制，凡是可能将利益损害的信息传达给反垄断案件处理机构的形式，申报人都可以采用。

（4）申报的期限。损害申报虽然不是严格意义上的举证行为，但在客观上能够发挥举证的效果。举证时限制度有助于促进诉讼、实现集中审理和诉讼效率。❷ 考虑到反垄断案件处理机构对于标准必要专利滥用案件审理的时限要求，对于损害申报的期限应当有一个原则要求。另外，从实事求是和增强利益平衡效果的角度考虑，对于一些重要的利益损害信息（特别是公共利益损害的信息），也应当允许申报人在正常申报期限届满后申报，只要反垄断案件处理机构还没有对于案件作出正式处理决定。

其二，听证程序。各利益相关方就私人利益或者公共利益受标准必要专利权人行为影响的情况进行面对面的陈述与辩论，对于反垄断案件处理机构

---

❶ 叶平. 行政公告研究［J］. 法学，2005（3）.
❷ 王嘎利. 举证时限制度的内生逻辑与现实演变［J］. 昆明理工大学学报（社会科学版），2015，15（6）.

第六章　利益平衡思维下反垄断法规制标准必要专利滥用的程序构造

更加直观地认识标准必要专利权人的行为所引发的利益冲突具有较强的作用,而听证程序无疑能够较好地实现这一目标。听证的核心内涵是实现行政过程的参与主体之间的理性沟通,是行政权正当性之参与模式的典型代表。[1] 反垄断案件处理机构召开听证会,既是不同利益相关者之间进行事实呈现和意见交锋的过程,也是他们之间进行理性沟通与利益协调的过程,还是反垄断案件处理机构与利益相关者之间进行信息交流和意见沟通的过程。就标准必要专利滥用的反垄断法规制而言,听证会的主要目标是查明哪些私人利益和公共利益受到了标准必要专利权人行为的影响以及影响的程度,并且帮助反垄断案件处理机构知悉各种利益冲突的程度。要实现听证的目标,反垄断案件处理机构应当对于听证的程序作出较为精细的设计。正如有学者所说,听证是反垄断程序合法性原则的核心内容,听证组织者应当严格按照法律程序规定,认真审查听证参加人资格,告知听证纪律和权利义务,履行听证调查、证据质证、相互辩论、最后陈述、审阅听证笔录和签字盖章等程序,听证结果作为最终处理决定的重要依据。[2]

其三,座谈会程序。座谈会虽然是一种非正式法律程序,但基于其形式多样、氛围宽松等特点,在实现利益相关方广泛参与、有效协调不同利益的冲突方面往往能够发挥独特的作用。"座谈会机制"作为实现有效治理的辅助和补充机制,在推进国家治理体系和治理能力现代化过程中具有不容小觑的地位。[3] 我国反垄断法有必要引入咨询程序,对于我国这样一个缺乏反托拉斯传统的国度,正式的调查可能仅仅用在少数案件中,大量案件将主要适用咨询程序等非正式程序。[4] 座谈会实质上也属于这样的咨询程序。有鉴于此,反垄断案件处理机构在进行利益平衡时应当设计和利用好座谈会机制。通过座谈会程序,可以落实以下几个方面与利益平衡相关的行动。

---

[1] 石肖雪.行政听证程序的本质及其构成 [J].苏州大学学报(法学版),2019,6(2).

[2] 梅丽鹏.反垄断行政执法程序合法性研究 [J].价格理论与实践,2016(1).

[3] 任鹏飞."座谈会机制"在国家治理中的功能定位与作用空间 [J].长白学刊,2019(5).

[4] 毕金平.我国反垄断程序法之重塑 [J].学术界,2010(6).

（1）了解利益冲突。反垄断案件处理机构应当邀请标准必要专利许可涉及的专利权人、被许可人、相关行业组织代表、相关产品或者服务的消费者代表、标准必要专利相关技术或者产品的经营者代表（包括中小企业代表）、标准必要专利技术运用所关联的其他公共利益代表（如环境保护组织）等人员参加座谈，由参会各方人员就标准必要专利权人的行为对于自身利益和相关公共利益所造成的影响进行陈述和交流，了解参会各方人员对于标准必要专利权人行为的态度。

（2）认定利益平衡涉及的重要事项。在标准必要专利滥用案件处理过程中的利益平衡往往涉及一些复杂疑难问题，可以通过各利益相关方专业人员的座谈和讨论，对反垄断案件处理机构的判断提供一定的帮助。比如，就认定标准必要专利所涉领域的技术状况、竞争状况、产业发展状况等事实而言，相对人对所处行业最为熟悉，也最了解相关行业的经济技术特点，相对人参与执法程序可以为反垄断案件处理机构提供大量的第一手资料；尽管相对人出于自身利益考虑，其提供的信息、资料以及观点可能并不完全客观、全面，但是，相对人的参与无疑会增加信息供给，有助于反垄断案件处理机构对案件作出全面客观的分析和判断。❶ 再如，就公共利益及其范围的判定而言，由诸多公共利益代表组织的人员参加的座谈会所提供的协商对话机制也能发挥较大作用。因为没有平等的协商和对话，单纯以行政机关甚至行政领导人个人意志进行的所谓公众利益的判断，都缺乏冠以公共利益的正当理由。❷

（3）缓和利益冲突关系。反垄断案件处理机构应当组织标准必要专利许可涉及的各利益相关主体以及相关公共利益的代表参加座谈会，并邀请相关的法学专家、技术专家、经济学专家、社会学专家和政治学专家参与讨论，通过直接的对话交流和相关领域专家的引导，消除利益相关者原先关于利益损害的一些不正确认识和不当判断，并使他们能够注意到其他相关主体的正当利益需求，缩小各利益相关方在利益认识上的差距，缓和各利益相关方之

---

❶ 游钰. 论反垄断执法相对人的利益保护 [J]. 厦门大学学报（哲学社会科学版），2012（2）.

❷ 蒋岩波，张坚. 现代反垄断执法中的协商程序机制 [J]. 国际贸易，2011（1）.

间的矛盾，为反垄断案件处理机构的利益协调方案得到更多的认同奠定较好的心理基础。

（4）收集解决利益冲突的方案。利益协调往往是一个漫长而反复的过程，尤其是多重利益之间的协调。在我国产业政策和竞争政策制定过程中，每一个法规或规范性文件都要由相关的几个甚至十几个、几十个部门反复沟通、协商，达成基本共识后才能出台。❶ 可见，仅仅产业发展与自由竞争两种公共利益之间的协调，就是复杂而浩大的工程。反垄断案件处理机构可以通过座谈会让每个利益相关者提出对与其相关的利益冲突的解决思路，并通过反复协商和多方研讨不断优化各种利益冲突的解决方案。而且，公共利益的代表者以及与公共利益相关领域的专家参与座谈，他们能够在直接了解各种利益冲突的基础上从专业视角和整体立场提出私人利益与公共利益的协调方案以及不同公共利益之间的协调方案，为反垄断案件处理机构进行利益平衡提供更多的选择。

第二节 技术标准制定组织的参与机制

一、标准制定组织参与的利益平衡价值

（一）标准制定组织参与反垄断规制的正当性

当我们论及标准必要专利的滥用及其他相关问题时，标准制定组织常常牵涉其中，这实际上表明对于标准必要专利相关问题的处理是无法回避标准制定组织的参与的。同样，标准制定组织以一定的形式参与标准必要专利滥用规制的利益平衡过程，从多个方面看都有其必要性。

一是行业自治的体现。行业组织是社会治理的重要力量，这一点无论是在理论上还是在实践中都得到较高的认同。现代治理理论的实质在于让中介

---

❶ 史际春，徐瑞阳．产业政策视野下的垄断与竞争问题——以银行卡清算产业的法律规制为例 [J]．政治与法律，2016（4）．

组织担负更多的公共管理职能，而且这种中介组织其本身必须是自治和自主的。[1] 在我国，行业协会在营造公平竞争环境、维护会员合法权益、实现行业自律和促进行业健康发展等方面发挥了积极作用，发挥了行业协会的管理协调功能和桥梁纽带作用。[2] 行业协会的重要使命是配合和推动国家机关实现其管理职能或者裁判职能。在英国，行业协会与相关政府部门联系密切，可以就相关问题对政府部门进行游说；在德国，各种社会组织都在法定的机构和程序中进行公开的协商、谈判、咨询、协调、听证、作证、建议、反映，争取取得各有关方面的共识；在法国，行业协会对政府的影响通过直接向政府有关部门反映来实现。[3] 反垄断案件处理机构在规制标准必要专利滥用行为时应当有效利用行业组织的协助作用。我国的行业组织具有多方面的职能，如参与制定或者修订国家标准和行业标准，制定并监督执行行规行约，规范行业行为，反映会员要求，协调会员关系，维护其合法权益等。[4] 大多标准制定组织可以归结为行业组织的范畴，它们所具有的上述职能，使它们能够协助反垄断案件处理机构在标准必要专利滥用规制过程中的利益平衡方面发挥较大的作用。

二是治理现代化的要求。我国当前正在全面深化改革，努力推进国家治理体系和治理能力现代化，不断提升科学治理水平。现代政治学和行政学等研究将"治理"拓展为一个内容丰富、包容性很强的概念，重点是强调多元主体管理，民主、参与式、互动式管理，而不是单一主体管理。[5] 国家治理体系和治理能力现代化的重要内容是改革不适应实践发展要求的体制机制，其中包括实现治理主体的多元化，让更多适格的主体参与社会治理。就标准必

---

[1] 鲁篱. 行业协会经济自治权研究 [M]. 北京：法律出版社，2003：118.
[2] 朱英. 中国近代同业公会与当代行业协会 [M]. 北京：中国人民大学出版社，2004：492.
[3] 洪涛，敖毅，郑强，等. 行业协会运作与发展 [M]. 北京：中国物资出版社，2005：203.
[4] 冷明权，张智勇. 经济社团的理论与案例 [M]. 北京：社会科学文献出版社，2004：161.
[5] 周晓菲. 治理体系和治理能力如何实现现代化 [N]. 光明日报，2013-12-04 (4).

第六章　利益平衡思维下反垄断法规制标准必要专利滥用的程序构造

要专利滥用行为的规制而言，标准制定组织无疑是适格主体，反垄断案件处理机构应当吸收它们参与规制过程。团体标准化组织能够通过自治权的行使，实现自我治理；法律对团体标准自我治理应持尊重态度，政府亦应积极营造有利于团体标准自我治理的良好制度环境。❶ 国家治理体系和治理能力现代化要求提高科学治理的水平，而科学治理无疑需要较强的专业能力。随着经济社会不断发展，社会领域事务日益复杂，越复杂就越要求专业；实现社会治理专业化，需要激发专业人员运用专业知识认识各类社会事务发展的新特点、新问题，把握规律、破解难题、提高效率，以专业化提高社会治理的效率和水平。❷ 标准必要专利滥用行为的规制不仅涉及诸多较高水平的科学技术，还涉及非常复杂的技术标准，国家对于这种经济事务的治理必须依赖相关的专业力量。无论从技术角度看，还是从标准角度看，标准制定组织在该领域都是最有代表性的专业力量，离开标准制定组织的参与，标准必要专利滥用行为的规制一般是很难获得被广泛认可的结果的。

三是信息对称的实现。掌握充分、有效的信息和事实材料，是政府机关作出科学决策和正确行动的前提，是司法机关作出令人信服的裁判的重要基础。正如一些学者所言，信息不对称现象不仅在经济学领域广泛存在，在行政决策中也是如此，而在决策过程中的信息不对称很容易造成决策偏离。❸ 由于信息的不对称性，政府理性决策存在极大局限性，因此，需要采取积极措施，构建政府信息激励约束机制，使政府决策真正体现民主原则。❹ 信息不对称是反垄断公共执法和私人执法案件中的一个普遍现象。❺ 无论是行政执法机关，还是法院，在处理标准必要专利滥用案件时，要想提高最终决定或者裁判的科学性、合理性和正确性，就必须掌握和运用足够的证据材料与相关信

---

❶ 于连超，王益谊. 团体标准自我治理及其法律规制［J］. 中国标准化，2016（12）.
❷ 肖丹. 四维视角：社会治理现代化的困境和对策研究［J］. 广西社会科学，2019（2）.
❸ 赵敏，冷望星，宁燕. 决策信息不对称问题的规避之策——基于政府与公众视角的分析［J］. 领导科学，2017（4）.
❹ 夏义堃. 非对称信息环境下政府决策行为分析［J］. 武汉大学学报（哲学社会科学版），2005（6）.
❺ 殷继国. 反垄断证据信息不对称的法律规制［J］. 经济法论丛，2015，28（1）.

息或者数据。反垄断案件处理机构需要掌握的信息包括专业信息和事实信息两个方面,前者如技术标准的属性、特点、运行机制、相关技术的特点与影响等,后者如特定的标准必要专利适用的范围及其影响力、标准必要专利的价值及其研发成本、同类专利技术的价值及许可费、在特定技术领域技术标准的类别和数量、特定技术标准发展演变状况等。标准化组织主持技术标准的制定,对于相关专利权的技术问题以及专利的保护范围、在技术标准中所处的地位等问题比较熟悉,这种在非常专业的技术领域发生的许可纠纷,能够由本领域的专业人才协助处理非常有利于纠纷的公平、快速解决。❶ 标准制定组织作为制定标准的专门机构,其相对于其他主体而言必定对纳入标准之中的各项专利所具有的价值有更好的了解。从专业的角度而言,由标准制定组织来确定专利价值增值的具体数额似乎是最合适的。❷ 可见,标准制定组织作为专业性组织,无论是对于技术标准的基本情况,还是对于技术标准运用的事实状况,都比较熟悉,它们自然也就对于反垄断案件处理机构掌握上述两种信息能够提供较大的帮助。

(二) 标准制定组织的参与对利益平衡的促进

仅从利益平衡的角度看,标准制定组织参与反垄断案件处理机构对标准必要专利滥用案件的处理也具有多方面的价值。其利益平衡价值可以概括为以下四个主要方面。

(1) 明晰标准必要专利许可涉及的重要利益关系。标准制定组织对于技术标准以及标准必要专利的特点无疑是非常熟悉的,在特定技术标准的支撑下标准必要专利的许可究竟会影响哪些经营者的直接利益?影响哪些企业的业务活动?又会与哪些人的利益有较大的关联?还会涉及哪些公共利益或者群体利益?对于这些反垄断案件处理机构在进行利益平衡时必须厘清的利益关系,标准制定组织往往最有发言权,也能够为反垄断案件处理机构提供较多的帮助。在标准必要专利的实施过程中,通常会发生的争议以及这些争议

---

❶ 马海生. 标准化组织的 FRAND 许可政策实证分析 [J]. 电子知识产权,2009 (2).

❷ 谭袁. 标准必要专利价值增值的审视及制度建构 [J]. 竞争政策研究,2016 (3).

第六章　利益平衡思维下反垄断法规制标准必要专利滥用的程序构造

化解的情况，标准制定组织一般比较清楚，它们可以在这方面提供相应的材料以便帮助反垄断案件处理机构获利更多据以判断利益冲突的信息。

（2）提供技术标准相关的竞争状况。在反垄断规制中，无论是私人利益与公共利益的平衡协调，还是不同公共利益之间的平衡协调，其中必须涉及自由竞争这种公共利益所受影响的情况。技术标准相关的竞争状况则是反垄断案件处理机构在分析标准必要专利许可对于自由竞争的作用、标准必要专利权人损害他人利益或者公共利益的程度等问题时必须考虑的因素。无论是在同一标准体系内，还是在不同标准体系之间，标准必要专利权人都可能面临竞争，甚至是较激烈的竞争。在同一标准系统内，标准必要专利持有人面临的竞争有两个方面：一是其他专利技术竞争成为标准必要专利的压力；二是其他标准必要专利的竞争压力。就不同标准系统之间的竞争而言，当在某一行业中有较多标准组织或者标准体系时，标准必要专利持有人就会因为来自其他标准体系的威胁而克制其肆意行为；不同时代的标准体系之间的代际竞争也会对标准必要专利持有人的市场地位及其专利实施行为产生潜在的影响。❶ 对于技术标准相关的竞争状况，标准制定组织可以向反垄断案件处理机构提供较多的情况，也可以帮助反垄断案件处理机构对于相关的竞争关系及其所产生的影响做出较为切实的判断。

（3）提供标准制定组织对于标准必要专利运用的管理情况。标准制定组织具有一定的管理职能和条件，也有相应的管理义务。比如，标准制定组织有义务限制标准必要专利的市场力量，使得消费者尽可能多地从标准制定过程中获益，并且专利权人也不会因参与劫持而阻碍创新。❷ 标准制定组织对于标准必要专利的运用进行管理的机制及其效果，对于反垄断案件处理机构判断标准必要专利权人损害他人利益或者公共利益的情况能够提供一定的依据。司法政策对团体标准涉及专利问题的关注，可借助于标准制定组织的自我规

---

❶ 董新凯.标准必要专利持有人市场支配地位认定的考量因素［J］.知识产权，2015（8）.

❷ 吴白丁.专利劫持反垄断法规制的经济学争议［J］.电子知识产权，2017（6）.

制机制；相对政府规制而言，自我规制更具有接近社会现实和市场需求的优势。❶ 一般说来，制定和管理标准的行业组织或者标准化组织管理技术标准的能力、方式和力度等因素对于标准必要专利持有人市场地位会产生一定的影响；标准化组织或者相关的行业组织如果有能力将标准必要专利的用户有效组织或者动员起来，联合对抗标准必要专利持有人在专利许可中的恣意行为，就能在一定程度上制约标准必要专利持有人，在客观上产生削弱标准必要专利持有人市场地位的影响。❷ 至于标准制定组织在事实上有没有行使上述这些职能？其行使这些职能的方式、措施及实际效果如何？反垄断案件处理机构需要标准制定组织提供这些信息，而标准制定组织提供这些信息的能力是其他组织或者个人无法具备的。

（4）对于标准制定组织知识产权政策的阐述。以 FRAND 原则为核心的标准必要制定组织的知识产权政策，是很多反垄断案件处理机构在处理标准必要专利滥用案件时参考的重要依据。从理论上说，FRAND 原则兼顾了不同利益的需求，标准必要专利权人是否严格遵守了 FRAND 原则也是反垄断案件处理机构进行利益平衡的重要考量因素。但是，FRAND 原则的作用是建立在其自身明确且得到良好运作的基础上的。在标准制定组织规则宽泛且缺乏实际事前协商的情况下，即使是拥有技术的标准制定组织成员方，其阻止劫持的激励也是微弱而缺乏效率的。❸ FRAND 原则具体含义或者内容的确定则是反垄断案件处理机构所面临的一个难题。在理论界与实务界，"公平、合理、无歧视"原则被批评、被怀疑的最主要原因就是该原则缺乏明确的含义，以致无法判断具体的许可行为是否符合该原则的要求。❹ 谁最有资格阐述和解释 FRAND 原则？当然是出台该知识产权政策的标准制定组织。因此，有学者认

---

❶ 于连超，王益谊．论我国标准必要专利问题的司法政策选择——基于标准化体制改革背景［J］．知识产权，2017（4）．

❷ 董新凯．标准必要专利持有人市场支配地位认定的考量因素［J］．知识产权，2015（8）．

❸ 吴白丁．专利劫持反垄断法规制的经济学争议［J］．电子知识产权，2017（6）．

❹ 马海生．标准化组织的 FRAND 许可政策实证分析［J］．电子知识产权，2009（2）．

为，标准化组织参与"公平、合理、无歧视"许可纠纷的解决是解决相关纠纷的有效途径。[1] 标准制定组织不仅可以对于 FRAND 原则进行明确而具体的解释，还可以向反垄断案件处理机构提供该原则及其他知识产权政策在实践中的执行情况，包括其对标准必要专利权人遵守 FRAND 原则情况的判断或者意见。

二、标准制定组织参与的主要程序机制

标准制定组织必须通过一定的行政程序或者诉讼程序才能在标准必要专利滥用规制过程中发挥自己的作用，才能对于反垄断案件处理机构的利益平衡提供必要的帮助。经济法程序包括正式程序和非正式程序两种：正式程序是指法律上有严格规定的、关涉经济法主体权利义务实现的具体程式及其展开顺序；非正式程序主要是指其运作或者展开具有较大灵活性，法律上并未设定具体模式的程序。[2] 因此，标准制定组织参与反垄断规制的行政程序或者诉讼程序也包括正式程序和非正式程序两种。

（一）正式程序的运用

由于标准必要专利滥用的反垄断规制有行政执法和司法两个途径，因此法律规制的正式程序指的是法定的行政执法程序（主要指行政处罚决定程序）和诉讼程序（主要指民事诉讼程序）。行政处罚决定程序和民事诉讼程序的内容较为丰富，标准制定组织应当通过什么具体程序参与反垄断案件处理机构的利益平衡活动呢？从标准制定组织参与反垄断规制的目标和反垄断实践情况看，这一具体程序主要指调查取证程序。

有法官统计分析了截至 2017 年年底我国法院收到的反垄断民事案件，结果发现，反垄断民事诉讼原告胜诉率非常低。[3] 究其缘由，一般认为，原告举证困难是导致反垄断民事诉讼原告胜诉率低的主因，取证难和证明难是制约

---

[1] 马海生. 标准化组织的 FRAND 许可政策实证分析 [J]. 电子知识产权，2009（2）.

[2] 焦海涛. 经济法程序的"二元结构"及其非均衡性 [J]. 北方法学，2007（6）.

[3] 朱理. 反垄断民事诉讼十年：回顾与展望 [N]. 中国知识产权报，2018-08-24（8）.

反垄断民事诉讼的重要瓶颈。❶ 在反垄断民事诉讼中，如果一概适用"谁主张，谁举证"的一般举证责任原则，原告的举证责任显得过重，导致此类诉讼的原告胜诉的概率极低，使得此类诉讼背后的立法目的落空。❷ 因此，在反垄断民事诉讼中，法院依职权进行调查取证在很多时候显得尤为必要，其调查对象的范围较为广泛，包括标准制定组织这样的行业组织。在反垄断行政执法中，虽然执法机关具有较多调查取证的手段和资源，但如果没有诸多像标准制定组织这样的专业机构和社会组织进行积极的配合，很多证据信息的取得同样面临较大困难。可见，无论是反垄断行政执法，还是反垄断民事诉讼，标准制定组织参与反垄断规制的程序应当是调查取证，主要是在这一程序环节发挥作用。

从国内外的情况看，相关法律制度为标准制定组织参与反垄断案件的调查取证程序提供了法律依据和制度空间。在欧盟，《关于实施条约第81条和第82条制定的竞争规则的（EC）第1/2003号理事会条例》赋予委员会收集信息的权利，❸ 委员会可以要求企业和企业协会提供所有必要的信息，并有权访谈任何同意接受访谈的自然人或法人，❹ 其中的企业协会、法人等主体自然也包括标准制定组织。在我国，与反垄断执法相关的多部法律为标准制定组织参与调查取证程序提供了直接或者间接的依据。我国《反垄断法》规定："反垄断案件处理机构调查涉嫌垄断行为，可以采取下列措施：……（二）询问被调查的经营者、利害关系人或者其他有关单位或者个人，要求其说明有关情况；（三）查阅、复制被调查的经营者、利害关系人或者其他有关单位或者个人的有关单证、协议、会计账簿、业务函电、电子数据等文件、资料；……"❺ 《行政处罚法》在行政处罚决定的一般程序中规定，行政机关发

---

❶ 戴龙，黄琪，时武涛."庆祝《反垄断法》实施十周年学术研讨会"综述［J］. 竞争政策研究，2018（4）.

❷ 李国海. 我国反垄断民事诉讼举证责任分配制度之检讨——以典型案例为样本［J］. 吉首大学学报（社会科学版），2019，40（1）.

❸ 参见《关于实施条约第81条和第82条制定的竞争规则的（EC）第1/2003号理事会条例》第18条、第19条.

❹ 殷继国. 反垄断证据信息不对称的法律规制［J］. 经济法论丛，2015，28（1）.

❺ 参见我国《反垄断法》第47条.

现公民、法人或者其他组织有依法应当给予行政处罚的行为的，必须全面、客观、公正地调查，收集有关证据；必要时，依照法律、法规的规定，可以进行检查。❶《民事诉讼法》规定，人民法院应当按照法定程序，全面地、客观地审查核实证据；人民法院有权向有关单位和个人调查取证，有关单位和个人不得拒绝；凡是知道案件情况的单位和个人，都有义务出庭作证；当事人可以申请人民法院通知有专门知识的人出庭，就鉴定人作出的鉴定意见或者专业问题提出意见。❷

从利益平衡的角度考虑，标准制定组织参与反垄断调查取证程序的主要任务有两个：一是事实信息，主要指标准制定组织为防止标准必要专利权人损害他人利益或者公共利益而采取的措施以及这些措施的实际效果，标准制定组织为了协调标准必要专利许可涉及的利益关系而作出的努力等情况。二是专业意见，主要指标准制定组织对于标准必要专利许可可能涉及的主要利益关系、各种主要利益可能受到标准必要专利许可的影响或者损害、标准制定组织的管理对于各种主要利益关系的影响、与技术标准相关的竞争对于标准必要专利许可相关利益关系可能产生的影响等问题所做出的分析或者判断。

标准制定组织参与反垄断调查取证程序的方式有两种，即主动参与和被动参与。主动参与是指标准制定组织自行向反垄断行政执法机关或者法院提供与标准必要专利滥用问题有关的事实信息和专业意见。被动参与是指标准制定组织因反垄断行政执法机关或者法院的要求而提供与标准必要专利滥用有关的事实信息和专业意见。反垄断行政执法机关或者法院的调查可以直接依职权进行，也可以基于当事人的请求而要求标准制定组织提供相关的证据。在西电捷通公司诉索尼中国公司侵害发明专利权一案中，法院就是经原告申请，依法向全国信息技术标准化技术委员会调取了《关于两项国家标准可能涉及相关专利权的声明》。❸

(二) 非正式程序的运用

由于正式程序对行政执法机关和法院灵活处理案件提供的空间很有限，

---

❶ 《行政处罚法》第54条。
❷ 《民事诉讼法》第64条、67条、72条和79条。
❸ 北京知识产权法院（2015）京知民初字第1194号民事判决书。

往往不利于执法者基于案件实际情况做出效果更好、操作性更强的处理决定。非正式程序则基于其诸多优点而给行政执法机关和法院在办案方式上带来了更多的选择，便于执法人员调动和运用多方面的资源去更好地解决争议。在公私合作背景下，政府职能的承担方式也发生了变迁，行政机关无法单独完成日益增多和繁杂的行政任务，不得不引入私人部门；行政机关的行政行为形式发生变迁，促使规范行政行为的行政程序随之发生变化，推动非正式行政程序的迅速发展和广泛运用。❶反垄断案件处理机构在处理标准必要专利滥用案件时出于更好地进行利益平衡的需要，在很多情况下要借助标准制定组织等私人部门的力量，而非正式程序则为反垄断案件处理机构利用标准制度组织的力量提供了便捷的渠道。正式程序的僵化不利于反垄断案件处理机构提高标准必要专利滥用案件的处理效率，而非正式程序恰好可以弥补这一局限。与正式程序相比，非正式程序具有灵活多变、适应性强等优点；在经济法中引入非正式程序，主要基于对效率的追求，效率价值是非正式程序的首要价值。❷正是基于非正式程序相对于正式程序来说能够发挥一些独特的作用，非正式程序在美国、德国、日本、英国等实施反垄断法多年的国家普遍存在，甚至在案件比例上远远超过正式程序。❸就利益平衡这种在反垄断实践中较为复杂疑难的事务来说，很有必要引入一些行之有效的非正式程序，这种非正式程序也是标准制定组织能够在标准必要专利滥用行为规制中发挥应有作用的有效路径。

由于非正式程序并无固定的模式和流程，反垄断案件处理机构完全可以根据案件处理的需要自主设计和运用多样化的非正式程序。当然这种非正式程序的设计并非任意的，应当与法律关于程序规则的基本理论相切合。有学者指出，基于行政效率的考虑，非正式程序比较简便，但它必须包含正当程

---

❶ 陈军．公私合作背景下行政程序变化与革新［J］．中国政法大学学报，2013（4）．
❷ 焦海涛．经济法程序的非正式性及其效率价值［J］．云南大学学报（法学版），2010，23（6）．
❸ 石英，袁日新．论我国反垄断法的程序制度构造［J］．辽宁大学学报（哲学社会科学版），2008（1）．

序的基本要求，体现正当程序的基本精神和价值理念。❶ 也就是说，非正式程序既要满足提高办案效率的要求，也要符合公平、正当的法律理念。从利用标准制定组织的力量提高利益平衡质量这一现实需求考虑，反垄断案件处理机构可以考虑在行政执法或者司法过程中采用听证会和专家咨询会等非正式程序。❷ 这两种非正式程序的可行性可以归结为两点：第一，在现实中两者是各类国家机关在社会治理过程中经常采用的程序，已经有很多成熟的做法，程序的效率和公正能够得到保障，当事人、行业组织和公众相对来说也较容易接受。第二，这两种程序的弹性空间较大，便于行政执法机关和法院灵活把握，也有利于标准制定组织发挥作用。听证会可以聚焦于标准必要专利许可对相关利益的影响，除涉案技术标准的标准制定组织和同一技术领域的其他标准制定组织参加外，反垄断案件处理机构也可以邀请其利益与标准必要专利许可相关的当事人或者相关利益群体的代表者参加。专家咨询会一般应当为专项咨询会，即参与咨询会的主体仅限于标准制定组织管理人员或者其代表，这里的标准制定组织既包括制定案件所涉及的技术标准的组织，也包括与涉案技术标准在同一领域的其他技术标准的制定组织；而且，咨询会的主题限于与标准必要专利许可所涉及的利益及其受影响状况的分析判断相关的技术标准的构造、技术标准的类型与特点、技术标准之间的竞争状况、技术标准的内部管理情况等问题。

第三节 相关专家独立进行利益评估的程序机制

一、专家评估对于利益平衡的重要作用

高水平的利益平衡是建立在对于利益状况有着清晰认识和准确判断基础上的，由于反垄断行政执法人员和审判人员在知识范围、专业技能以及信息

---

❶ 陈军．公私合作背景下行政程序变化与革新［J］．中国政法大学学报，2013（4）．
❷ 这里的听证会不是《行政处罚法》等法律规定的针对当事人或者利害关系人的正式听证程序。

来源等多方面的局限性，需要借助外部力量对于标准必要专利滥用涉及的利益状况进行研判。相关领域的专家是最适宜的外部力量之一，特别是相关的经济学专家、管理学专家、技术专家、社会学专家、政治学专家等。在标准必要专利滥用案件的处理过程中，由相关专家独立进行利益评估对于高质量利益平衡的必要性主要体现在以下三个方面。

（一）利益关系的复杂性

标准必要专利与技术标准结合在一起，很多技术标准的涉及面非常广，这就决定了标准必要专利的运用影响的利益关系往往较为复杂，也正是这种复杂性决定了专家评估的重要性。这种复杂性首先体现在其所影响的利益类型的多样性。除了专利权人和被许可人的私人利益外，还涉及不同的公共利益；自由竞争和消费者利益是标准必要专利许可一般会涉及的公共利益，除此之外，特定产业的发展、国家安全、中小企业发展、整体技术水平的提高等公共利益也会牵涉其中。复杂的利益关系并非人们在通常的思维下所能厘清，只能对这些利益涉及的领域有专门研究的人才能作出准确判断；特别是那些隐性的利益关系，更需借助专家的评估。专家参与执法和司法是反垄断法实施体制的重大特征之一，其原因在于，反垄断法的实施不是一个简单的执法和法律适用问题，它涉及国家的竞争政策、经济结构、市场结构和社会各阶层的利益分配。❶ 复杂性其次体现在不同利益之间关系的多元性。以自由竞争与产业发展两者的关系为例，在当代市场经济条件下，特别是在我国，产业政策也包含、包容着竞争政策，与竞争政策并非截然对立；产业政策应立足于市场，力求不扭曲或破坏竞争机制，在法制层面接受竞争政策之兼容性审查。❷ 也就是说，自由竞争与产业发展需求既可能存在冲突，也可能相互包容和促进；在具体的环境下两者的关系究竟处于何种状态，需要在相关领域有较多研究的专家的评估。复杂性还体现在同一利益关系的多面性或者表现形态的多样性。以国家安全为例，国家安全审查的重点是敏感产业、敏感

---

❶ 刘宁元．论反垄断法实施体制的政策目标和运作原则 [J]．华东政法学院学报，2005（5）．

❷ 史际春，徐瑞阳．产业政策视野下的垄断与竞争问题——以银行卡清算产业的法律规制为例 [J]．政治与法律，2016（4）．

技术、敏感设施、敏感信息和敏感区域。❶ 标准必要专利技术的运用对国家安全的影响自然也是反垄断案件处理机构在利益平衡时所考量的重要利益。在技术交易或者相关的交易中,国家安全可能受到的损害或者威胁具有多种样式,如接受国对外国供应者的依赖,或者技术和其他专业知识的转移,即拟议的收购将允许技术或者其他专业知识转让给外国人控制实体,外国实体或者其政府可能以损害投资接受国国家利益的方式使用该技术或专业知识;❷ 一些涉及技术的收购可能使得对经济功能关键的产品和服务的供应植入渗透、监测或破坏等潜在能力。❸ 这种国家安全所受影响的多样化面相,通常只有对国家安全,尤其是国家经济安全,有深入研究的专家才能作出准确的评价与判断。

(二) 相关利益的专业性

无论是技术标准,还是专利技术本身,其高度专业性毋庸置疑,这种专业性决定了标准必要专利许可所涉及的利益关系的特殊性。这种特殊利益关系的解构通常需要运用多方面的专门知识和技能,甚至需要借助一些精细化的专业方法或者技术手段。这种专业性极强的利益解析工作往往是反垄断行政执法人员和法官难以单独完成的。比如,随着技术领域开放程度的不断加深,国家安全问题逐渐凸显并受到高度重视,无论引进来还是走出去,我们都面临国家安全审查问题;国家安全具有综合性特征,是否威胁国家安全的判断过程日趋复杂和专业,作为审查机构客观上要具备审查的能力和条件,形式上也要具备权威性。❹ 再如,反垄断主管机构有时需要依赖像产业机构经

---

❶ 李军. 外国投资安全审查中国家安全风险的判断 [J]. 法律科学, 2016, 34 (4).

❷ Theodore H. Moran. Foreign Acquisitions and National Security: What are Genuine Threats? What are Implausible Worries? [C]. OECD Global Forum on International Investment, 2009: 7.

❸ Theodore H. Moran. Three threats: An Analytical Framework for the CFIUS Process [R]. Peterson Institute for International Economics, 2009: 23

❹ 王东光. 国家安全审查:政治法律化与法律政治化 [J]. 中外法学, 2016, 28 (5).

济学家这样的主体去对一些难题进行认定。❶ 正因如此，在许多国家的反垄断司法实践中，专家承担着以其专业知识帮助法院解决有关问题的职责，且该职责优先于专家证人对向其做出指示的人或者支付其费用的人之义务。❷

美国是专家参与反垄断规制、利用专家力量解决专业性问题的典型。反垄断诉讼在美国往往被称为"专家之战"；美国反垄断法实施过程中的专家化趋势日益凸显，反垄断法实施过程中充分吸纳专家智库的参与，使得出台的措施和决定具有专业、主动与持续的优势。❸ 在德国，其《反限制竞争法》对案件的审理程序只用第56条进行了规定，主要涉及当事人陈述、经济界代表陈述、口头辩论等程序，其中的经济界代表陈述实际上就是一种专家参与方式；在俄罗斯，反垄断法专门规定其反垄断当局的职能之一便是创建一个学术研究机构和专家委员会，为联邦反垄断当局的执法活动提供学术支持和其他服务；❹ 在波兰，反垄断法规定反垄断局的工作人员在检查工作的时候享有征求专家意见的权力。❺ 在加拿大和瑞典等国，反垄断法直接要求垄断案件的审判组织中应当有相关的专家，新西兰的反垄断法也有类似的规定。❻

专家参与标准必要专利许可相关利益关系的评价与判断，还能够使反垄断案件处理机构基于利益平衡作出的裁判更容易被当事人所接受。专家的参与可以提高社会公众对案件处理结果的认同度，因为在解决专业问题时，对于专家的信赖是一种较为普遍的社会心理。❼ 现实表明，反垄断案件中频频出现的专家辅助人对案件的专业性问题所做的说明也在一定程度上缓解了当事

---

❶ LAVE J M. The law and economics of de facto exclusive dealing [J]. The Antitrust Bulletin, 2005, 50 (1): 143-180.

❷ Rule 35.3. (2), UK Civil Procedure Rules.

❸ 承上. 美国反垄断法实施过程中的专家化趋势及启示 [J]. 西南政法大学学报, 2016, 18 (1).

❹ 《俄罗斯关于竞争和在商品市场中限制垄断活动的法律》第11条。

❺ 《波兰反垄断法》第20条。

❻ BLUNT G, NYGH N. Trans Tasman Trade Practices Problems: Comity or Confusion [J]. Competition & Consumer Law Journal, 1994 (2): 16-42.

❼ 董新凯，郁尊科. 论反垄断法实施中的专家参与问题 [J]. 安徽大学学报（哲学社会科学版），2010，34 (1).

人在专业知识和信息上的不足,[1] 有助于消除他们的一些误解或者错误认识。概言之,相关专家独立进行的利益评估不仅可以帮助反垄断案件处理机构更加准确地把握案件涉及的利益关系及其变动情况,还可以消除当事人对于相关利益在理解上的一些偏差,从而更容易接受反垄断案件处理机构基于利益平衡对于案件作出的决定或者采取的措施。

就我国来说,在反垄断诉讼中,应尽可能地赋予广泛的主体参与诉讼的资格,应吸收专家与公共机关的意见,[2] 标准必要专利滥用规制这种专业性极强的案件的处理,更需要借助多方面专家的力量。最高人民法院在其2012年发布的《关于审理因垄断行为引发的民事纠纷案件应用法律若干问题的规定》中也对此进行了相应的规定,即当事人可以向人民法院申请具有经济学、行业知识等专业人员出庭就案件的专门性问题进行说明。反垄断案件处理机构对于专家利益评估的运用不能局限于当事人的申请,还应当根据利益分析的需要主动聘请相关领域专家参与案件的分析。

(三) 相关利益的利害性

反垄断案件处理机构对于利益关系的调查和分析往往要通过利益相关者,没有利益相关者的参与是无法进行的,因为他们身在其中,具有无法替代的信息优势。但是,利益相关者对于标准必要专利滥用的规制往往都有自己的诉求和倾向,他们大多会希望反垄断案件处理机构对于相关利益关系作出有利于自己的认定,他们就标准必要专利许可涉及的利益及其对相关利益的影响所提供的信息很可能存在不完整、不准确等问题,甚至会故意作一些误导性陈述。而且,不同的利益相关者站在各自的立场上,对于标准必要专利许可行为的影响所做的陈述相互之间还会出现较大的矛盾和冲突。为了帮助反垄断案件处理机构更加客观地评价标准必要专利运用行为对于相关利益可能产生的影响,识别和去除利益相关者提出的一些不真实或者不准确的信息,厘清各种利益关系的真正脉络,反垄断案件处理机构有必要邀请多个对于某一方面或者某些方面的利益有深入研究且本人没有利益关联的专家,站在独

---

[1] 殷继国.反垄断证据信息不对称的法律规制[J].经济法论丛,2015,28(1).
[2] 刘水林.反垄断私人诉讼的协商制模式选择[J].法学,2016(6).

立的立场上对于标准必要专利运用行为所影响的利益进行评估和判断，以便帮助反垄断案件处理机构作出正确的选择。

二、专家利益评估的主要程序机制

为了保证专家利益评估的作用得以发挥，有必要构建相应的程序机制。相关的程序机制既要便于专家进行利益评估，又要保证专家利益评估的公正性，还要使得专家利益评估的结论得到有效的利用。基于此，专家利益评估的程序机制应当包括以下三个方面的内容。

（一）专家范围与资格

为了保证专家参与的常规性和稳定性，反垄断案件处理机构需要建立专家库，从满足不同利益分析需求的角度考虑，专家库应当尽可能涵盖更多领域的专家，尤其是与标准必要专利许可关联较紧领域的专家。为了适应反垄断执法的专业性要求，各国反垄断案件处理机构大多由法学、经济学专业人士组成；但是，反垄断执法所面临的专业性问题并不只是法律问题和经济分析问题。❶ 法院应该根据案件审理的需要确定专家中经济学专家、相关行业专家、责任认定专家、损害赔偿认定专家的比例、届期。❷ 专家库还应当包括管理学专家和一些主要技术领域的技术专家，甚至还应当吸收一些社会学专家和研究国家安全的政治学专家。

至于参与利益评估的专家应当具备的条件，至少应当包括以下三个方面：一是专业知识和技能。这是专家参与的前提，也是在标准必要专利滥用行为规制过程中专家参与与其他主体参与的重要区别所在。二是独立与公正。这是专家利益评估与利益相关者提供信息的根本差异所在，也是专家进行利益评估的关键所在。从美国的实践看，保证专家的高度独立和公正并不容易。波斯纳对此曾尖锐地指出，诉讼涉及的领域技术性越强，就越难找到相当公

---

❶ 游钰. 论反垄断执法相对人的利益保护 [J]. 厦门大学学报（哲学社会科学版），2012（2）.

❷ 喻玲. 我国反垄断审判机制改革研究 [J]. 法商研究，2011，28（5）.

正的专家。❶ 为了增强专家的独立性与公正性，反垄断案件处理机构在遴选时应当尽可能从多方面对于拟聘人员的品行修养及其自身与标准必要专利的运用可能存在的利害关系进行考察。另外，为了使所遴选出的专家能够保持其独立性与公正性，反垄断案件处理机构还应当灵活采取一些物质利益激励措施和责任追究措施。❷ 三是参与案件处理的热情和便利。专家必须对协助行政执法人员或者法官处理案件具有较高的积极性，而且在时间、精力等方面能够满足完成利益评估等任务的条件。正如有学者所说，专家必须有足够的时间参加法庭的年会、听取冗长的案情和参加教育会议；必须具备能够长时间离家旅行、工作的灵活性；必须具备可以适应不确定的日程安排的灵活性等。❸

（二）专家参与的身份

就专家参与反垄断法实施的身份问题，各国实践中的做法或反垄断法规定的情况主要有三种：一是证人身份，即专家证人；二是案件审理者身份，瑞典、加拿大和新西兰都有这样的做法；三是咨询人员身份，这是较普遍的做法，包括专家作为专职的咨询人员和专家作为临时的咨询人员两种情况。❹ 此外，鉴定人的身份也时常被人提及。

将专家作为证人对待，可以对专家施加作证的义务，便于反垄断案件处理机构调查取证。有学者甚至主张将专家证人参与反垄断案件审理明确化、常规化。❺ 还有学者认为，从长远来看，我国应当借鉴国外的专家证据规则改造我国反垄断诉讼中的经济分析意见，确立其专家证据的法律定位。❻ 但是，

---

❶ [美] 理查德·A. 波斯纳. 新经济中的反托拉斯 [M]. 王传辉, 译//漆多俊. 经济法论丛（第 6 卷）. 北京：中国方正出版社，2002：13-14.

❷ 董新凯. 论反垄断法实施中的专家参与问题 [J]. 安徽大学学报（哲学社会科学版），2010（1）.

❸ 喻玲. 我国反垄断审判机制改革研究 [J]. 法商研究，2011，28（5）.

❹ 董新凯，郁尊科. 论反垄断法实施中的专家参与问题 [J]. 安徽大学学报（哲学社会科学版），2010，34（1）.

❺ 喻玲. 我国反垄断审判机制改革研究 [J]. 法商研究，2011，28（5）.

❻ 杨文明. 论经济分析意见及其可采性规则——以反垄断诉讼为视域 [J]. 法学论坛，2017，32（2）.

从美国等国的反垄断实践看，专家证人的做法也存在很多难题，在很多案件中并不容易操作。因此，在 Carolyn G. Kochert，M. D. 一案中，虽然法院的判决将专家证言作为重要依据，但法院并未在判决中表明专家的意见是否具有普遍适用性，也未表明专家的意见是否足可以认定案件的真相。[1]

将专家直接作为案件的审理人员，即由相关专家作为法庭或者案件查处机构的组成人员参与到垄断案件的审判或者处理过程中去，可以使专家的意见受到更大的尊重，便于专家的合理意见被采纳，专家参与的主动性会明显提高。[2] 在我国，由于人民陪审员制度的存在，专家作为案件审理人员参与标准必要专利滥用案件的处理在制度上并不存在障碍。但在很多案件中专家作为案件审理人员并无必要，因为审理人员一般要参与案件处理的全过程，而专家发挥作用的需求通常仅限于案件处理的某个单一环节。

由专家作为咨询人员参与标准必要专利滥用案件的规制，相对而言具有较强的灵活性，但其过程及结果的运用又可能存在较大的随意性。至于专家作为鉴定人提供服务，在现有的程序规则框架下会受到很大的制约。正如有学者分析的那样，以经济学理论为基础的经济分析意见显然无法归类于鉴定的范畴；同时，我国要求鉴定人必须具备法定资格，法定部门核准的司法鉴定机构及其鉴定人成为解决涉案专业性问题的唯一主体，其他专家的意见均被排除在诉讼之外。[3]

既然专家以任何身份参与利益评估都存在利弊两面，我们就不应当谋求在专家参与利益评估的每个环节或者专家的每一种利益评估活动都以同一种身份出现，而应当基于其利益评估内容的差异而赋予其不同的角色。正如有学者主张的，我国审判实践中常见的专家作证方式可分为鉴定专家、专家辅

---

[1] Carolyn G. Kochert, M. D. v. Greater Lafayette Health Services, INC. Elezabeth Medical Center and Lafayette Home Hospital, Anesthesiology Associates, P. C., and Jothn Walling. (4：01CV0027 AS)，372 F. Supp. 2d 509；2004 U. S. Dist.

[2] 董新凯，郁尊科. 论反垄断法实施中的专家参与问题 [J]. 安徽大学学报（哲学社会科学版），2010，34（1）.

[3] 杨文明. 论经济分析意见及其可采性规则——以反垄断诉讼为视域 [J]. 法学论坛，2017，32（2）.

助人和专家证人，这三种类型的专家在民事诉讼中有各自的独特功能，优势可以互补，但不可替代。[1] 如果需要专家对标准必要专利许可涉及的利益以及标准必要专利权人的行为对相关利益的影响状况提供意见的，这类意见类似于对案件相关事实的描述，与证人证言的差异并不大，反垄断案件处理机构可以将提供这种利益评估服务的专家作为证人对待。对于技术性较强的利益评估，比如就对当事人的利益影响很大的专利许可费率采取一些精细方法加以计算，与传统诉讼中的专业性鉴定并无实质性差别，反垄断案件处理机构完全可以将利益评估专家作为鉴定人对待。但在现有的鉴定人管理体系中，反垄断案件处理机构需要与司法行政机关协调解决此类专家的鉴定人资格问题。对于专家从利益平衡角度就反垄断规制的措施所提供的建议或者就规制措施采取后相关利益可能受到的影响及未来发展趋势所作的判断，可以用作专家咨询意见；对于能够提供这种帮助的专家，反垄断案件处理机构也可以在现有的法律框架下将他们吸纳为案件审理人员，比如依据司法部、最高人民法院、公安部印发的《人民陪审员选任办法》，将符合要求的专家推荐为人民陪审员。

（三）专家参与的程序

在标准必要专利滥用的规制过程中，专家参与利益评估的具体程序直接关系到专家发挥作用的进程和效果。专家参与的具体程序涉及多个方面，受关注较多的主要是个案专家的产生程序和专家提供意见的方式。

为了稳定地发挥专家的作用，反垄断案件处理机构一般应当按照专业领域构建专家库，在个案处理有需求时从专家库中选择专家进行利益评估或者提供相关意见。至于在个案中专家的选取方式，可以是反垄断案件处理机构直接从专家库中抽取所需专家，也可以让当事人或者其他利益相关者参与专家的选取过程。在美国，法官可以让每一方当事人都指定一个专家，然后两个专家以这种方式共同指定第三个各方都同意的中立的专家，由法官指定其为法院委派的专家，以避免被任何一方误导；这样，由 3 名专家组成的专家

---

[1] 毕玉谦. 专家辅助人制度的机能定位与立法性疏漏之检讨 [J]. 法治研究，2019（5）.

委员会可以协助法官解决案件涉及的专业问题。❶ 2018 年欧盟委员会在其网站公开了《有关成员国法院评估转嫁给间接购买者的垄断高价的指南（草案）》，该《指南》规定经济学专家在相关司法辖区法律允许的范围内，可以根据成员国国内法有关程序参与损害赔偿诉讼；不同司法辖区对专家证据的规定差异较大，经济学专家可由法院指派，也可由当事人聘请。❷ 美国的做法具有较强的合理性，这种个案专家产生方式可以减少当事人对专家产生过程不公正的猜忌，提高专家评估结论或者专家建议受当事人及其他利益相关者尊重的程度，反垄断案件处理机构基于专家意见进行的利益协调及相应的规制措施也更容易被接受。但是，为了保证专家的公正性和独立性不因当事人的选择而受到影响，当事人对于专家的选择不能像欧盟上述《指南》规定的那样具有较大的随意性，而是要受到一定的限制，这种限制主要是选择范围，当事人的选择应当仅限于专家库中的人员。

对于专家提供意见的方式，除根据专家参与的身份而有所差异外，有两个共同的要求：一是出庭提供意见；二是意见公开。原则上专家应当出庭提供意见，这样做便于当事人以及案件审理人员针对专家意见提出询问，以便更好地理解和分析专家的意见。在美国，专家关于标准必要专利合理许可费率的证词是可以采纳的；在确定是否采纳专家证词时，陪审团作为专家证词重要性和可采信度的裁判者必须发挥关键作用。❸ 这就要求专家面对陪审团陈述其意见或者建议。由于标准必要专利案件较强的专业性和相关利益关系的复杂性，专家出庭解答案件审理人员和当事人对其意见的疑问显得更有必要。特别是专家在以证人或者鉴定人身份提供意见时，根据民事诉讼法的规定，他们根据需要出庭提供意见或者接受质询也是其义务之一。而且，经过质询和专家当庭解释或者阐述的意见往往更具说服力。专家就标准必要专利滥用案件所涉利益关系的解析及相关处理建议原则上应当公开，起码应当向案件

---

❶ [美] 理查德·A. 波斯纳. 反托拉斯法 [M]. 2 版. 孙秋宁, 译. 北京：中国政法大学出版社，2003：326.

❷ 韩亮，徐明妍. 欧盟发布《有关成员国法院评估转嫁给间接购买者的垄断高价的指南》（草案）[J]. 中国价格监管与反垄断，2018（10）.

❸ Apple Inc. v. Motorola, Inc. Cite as 757 F. 3d 1286 (Fed. Cir. 2014).

的当事人公开。专家关于案件关联的公共利益及其所受影响的解析意见有必要以适当的方式向社会公开，这样可以使依据专家意见形成的案件处理决定更容易被相关公共利益的成员所接受。另外，专家意见的公开既可以帮助当事人和社会公众更好地理解反垄断案件处理机构的决定，也可以因为外界的压力而增加专家的责任心，从而促进专家利益评估质量的提升。

第四节 反垄断案件处理机构与标准必要专利权人的和解机制

一、和解机制的利益平衡价值

和解的处理方式具有较大的灵活性和一定的宽容性，适于解决需要协调多种利益关系的垄断案件。❶ 在美国反垄断的实践中，无论是司法部反托拉斯司，还是联邦贸易委员会，都"广泛依靠同意判决或命令来纠正违反垄断法的行为"，许多大案都是通过和解方式结案的；日本与欧盟的反垄断案件处理机构也都高度重视和解的结案方式。❷ 在标准必要专利滥用案件的处理过程中，反垄断案件处理机构与标准必要专利权人有加强沟通的必要，沟通与和解对于专利权人的私人利益与相关公共利益的平衡协调具有多方面的作用，也能在一定程度上缓和不同公共利益之间的冲突。

1. 专利权人能够主动修正损害公共利益的行为

在现代社会，行政裁量涉及各种不同利益的博弈、协调和权衡，其实质是一个利益沟通的过程；为实现对行政裁量的法治化治理，有必要在行政正当原则的统领下，构建新型的契约、磋商、和解、调解等实质性利益沟通方式。❸ 行政执法如此，司法裁判在实质上亦有这种要求。就标准必要专利滥用案件的行政执法或者司法审判而言，行政执法机关或者法院与专利权人进行

---

❶ 焦海涛. 反垄断执法和解中的利益平衡 [J]. 西南政法大学学报，2007（2）.
❷ 郑鹏程. 论现代反垄断法实施中的协商和解趋势 [J]. 法学家，2004（4）.
❸ 周佑勇. 论行政裁量的利益沟通方式 [J]. 法律科学，2008（3）.

多种形式的沟通，特别是案件处理人员将其在办案过程中从多种渠道获取的标准必要专利相关的利益关系及利益影响状况等信息告知专利权人，并作必要的解析，能够帮助专利权人突破其原本狭小的思维圈子，对于其行为所涉及的复杂关系及其对公共利益造成的损害有更多的认识。在沟通过程中，行政执法人员和法官也可以用适当的方式使标准必要专利权人知悉其损害公共利益的行为可能遭受的制裁。在这种背景下，标准必要专利权人很可能不再固执地追求其实属过度的私人利益，并能主动地对其标准必要专利许可相关行为的内容、方式或者范围进行限制，及时停止其在标准必要专利许可中的不当行为对公共利益所造成的损害，或者采取一些补救措施消除或者减少其行为对公共利益已经造成的不利影响。也就是说，通过沟通能够促进标准必要专利权人自行协调自身利益与公共利益的关系，特别是减少因过多考虑自身利益需求而对公共利益所造成的不应有损害，并就此获得反垄断案件处理机构的宽容或者与反垄断案件处理机构达成和解。

2. 沟通与和解能够加快利益协调的进程

沟通虽然不是标准必要专利滥用案件处理的必经环节，但其在提高办案效率和缩短利益协调过程方面能够发挥较大作用。在整个纠纷解决体系中，基于交往理性的法律谈判占有基础性地位，一方面作为独立的解纷方式活跃在纠纷解决机制的"舞台"，另一方面作为其他纠纷解决机制的基础穿插其中，推动纠纷的及时有效化解。❶ 反垄断案件处理机构与标准必要专利权人之间的沟通有类似于法律谈判的功效，它能够在帮助标准必要专利权人厘清标准必要专利许可涉及的复杂利益关系的基础上更快地拿出专利权人乐于接受的利益平衡方案。相对于刚性的查处而言，像宽恕制度、承诺制度等建立在沟通基础之上、具有较强张力的纠纷解决机制，在很多时候反而显示出提高利益协调的优势，尤其是针对标准必要专利滥用规制这样关系较为复杂的案件。正如有学者在论述承诺制度时所说，基于经济、技术、法律等各种现实需要，我国反垄断执法在处理技术标准化垄断时，处罚并不是首要选择；在

---

❶ 陈文曲，常学敏. 法律谈判：现代民事纠纷解决机制的基础——由法律谈判的概念展开 [J]. 湖南大学学报（社会科学版），2019（4）.

兼顾社会利益与标准必要专利权人利益均衡的情况下，以高效、低成本、快速的方式解决技术标准化垄断带来的不良影响，消除其限制或排除竞争的效果，是推动经济进步并谋求发展的必然选择。而此时，经营者承诺制度便是不二的选择。❶ 经过沟通促成的利益协调方案和相应的案件处理结果，标准必要专利权人或者其他利害关系人通过行政复议、行政诉讼以及上诉或者再审等程序机制进行挑战的可能性大大减少，案件的处理也会较早形成定论。

3. 沟通与和解能够减少利益平衡协调的代价

反垄断执法机关调查案件、认定违法行为的时候，有时需要花费巨大的成本；如果能够有一种快速解决问题的方式，即节约诉讼时间和节约成本的方式，这对企业和反垄断执法机关都是一件好事。❷ 从事实上看，沟通与和解机制具有节约纠纷处理成本的功效。相对于契约制度和传统的反垄断执法制度而言，反垄断执法和解制度具有比较优势，和解双方当事人能以低成本、高效率的方式解决案件。❸ 以承诺制度在标准必要专利滥用规制中的适用为例，在自愿基础上对标准实施者授予合理的许可价格，避免了漫长的调查及侵权诉讼带来的成本损失。❹ 这种成本损失体现在多个方面，不仅是常见的经费支出和物质消耗等刚性成本，还包括关系协调等软性成本。如果标准必要专利滥用案件能够通过反垄断案件处理机构和专利权人之间的积极沟通，特别是在标准必要专利权人主动配合下得以解决，反垄断案件处理机构通常不需要调动多方面的力量进行案件事实调查、利益关系评价和利益协调方案论证。这样一来，不仅减少了因众多组织或者个人参与案件处理和利益协调而需要支出的诸多费用和其他资源损耗，也会避免因为协调相关机构和多方面的人员参与案件审理过程所要面临的形形色色的困难。执法缺口与执法困境

---

❶ 罗蓉蓉. 经营者承诺制度在技术标准化反垄断中的适用 [J]. 法学杂志, 2016, 37 (4).

❷ 王晓晔. 反垄断法 [M]. 北京：法律出版社, 2011：366.

❸ 殷继国. 反垄断执法和解制度的经济机理——基于法经济学的分析范式 [J]. 广东商学院学报, 2010 (5).

❹ 罗蓉蓉. 经营者承诺制度在技术标准化反垄断中的适用 [J]. 法学杂志, 2016, 37 (4).

是常见的两种反垄断执法难题,而建立在沟通基础上的承诺制度在克服这些难题方面有着较大的优势。❶ 作为反垄断法实施中的非正式程序,经营者和解制度因其能够节约反垄断执法资源等优势在世界各国的反垄断法中得以实施。❷

4. 沟通与和解能够提高利益平衡协调结果的长效性

刚性的裁判固然能够彰显国家公权力的威严,但往往没有使得当事人心悦诚服,甚至一些受处罚人因没有真正理解裁判理由而心生不满。在这样的心理状态下,一些当事人在受过制裁后难免又会出现同样的违法行为。从反垄断法实践情况看,有些企业在被反垄断执法机构或者司法机关处罚后又实施相同垄断行为,主观心理上的症结是一个重要原因。沟通与和解则建立在当事人对于案件利害关系、自身行为对公共利益的损害、反垄断执法人员或者法官对涉嫌垄断行为的态度、同类行为将面临的制裁等有足够认识和理解的基础上,通过和解而形成的利益平衡局面会受到当事人较多的尊重,他们往往会主动克制,尽量避免同样的违法行为。有鉴于此,涉案企业做出限期整改的承诺、执法者接受承诺的制度的结案方式在欧盟和德国的竞争法实践中已屡见不鲜。❸ 需要注意的是,和解机制保证利益协调结果长效性的作用是建立在当事人经充分沟通而对利益平衡的必要性有充分认知的基础上的,而不是因为反垄断案件处理机构以公共利益的牺牲去迁就当事人的需求,而且这种迁就很可能导致当事人在以后变本加厉。因此,在以和解程序处置垄断案件时,需要防止对公共利益的"私相授受",并对相关主体的利益维护提供制度保障,以实现主体间的利益平衡。❹

二、当前实现沟通与和解的主要机制

反垄断和解机制实质上是涉嫌垄断的经营者在与反垄断案件处理机构进

---

❶ 焦海涛. 反垄断法承诺制度的功能解释——从我国实践案例切入 [J]. 财经法学, 2016 (6).

❷ 侯莎. 我国反垄断法实施中的和解制度 [J]. 南都学坛, 2016, 36 (4).

❸ 冀梦娇. 中国反垄断法中承诺制度的起源与发展——基于德国和欧盟经验的思考 [J]. 中德法学论坛, 2016.

❹ 焦海涛. 反垄断执法和解中的利益平衡 [J]. 西南政法大学学报, 2007 (2).

行相关信息交流和沟通后获得了反垄断案件处理机构的谅解,并因此而被免予调查或者获得减免处罚的待遇。从国内外的反垄断法律制度及其实践情况看,承诺制度和宽恕制度可能看作反垄断和解机制,我国反垄断案件处理机构在标准必要专利滥用规制过程中进行利益平衡时应当有效地利用这两种制度。

1. 承诺制度的适用

承诺制度通常是指在先期信息交流与沟通的基础上,被调查的经营者向反垄断案件处理机构承诺在一定的期限内采取消除其行为后果的措施,从而由反垄断案件处理机构决定中止调查的制度。欧盟理事会在 2003 年第 1 号条例中有关于承诺制度的论述,反垄断案件处理机构接受经营者的承诺,在性质上类似于美国反垄断执法机构与当事人达成的和解协议。❶ 承诺制度在反垄断过程中运用的主要目的在于解决反垄断执法的一些难题,其中一个难题就是有些垄断行为涉及的因素比较复杂,而在标准必要专利滥用案件处理过程中多种公共利益的交织与冲突以及这些公共利益与私人利益的冲突就属于这样一种复杂因素。尤其是对于那些既存在对公共利益有利因素,又存在对公共利益不利因素的案件,承诺制度的运用具有较强的缓冲作用。正如有学者所说,有些垄断行为的形成可能具有合理原因,其经济效果也多半具有双重性,对这类垄断行为,不能采用"一刀切"的做法简单了事,有必要借助承诺制度。❷ 基于我国需要运用标准发展经济并谋求发展的角度考虑,我们需要高效、快速地解决专利权人与标准实施者之间的纠纷,保障标准的顺利实施;故而,将经营者承诺制度适用到技术标准化反垄断是非常有效益的,也是非常必要的。❸ 也就是说,反垄断案件处理机构在标准必要专利滥用的规制中运用经营者承诺制度,既可以促进标准的实施,从而不影响标准实施所能促进的社会公共利益,同时又能及时消除标准必要专利滥用行为对于竞争可能造

---

❶ 王晓晔. 反垄断法 [M]. 北京:法律出版社,2011:366.

❷ 焦海涛. 反垄断法承诺制度的功能解释——从我国实践案例切入 [J]. 财经法学,2016 (6).

❸ 罗蓉蓉. 经营者承诺制度在技术标准化反垄断中的适用 [J]. 法学杂志,2016 (4).

成的损害。我国的《反垄断法》第53条规定了经营者承诺制度，反垄断案件处理机构应当重视并且有效地利用这一制度，以此实现缓和一些标准必要专利运用行为涉及的多种社会公共利益之间冲突的目标。事实上，经营者承诺制度在我国标准必要专利滥用的反垄断法规制实践中已经有成功的事例。在2013年，发改委对美国交互数字集团（IDC）提起反垄断调查之后，该公司向发改委做出一系列消除涉嫌垄断行为的承诺后，发改委最终于2014年5月22日做出了终止调查的决定。❶

  承诺制度可以在反垄断法规制标准必要专利滥用案件中发挥利益平衡的作用，但其利益平衡的效果究竟如何，还取决于该制度在运用过程中的具体操作。从提高利益平衡效果的角度考虑，反垄断案件处理机构在标准必要专利滥用案件中适用承诺制度时应当注意以下三个方面：一是在经营者承诺前加强沟通与交流。从信息论的角度分析，诉讼也可以看作一个信息系统；民事诉讼过程就是一个主体之间进行信息沟通并在此基础上作出决策的动态通信过程。❷沟通与交流的目的是让反垄断案件处理机构和标准必要专利权人掌握更多的信息，特别是相关利益关系的信息。反垄断案件处理机构具有要求提供信息的权力，❸着重要求专利权人提供其所掌握的相关利益关系及相关利益受影响的信息，以便帮助案件审理人员在占有更多信息的基础上评估承诺制度的适用是否有利于利益平衡，并从专利权人提供信息的内容及态度上判断对专利权人适用承诺制度能否实现利益平衡的目标。同时，反垄断案件处理机构也应当将其掌握的与标准必要专利相关的利益关系及相关利益可能受到影响的情况告知专利权人，以便专利权人在确定其承诺内容时能够对相关利益的协调有充分的考虑。二是认真考察经营者的认知和主观意图。反垄断案件处理机构应当通过信息交流过程与内容分析经营者是否对于标准必要专利相关利益关系及其所受影响状况有清晰的认识，因为在没有清晰认识的情

---

  ❶ 发改委对美国IDC公司涉嫌价格垄断案中止调查 [EB/OL]. [2022-08-05]. http://www.gov.cn/xinwen/2014-05/22/content_2684822.htm.
  ❷ 胡学军. 信息论视角下的民事诉讼沟通行为 [J]. 广西大学学报（哲学社会科学版），2006（4）.
  ❸ 王晓晔. 反垄断法 [M]. 北京：法律出版社，2011：340.

第六章　利益平衡思维下反垄断法规制标准必要专利滥用的程序构造

况下，经营者是很难在案件中止调查后在标准必要专利许可中主动协调相关的利益关系的。案件审理人员需要判断经营者是否具有在反垄断案件处理机构中止调查后协调好自身利益与公共利益关系的诚意，特别是要考察经营者是否存在滥用承诺制度以暂时逃过制裁的动向。三是仔细分析经营者承诺的内容在解决相关利益冲突方面的作用。案件审理人员不仅要考察经营者承诺采取的措施是否涉及自身利益与公共利益之间的协调或者不同公共利益之间的协调，还要评估和判断经营者承诺的措施是否具有较大的可行性。反垄断案件处理机构可以基于增强利益协调效果的考虑对于承诺内容作必要的提示。

2. 宽恕制度的延伸

反垄断法的宽恕制度的实质是以责任追究上的宽容来换取违法经营者的积极配合以使反垄断案件处理机构能够尽早处理案件。美、欧、日宽恕制度具有基本相同的适用范围，即主要适用于卡特尔行为，因为卡特尔是各国反垄断法严格禁止的违法行为之一，宽恕制度正是应对这类行为而设计的；❶ 我国的《反垄断法》加以借鉴，其第54条第3款规定对于垄断协议适用宽恕制度。虽然学界通说及绝大多数国家法律规定的反垄断宽恕制度都是针对垄断协议（特别是横向垄断协议）的，但这一制度也完全可以适用于标准必要专利的滥用这一类滥用市场支配地位的行为，适用于主动向反垄断执法机关坦承其滥用行为的经营者。一是因为对于横向垄断协议这种被认为危害较重的行为可以给予宽大处理，对于滥用市场支配地位行为这种危害相对较轻的行为更应当给予宽大处理。二是宽恕制度的宗旨在于促使违法者主动向竞争主管机构报告所涉违法垄断行为，以节约执法资源，提高执法效率。❷ 这一制度对滥用市场支配地位行为的适用可以激励具有市场支配地位的经营者时刻审视其行为是否构成市场支配地位的滥用，并及时报告和主动纠正其违法行为，切合宽恕制度的立法目的。三是有些国家将宽恕制度适用于固定转售价格等纵向垄断协议，❸ 这种行为与标准必要专利持有人滥用其标准必要专利向被许

---

❶ 高重迎. 美欧日反垄断宽恕制度比较研究［J］. 价格理论与实践，2014（7）.
❷ 洪莹莹. 反垄断法宽恕制度的中国实践及理论反思［J］. 政治与法律，2015（5）.
❸ 毕金平. 反垄断法宽恕制度适用行为对象研究——兼评我国奶粉价格垄断案［J］. 安徽大学学报（哲学社会科学版），2015，39（5）.

可人施加不合理条件或者索要不合理的高额许可费等行为有着很高的相似度。四是如果宽恕制度适用于滥用市场支配地位的行为可以将增进社会公共利益情况作为重要的宽容条件，能够为反垄断执法机关在规制标准必要专利滥用行为时提供平衡自由竞争利益与其他社会公共利益的有效路径。❶ 事实上，将宽恕制度适用于滥用市场支配地位的行为也并非没有先例，俄罗斯就有这样的规定。❷

将宽恕制度加以改造后运用于滥用市场支配地位的行为，对于反垄断案件处理机构在规制标准必要专利滥用行为时进行利益平衡能够发挥一定的作用。其一，宽恕制度的适用可以减少反垄断案件处理机构发现违法行为和调查标准必要专利相关利益关系的成本，使反垄断案件处理机构能够集中力量去调查与判断标准必要专利权人不能提供的利益关系及利益影响情况。其二，通过宽恕制度的适用，能够鼓励标准必要专利权人主动分析和反省其专利许可行为，及时发现其专利许可行为可能引发的利益冲突，充分意识到其专利许可行为对于公共利益可能造成的损害，并在此后自觉防范或者减少这种损害公共利益的现象。其三，通过宽恕制度的适用，能够及时将存在利益冲突的标准必要专利滥用案件呈现出来，使得反垄断案件处理机构可以尽早研究处理方案，及时协调利益关系，防止利益冲突的持续。其四，通过宽恕制度的适用，能够借助处于利益关系中心环节的专利权人的坦诚和主动解剖，使反垄断案件处理机构对于案件涉及的各种利益关系有更加直观和切实的认识。其五，如果适用宽恕制度，为了求得宽大处理，对于反垄断案件处理机构基于利益平衡提出的案件处理方案或者要求，标准必要专利权人一般会积极配合与执行，利益协调的目标容易实现。

当然，要使宽恕制度在标准必要专利滥用行为规制过程中发挥较好的利益平衡作用，有必要对这一制度作相应的改造或者具体设计。正如有学者所说，我国《反垄断法》虽然引入了宽恕制度，但仅有原则性规定，在实践中

---

❶ 以上四个方面的内容可参见：董新凯. 反垄断法规制标准必要专利运用时的利益平衡——兼评《关于滥用知识产权的反垄断指南（征求意见稿）》[J]. 学术论坛，2019（4）.

❷ The Criminal Code of the Russian Federation. Article 178.

第六章　利益平衡思维下反垄断法规制标准必要专利滥用的程序构造

很难操作；应当对宽恕制度的相关立法加以细化和完善，以便更好地发挥宽恕制度发现和查处垄断协议的功效。❶ 首先，扩大宽恕制度的适用范围。在《反垄断法》现有制度框架没有改变之前，可以考虑将专利权人滥用标准必要专利实施的专利许可行为解释为专利权人与被许可人达成的纵向垄断协议，❷ 并纳入宽恕制度的适用范围。对于标准必要专利滥用案件来说，这是有效利用宽恕制度促进利益平衡的前提。其次，将经营者内部管理人员纳入可以宽恕的对象。时建中等主张，可能对垄断行为承担个人责任的经营者内部管理人员主动向反垄断执法机构报告垄断行为有关情况并提供重要证据的，均可视为经营者的宽恕申请行为。❸ 这一点对于在标准必要专利滥用案件中的利益协调较为重要，因为专利权人的内部管理人员对于企业标准必要专利涉及的利益关系及其专利许可对相关利益的影响情况往往比较熟悉，而且他们在克制企业过度利益追求以减少对公共利益的损害方面通常具有一定的权限，将他们纳入宽恕的对象不仅有助于反垄断案件处理机构更快发现和更清晰地认识标准必要专利许可涉及的利益关系及相关利益所受的影响情况，还能使反垄断案件处理机构的利益协调设想得到更好的落实。再次，放宽宽恕申请时间的要求。我国《反垄断法》对于经营者主动报告的时间并未作明确规定，在反垄断案件处理机构适用宽恕制度时不宜对申请时间限制过严，应当允许当事人在调查开始之后申请。这样能最大限度地利用当事人所能提供的信息和证据，节约反垄断案件处理机构调查标准必要专利许可对相关利益影响情况的成本；而且，一般来说，只有反垄断案件处理机构对于标准必要专利滥用案件进行调查后，专利权人才会反思其行为对公共利益的影响状况。最后，丰富重要证据的内涵。为了更好地适用《反垄断法》的宽恕制度，我国《反价格垄断行政执法程序规定》和《工商行政管理机关禁止垄断协议行为的规

---

❶ 黎明，党鸿钧. 我国反垄断法宽恕制度的法律适用研究［J］. 价格理论与实践，2013（3）.

❷ 特别是将那些被许可人可以接受但损害公共利益的标准必要专利许可行为解释成纵向垄断协议。

❸ 时建中，侯文婷. 我国反垄断法宽恕制度的完善［J］. 中国价格监管与反垄断，2014（4）.

定》规定了对于申请者的证据要求,即要求申请者提供关于垄断行为的重要证据。❶ 具体到标准必要专利滥用案件,这里的重要证据应当包括对标准必要专利相关的利益关系以及标准必要专利许可影响相关公共利益的情况具有重要证明作用的材料。

本章小结

前四章对在标准必要专利滥用的反垄断法规制过程中利益平衡的基本理论进行了探讨,第五章和本章则在此基础上分别就如何运用反垄断法具体的实体法规则和程序机制实现利益平衡的目标进行了研究。

为了在标准必要专利滥用规制中更好地实现利益平衡,反垄断案件处理机构应当灵活运用相关的程序规则,甚至在必要时需要在现有的法律框架下进行程序机制的创新。从利益平衡的需要出发,反垄断案件处理机构应当重视以下四种程序机制的运用。

一是利益相关各方共同参与的程序机制。这一程序机制的依据在于程序正义、民主精神、信息对称、社会自治、协商合作等方面的要求,其在利益平衡方面的主要作用在于帮助反垄断案件处理机构厘清标准必要专利许可涉及的主要利益关系,查明相关利益受到影响的情况,便于利益相关者妥协与合作,产生更多利益平衡协调的方案等。利益相关各方共同参与的具体程序包括损害申报程序、听证程序、座谈会程序等。

二是技术标准制定组织参与的机制。标准制定组织参与反垄断法的利益平衡过程,既是行业自治的体现,也是治理现代化的要求,还有助于信息对称的实现。标准制定组织的参与对于利益平衡的重要作用于,明晰标准必要专利许可涉及的重要利益关系,提供技术标准相关的竞争状况,提供标准制定组织对于标准必要专利运用的管理情况,阐述标准制定组织的知识产权政策。标准制定组织参与的具体程序分正式程序和非正式程序两个方面,前者

---

❶ 参见《反价格垄断行政执法程序规定》第 14 条第 3 款和《工商行政管理机关禁止垄断协议行为的规定》第 11~13 条。

主要指调查取证程序，后者如听证会议、专家论证会等。

三是相关专家独立进行利益评估的程序机制。这一机制在利益平衡方面的主要作用在于，能够有效应对利益关系的复杂性问题和专业性问题，能够帮助反垄断案件处理机构把握标准必要专利许可相关的利益关系及其受影响程度的真实情况。该程序机制在利益平衡方面所发挥的作用，有赖于程序机制的科学设计，这主要涉及专家范围及资格的设定、专家参与的身份定位、专家参与的具体程序等。

四是反垄断案件处理机构与标准必要专利权人的和解机制。和解机制在利益平衡方面的主要作用体现在，能够激励专利权人主动修正损害公共利益的行为，加速利益协调的进程，减少利益平衡协调的代价，提高利益平衡协调结果的长效性。这种和解机制主要指承诺制度和宽恕制度，但它们应当根据反垄断法规制标准必要专利滥用的需要进行必要的改造或者设计。

参考文献

一、中文著作

[1] 金善明.反垄断法解释：规范、历史与体系［M］.北京：中国社会科学出版社，2018.

[2] 李煜.标准必要专利滥用的反垄断法规制研究［M］.南京：南京大学出版社，2018.

[3] 李晓秋.专利劫持行为法律规制论［M］.北京：中国社会科学出版社，2017.

[4] 崔国斌.专利法：原理与案例［M］.2版.北京：知识产权出版社2016.

[5] 何怀文.专利法［M］.杭州：浙江大学出版社，2016.

[6] 罗杰·谢科特，约翰·托马斯.专利法原理［M］.2版.余仲儒，译.北京：知识产权出版社，2016.

[7] 刘孔中.解构知识产权法及其与竞争法的冲突与调和［M］.北京：中国法制出版社，2015.

[8] 万江.中国反垄断法：理论、实践与国际比较［M］.北京：中国法制出版社，2015.

[9] 吴太轩.技术标准化的反垄断法规制［M］.北京：法律出版社，2011.

[10] 王晓晔.反垄断法［M］.北京：法律出版社，2011.

[11] 张平，赵启杉.冲突与共赢：技术标准中的私权保护［M］.北京：北京大学出版社，2011.

[12] 王先林.中国反垄断法实施热点问题研究［M］.北京：法律出版社，2011.

[13] 马海生.专利许可的原则：公平、合理、无歧视许可研究［M］.北京：法律出版社，2010.

[14] 盖尔霍恩，科瓦契奇.反垄断与经济学［M］.任勇，邓志松，尹建平，译.北京：法律出版社，2009.

[15] 王晓晔．中华人民共和国反垄断法详解［M］．北京：知识产权出版社，2008．

[16] 于立，吴绪亮．产业组织与反垄断法［M］．大连：东北财经大学出版社，2008．

[17] 时建中．反垄断法：法典释评与学理探源［M］．北京：中国人民大学出版社，2008．

[18] 王先林．知识产权与反垄断法（修订版）［M］．北京：法律出版社，2008．

[19] 董新凯．独家交易协议的反垄断法规制研究［M］．南京：江苏人民出版社，2008．

[20] 冯晓青．知识产权法利益平衡理论［M］．北京：中国政法大学出版社，2006．

[21] 许光耀．欧共体竞争法通论［M］．武汉：武汉大学出版社，2006．

[22] 王浦劬．政治学基础［M］．2版．北京：北京大学出版社，2006．

[23] 许光耀．欧共体竞争立法［M］．武汉：武汉大学出版社，2006．

[24] 陶鑫良，袁真富．知识产权法总论［M］．北京：知识产权出版社，2005．

[25] 李春田．标准化概论［M］．北京：中国人民大学出版社，2005．

[26] 洪涛，敖毅，郑强，等．行业协会运作与发展［M］．北京：中国物资出版社，2005．

[27] 尚明．主要国家（地区）反垄断法例汇编［M］．北京：法律出版社，2004．

[28] 朱英．中国近代同业公会与当代行业协会［M］．北京：中国人民大学出版社，2004．

[29] 冷明权，张智勇．经济社团的理论与案例［M］．北京：社会科学文献出版社，2004．

[30] ［日］牧野英一．法律上之进化与进步［M］．朱广文，译．北京：中国政法大学出版社，2003．

[31] ［美］理查德·A．波斯纳．反托拉斯法［M］．2版．孙秋宁，译．北京：中国政法大学出版社，2003．

[32] 鲁篱．行业协会经济自治权研究［M］．北京：法律出版社，2003．

[33] 芝原邦尔．经济刑法［M］．金光旭，译．北京：法律出版社，2002．

[34] 王晓晔．欧共体竞争法［M］．北京：中国法制出版社，2001．

[35] 张文显．法哲学范畴研究（修订版）［M］．北京：中国政法大学出版社，2001．

[36] 孔祥俊．反垄断法原理［M］．北京：中国法制出版社，2001．

[37] 拉伦茨．法学方法论［M］．陈爱娥，译．台北：五南图书出版公司，1996．

[38] E.R.克鲁斯克，B.M.杰克逊．公共政策词典［M］．唐理斌，王满传，颍斌

祥，等译．上海：上海远东出版社，1992．

[39] 约翰·亚格纽．竞争法［M］．徐海，等译．南京：南京大学出版社，1992．

[40] 桑德斯．标准化的目的与原理［M］．中国科学技术情报研究所，编译．北京：科学技术文献出版社，1974．

二、中文期刊论文

[1] 毕玉谦．专家辅助人制度的机能定位与立法性疏漏之检讨［J］．法治研究，2019（5）．

[2] 任鹏飞．"座谈会机制"在国家治理中的功能定位与作用空间［J］．长白学刊，2019（5）．

[3] 董新凯．反垄断法规制标准必要专利运用时的利益平衡：兼评《关于滥用知识产权的反垄断指南（征求意见稿）》［J］．学术论坛，2019（4）．

[4] 焦海涛．纵向非价格垄断协议的反垄断法规制：困境与出路［J］．现代法学，2019（4）．

[5] 陈文曲，常学敏．法律谈判：现代民事纠纷解决机制的基础：由法律谈判的概念展开［J］．湖南大学学报（社会科学版），2019（4）．

[6] 焦海涛．环境保护与反垄断法绿色豁免制度［J］．法律科学，2019（3）．

[7] 文炳洲，陈琛．中兴事件、核心技术与中国集成电路产业：兼论全球化背景下的国家产业安全［J］．技术与创新管理，2019（2）．

[8] 石肖雪．行政听证程序的本质及其构成［J］．苏州大学学报（法学版），2019（2）．

[9] 肖丹．四维视角：社会治理现代化的困境和对策研究［J］．广西社会科学，2019（2）．

[10] 李国海．我国反垄断民事诉讼举证责任分配制度之检讨：以典型案例为样本［J］．吉首大学学报（社会科学版），2019，40（1）．

[11] 赵中源．新时代社会主要矛盾的本质属性与形态特征［J］．政治学研究，2018（2）．

[12] 舒辉，王媛．市场推进技术创新、专利、标准协同转化路径分析［J］．科技进步与对策，2018，35（12）．

[13] 章东明，崔新健．中国高新技术产业的开放发展与产业安全研究［J］．国际贸易，2018（12）．

[14] 姜红, 孙舒榆, 吴玉浩. 知识创新驱动的标准竞争行为研究：生命周期视角 [J]. 情报杂志, 2018 (11).

[15] 季良玉. 技术创新对中国制造业产业结构升级的影响：基于融资约束的调节作用 [J]. 技术经济, 2018, 37 (11).

[16] 杨莉萍. 拒绝专利许可行为的欧盟竞争法规制及其启示 [J]. 电子知识产权, 2018 (11).

[17] 韩亮, 徐明妍. 欧盟发布《有关成员国法院评估转嫁给间接购买者的垄断高价的指南》（草案）[J]. 中国价格监管与反垄断, 2018 (10).

[18] 许青. IETF 团体标准制定政策解读及其启示 [J]. 标准科学, 2018 (8).

[19] 王宇. 团体标准竞争协调机理研究 [J]. 标准科学, 2018 (7).

[20] 马健. 兼容性、标准设定组织与协同效率 [J]. 产经评论, 2018, 9 (6).

[21] 吕明瑜, 王珏. 在华跨国农业生物技术公司垄断风险之防控：从豁免走向限制性豁免 [J]. 河南师范大学学报（哲学社会科学版）, 2018, 45 (6).

[22] 丁茂中. 论差别待遇的合理性分析标准 [J]. 上海对外经贸大学学报, 2018, 25 (5).

[23] 陈云良. 反垄断民事公益诉讼：消费者遭受垄断损害的救济之路 [J]. 现代法学, 2018, 40 (5).

[24] 戴龙, 黄琪, 时武涛. "庆祝《反垄断法》实施十周年学术研讨会"综述 [J]. 竞争政策研究, 2018 (4).

[25] 冯博. 没收违法所得与罚款在反垄断执法中的组合适用 [J]. 法商研究, 2018, 35 (3).

[26] 李利利. 事中事后监管中政府与行业协会协作机制分析 [J]. 重庆工商大学学报（社会科学版）, 2018 (3).

[27] 刘春卉, 林承桢. 装备制造业成套工程国际贸易事实标准推广应用模式 [J]. 标准科学, 2018 (2).

[28] 李剑. 市场支配地位认定、标准必要专利与抗衡力量 [J]. 法学评论, 2018, 36 (2).

[29] 时乐乐, 赵军. 环境规制、技术创新与产业结构升级 [J]. 科研管理, 2018, 39 (1).

[30] 方放, 刘灿. 团体标准裂化、元治理与政府作用机制 [J]. 公共管理学报, 2018 (1).

[31] 李剑. 论反垄断法对标准必要专利垄断的规制 [J]. 法商研究, 2018 (1).

[32] [美] 菲利普·阿瑞达. 不判处损害赔偿的垄断违法行为 [J]. 兰磊, 译. 竞争政策研究, 2018 (1).

[33] 杨登峰. 法无规定时正当程序原则之适用 [J]. 法律科学, 2018 (1).

[34] 王艳林, 刘瑾, 付玉. 企业标准法律地位的新认识与《标准化法》修订 [J]. 标准科学, 2017 (10).

[35] 周松青. 中美网络舆情监控法律规制比较研究 [J]. 社会科学战线, 2017 (12).

[36] 赵军, 张建肖. 通信行业 FRAND 原则实现困境及其解决 [J]. 中国发明与专利, 2017, 14 (10).

[37] 徐新宇, 刘晓宇. 标准必要专利的 FRAND 定价问题探析 [J]. 中国价格监管与反垄断, 2017 (9).

[38] 马尚, 陶丽琴, 阮家莉. 标准必要专利禁令请求权的抗辩: 从利益第三人合同的视角 [J]. 标准科学, 2017 (9).

[39] 丁茂中. 垄断行为法律责任条款实施困境的消解 [J]. 法学, 2017 (9).

[40] 王玮娟. 强制性标准和推荐性标准的理解与适用: 以"一次性塑料杯案"为例 [J]. 质量与标准化, 2017 (8).

[41] 祝建军. 未参加标准制定的必要专利停止侵权救济的条件 [J]. 知识产权, 2017 (7).

[42] 陈永强. 标准必要专利中的信息披露义务与救济:《专利法修订草案 (送审稿)》第 85 条之完善 [J]. 求是学刊, 2017 (7).

[43] 仲春. 标准必要专利相关市场界定与市场支配地位认定研究 [J]. 知识产权, 2017 (7).

[44] 陈永伟. FRAND 原则下许可费的含义及其计算: 一个经济学角度的综述 [J]. 知识产权, 2017 (7).

[45] 王晓晔, 丁亚琦. 标准必要专利卷入反垄断案件的原因 [J]. 法学杂志, 2017, 38 (6).

[46] 吴白丁. 专利劫持反垄断法规制的经济学争议 [J]. 电子知识产权, 2017 (6).

[47] 刘珊. 专利标准化危机及其应对之策: 以中国标准专利第一案为例 [J]. 湖南工业大学学报 (社会科学版), 2017, 22 (6).

[48] 谢小可, 于长钺, 付伟, 等. 标准化维护我国电子信息产业安全存在的问题及

对策研究［J］.标准科学，2017（6）.

[49] 陈光，李炎卓.行业标准的制定：从政府主导到行业协会主导［J］.科技与法律，2017（6）.

[50] 郑素丽，胡小伟，赵剑男，等.标准必要专利申请行为新动向及其对我国的启示［J］.标准科学，2017（6）.

[51] 兰磊.论我国垄断协议规制的双层平衡模［J］.清华法学，2017（5）.

[52] 陶钧.北京法院关于审理垄断纠纷案件的调查研究［J］.竞争政策研究，2017（4）.

[53] 于连超，王益谊.论我国标准必要专利问题的司法政策选择：基于标准化体制改革背景［J］.知识产权，2017（4）.

[54] 翟业虎.论标准必要专利的滥用及其法律规制［J］.东南大学学报（哲学社会科学版），2017，19（4）.

[55] ［美］米歇尔·默弗里，丹·布莱茨.信息通信技术：标准、专利与国际竞争［J］.李书峰，译.信息安全与通信保密，2017（4）.

[56] 谭启平，应建均.强制性标准对合同效力的影响及规范路径［J］.求是学刊，2017（4）.

[57] 刘水林.规制视域下的反垄断协商执法研究［J］.政法论丛，2017（4）.

[58] 赵敏，冷望星，宁燕.决策信息不对称问题的规避之策：基于政府与公众视角的分析［J］.领导科学，2017（4）.

[59] 刘影.日本标准必要专利损害赔偿额的计算：以"Apple Japan vs. SamSung 案为视角"［J］.知识产权，2017（3）.

[60] 连冠.比较法视野下 FRAND 承诺的反垄断责任［J］.北京化工大学学报（社会科学版），2017（3）.

[61] 袁波.标准必要专利权人市场支配地位的认定：兼议"推定说"和"认定说"之争［J］.法学，2017（3）.

[62] 徐新宇.标准必要专利许可行为的反垄断规制思考［J］.中国价格监管与反垄断，2017（3）.

[63] 孟雁北.论禁止滥用市场支配地位行为的分析框架：以利乐反垄断案为例［J］.竞争政策研究，2017（3）.

[64] 侯珊珊.滥用市场支配地位"正当理由"的参考因素研究？［J］.兰州财经大学学报，2017，33（3）.

[65] 孔繁文,彭晓明.标准必要专利许可费计算基数之初步法律研究[J].中国发明与专利,2017,14(3).

[66] 丁亚琦.论我国标准必要专利禁令救济反垄断的法律规制[J].政治与法律,2017(2).

[67] 单麟.浅析标准必要专利信息披露义务[J].中国发明与专利,2017,14(2).

[68] 钱江.对标准化进程中专利权人欺诈行为的反垄断规制:欧盟的经验与启示[J].价格理论与实践,2017(2).

[69] 王新雷,王玥.网络监控法之现代化与中国进路[J].西安交通大学学报(社会科学版),2017(2).

[70] 王明远,汪安娜.绿色技术专利权社会化:缘起、表现、争议与出路[J].政法论坛,2017,35(2).

[71] 杨文明.论经济分析意见及其可采性规则:以反垄断诉讼为视域[J].法学论坛,2017,32(2).

[72] 任天一,石巍.FRAND许可的经济分析及争端解决机制探究[J].科技与法律,2017(1).

[73] 王健.追寻反垄断罚款的确定性:基于我国反垄断典型罚款案例的分析[J].法学,2016(12).

[74] 马海生.标准必要专利许可费司法定价之惑[J].知识产权,2016(12).

[75] 于连超,王益谊.团体标准自我治理及其法律规制[J].中国标准化,2016(12).

[76] 张泳.标准竞争市场中的消费者购买决策研究:不确定性及基于心理模拟的沟通策略[J].暨南学报(哲学社会科学版),2016(11).

[77] 兰磊.反垄断法上消费者利益的误用批判(上)[J].竞争政策研究,2016(5).

[78] 郑伦幸.对标准必要专利权人拒绝许可行为的反垄断规制[J].知识产权,2016(7).

[79] 姚玉凤.标准必要专利的产生流程及实践中的若干问题[J].电信科学,2016,32(6).

[80] 刘水林.反垄断私人诉讼的协商制模式选择[J].法学,2016(6).

[81] 焦海涛.反垄断法承诺制度的功能解释:从我国实践案例切入[J].财经法学,2016(6).

[82] 刘贵祥．滥用市场支配地位理论的司法考量［J］．中国法学，2016（5）．

[83] 王东光．国家安全审查：政治法律化与法律政治化［J］．中外法学，2016，28（5）．

[84] 张俊艳，靳鹏霄，杨祖国，等．标准必要专利的FRAND许可定价：基于判决书的多案例研究［J］．管理案例研究与评论，2016，9（5）．

[85] 史际春，徐瑞阳．产业政策视野下的垄断与竞争问题：以银行卡清算产业的法律规制为例［J］．政治与法律，2016（4）．

[86] 罗蓉蓉．经营者承诺制度在技术标准化反垄断中的适用［J］．法学杂志，2016，37（4）．

[87] 尹雪萍．标准必要专利禁令之诉的竞争法边界：以欧盟2015年华为诉中兴案为视角［J］．东岳论丛，2016，37（4）．

[88] 李军．外国投资安全审查中国家安全风险的判断［J］．法律科学，2016（4）．

[89] 侯莎．我国反垄断法实施中的和解制度［J］．南都学坛，2016，36（4）．

[90] 周源祥．RAND许可原则的最新立法与案例发展趋势分析［J］．科技与法律，2016（3）．

[91] 李耀锋．公共利益：公共政策伦理的核心价值诉求［J］．人文杂志，2016（3）．

[92] Daniel A. Crane，张江莉．越过市场界定：市场力量的直接证明（下）［J］．竞争政策研究，2016（3）．

[93] 秦天雄．标准必要专利规制问题的法理思考及建议：兼评《专利法修订草案（送审稿）》第85条［J］．北京化工大学学报（社会科学版），2016（3）．

[94] 丁茂中．论专利高价许可的反垄断规制［J］．知识产权，2016（3）．

[95] 谭袁．标准必要专利价值增值的审视及制度建构［J］．竞争政策研究，2016（3）．

[96] 石英，蒋亚男，吴默琳．试论反垄断行政法律责任的基本原则［J］．辽宁大学学报（哲学社会科学版），2016，44（3）．

[97] 关保英．论行政执法与社会自治的衔接［J］．社会科学战线，2016（3）．

[98] 刘三江，梁正，刘辉．强制性标准的性质：文献与展望［J］．学术界，2016（2）．

[99] 吴正刚，田静．基于事实标准的智能手机操作系统竞争力研究［J］．科技管理研究，2016（2）．

[100] 朱理．标准必要专利的法律问题：专利法、合同法、竞争法的交错［J］．竞争

政策研究，2016（2）.

[101] 刘佳．云计算产业中市场支配地位的认定［J］．山东理工大学学报（社会科学版），2016（2）.

[102] 靳雨露．中国反垄断第一大案：高通垄断案评析［J］．当代经济，2016（1）.

[103] 王翀．论知识产权法对利益冲突的平衡［J］．政治与法律，2016（1）.

[104] 梅丽鹏．反垄断行政执法程序合法性研究［J］．价格理论与实践，2016（1）.

[105] Andrew J. Heimert. 美国的专利主张实体与标准必要专利［J］．竞争政策研究，2016（1）.

[106] 焦海涛，戴欣欣．标准必要专利不公平许可费的认定［J］．竞争政策研究，2016（1）.

[107] 韩伟，徐美玲．标准必要专利禁令行为的反垄断规制探析［J］．知识产权，2016（1）.

[108] 卜元石．中国知识产权的反垄断规制：争论问题与解决方案：兼评《关于滥用知识产权排除、限制竞争行为的规定》［J］．中国专利与商标，2016（1）.

[109] 承上．美国反垄断法实施过程中的专家化趋势及启示［J］．西南政法大学学报，2016，18（1）.

[110] 冀梦娇．中国反垄断法中承诺制度的起源与发展：基于德国和欧盟经验的思考［J］．中德法学论坛，2016.

[111] 林秀芹，刘禹．标准必要专利的反垄断法规制：兼与欧美实践经验对话［J］．知识产权，2015（12）.

[112] 曾翔，曲衍东．论我国《反垄断法》的价值取向［J］．价格理论与实践，2015（12）.

[113] 李丹．反垄断法规制知识产权滥用的理论拓补［J］．理论月刊，2015（11）.

[114] 朱战威．垄断语境下标准必要专利许可费之厘定：兼评"高通案"专利许可费的裁决［J］．价格理论与实践，2015（11）.

[115] 孙莹，谭启平．我国民法典编纂中民法调整对象的确定与表达［J］．法学杂志，2015（10）.

[116] 李丹．滥用标准必要专利的反垄断法规制［J］．价格理论与实践，2015（10）.

[117] 董新凯．标准必要专利持有人市场支配地位认定的考量因素［J］．知识产权，2015（8）.

[118] 唐要家，尹温杰．标准必要专利歧视性许可的反竞争效应与反垄断政策［J］.

中国工业经济，2015（8）．

［119］王晓晔．标准必要专利反垄断诉讼问题研究［J］．中国法学，2015（6）．

［120］魏立舟．标准必要专利情形下禁令救济的反垄断法规制：从"橘皮书标准"到"华为诉中兴"［J］．环球法律评论，2015，37（6）．

［121］毕红毅，胡娜．标准化对山东省电子通讯产业技术进步的影响研究［J］．经济与管理论坛，2015，31（6）．

［122］朱战威．从效率到公正：价值转换下反垄断执法程序之嬗变［J］．安徽大学学报（哲学社会科学版），2015（6）．

［123］王嘎利．举证时限制度的内生逻辑与现实演变［J］．昆明理工大学学报（社会科学版），2015，15（6）．

［124］祝建军．标准必要专利使用费条款：保密抑或公开：华为诉IDC标准必要专利案引发的思考［J］．知识产权，2015（5）．

［125］洪莹莹．反垄断法宽恕制度的中国实践及理论反思［J］．政治与法律，2015（5）．

［126］毕金平．反垄断法宽恕制度适用行为对象研究：兼评我国奶粉价格垄断案［J］．安徽大学学报（哲学社会科学版），2015，39（5）．

［127］张军．法官的自由裁量权与司法正义［J］．法律科学，2015（4）．

［128］王先林．涉及专利的标准制定和实施中的反垄断问题［J］．法学家，2015（4）．

［129］齐欣，王策．技术标准对我国中小企业出口收益影响研究：基于高新技术领域中小企业的经验分析［J］．财经问题研究，2015（4）．

［130］罗娇．论标准必要专利诉讼的"公平、合理、无歧视"许可：内涵、费率与适用［J］．法学家，2015（3）．

［131］王翀．论反垄断法的价值目标冲突及协调［J］．政法论丛，2015（3）．

［132］张永忠，王绎淩．标准必要专利诉讼的国际比较：诉讼类型与裁判经验［J］．知识产权，2015（3）．

［133］谢冠斌，焦姗．滥用标准必要专利行为反垄断执法里程碑：高通案评述［J］．中国价格监管与反垄断，2015（3）．

［134］韩伟．标准必要专利许可费的反垄断法规制：原则、方法与要素［J］．中国社会科学院研究生院学报，2015（3）．

［135］李剑．经济体特性与反垄断法的界限：以澳门博彩业为视角［J］．法学，

2015（2）.

[136] 刘彤. 美国竞争法的政策实施功能研究［J］. 北京联大学学报（人文社会科学版），2015（1）.

[137] 徐士英. 反垄断法实施面临功能性挑战 兼论竞争政策与产业政策的协调［J］. 竞争政策研究，2015（1）.

[138] 杨基月. 论市场支配地位的本质［J］. 经济问题探索，2015（1）.

[139] 殷继国. 反垄断证据信息不对称的法律规制［J］. 经济法论丛，2015，28（1）.

[140] 时建中，郭少毅. 反垄断法豁免"直接适用制"与"事先审查制"再讨论［J］. 价格理论与实践，2014（12）.

[141] 王晶宇. 利益平衡法律机制研究［J］. 公民与法（法学版），2014（12）.

[142] 王斌. 关于标准必要专利禁令救济的思考［J］. 电子知识产权，2014（11）.

[143] 孟雁北. 标准制定与实施中 FRAND 承诺问题研究［J］. 电子知识产权，2014（11）.

[144] 黄清华. 现代民商法文化的品质与中国梦的实现［J］. 社会科学论坛，2014（10）.

[145] 许光耀，刘佳. 论标准必要专利许可中支配地位的滥用［J］. 价格理论与实践，2014（10）.

[146] 王丽慧. 公私权博弈还是融合：标准必要专利与反垄断法的互动［J］. 电子知识产权，2014（9）.

[147] 朱文慧. 标准必要专利权人滥用市场支配地位的判断：兼评华为诉美国交互数字公司上诉案［J］. 电子知识产权，2014（9）.

[148] 王贞华，樊延霞. 技术标准中专利信息不披露行为的审查对策［J］. 知识产权，2014（8）.

[149] 邓志松，戴健民. 简析滥用标准必要专利的行为类型：以高通案为视角［J］. 中国价格监管与反垄断，2014（8）.

[150] 高重迎. 美欧日反垄断宽恕制度比较研究［J］. 价格理论与实践，2014（7）.

[151] 史际春. 政府与市场关系的法治思考［J］. 中共中央党校学报，2014（6）.

[152] 黄勇，蒋潇君. 互联网产业中"相关市场"之界定［J］. 法学，2014（6）.

[153] 魏建新. 论利益相关方参与行政决策［J］. 河北法学，2014（6）.

[154] 胡洪. 司法视野下的 FRAND 原则：兼评华为诉 IDC 案［J］. 科技与法律，

2014（5）.

[155] 舒辉,刘芸.基于标准生命周期的技术标准中专利许可问题的研究[J].江西财经大学学报,2014（5）.

[156] 王晓晔.市场支配地位的认定:对华为诉IDC一案的看法[J].人民司法,2014（4）.

[157] 胡洪彬.中国国家安全问题研究:历程、演变与趋势[J].中国人民大学学报,2014（4）.

[158] 祝建军.标准必要专利权人滥用市场支配地位构成垄断[J].人民司法,2014（4）.

[159] 韩伟,尹锋林.标准必要专利持有人的市场地位认定[J].电子知识产权,2014（3）.

[160] 冯晓青,陈啸,罗娇."高通模式"反垄断调查的知识产权分析:以利益平衡理论为视角[J].电子知识产权,2014（3）.

[161] 王晓晔.反垄断法与构建和谐社会[J].中国价格监管与反垄断,2014（3）.

[162] 彭岳.论美国跨境反垄断诉讼中的主权抗辩:从"维生素C案"谈起[J].法商研究,2014,31（1）.

[163] 罗秋云.2014反垄断第一案:调查高通[J].IT时代周刊,2014（1）.

[164] 李德恩.社会管理创新视野下的"三调联动"[J].社会科学家,2014（1）.

[165] 周奇.标准专利的限制与平衡:从国内创新保护的角度[J].电子知识产权,2013（12）.

[166] 陈军.公私合作背景下行政程序变化与革新[J].中国政法大学学报,2013（4）.

[167] 叶明,吴太轩.技术标准化的反垄断法规制研究[J].法学评论,2013,31（3）.

[168] 叶若思,祝建军,陈文全.标准必要专利权人滥用市场支配地位构成垄断的认定:评华为公司诉美国IDC公司垄断纠纷案[J].电子知识产权,2013（3）.

[169] 李建华,管洪博.大规模侵权惩罚性赔偿制度的适用[J].法学杂志,2013,34（3）.

[170] 黎明,党鸿钧.我国反垄断法宽恕制度的法律适用研究[J].价格理论与实践,2013（3）.

[171] 吴太轩.技术标准化中的专利权滥用及其反垄断法规制[J].法学论坛,

2013, 28 (1).

[172] 王淑珍. 论我国反垄断法对消费者权益的保护 [J]. 长春大学学报, 2013, 23 (1).

[173] 游钰. 论反垄断执法相对人的程序参与 [J]. 经济法论丛, 2013, 24 (1).

[174] 范愉. 诉讼社会与无讼社会的辨析和启示: 纠纷解决机制中的国家与社会 [J]. 法学家, 2013 (1).

[175] 陈瑜. 知识产权价值评估的困境及对策 [J]. 知识经济, 2012 (18).

[176] 俞晓晶. 产业发展的中国经验: 政府–产业–国民经济的发展范式研究 [J]. 社会科学, 2012 (12).

[177] 舒少泽. 科学技术对市场经济的影响 [J]. 学习月刊, 2012 (12).

[178] 李顺德. 知识产权保护与防止滥用 [J]. 知识产权, 2012 (9).

[179] 赖英旭, 赵轶文, 杨震, 等. 可信计算领域技术标准分析: 从事实标准与法定标准比较出发 [J]. 信息技术与标准化, 2012 (6).

[180] 王珊珊, 王宏起. 开放式创新下的全球技术标准化趋势研究 [J]. 研究与发展管理, 2012, 24 (6).

[181] 霍孟林. 马克思主义利益观与和谐社会构建 [J]. 理论导刊, 2012 (5).

[182] 张炳生, 蒋敏. 技术标准中专利权垄断行为的理论分析及其法律规制 [J]. 法律科学, 2012 (5).

[183] 邬璟璟. 利益是社会关系的核心:《利益关系总论》评析 [J]. 社会科学研究, 2012 (4).

[184] 游钰. 论反垄断执法相对人的利益保护 [J]. 厦门大学学报 (哲学社会科学版), 2012 (2).

[185] 詹映. 美国专利池反垄断政策的新发展及其对我国的影响 [J]. 科研管理, 2011, 32 (11).

[186] 潘伟. 市场支配地位司法认定问题之探讨 [J]. 法律适用, 2011 (9).

[187] 刘芳. 优化社会关系与协调利益关系: 构建和谐社会的重要途径 [J]. 探索, 2011 (6).

[188] 王新华, 梁伟栋. 知识产权法律保护的经济学分析: 以利益平衡观为视角 [J]. 江西社会科学, 2011 (6).

[189] 徐士英. 知识产权、标准与反垄断法 [J]. 电子知识产权, 2011 (5).

[190] 江超. 美国知识产权滥用的反垄断法规制的趋势分析 [J]. 科技与法律,

2011（5）.

[191] 喻玲. 我国反垄断审判机制改革研究［J］. 法商研究, 2011, 28（5）.

[192] 黄建武. 法律调整社会关系的机制与科学立法［J］. 法治论坛, 2011（4）.

[193] 王晓晔. 技术标准、知识产权与反垄断法［J］. 电子知识产权, 2011（4）.

[194] 朱景文. 中国特色社会主义法律体系：结构、特色和趋势［J］. 中国社会科学, 2011（3）.

[195] 何隽. 技术标准中必要专利的独立评估机制［J］. 科技与法律, 2011（3）.

[196] 徐士英. 竞争政策与反垄断法实施［J］. 华东政法大学学报, 2011（2）.

[197] 阮赞林. 论反垄断法的消费者利益保护［J］. 中南大学学报（社会科学版）, 2011, 17（1）.

[198] 李剑. 反垄断法实施与产业政策的协调：产业政策与反垄断法的冲突与选择［J］. 东方法学, 2011（1）.

[199] 蒋岩波, 张坚. 现代反垄断执法中的协商程序机制［J］. 国际贸易, 2011（1）.

[200] 曹平, 王一流. 转轨时期我国反垄断法的实施：多元价值目标的冲突与选择［J］. 广西社会科学, 2010（12）.

[201] 李忠涛, 徐冉. 我国中小企业实施标准化战略的分析与研究［J］. 中国质量技术监督, 2010（10）.

[202] 卢炯星, 李晓丽. 反垄断法视域中的公共利益问题［J］. 山东社会科学, 2010（7）.

[203] 孟雁北. 论特殊行业经营者集中行为的反垄断执法原则［J］. 上海交通大学（哲学社会科学版）, 2010（6）.

[204] 毕金平. 我国反垄断程序法之重塑［J］. 学术界, 2010（6）.

[205] 焦海涛. 经济法程序的非正式性及其效率价值［J］. 云南大学学报（法学版）, 2010（6）.

[206] 李剑. 如何制约反垄断执法机构：反垄断执法机构的独立性与程序性制约机制［J］. 南京师大学报（社会科学版）, 2010（5）.

[207] 殷继国. 反垄断执法和解制度的经济机理：基于法经济学的分析范式［J］. 广东商学院学报, 2010, 25（5）.

[208] 蒋悟真. 反垄断法中的公共利益及其实现［J］. 中外法学, 2010, 22（4）.

[209] 史际春, 宋槿篱. 论财政法是经济法"龙头法"［J］. 中国法学, 2010（3）.

[210] 钟刚. 我国反垄断法豁免的程序控制模式研究——事先控制, 抑或事后控制？[J]. 经济法论丛, 2010, 18 (1).

[211] 董新凯, 郁尊科. 论反垄断法实施中的专家参与问题 [J]. 安徽大学学报（哲学社会科学版）, 2010, 34 (1).

[212] 刘宁元. 反垄断法政策目标的多元化 [J]. 法学, 2009 (10).

[213] 马涛. 历史主义视界中的合同相对性 [J]. 理论导刊, 2009 (9).

[214] 刘丽娟. 反垄断法对知识产权滥用的限制 [J]. 知识产权, 2009 (5).

[215] 王岩云, 杜娟, 赵树文. 知识产权滥用的法哲学思考 [J]. 学术交流, 2009 (5).

[216] 朱一飞. 国家安全审查与反垄断法的区别与协调：以产业安全保障为视角 [J]. 河北法学, 2009, 27 (5).

[217] 肖江平. 滥用市场支配地位行为认定中的"正当理由"[J]. 法商研究, 2009, 26 (5).

[218] 时建中, 王伟炜. 《反垄断法》中相关市场的含义及其界定 [J]. 重庆社会科学, 2009 (4).

[219] 冯宪芬. 社会公共利益的法律思考 [J]. 西安交通大学学报（社会科学版）, 2009, 29 (4).

[220] 赵伟, 于好. 基于事实标准的竞争战略初探 [J]. 科学学与科学技术管理, 2009, 30 (4).

[221] 张米尔, 姜福红. 创立标准的结盟行为及对自主标准的作用研究 [J]. 科学学研究, 2009, 27 (4).

[222] 戴龙. 日本反垄断法实施中的竞争政策与产业政策 [J]. 环球法律评论, 2009 (3).

[223] 黄勇, 李慧颖. 技术标准制定及实施中的反垄断法问题分析 [J]. 信息技术与标准化, 2009 (3).

[224] 马海生. 标准化组织的 FRAND 许可政策实证分析 [J]. 电子知识产权, 2009 (2).

[225] 吕明瑜. 论知识产权垄断法律控制的理论基础 [J]. 河北法学, 2009, 27 (2).

[226] 王成元. 和谐社会视域中的程序正义引领性作用新探 [J]. 河南大学学报（社会科学版）, 2009, 49 (2).

[227] 董美根. 美国专利永久禁令适用之例外对我国强制许可的启示：兼论〈专利法〉（第三次）) 修订 [J]. 电子知识产权, 2009 (1).

[228] 刘慷, 王彩霞. 从产业政策到竞争政策：由日本学者对产业政策的质疑说起 [J]. 黑龙江对外经贸, 2008 (11).

[229] 毕克新, 王晓红, 葛晶. 技术标准对我国中小企业技术创新产品的作用机理及对策研究 [J]. 中国科技论坛, 2008 (10).

[230] 贾平. 论我国中小企业的法律保护 [J]. 河北法学, 2008 (10).

[231] 陈广平. 反垄断法视野中消费者利益保护问题的新思考 [J]. 河北法学, 2008 (10).

[232] 李晓蓉. 全球化视角中的竞争政策与民族产业利益：从苏泊尔并购案谈起 [J]. 经济问题探索, 2008 (9).

[233] 关立新, 杜江. 反垄断法：基于法经济学视角的解析 [J]. 商业研究, 2008 (8).

[234] 吴宏伟. 法益目标：我国《反垄断法》实施之灵魂 [J]. 江西社会科学, 2008 (7).

[235] 冯晓青. 论知识产权法与竞争法在促进有效竞争方面的平衡与协调 [J]. 河北法学, 2008 (7).

[236] 杜传忠. 对垄断及其效率的再认识 [J]. 中州学刊, 2008 (6).

[237] 王晓晔. 与技术标准相关的知识产权强制许可 [J]. 当代法学, 2008 (5).

[238] 时建中, 陈鸣. 技术标准化过程中的利益平衡：兼论新经济下知识产权法与反垄断法的互动 [J]. 科技与法律, 2008 (5).

[239] 魏衍亮. 跨国公司知识产权滥用严重威胁我国经济安全 [J]. 商务周刊, 2008 (7).

[240] 李剑. 论经济民主理念下反垄断法制度的完善 [J]. 决策与信息, 2008 (5).

[241] 高宏贵, 董小红. 论我国反垄断法的价值目标及其实现 [J]. 社会主义研究, 2008 (4).

[242] 吴宏伟, 金善明. 论反垄断法适用除外制度的价值目标 [J]. 政治与法律, 2008 (3).

[243] 周佑勇. 论行政裁量的利益沟通方式 [J]. 法律科学, 2008 (3).

[244] 王晓晔. 我国反垄断立法的宗旨 [J]. 华东政法大学学报, 2008 (2).

[245] 黄勇. 中国《反垄断法》中的豁免与适用除外 [J]. 华东政法大学学报,

2008（2）.

[246] 孟祥娟. 论利益平衡的法律控制［J］. 理论探讨, 2008（2）.

[247] 游钰. 欧共体宽恕政策的最新发展及其启示——兼论我国的反垄断宽恕政策［J］. 经济法论丛, 2008（2）.

[248] 徐孟洲. 论我国反垄断法的价值与核心价值［J］. 法学家, 2008（1）.

[249] 王先林. 论反垄断法实施中的相关市场界定［J］. 法律科学, 2008（1）.

[250] 王季云. 技术标准选择：中小企业竞争的起点：基于公权标准和事实标准的思考［J］. 中南财经政法大学学报, 2008（1）.

[251] 吴宏伟, 金善明.《反垄断法》实施的预期效应探究［J］. 政法论丛, 2008（1）.

[252] 焦海涛. 经济法程序的"二元结构"及其非均衡性［J］. 北方法学, 2007（6）.

[253] 叶卫平. 产业政策对反垄断法实施的影响［J］. 法商研究, 2007（4）.

[254] 吴越, 陈蔚红. 法律的直接本源不是人而是给人定位的社会关系［J］. 江汉论坛, 2007（9）.

[255] 胡玉鸿. 和谐社会与利益平衡：法律上公共利益与个人利益关系之论证［J］. 学习与探索, 2007（6）.

[256] 刘桂清. 反垄断法实施中的几个重大关系析［J］. 政法论丛, 2007（3）.

[257] 王明锁. 市场经济特质与民商法之品格［J］. 河南大学学报（社会科学版）, 2007（1）.

[258] 吴汉东. 利弊之间：知识产权制度的政策科学分析［J］. 法商研究, 2006（5）.

[259] 胡学军. 信息论视角下的民事诉讼沟通行为［J］. 广西大学学报（哲学社会科学版）, 2006（4）.

[260] 刘宁元. 论反垄断法实施体制运作的推动力量［J］. 时代法学, 2006（2）.

[261] 赵万一, 魏静. 论我国反垄断法的价值目标界定及制度构架［J］. 社会科学研究, 2006（1）.

[262] 李海亮. 妥协与宽容是构建和谐社会的宪政要素［J］. 科学社会主义, 2006（1）.

[263] 徐钢. 利益衡量概念的辩说［J］. 法律方法, 2006.

[264] 杨兰品, 张秀生. 试论发达国家的行政垄断及其启示［J］. 当代经济研究,

2005（11）.

[265] 颜运秋. 反垄断法应以保护消费者权益为终极目的[J]. 消费经济, 2005（10）.

[266] 王先林. 在华跨国公司知识产权滥用的反垄断法分析[J]. 知识产权, 2005（6）.

[267] 夏义堃. 非对称信息环境下政府决策行为分析[J]. 武汉大学学报（哲学社会科学版）, 2005（6）.

[268] 刘淑华. 论技术标准中的利益平衡[J]. 科技与法律, 2005（4）.

[269] 吴宏伟, 魏炜. 论反垄断法的价值目标[J]. 法学, 2005（3）.

[270] 叶平. 行政公告研究[J]. 法学, 2005（3）.

[271] 许光耀. "合理原则"及其立法模式比较[J]. 法学评论, 2005（2）.

[272] 唐孝东. 经济法与民商法价值比较阐析[J]. 兰州学刊, 2005（1）.

[273] 宋玉波. 西方国家利益集团的政治功能分析[J]. 求实, 2004（7）.

[274] 冯果. 求经世之道 思济民之法：经济法之社会整体利益观诠释[J]. 法学评论, 2004（4）.

[275] 郑鹏程. 论现代反垄断法实施中的协商和解趋势[J]. 法学家, 2004（4）.

[276] 何贻纶. 国家安全观刍议[J]. 政治学研究, 2004（3）.

[277] 梁志文, 李卫军. 钢丝绳上的平衡：论事实标准和知识产权[J]. 电子知识产权, 2004（1）.

[278] 潘祖和. 浅论"信息不对称"及其治理[J]. 学术探索, 2003（10）.

[279] 骆小春, 董新凯. 中小企业促进与反垄断法[J]. 现代法学, 2003（6）.

[280] 马骁. 涉及技术标准与知识产权关系的几个典型案例剖析[J]. 网络法律评论, 2003（3）.

[281] 车丕照, 董毅. 东道国对跨国公司活动的法律规制[J]. 甘肃政法学院学报, 2002（6）.

[282] 韩灵丽. 标准战略的法律研究[J]. 现代法学, 2002（6）.

[283] 刘卫东, 刘毅, 马丽, 等. 论国家安全的概念及其特点[J]. 世界地理研究, 2002（2）.

[284] 刘桂清. 适用除外的基本特征及对我国立法的启示[J]. 山东法学, 1999（6）.

[285] 吴汉洪. 关于中国反垄断法的适用除外[J]. 中国改革, 1999（1）.

［286］石少侠．对经济法概念、对象、体系的再认识［J］．吉林大学社会科学学报，1998（5）．

［287］李世元．论推荐性标准的市场特性［J］．中国标准化，1996（7）．

［288］王利明．论合同的相对性［J］．中国法学，1996（4）．

［289］游振辉．论行政执法中的自由裁量权［J］．中国法学，1990（5）．

三、中文报纸文章

［1］习近平．坚持总体国家安全观　走中国特色国家安全道路［N］．人民日报，2014-04-16（1）．

［2］王静文．多措并举全力促进中小企业健康发展［N］．经济参考报，2019-07-30（1）．

［3］陈凌．新业态，向未来开疆拓土［N］．人民日报，2019-05-23（5）．

［4］朱理．反垄断民事诉讼十年：回顾与展望［N］．中国知识产权报，2018-08-24（8）．

［5］刘云．如何理解强制性标准在中国的内涵［N］．中国质量报，2018-03-02（4）．

［6］胡铁．"事实标准"该如何规制？［N］．中国知识产权报，2016-09-21（5）．

［7］周晓菲．治理体系和治理能力如何实现现代化［N］．光明日报，2013-12-04（4）．

［8］廖冰清．欧盟驳回摩托罗拉禁售苹果手机请求［N］．经济参考报，2013-05-08（4）．

四、其他中文文献

［1］张岩．美国人冒出一个歇斯底里的想法 又和中国有关［EB/OL］．［2022-08-05］．https：//news.sina.com.cn/c/2019-01-28/doc-ihqfskcp1235679.shtml.

［2］叶苏浔．直击高通反垄断案通气会：发改委解释为何没按10%处罚［EB/OL］．［2022-08-05］．http：//news.xinhuanet.com/2015-02/10/c_127479447.htm.

［3］发改委对美国IDC公司涉嫌价格垄断案中止调查［EB/OL］．［2022-08-05］．http：//news.sohu.com/20140522/n399895729.shtml.

［4］毛启盈．发改委调查高通中国垄断幕后［EB/OL］．［2022-08-05］．https：//www.huxiu.com/article/23819/1.html.

［5］萧然．政府将十年投1万亿扶持半导体产业［EB/OL］．［2022-08-05］．

https：//club.mscbsc.com/t494052p1.html.

［6］ 尹晓琳，杨铮.中国牛奶标准符合国际惯例［EB/OL］.［2022-08-05］.http：//news.ifeng.com/opinion/special/milk/detail_2011_06/29/7332551_0.shtml.

［7］ 赵莹莹.高通垄断案结果：被罚60.88亿元，高通窃喜［EB/OL］.［2022-08-05］.http：//money.163.com/15/0210/16/AI3UD7T600253B0H.html.

［8］ 发改委对美国IDC公司涉嫌价格垄断案中止调查［EB/OL］.［2022-08-05］.http：//www.gov.cn/xinwen/2014-05/22/content_2684822.htm.

［9］ 北京知识产权法院（2015）京知民初字第1194号民事判决书。

［10］《中华人民共和国国家发展和改革委员会行政处罚决定书》发改办价监处罚〔2015〕1号。

［11］ 广东省高级人民法院（2013）粤高法民三终字第306号民事判决书。

［12］ 华为公司诉交互数字技术公司等四被告标准必要专利使用费率案判决书，深圳市中级人民法院（2011）深中法知民初字第857号民事判决书。

［13］ 陈跃.利益动力论［D］.北京：中共中央党校，2015.

［14］ 肖海棠.专利权限制制度比较研究［D］.武汉：武汉大学，2010.

［15］ 徐宝寿.关于NPE运用标准专利垄断的欧美政策研究［C］//中国知识产权法学研究会2015年年会论文集.2015.

［16］ 马祥，黄超，刘扬.国际标准制定工作机制研究［C］//第十一届中国标准化论坛"中光防雷杯"优秀论文选集.2014.

［17］ 互联网实验室咨询顾问公司课题组.新全球主义：中国高科技标准战略研究报告［R］.2004.

五、外文文献

［1］ Rainer Kulms. Competition law enforcement under informational asymmetry［J］. China-EU Law Journal, 2017, 5 (3-4).

［2］ Jones A. Standard-essential patents：FRAND commitments, injunctions and the smart phone wars［J］. European Competition Journal, 2014, 10 (1).

［3］ John B. Kirkwood. The Essence of Antitrust：Protecting Consumers and Small Suppliers from Anticompetitive Conduct［J］. Fordham L. Rev., 2013 (81).

［4］ Jonathan B. Baker. Economics and Politics：Perspectives on the Goals and Future of Antitrust［J］. Fordham L. Rev., 2013 (81).

［5］Michael A. Carrier. A Roadmap to the Smartphone Patent Wars and FRAND Licensing ［J］. CPI Antitrust Chronicle, 2012 (2).

［6］Bernhard Ganglmair, Luke Froeb, Gregory Werden. Patent Holu-up and Antitrust: How A Well-Intentioned Rule Could Retard Innovation ［J］. The Journal of Industrial Economics, 2012, 60.

［7］Richard J. Gilbert. Deal or No Deal? Licensing Negotiations in Standard-setting Organizations ［J］. Antitrust Law Journal, 2011, 77.

［8］Mario Mariniello. Fair, Reasonable and Non-discriminatory (FRAND) Terms: A Challenge for Competition Authorities ［J］. Journal of Competition Law & Economics, 2011 (7).

［9］Maria Fabiana Jorge. The need to create a balanced system: How to discourage abuse by IP holders and patent infringement ［J］. Journal of Generic Medicines, 2009 (6).

［10］R. Inderst, G. Shaffer. Market Power, Price Discrimination, and Allocative Efficiency in Intermediate-good Markets ［J］. Rand Journal of Economics, 2009 (40).

［11］Jonathan B. Baker. Beyond Schumpeter VS. Arrow: How Antitrust Fosters Innovation ［J］. Antitrust Law Journal, 2007 (74).

［12］Joseph Farrell, John Hayes, Carl Shapiro, et al. Standard Setting, Patents and Holdup ［J］. Antitrust Law Journal, 2007, 74.

［13］Jerry A. Hausman, Gregory K. Leonard, J. Gregory Sidak. Patent Damages and Real Options: How Judicial Characterization of Non-infringing Alternatives Reduces Incentives to Innovate ［J］. Berkeley Technology Law Journal, 2007 (22).

［14］Philip Marsden, Peter Whelan. Consumer detriment and its application in UK and EC competition law ［J］. The European Competition Law Review, 2006.

［15］M. Bloom. The Great Reformer: Mario Monti's Legacy in Article 81 and Cartel Policy ［J］. Forthcoming in Competition Policy International, 2005 (1).

［16］Daniel Swanson, William Baumol. Reasonable and Non-discriminatory (RAND) Royalties, Standards Selection, and Control of Market Power ［J］. Antitrust Law Journal, 2005 (73).

［17］Ohseung Kwon. Retrospect and Prospect on Korean Antitrust Law ［J］. Journal of Korean Law, 2005 (2).

［18］LAVE J M. The law and economics of de facto exclusive dealing ［J］. The Antitrust

Bulletin, 2005, 50 (1).

[19] Mark A. Lemley. Intellectual Property Rights and Standard-Setting Organizations [J]. California Law Review, 2002, 90.

[20] Segal, Scott H. Fuel for Thought: Clean Gasoline and Dirty Patents [J]. American University Law Review, 2001, 51.

[21] Edwin J. Hughes. The Left Side of Antitrust : What Fairness Means and Why lt Matters [J]. Marq. L. Rev., 1994, 77.

[22] BLUNT G, NYGH N. Trans Tasman Trade Practices Problems: Comity or Confusion, Competition & Consumer Law Journal, 1994 (2).

[23] Giowo Monti. EC Competition Law [M]. Cambridge University Press, 2007.

[24] I. Van Bael, J. F. Bellis. Competition Law of the EEC [M]. 2nd edn. CCH, 1990.

[25] C. Du Pasquier. Introduction à la théorie générale et à la philosophie du Droit [M]. 4th ed. Neuchâtel/ Paris: Delachaux et Nestlé, 1967.

[26] Christophe Geiger. The Social Function of Intellectual Property Rights, Or how Ethics can Influence the Shape and Use of IP law [EB/OL]. [2022-08-05]. Max Planck Institute for Intellectual Property and Competition Law Research Paper No. 13-06. http: //ssrn. com/abstract=2228067.

[27] Nicolas PETIT. Inunctions for Frand-Pledged SEPs: The Quest for An Appropriate Test of Abuse Under Article 102 TFEU. P7. [EB/OL]. [2022-08-05]. http: //ssrn. com/abstract=2371192.

[28] Damien Geradin, Miguel Rato. Can Standard-Setting lead to Exploitative Abuse? A Dissonant View on Patent Hold-Up, Royalty Stacking and the Meaning of FRAND [EB/OL]. [2022-08-05]. http: //ssrn. com/abstract=946792.

[29] EU Commission. Case AT. 39985-Motorola-Enforcement of GPRS Standard Essential Patents [EB/OL]. [2022-08-05]. http: //ec. europa. . eu/competition/antitrust/cases/dec_docs/39985/39985_928_16. pdf.

[30] Joshua Wright, Koren Wong-Ervin, Douglas Ginsburg, etal. Comment of the Global Antitrust Institute, George Mason University School of Law, on the National Development and Reform Commission's Draft Anti-Monopoly Guideline on Intellectual Property Abuse [EB/OL]. (2015-11-12) [2022-08-05]. http: //papers. ssrn. com/sol3/papers. cfm? abstract_id=2715173.

[31] U. S. Department of Justice & U. S. Patent & Trademark Office: Policy Statement on Remedies for Standards-essential Patents Subject to Voluntary FRAND Commitments [EB/OL]. [2022-08-05]. http://www.justice.gov/atr/public/guidelines/290994.Pdf.

[32] Jay Jurata, T. Vann Pearce Jr., Matthew Poppe et al. White House Reins in ITC on Standard- Essential Patents [EB/OL]. [2022-08-05]. http://www.jdsupra.com/legalnews/white-house-reins-in-itc-on-standard-ess-06171/.

[33] Bill Baer. Reflections on the Role of Competition Agencies When Patents Become Essential [N]. International Bar Association Competition Conference, 2015-09-11.

[34] Christophe Geiger. The Social Function of Intellectual Property Rights, Or how Ethics can Influence the Shape and Use of IP law [EB/OL]. Max Planck Institute for Intellectual Property and Competition Law Research Paper No. 13-06. [2022-08-05]. http://ssrn.com/abstract=2228067.

[35] United States Department of Justice, United States Patent &Trademark Office. Policy Statement on Remedies for Standards-essential Patents Subject to Voluntary F/RAND Commitments [Z]. 2013-01-08.

[36] Renata Hesse. Six 'Small' Proposals for SSOs Before Lunch [EB/OL]. [2022-08-05]. http://www.justice,gov/atr/public/speeches/287855.pdf.

[37] Letter from Michael B. G. Froman, Exec. Office of the President, to the Honorable Irving A. Williamson, Chairman, U. S. Intel Trade Common (Aug. 3, 2013).

[38] T. Vann Pearce, Jr., et al. White House Reins in ITC on Standard-Essential Patents [EB/OL]. [2022-08-05]. http://www.jdsupra.com/legalnews/white-house-reins-in-itc-on-standard-ess-06171/?.

[39] Bruce H. Kobayashi, Joshua D. Wright. Intellectual Property and Standard Setting, Forthcoming ABA Handbook on The Antitrust Aspects of Standard Setting (2010).

[40] Damien Geradin. Pricing abuses by essential patent holders in a standard-setting context: A view from Europe [C]. Paper prepared for the "The Remedies for Dominant Firm Misconduct" Conference, University of Virginia, 2008-06-04/05.

[41] Theodore H. Moran. Foreign Acquisitions and National Security: What are Genuine Threats? What are Implausible Worries? [J]. OECD Global Forum on International Investment, 2009.

[42] Theodore H. Moran. Three threats: An Analytical Framework for the CFIUS Process [R]. Peterson Institute for International Economics, 2009.

[43] T. Naecke. Abuse of Dominant Positions: Recent Developments, in the Proceedings of the Symposium on Competition Policy in a Global Economy [R]. Pacific Economic Cooperation Council, 1995-04.

[44] Robert H. Bork. The Antitrust Paradox: Policy at War with Itself [M]. Basic Books, 1978.

[45] Katie Fehrenbacher. Timeline: Qualcomm, Nokia Duel, GigaOM. com, Apr. 4, 2007 [EB/OL]. [2022-08-05]. http://gigaom.com/2007/04/04/timeline-of-the-qualcomm-nokia-duel/.

[46] U. S. Department of Justice and the Federal Trade Commission. Antitrust Enforcement and Intellectual Property Rights: Promoting Innovation and Competition [R]. 2007-04.

[47] Debra A. Valentine. The Goals of Competition Law, May 13-14, 1997 [EB/OL]. [2022-08-05]. http://WWW.ftc.gov/speeches/other/dvspeech.s htm.

[48] Unwired Planet International Ltd. v. Huawei Technologies Co. Ltd, Royal Courts of JHP, Case No: HP-2014-0000005, 04/05/2017.

[49] James Niccolai. Sun Microsoft settle Java lawsuit, NETWORK WORLD, Jan. 23, 2001 [EB/OL]. [2022-08-05]. http://www.networkworld.com/news/2001/0123msjava.html.

[50] Case No. 16-cv-01210-BLF, 2017 WL 1133513, United States District Court, N. D. California.

[51] Case C 170/13, Huawei Technologies Co. Ltd. v. ZTE Corp., ZTE Deutschland GmbH (2015).

[52] Apple Inc. v. Motorola, Inc. Cite as 757 F. 3d 1286 (Fed. Cir. 2014).

[53] ChriMar Systems, Inc. v. Cisco Systems, Inc. 72F. Supp. 3d1012, 1019 (N. D. Cal. 2014).

[54] APPLE INC. v. MOTOROLA, INC. Cite as 757 F. 3d 1286 (Fed. Cir. 2014).

[55] Microsoft Corp. v. Motorola, Inc., No. C10-1823JLR (Apr. 25, 2013), 2013 WL 2111217.

[56] Apple, Inc. v. Motorola Mobility, Inc. Cite as 886 F. Supp. 2d 1061 (W. D. Wis.

2012).

[57] Case C-209/10, Post Danmark A/S v. Konkurrencerådet, 42 (Mar. 27, 2012).

[58] Apple, Inc. v. Motorola Mobility, Inc. Cite as 886 F. Supp. 2d 1061 (W. D. Wis. 2012).

[59] Microsoft Corp. v. Motorola, Inc. Cite as 854 F. Supp. 2d 993 (W. D. Wash. 2012).

[60] Apple, Inc., Plaintiff, v. Motorola Mobility, Inc., Defendant. 2011 WL 7324582, No. 11-cv-178-bbc.

[61] Broadcom Corporation, Plaintiff, v. Qualcomm Incorporated, Defendant. No. 08cv1607 WQH (LSP). March 11, 2009.

[62] Broadcom Corp. v. Qualcomm Inc. Cite as 501 F. 3d 297 (3rd Cir. 2007).

[63] eBay Inc. v. MercExchange, L. L. C., 547 U. S. 388, 391 (2006).

[64] BGH, Urt. v. 13. 7. 2004-KZR 40/02, GRUR 2004, 966-Spundfass.

[65] Carolyn G. Kochert, M. D. v. Greater Lafayette Health Services, INC. Elezabeth Medical Center and Lafayette Home Hospital, Anesthesiology Associates, P. C., and Jothn Walling. (4: 01CV0027 AS), 372 F. Supp. 2d 509; 2004 U. S. Dist.

[66] Eastman Kodak Co. v. Image Technical Services, Inc., 504 U. S. 451, 464, 112 S. Ct. 2072, 119L. Ed. 2d 265 (1992).

[67] Case C-62/86 AKZO Chemie BV v Commission [1991] I-3359.

[68] United States v. Syufy Enterprises, 903 F. 2d 659 (9thCir. 1990).

[69] Case C-62/88, Greece v. Council, [1990] ECR I-01527, para. 20.

[70] MCI Comm. Corp. v. AT&T, 708 F. 2d 1081 (7th Cir 1983).

[71] Case C-322/81 Michelin v. Commission [1983] 3461

[72] Case C-85/76 Hoffmann-La Roche & Co. AG v Commission [1979] 461.

[73] Georgia-Pacific Corp. v. U. S. Plywood Corp., 318F. Supp. 1116, 1120 (S. D. N. Y. 1970), modified by 446F. 2d 295 (2d Cir. 1971).

[74] Georgia- Pacific Corp. v. United States Plywood Corp., 318 F. Supp. 1116, 166 U. S. P. Q. (BNA) 235 (S. D. N. Y. 1970).

[75] Zenith Radio Corp. v. Hazeltine Research, Inc., 395 U. S. 100, 123-124 (1969).

[76] Brown Shoe Co., Inc. v. United States, 370U. S. 294 (1962).

[77] EuGH Rs. 10/56, Urt. v. 13. 6. 1958, Slg. 1958, 51, 80f.

后　　记

当下，在第四次科技革命深入推进之际，经营者之间的技术创新竞争日趋激烈，抢占技术制高点、获得尖端或者关键技术的主导权已经成为市场主体相互较量的焦点之一。技术专利化和专利标准化是市场主体保护创新成果和推广创新成果的重要路径，也是市场主体激烈竞争的场域。习近平总书记指出，"标准助推创新发展，标准引领时代进步。国际标准是全球治理体系和经贸合作发展的重要技术基础"。"加强标准化工作，实施标准化战略，是一项重要和紧迫的任务，对经济社会发展具有长远的意义。"技术标准以及标准必要专利已经成为国家和社会关注的焦点，围绕标准必要专利的话题也频繁见诸各类媒体。

技术标准以及标准必要专利在推动技术创新、促进经济社会发展方面发挥了重要作用，但同时也存在被经营者不当运用从而损害其他经营者利益和社会公共利益的问题。十多年来，标准必要专利滥用问题在我国已经引起大家的高度警觉，也因此发生了一系列案件，反垄断法对于标准必要专利滥用行为的规制一时间成为学者们的研究热点之一。反垄断法对于标准必要专利的运用如何进行合理的规制，有很多争论之处，学者和实务工作者可谓见仁见智。可以说，无论反垄断法规制标准必要专利滥用的措施或者形式如何，利益平衡无疑是基本思路之一。正是基于此种考虑，本书专门对标准必要专利的运用所涉及的复杂利益关系进行识别和分析，探讨反垄断法如何在不同的个人利益之间、个人利益与公共利益之间以及不同的公共利益之间进行协调平衡，研究如何将利益平衡的要求贯穿各种实体问题的判断和程序工具的运用。本书就利益平衡在反垄断法规制标准必要专利滥用中的重要价值、反垄断法在规制标准必要专利滥用时所面临的利益冲突及其影响因素、反垄断法利益平衡的基本思路、反垄断法实体规范运用中的利益平衡、利益平衡对反垄断法程序构造的需求等进行了系统探讨，并提出了自己的一些观点。当然，由于研究条件和研究能力所限，本书在研究深度和精度上还存在一些不足，期待有更多学者就此展开研究，为反垄断法规制标准必要专利滥用行为呈现更多可供借鉴的优秀成果。

  本书的顺利完成得益于其他学者相关文献所提供的重要支撑，包括我们在书中明确引用的作品，也包括给我们提供一定思路或者启示的作品，在此一并表示由衷的感谢。本书的出版受益于国家社科基金和江苏省知识产权发展研究中心的资助，得到了南京理工大学图书馆崔林老师和知识产权部分老师和同学的帮助，并受到了知识产权出版社的支持，尤其是刘江编辑团队为我们提供了高度专业和贴心周到的服务，在此深表谢意！